मृत्यु कैसे होती है? फिर क्या होता है?

(मृत्यु के पश्चात् के संकलित समग्र ज्ञान की एकमात्र पुस्तक)

राजेंद्र तिवारी

प्रभात प्रकाशन

प्रकाशक
प्रभात प्रकाशन प्रा. लि.
4/19 आसफ अली रोड, नई दिल्ली-110002
फोन : 011-23289777 • हेल्पलाइन नं. : 7827007777
इ-मेल : prabhatbooks@gmail.com ❖ वेब ठिकाना : www.prabhatbooks.com

संस्करण
2025

मूल्य
पाँच सौ रुपए

मुद्रक
नरुला प्रिंटर्स, दिल्ली

MRITYU KAISE HOTI HAI? PHIR KYA HOTA HAI?
by Shri Rajendra Tiwari

Published by **PRABHAT PRAKASHAN PVT. LTD.**
4/19 Asaf Ali Road, New Delhi-110002

ISBN 978-93-5266-900-4

₹ 500.00

प्रस्तावना

ज्ञान का अर्जन मनुष्य की सहज स्वाभाविक वृत्ति है। प्रकृति रहस्यों की अनबूझ पहेली है। इन रहस्यों को अनावृत्त करने और अबूझ प्रश्नों के उत्तर खोजने के प्रयासों की अनवरत यात्रा, जब से मनुष्य अस्तित्व में आया है, तब से आज तक चलती रही है, चलती रहेगी।

भौतिक धरातल पर विज्ञान ने अनेक शोध किए हैं, किंतु विज्ञान की प्रगति बाह्य जगत् की विकास यात्रा है। अध्यात्म के धरातल पर रहस्यों की अनुभूति जिज्ञासाओं का जागरण और समाधानों की खोज, अंतर्जगत् की यात्रा है, जो रोचक भी है, रोमांचक भी। 'कठोपनिषद्' में नचिकेता और यमराज के प्रश्नोत्तर, अजामिल की पौराणिक कथा और ऐसे ही अनेक प्रसंग इस ओर संकेत कर दिशा-निर्देशन भी करते हैं।

शरीर का जन्म, विकास संचालन और समापन, इन पर चिकित्सा विज्ञान ने बहुत खोज की है, तब भी उसके पास अनेक प्रश्नों का संपूर्ण उत्तर नहीं है। कोई अदृश्य पराशक्ति है, जो इन क्रियाओं का नियंत्रण एवं परिचालन करती है। उस पराशक्ति से साक्षात्कार केवल अध्यात्म के धरातल पर ही संभव है। जीवन क्या है ? मृत्यु क्या है ? ये भी कुछ ऐसे ही गूढ़ प्रश्न हैं।

श्री राजेंद्र तिवारी शोध कर रहे हैं। प्रस्तुत पुस्तक उनकी अब तक के प्रयासों से प्राप्त तथ्य और उनसे निसृत निष्कर्षों की अभिव्यक्ति है। शरीर के अंदर 'कुछ' रहता अवश्य है, जिसके बाहर जाते ही शरीर मृत हो जाता है। वह 'कुछ' क्या है ? प्राणों के निष्क्रमण की प्रकिया कष्टदायी है अथवा वस्त्र बदलने की भाँति एक सहज क्रिया ? अथवा क्या नए वस्त्र धारण करने की क्रिया, तुल्य होने के कारण मृत्यु आत्मा को प्रसन्नता की अनुभूति कराती है ? अतः स्वागत योग्य है। मृत्यु के उपरांत नया परिवेश प्राप्त होने तक आत्मा कहाँ विचरण करती है ? क्या पुनर्जन्म होता है ? क्या लोक और परलोक हैं ? कर्म का सिद्धांत क्या है ? क्या सद्कर्म-दुष्कर्म अर्थात् कर्म के रूप भाग्य और भविष्य की रचना करने में निर्णायक भूमिका निभाते हैं ? क्या स्वर्ग और नरक हैं ? यदि हैं तो कहीं और हैं अथवा इसी पृथ्वी पर ?

श्री राजेंद्र तिवारी ने ऐसे अनेक प्रश्नों के उत्तर खोजने का प्रयास किया है। उनकी शोध इंगित करती है कि दुष्ट, पापी, दुराचारी, कपट व्यवहार वाले व्यक्ति के लिए मृत्यु कष्टदायी है और मृत्यु-पश्चात् उसकी जीवात्मा को सुख-शांति का आभास नहीं हो पाता है, वह भटकता है। मृत्यु के पश्चात् व्यक्ति के कर्मों का परिणाम और भोगमान ही साथ रहता है। सदाचरण व सत्कर्म करनेवाले व्यक्ति को मृत्यु से भयभीत होने की कोई आवश्यकता नहीं है, उसे मृत्यु-पश्चात् भी आनंद व सुख का अनुभव होता है। श्रीमद्भगवतगीता के दर्पण में कर्म-बंधन से मुक्ति का प्रसंग पठनीय है।

यह पुस्तक मनुष्य को सन्मार्ग पर चलकर जीवन को सार्थक बनाने की प्रेरणा देती है।

श्री राजेंद्र तिवारी का प्रयास स्तुत्य है। उनकी शोध चलती रहे, इस हेतु मंगल कामनाएँ!

(रमेशचन्द्र लाहोटी)
पूर्व प्रधान न्यायाधीश
(उच्चत्तम न्यायालय)

मकर संक्राति
14.01.2018

लेखक का निवेदन

मुझे बचपन से ही यह जानने की उत्कंठा रही है कि मृत्यु होने के समय कैसा अनुभव होता है और मृत्यु के पश्चात् कहाँ जाना है? मैंने जीवन को एक लंबाई के रूप में नापा है और व्यतीत हो रहे दिनों के साथ मृत्यु को स्वयं की ओर निकट आने की वास्तविकता को चिह्नित किया है। मृत्यु कैसे होती है और मृत्यु के बाद क्या होता है, इस विषय पर मेरी जिज्ञासा हमेशा से रही है। मैं जब भी किसी के जन्म-दिवस समारोह में जाता रहा हूँ मेरे मन में एक विचार उठता है कि जन्म-दिवस पर समारोह व खुशियों के बजाय इसे चेतावनी दिवस के रूप में मनाना चाहिए और यह चिंतन करना चाहिए कि मृत्यु एक वर्ष और अधिक निकट आ चुकी है एवं जीवन में, जो कार्य करने शेष हैं, उन्हें निपटा लिया जाए, जीवन को सार्थक बनाया जाए। परंतु विडंबना तो यह है कि इस वास्तविकता से हम सभी विमुख बने रहते हैं।

हमारे समक्ष यदि कुछ है, तो वह है मृत्यु का डर। वस्तुतः मृत्यु, भय का विषय नहीं है, बल्कि समझना यह है कि मृत्यु कैसे होती है और उसके बाद फिर क्या होता है। इस पुस्तक में यह प्रयास किया गया है कि मृत्यु से किसी भी प्रकार भयभीत नहीं होना है। जिसने भी मृत्यु के रहस्य को जान लिया, उसके अज्ञात व अंधकारमय प्रश्नों पर से परदा हटाकर वह ज्ञान के प्रकाश से अवगत हो गया, उसे मृत्यु से कभी भी भय नहीं लगेगा।

मृत्यु से परिचित होने के लिए कुछ ज्ञान व जानकारियाँ एकत्रित कर परोसने का प्रयास मैंने इस पुस्तक में किया गया है। इस पुस्तक को लिखने का उद्देश्य यह भी रहा है कि ऐसा हमें क्या करना चाहिए, जिससे कि सुखद मृत्यु हो और मृत्यु के पश्चात् हमारी जीवात्मा को सुख व आनंद प्राप्त हो। मृत्यु के पश्चात् होनेवाली परिस्थिति की जानकारी से सब से ज्यादा लाभ एवं ज्ञान यह होगा कि व्यक्ति आपने जीवन में ऐसे क्या कर्म करे, जिससे कि मृत्यु के समय व पश्चात् उसे कष्ट नहीं हो।

इस पुस्तक के पढ़ने से यह जानकारी भी मिलेगी कि मृत्यु के पश्चात् जीवात्मा के पास जो कुछ रहता है, वह है हमारे कर्मों का परिणाम और आध्यात्मिक-चिंतन। मैंने ऐसे उद्धरण प्रस्तुत किए हैं कि दुष्ट, पापी, कपट व्यवहार करनेवाले व्यक्ति को मृत्यु

के पश्चात् उसकी जीवात्मा को आत्म-शांति, सुख, आनंद नहीं मिलता है और परलोक में उसका कोई सुखदायक स्थान नहीं है, वह भटकता रहता है, उसे दुःख का अनुभव होता है।

मैंने ऐसे उद्धरण प्रस्तुत किए हैं कि मृतक व्यक्ति की जीवात्माओं को आहूत कर उनसे हुए साक्षात्कार के परिणामस्वरूप यह संदेश मिलता है कि 'सुधर जाओ, अन्यथा मृत्यु के समय व पश्चात् कष्ट-ही-कष्ट हैं।' मृतक व्यक्ति की जीवात्मा जिस व्यक्ति के संपर्क में आई तथा जीवात्मा ने अपने जो अनुभव बताए, उसका वर्णन मैंने इस पुस्तक में किया है। जिन लोगों ने मृतक की जीवात्मा को आहूत करने के बाद उससे साक्षात्कार किया और उसने परलोक के विषय में जो कुछ बताया एवं उसके सूक्ष्म शरीर को जैसा-जैसा अनुभव हुआ, उनके उद्धरण पुस्तक में परोसा है। विषय से जुड़ते हुए मेरे स्वयं के अनुभवों के साथ भी मैं सहभागी हुआ हूँ।

मृत्यु के समय कैसा अनुभव होता है और इसकी प्रक्रिया क्या है? यह विषय हमेशा से खोज का रहा है। प्रश्न यह है कि क्या मृत्यु के समय अत्यंत पीड़ा या दर्द होता है? क्या प्राण निकलते समय अत्यधिक असहनीय तकलीफ होती है? मैंने उन प्रसंगों का उल्लेख किया है, जिससे यह प्रकट होगा कि मृत्यु होने पर सुख व आनंद का आभास होता है। मृत्यु के समय और मृत्यु-पश्चात् की स्थिति को सुखद एवं आनंदित बनाने के उपाय इस पुस्तक में उद्धरण सहित वर्णित किए हैं। इसलिए मैं यहाँ यह कहना चाहूँगा कि व्यक्ति को यह ज्ञान होना चाहिए कि मृत्यु की प्रक्रिया क्या है और उसके बाद क्या होता है?

पुनर्जन्म का सिद्धांत संपूर्ण मानव जाति के लिए है और इसे किसी धर्म अथवा मजहब या रिलिजन के आईने में विभक्त नहीं किया जाना चाहिए। इस पुस्तक में पुनर्जन्म के उद्धरणों से यह प्रमाणित होता है कि पुनर्जन्म की सत्यता सार्वभौमिक है।

हिंदू पुराणों के उद्धरण भी इस उद्देश्य से मैंने इस पुस्तक में उल्लेख किए हैं कि प्राचीन पुराणों में जो कुछ लिखा जा चुका था, वे यथावत् वर्तमान युग में मृत्यु के विषय पर खोज करनेवालों के समक्ष प्रमाणित हो रहे हैं। मृत्यु के पश्चात् की स्थिति पर विदेशों में भी खोज होती रही है और इस विषय पर विदेशियों के क्या मत हैं, उन्हें भी मैंने वर्णित किया है।

इस पुस्तक को तीन भागों में विभक्त किया है—मृत्यु के समय एवं उसके बाद की स्थिति पर जीवात्मा के अनुभव, पुनर्जन्म एवं निष्कर्ष। पुस्तक के अंत में प्रश्नोत्तर भी हैं।

पुस्तक में प्रस्तुत किए गए उद्धरणों से यह प्रमाणित होता है कि मृत्यु के बाद मन और स्मृति शेष रह जाती है। शरीर छूट जाता है, परंतु मन और याद्दाश्त बनी रहती है। स्थूल शरीर, सूक्ष्म शरीर, जीवात्मा एवं आत्मा के अस्तित्व का वर्णन किया है।

मृत्यु-पश्चात् जीवात्मा में मन, बुद्धि, चित्त और अहंकार निहित रहता है। मृत्यु-पश्चात् भूत-प्रेत की वास्तविकता व उनके अस्तित्व का उद्धरण सहित विवरण प्रस्तुत किए हैं।

जिनकी मृत्यु पूर्व में हो चुकी और विभिन्न प्रकार की पद्धतियों के माध्यम से विशेषज्ञों ने उनकी जीवात्माओं को आहूत किया, उनसे संपर्क कर जानकारियाँ प्राप्त कीं और मृत्यु के समय व पश्चात् उन्हें कैसे-कैसे अनुभव हुए, इस पुस्तक में मैंने उद्धृत किया है। मृत्यु होने की प्रक्रिया क्या है? शरीर से प्राण किस प्रकार निकलते हैं? मृत्यु के तत्काल बाद कैसा अनुभव होता है? उसके बाद मृतक की जीवात्मा कहाँ जाती है? इन सभी विषयों को मैंने प्रमाणिकता व उद्धरणों सहित वर्णित किए हैं। मृत्यु की प्रक्रिया संपूर्ण मानव जाति के लिए एक समान है। पुस्तक में कपोल-कल्पित विवरण नहीं हैं, बल्कि ऐसे समाचार व घटनाओं का उल्लेख हैं, जो विषय को प्रमाणित करते हैं।

अंत में पाठकों से यह कहना चाहूँगा कि इस पुस्तक के माध्यम से समाज में मनुष्य जीवन की वास्तविकता के साथ जागृति का आभास होगा। व्यक्ति अपने कर्म की सार्थकता पर ध्यान देगा और सुखद-जीवन व सुखद-मृत्यु का निर्माण करने में लग जाएगा।

—निवेदक

राजेंद्र तिवारी

एडवोकेट,

तिवारी-लेन, छोटा बाजार

दतिया 475-661, मध्य प्रदेश

फोन नं. : 07522 238333

मो. नं. : 9425116738

ईमेल : rajendra.rt.tiwari@gmail.com

अनुक्रम

मृत्यु से भय क्यों

जन्म और मृत्यु, इनमें से एक को दूसरे से पृथक् नहीं किया जा सकता। जन्म में ही मृत्यु का स्वरूप छुपा हुआ है। जन्म हुआ है तो मृत्यु भी अवश्य होगी। माँ के गर्भ में प्रारंभ हुई हृदय की प्रथम धड़कन के साथ ही मृत्यु की यात्रा स्वयं की ओर बढ़ती हुई स्वत: ही प्रारंभ हो जाती है। आयु बढ़ती जाती है और मृत्यु की दूरी घटती जाती है। जन्म होते ही मृत्यु की ओर हमारा प्रत्येक क्षण अग्रसर है। सच तो यह है कि मृत्यु के विषय से हम विमुख बने रहते हैं। उसके संदर्भ में सोचने, विचार करने, चर्चा करने से हम सिर्फ इसलिए बचते हैं, क्योंकि हमें मृत्यु से भय लगता है। मृत्यु का साक्षात्कार जब प्रत्येक को करना ही है तो इससे भला भय कैसा? प्रतिवर्ष अपने जन्मदिन पर हम उत्सव मनाते हैं, किंतु यह विचार भी नहीं करते हैं कि मृत्यु एक वर्ष निकट हो गई है। मृत्यु से डर प्रत्येक मनुष्य को इसी प्रकार से है जैसे कि एक बालक को अंधकार से डर लगता है। अंधकार का तात्पर्य 'अज्ञान' से है।

संसार में किसी भी प्रकार का भय, मृत्यु के भय से बढ़कर नहीं है। जब कि मृत्यु, भय का विषय नहीं है, बल्कि यह मित्रता और लगाव का विषय है। जिसने भी मृत्यु के रहस्य को जान लिया, मरने के बाद कैसा लगता है और क्या होता है? जो व्यक्ति ऐसे अज्ञात प्रश्नों पर से परदा हटाकर ज्ञान के प्रकाश से अवगत हो गया, उसे मृत्यु से कभी भी भय नहीं लगेगा। जिसने भी मृत्यु के भय को जीत लिया, उसने समस्त प्रकार के भय पर विजयश्री प्राप्त कर ली। जिसने मृत्यु को मित्र बना लिया, वस्तुत: उसने जीवन से भी मित्रता कर ली। मृत्यु को आना है, वह आए, हम क्यों डरें!

विषय पर अध्ययन करने के लिए यह जानना आवश्यक है कि मृत्यु के बाद मृतक की जीवात्मा ने अपने क्या अनुभव बताए? मृत्यु के बाद की स्थिति पर विभिन्न विद्वानों के क्या मत हैं?

व्यक्ति की मृत्यु के पश्चात् उसकी आत्मा जब संपर्क में आई तो अनेक पुस्तकों में उसे 'मृतात्मा' के नाम से संबोधित किया गया है। परंतु यहाँ मेरा सोचना यह है कि आत्मा की मृत्यु कभी होती ही नहीं है और यही बात भगवान् श्री कृष्ण ने 'श्रीमद्भागवत गीता'

में कही है। इस कारण मैं 'मृतात्मा' के नाम से संबोधित करना उचित नहीं समझता। मैं इसे 'जीवात्मा' कहना चाहूँगा। यद्यपि इस विषय पर जिन पुस्तकों में 'मृतात्मा' के नाम से संबोधित किया गया है, उसी प्रकार संबोधित करने की मेरी मजबूरी भी रही है।

मृत्यु का सम्यक् स्मरण, ज्ञानी एवं विवेकशील मनुष्य करते हैं अथवा दूसरे शब्दों में जो ज्ञानी हैं, वे मृत्यु से भयभीत नहीं होते हैं। भय के स्थान पर एक नए और अनजाने आयाम की ओर जाने और जानने की उत्कंठा होना एवं इस हेतु उत्साह का बढ़ जाना ही मृत्यु को एक महोत्सव के रूप में परिवर्तित कर देता है। इसी कारण मृत्यु का सम्यक् स्मरण व्यक्ति को मिथ्याभिमान से मुक्त कर देता है। यदि स्वस्थ और सुखी जीवन-यापन करना एक कला है, तो मृत्यु का सुखद आलिंगन करने का भाव रखना भी एक कला है। आध्यात्मिक ज्ञानी व्यक्ति के लिए 'मृत्यु' कोई समस्या नहीं है। यह तो शरीर परिवर्तन का साधन मात्र है। जिस तरह अपने वस्त्र फट जाने के कारण हम नवीन वस्त्रों को पहन लेते हैं और अपने आपको ताजगी से भरे 'अपटूडेट' समझ लेते हैं, ठीक उसी तरह मृत्यु के पश्चात् नई देह का धारण करना भी वस्त्रों के परिवर्तन के समान है। जिस तरह नवीन वस्त्र पहनने के कारण से हम पुराने एवं फटे वस्त्रों की ओर न तो अपना मन ले जाते हैं और न ही पुराने वस्त्रों का स्मरण करना पसंद करते हैं, न ही अपने आपको किसी दूसरे के समक्ष पुराने वस्त्रों को हाथों में टाँगकर परिचय कराते हैं। ठीक उसी तरह मृत्यु के पश्चात् नया शरीर धारण करने पर हमें पूर्व जन्म की छोड़ी हुई देह का ध्यान नहीं रहता। यह ईश्वरीय नियम है। मन में यह भाव रखना चाहिए कि मैं देह नहीं हूँ, मैं चैतन्य हूँ, अतः मेरी मृत्यु होने का प्रश्न ही नहीं उठता। मैं आत्मा हूँ और अमर हूँ तथा इसका वाहन-स्वरूप अथवा वस्त्ररूपी शरीर पंचतत्त्वों से निर्मित है और यह विनाशशील है। मेरी मृत्यु के पश्चात् मेरे कर्मफल और मेरी इच्छा के अनुसार यदि मानव शरीर ही मुझे मिलना है तो माँ के गर्भ में सिर्फ नौ महीने में मेरे नवीन वस्त्र रूपी नए शरीर का निर्माण हो जाता है। 'श्रीमद्‌भगवत गीता' के द्वितीय अध्याय के 22वाँ श्लोक में भगवान् श्री कृष्ण ने कहा है कि जिस प्रकार मनुष्य पुराने वस्त्रों को त्याग कर नए वस्त्र धारण करता है, उसी प्रकार आत्मा पुराने जीर्ण शरीर को त्याग कर नूतन देह ग्रहण करती है।

मृत्यु एक चिरनिद्रा है। जिस प्रकार शरीर में थकान के कारण नींद आना स्वाभाविक है और आवश्यक भी है, उसी तरह संपूर्ण जीवन की थकान मिटाने के लिए चिरनिद्रा के रूप में मृत्यु भी आवश्यक है। प्रति रात्रि मृत्यु का ही एक लघु स्वरूप है। दिनभर की थकान ही नींद का कारण है और उसके बाद सुबह पुनः तरोताजा होकर उठ जाते हैं। नए विचार, नई योजनाएँ, नई सोच के साथ पुनः काम में लग जाते हैं। इसी प्रकार संपूर्ण जीवन व्यतीत होने के बाद वृद्धावस्था में आराम, शांति, चिंतारहित विश्राम की इच्छा होने लगती है और जब शरीर साथ छोड़ने लगता है तो स्वाभाविक रूप से मृत्यु की इच्छा

होने लगती है। जिस प्रकार किसी चिंता के कारण नींद पूर्ण नहीं हो पाती है तो हम सुबह भी थके-थके से रहते हैं, चिड़चिड़ापन बना रहता है, छोटी-छोटी बातों पर झल्लाहट होने लगती है। इसीलिए प्रति रात्रि स्वस्थ नींद लेना आवश्यक है। सोने के पूर्व किसी भी प्रकार की चिंता, शारीरिक कष्ट अथवा मानसिक तनाव नहीं होना चाहिए। ठीक इसी प्रकार जीवन के अंतिम पड़ाव में जब हम वृद्धावस्था के समय मृत्यु के निकट अपनी चिरनिद्रा के दरवाजे पर पहुँचने लगते हैं तो उस समय भी चिंतारहित, इच्छारहित होना चाहिए। तभी चिरनिद्रा का आनंद है। मृत्यु के समय शारीरिक कष्ट अथवा बीमारी नहीं हो तो और भी अच्छा है एवं स्वस्थ शरीर व स्वस्थ मन के साथ मृत्यु होनी चाहिए। यदि मृत्यु होने के पूर्व, मृत्यु के बाद क्या होनेवाला है, इसकी जानकारी मिल जाए, तो मृत्यु से भय समाप्त हो जाएगा। फिर तो केवल सब सांसारिक भौतिक वस्तुएँ, सगे-संबंधियों से बिछुड़ने का ही दुःख रहेगा, लेकिन भय नहीं रहेगा।

मृत्यु के पश्चात् होनेवाली परिस्थिति के ज्ञान से सब से ज्यादा लाभ एवं ज्ञान यह होगा कि व्यक्ति अपने जीवन में ऐसे क्या कर्म करे, जिससे कि मृत्यु के पश्चात् उसे कष्ट नहीं हो। अधिकतर लोग दिन-प्रतिदिन श्मशान अथवा कब्रिस्तान दूसरों की मौत होने पर शव-यात्रा में जाते हैं और उस मृतक के कर्मों के संदर्भ में चर्चाएँ भी करते हैं, लेकिन स्वयं के कर्मों पर चर्चा करना भी वे उचित नहीं समझते।

जीवन में मरने की इच्छा नहीं रखनी चाहिए। जीवन को एक खिले हुए पुष्प के रूप में कुंठारहित होकर पूर्ण रूप से जीना है। जीवन से ऊबकर मृत्यु की कामना करना कायरता है और ठीक इसके साथ ही मैं यह भी कहूँगा कि जैसे ही हमारे सामने मृत्यु उपस्थित हो जाए तो जीवन की लालसा के साथ जीवन की ओर देखना, उसके लिए तड़पना, अज्ञान और अविवेक है। जब तक जीवन है, इसे सुखी और सकारात्मक मानकर जीना है और जब मृत्यु का समय आ जाए, तब जीवन की चाह छोड़कर सहर्ष मृत्यु का आलिंगन करना है। इसीलिए शरीर-धारंण करते हुए ऐसे जियो कि जैसे कभी भी मृत्यु नहीं होगी और जब मौत आ जाए तो यह देह ऐसे छूटे कि जैसे कभी जिए ही नहीं थे।

धन, परिवार, प्रतिष्ठा का प्रसार करने में हमारी आयु व्यतीत होती रहती है और आयु के बढ़ते हुए क्रम में मृत्यु की निकटता के आभास को हम अनदेखा करते रहते हैं। सामान्यतया हो यह रहा है कि व्यक्ति प्रथमतः धन, उसके बाद परिवार, इसके बाद समाज एवं अंत में अध्यात्म और धर्म की तरफ ध्यान देता है। मेरी दृष्टि में यह उल्टा क्रम है। मृत्यु होने पर धन किंचित् मात्र भी आकर्षित होकर नहीं खिसकता है। वह वहीं-का-वहीं ठहरा रहता है और घर से अर्थी उठने पर श्मशान तक लोग जाते हैं और सब-के-सब फिर वापस अपने-अपने काम में लग जाते हैं। मृत्यु के पश्चात् जो साथ

जाता है, वह है हमारे कर्मों का परिणाम, हमारा आध्यात्मिक-चिंतन। इस कारण हममें से प्रत्येक को अपने कर्म, धर्म और आध्यात्मिक-चिंतन की तरफ प्रथमतः ध्यान देना है। धर्म से तात्पर्य है, धारित करने योग्य गुण। मनु संहिता में धर्म के दस लक्षण बताए गए हैं—धृति, क्षमा दमोऽस्तेयं शौचमिंद्रियनिग्रहः धीर्विद्या सत्यमक्रोधो दशकं धर्म लक्षणम्। अर्थात् धैर्य, क्षमा, विकारहीन रहना (दम), अन्याय के द्वारा पराए धन को प्राप्त नहीं करना (अस्तेय), शुद्धता, इंद्रियों को नियंत्रण में रखना, कर्मज्ञान होना, विद्या अध्ययन व सत्य और क्रोध-रहित जैसे गुणों को धारण करनेवाला व्यक्ति ही धार्मिक है। हिंदुओं में धर्म को सद्गुणों से जोड़कर और अधर्म को दुर्गुणों से जोड़कर देखा जाता है।

□

मृत्यु के बाद का रहस्य एवं विज्ञान

मृत्यु कैसे होती है ? क्या मृत्यु के पश्चात् कहीं कोई परलोक है, ये विषय प्रत्येक व्यक्ति के लिए बड़े ही उत्कंठा कर रहे हैं। लोगों में हमेशा यह जिज्ञासा रही है कि क्या मृत्यु के बाद भी कोई जीवन है ? वास्तविकता यह है कि इस भौतिक जगत् में व्यक्ति अपनी शारीरिक इंद्रियों और भौतिक सुख-सुविधाओं में इतना आसक्त हो चुका है कि वह संसार को छोड़ना ही नहीं चाहता है। परंतु प्रश्न यह उठता है कि मरने के बाद हमें कहाँ जाना है ? यह देह नष्ट हो जाने के पश्चात् क्या अन्य कोई जीवन है ? लेकिन कुछ लोग इन प्रश्नों को निरर्थक मानते हुए परेशानी पैदा करनेवाले बताते हैं और अनावश्यक मानकर इस विषय से अपना मुँह मोड़ लेते हैं। परंतु इतना अवश्य है कि वृद्धावस्था या अंतिम अवस्था में जब शरीर मृत्यु का इंतजार करता है तो एक प्रश्न यह अवश्य सम्मुख रहता है कि हमारा क्या होगा ? शरीर से प्राण निकलते समय कैसा लगेगा ? तब हम कहाँ होंगे ? हमारे साथ क्या अन्य कोई होगा ? भगवान् श्रीकृष्ण ने (श्रीमद्भगवतगीता 2/28) अर्जुन को कहा था, "अव्यक्तादीनि भूतानि व्यक्त मध्यानी भारत। अव्यक्तनिधनान्येव तत्र का परिवेदना॥" अर्थात् सभी प्राणी जन्म से पहले बिना शरीर वाले और मरने के बाद भी बिना शरीर वाले ही हैं। केवल बीच में ही शरीर-धारण वाले प्रतीत होते हैं। फिर इस विषय में क्या चिंता करनी है ?

संसार की थियोसॉफिकल सोसाइटी द्वारा इस विषय पर शोध करने का प्रयास किया गया है। दुनिया के विभिन्न संप्रदायों तथा धर्मों में मृत्यु के पश्चात् की विरोधाभासी धारणाएँ प्रचलित हैं और इसी कारण भ्रम की स्थिति भी है। कुछ रिलीजन व मजहब के लोगों में यह धारणा भी है कि मृत्यु के पश्चात् वह व्यक्ति अनिश्चित समय के लिए कब्र में सोता रहता है, लेकिन सत्य तो सत्य है। सत्य शाश्वत होता है। उससे कोई भी विमुख नहीं हो सकता। इस वैज्ञानिक युग में मनुष्य का सोच भी वैज्ञानिक हो गया है। विज्ञान कहता है कि जिस वस्तु को हम स्पर्श नहीं कर सकते, जिस अवस्था का दिखने का कोई प्रमाण नहीं है, उस पर विश्वास क्यों करे ? परंतु मैं यहाँ यह कहूँगा कि विज्ञान के माध्यम से प्राप्त हुआ ज्ञान सीमित है। विज्ञान की पहुँच अभी उस अज्ञात ज्ञान तक नहीं हो पाई

है, जिसका अस्तित्व है। तो फिर यह कहना तो अनुचित होगा कि जिसका हमें ज्ञान नहीं है, उसका अस्तित्व ही नहीं है। जिस प्रकार इस सुंदर जगत् और प्राकृतिक सौंदर्य, अति आकर्षक पुष्प, बहता हुआ झरना, आसमान में प्रकट हुआ इंद्रधनुष, समुद्र के किनारे सूर्योदय की प्राकृतिक छटा, सुंदर अभिव्यक्ति आदि दृश्यों को एक अंधा देख नहीं सकता है तो इसका तात्पर्य यह तो नहीं माना जाएगा कि यह जगत् सौंदर्यविहीन है। क्या हमने कभी यह गौर किया है कि जब भूकंप आता है तो उसके आने के पूर्व पशु-पक्षियों को आभास होने लगता है और वे विचलित होने लगते हैं। पशु-पक्षी बिना देखे और सुने गंध के माध्यम से वस्तुओं का पता लगा लेते हैं। कुत्तों में सूँघने की अपार क्षमता है और वे सिर्फ गंध के माध्यम से पहचान कर लेते हैं। घर का मालिक घर के दरवाजे पर पहुँचता है और उसका पालतू कुत्ता घर के अंदर से ही मालिक की उपस्थिति का आभास करने लगता है एवं यदि उसके साथ कोई अनजान व्यक्ति आया है तो वही कुत्ता उस अनजान व्यक्ति पर भूँकने लगता है। अब तो किसी घटित अपराध के अपराधियों को पकड़ने के लिए कुत्तों का सहारा लिया जाता है। कभी हमने क्या इस ओर ध्यान दिया है कि कुत्ते अचानक बिना किसी कारण के रोने लगते हैं ? ऐसी मान्यता है कि कुत्तों को कोई अदृश्य प्रेतात्मा का आभास हो जाता है। चीटिंयों को बिना देखे मिठाई का पता लग जाता है कि वह कहाँ रखी है और वे उस मिष्ठान तक पहुँचने का प्रयास करने लगती हैं। ऐसे अनेक प्रश्न हैं, जहाँ विज्ञान अभी तक नहीं पहुँचा है।

धर्मराज युधिष्ठिर से जब यह पूछा गया कि पृथ्वी पर सबसे बड़ा आश्चर्य क्या है, तो उन्होंने बड़ा ही सुंदर जवाब दिया, “ऐसा कोई दिन नहीं है, जब अनेक जीव-जंतु और मनुष्य पृथ्वी पर मर न रहे हों। हर कोई इन्हें मरते हुए देख रहा है, लेकिन फिर भी मनुष्य मृत्यु के विषय पर विचार नहीं करता है और उसकी यह धारणा रहती है कि मेरी मृत्यु कभी नहीं होगी। इससे बड़ा आश्चर्य और क्या हो सकता है ?”

आदिकाल में असुर, आत्मा के अस्तित्व में विश्वास नहीं करते थे। वे शरीर सुख को ही लक्ष्य मानते थे। इसी कारण वे पथभ्रष्ट भी थे। भौतिकवादी, जड़वादी एवं वैज्ञानिक, आत्मा के अस्तित्व में विश्वास नहीं करते हैं। वे तो शरीर को ही जीव-विज्ञान का विषय मानकर विषय को वहीं पर रोक देते हैं। वे चेतना और आत्मा को नहीं मानते हैं। इस कारण उन्हें आधुनिक कहलाने का विशेषण प्राप्त हो जाता है और आत्म-तत्त्व पर चर्चा करने को वे रूढ़िवादिता मानते हैं। उनके लिए प्रश्न यह है कि क्या वे किसी वस्तु से मन की विवेकशीलता को उत्पन्न कर सकते हैं ? क्या वे विवेकशीलता निर्मित कर सकते हैं ? वे कहते हैं कि यदि मृत्यु के पश्चात् शरीर से आत्मा बाहर निकलती है तो उसे जो अनुभव उस समय होता है, उसकी स्मृति पुनर्जन्म के समय क्यों नहीं रहती ? उनके लिए जवाब यही है कि ईश्वर ने हमारी स्मृति की भी एक व्यवस्था व सीमाएँ बना

रखी हैं। शरीर जीवन में भी रहते हुए हमें जन्म से लेकर मृत्यु तक की समस्त घटनाएँ याद नहीं रहती हैं। परमात्मा ने अपनी सत्ता को इसी तरह निर्मित किया है। कल्पना करें कि यदि हमें पूर्व जन्मों की स्मृति हो जाए अथवा इसी वर्तमान जन्म की, यदि समस्त दु:खदायी घटनाएँ याद बनी रहें, तो भी हमारा जीवन दु:खदायी हो जाएगा। जब हमारे मस्तिष्क के स्वभाव में परमात्मा ने ऐसी व्यवस्था बना रखी है कि हमें कौन सी घटनाएँ याद रहना चाहिए और कौन सी स्वत: भूल जाना चाहिए, यह किसी चिकित्सक अथवा वैज्ञानिक का कमाल नहीं है। कंप्यूटर के युग में कंप्यूटर-मशीन को हम उसकी स्वैच्छिक विवेकशीलता नहीं मान सकते। कंप्यूटर तो वह बोलेगा, जिसकी उसमें प्रोग्रामिंग कर दी गई है। मन की विशालता अकल्पनीय है। मन और बुद्धि की सहायता से हम आनंद एवं दु:ख का अनुभव कर सकते हैं। क्या हम इसकी कल्पना कर सकते हैं कि सामने संगीत का वाद्य सारंगी रखे होने पर हमें संगीत का आनंद मिलने लगे? नहीं। सारंगी जब तक बजाई नहीं जाएगी; तबला, हारमोनियम एवं अनेक वाद्ययंत्र जब तक बजाए नहीं जाएँगे, तब तक उसके आनंद की अनुभूति हम नहीं कर सकते हैं।

देहवादी स्थूल शरीर को ही सबकुछ मान कर संतुष्ट हो जाते हैं, लेकिन अब तो मनोवैज्ञानिक व वैज्ञानिक भी यह स्वीकार करने लगे हैं कि जीवन सिर्फ शरीर तक ही सीमित नहीं है। मृत्यु उपरांत क्या होता है? इस विषय पर शताब्दियों से खोज हो रही है। जब हम नींद में स्वप्न देखते हैं, तब हम क्या होते हैं? स्वप्न में हम क्या अनुभव करते हैं? स्वप्न में हमारा मन और सभी इंद्रियाँ तो रहती ही हैं। स्वप्न में सभी क्रिया-कलाप भी अनुभव करते हैं, परंतु हमारा स्थूल शरीर निद्रा में ही पड़ रहता है। सूक्ष्म शरीर स्वप्न में सबकुछ अनुभव करता रहता है, मन, बुद्धि, चित्त, अहंकार का भी स्वप्न में अनुभव बना रहता है। जिस प्रकार हमारा स्थूल शरीर निद्रा में पड़ा रहता है और हम स्वप्न देखते रहते हैं, लेकिन स्वप्न में हमें यह आभास नहीं होता है कि हम निद्रा में हैं और न ही यह आभास होता है कि हम सूक्ष्म शरीर के रूप में स्वप्न देख रहे हैं। जिस प्रकार का स्वप्न देखते हैं, उसी को तत्समय वास्तविक सत्य मान लेते हैं। ठीक इसी तरह मृत्यु के बाद भी हम सूक्ष्म शरीर का अनुभव करते हैं। स्थूल शरीर में रहते हुए सुख-दु:ख का अनुभव मन के द्वारा होता है। मन, सूक्ष्म शरीर में निहित रहता है। प्रश्न यह है कि क्या किसी ने 'मन' को देखा है? मृत्यु के पश्चात् स्थूल शरीर हम से छूट जाता है और सूक्ष्म शरीर बाहर आ जाता है। अत: मन की इच्छा, संतोष, पछतावा, गुस्सा, संतुष्टि, आनंद, वासना, भोग, सुख, दु:ख का आभास सूक्ष्म शरीर को होता है। चूँकि सूक्ष्म शरीर में इच्छा का तत्त्व बना रहता है, इस कारण हम मान सकते हैं कि सूक्ष्म शरीर का जुड़ाव अपने स्थूल शरीर के छूटे हुए परिवार-जन से भी बना रहता है। परंतु यदि हम पूर्णत: आध्यात्मिक हो गए हैं और आत्म-तत्त्व के अस्तित्व का ज्ञान हो गया है, तो स्थूल शरीर के छूटे हुए

परिवार-जन से वह जुड़ाव भी समाप्त हो जाएगा। विडंबना यह है कि विज्ञान प्रमाण चाहता है और यह विषय अनुभव का है। मृत्यु पश्चात् अनुभवों के अनेक उदाहरण हैं।

विज्ञान उसे मानता है, जिसे वह स्वयं देखता है, जिसका वह अनुभव करता है, वह प्रमाण चाहता है। परंतु ऐसी बहुत से परिस्थितियाँ हैं, जिनके कारणों का वैज्ञानिकों के पास कोई प्रमाण नहीं हैं। यहाँ एक उदाहरण से अपनी बात को स्पष्ट करना चाहूँगा। एक सफेद परदे पर प्रोजेक्टर के माध्यम से जब हम अँधेरे बंद हॉल में फिल्म देखते हैं तो हमें परदे पर चलते-फिरते कलाकार व दृश्य दिखते हैं। अर्थात् यदि हमें फिल्म देखनी है तो उसके लिए अँधेरा होना आवश्यक है। अब इसी स्थिति को ऐसे समझें कि जिस सफेद परदे पर हमें फिल्म देखनी है, उसे यदि खुले मैदान में दिन की तेज धूप के सामने लगा दें और फिर दूर प्रोजेक्टर से उस सफेद परदे पर फिल्म को उतारें, क्या वह फिल्म दिखेगी ? वैज्ञानिक तो यही कहेगा कि कोई फिल्म नहीं है, फिल्म चल ही नहीं रही। फिल्म नाम की कोई चीज होती ही नहीं है अर्थात् यहाँ जड़वादी वैज्ञानिक मिथ्या हो गया। इसी प्रकार आत्मा के अस्तित्व का आभास करने के लिए हमें आध्यात्मिक बनना होगा। अत: जो अज्ञानी है, वे यही कहेंगे कि आत्मा शरीर से अलग नहीं हो सकती। स्वभाव से मनुष्य इतना जड़वादी हो गया है कि वह शरीर के अलावा और कुछ सोच ही नहीं पाता है।

जन्म, जीवन और मृत्यु—ये तीन भाग इस पृथ्वी पर प्रत्येक प्राणी के लिए आवश्यक हैं, लेकिन मृत्यु के बाद क्या होता है, यह एक अत्यंत गंभीर व गूढ़ विषय है। मृत्यु के बाद की स्थिति जानने के लिए सभी उत्सुक रहते हैं, परंतु इस विषय पर संपूर्ण दुनिया में मनुष्यों के लिए कोई एक सार्वभौमिक उत्तर अभी तक नहीं बन पाया है। यद्यपि इस विषय पर निरंतर खोज चल रही है। विभिन्न संत, महात्माओं, विद्वानों, दार्शनिकों, शोधकर्ताओं तथा विभिन्न देशों के व्यक्तियों एवं जानकारों ने अपने-अपने देश व क्षेत्र के संदर्भ में मत व्यक्त किए हैं। इस विषय पर बिना किसी विरोधाभास से कम-से-कम यह तो कहा ही जा सकता है कि मृत्यु के बाद की स्थिति, उस मृतक व्यक्ति के धार्मिक संस्कार, उससे संबंधित उसके धर्मशास्त्र, उसकी मनोवैज्ञानिक स्थिति, उसका आचरण एवं उसकी अपनी मान्यताओं पर निर्भर करता है। जिस तरह से इस पृथ्वी पर विभिन्न विचारधाराओं एवं आचरण के मनुष्य हैं, उसी प्रकार मृत्यु उपरांत हम उनमें एक जैसी समानता की कल्पना नहीं कर सकते हैं। मृत्यु के बाद की स्थिति पर संसार में अनेक संस्थाएँ कार्य और शोध कर रही हैं। इसी विषय पर विभिन्न शोधकर्ताओं एवं लेखकों ने अपने-अपने विचार पुस्तकों के माध्यम से प्रकाशित भी किए हैं। मि. गियॉर्ग डब्ल्यू. मीक ने अपनी पुस्तक 'आफ्टर वी डाई, ह्वाट देन ?' में अनेक सारगर्भित प्रश्नों के उत्तर उल्लेख किए हैं।

इस उपभोक्तावाद एवं भौतिक युग में ऐसे बहुत कम लोग हैं, जो मृत्यु के विषय

पर विचार करते हों। वे मृत्यु होने की प्रक्रिया और मृत्यु के बाद की स्थिति पर चर्चा करना भी निरर्थक मानते हैं। सच तो यह है कि मृत्यु के नाम से उन्हें डर लगता है। ऐसे लोग शरीर जीवन में रहते हुए सभी प्रकार के सुख व्यतीत करना चाहते हैं, परंतु उन्हें यह नहीं पता कि उनके सुख प्राप्त करने के उद्‍देश्य के पीछे जो कर्म अथवा कुकर्म किए जा रहे हैं, उनका परिणाम मृत्यु के बाद क्या होनेवाला है ?

यह अकाट्य सत्य है कि मृत्यु के बाद शरीर छूट जाता है, परंतु मन और याद्‍दाश्त बनी रहती है। इसलिए मैं यहाँ यह कहना चाहूँगा कि प्रत्येक व्यक्ति को यह जान लेना आवश्यक है कि मृत्यु की प्रक्रिया क्या है और उसके बाद क्या होता है ? प्रत्येक व्यक्ति की मृत्यु सुखद नहीं होती है और इसी प्रकार मृत्यु के पश्चात् प्रत्येक व्यक्ति सुखद स्थिति में नहीं होता है। मृत्यु शाश्वत सत्य है, अकाट्य है और होनी ही है। फिर भी कोई विचार करने को तैयार नहीं है कि एक दिन हमें भी मरना है। हम देखते हैं कि चिकित्सकों के सामने हजारों लोगों की मृत्यु होती है और वे मरीज के शरीर विज्ञान तथा उसके इलाज तक सीमित बने रहते हैं, लेकिन मृत्यु के समय की स्थिति और उसके बाद के विषय पर चर्चा नहीं करते हैं। वे सिर्फ इतना मानते हैं कि शरीर एक यंत्र है और इसके अंगों के कार्य करने की प्रक्रिया है तथा जब शरीर के अंग काम करना बंद हो जाते हैं तो इसे मृत्यु कहते हैं।

□

चार्वाक दर्शन एवं इसका उद्भव

आधुनिकतावादी और वैज्ञानिक सोच से प्रेरित लोग यह मानते हैं कि जीव का कोई स्वतंत्र अस्तित्व नहीं होता है और ये लोग सिर्फ शरीर को ही जीव मानते हैं। परंतु ऐसे तथाकथित सोच के व्यक्तियों से मेरा निवेदन है कि जिस क्षेत्र का उन्हें ज्ञान नहीं है, उसके अस्तित्व के संदर्भ में कुछ विपरीत कहने का उन्हें अधिकार नहीं है।

इसी संदर्भ में मैं चार्वाक सिद्धांत का उल्लेख करना भी उचित समझता हूँ। विश्व में प्राचीन काल से ही एक वर्ग ऐसा है, जो नास्तिक, भौतिकवादी व देहवादी है एवं वह मृत्यु होने पर आत्मा के अस्तित्व को स्वीकार नहीं करता रहा है। इन्हें भारत में चार्वाक-मत के अनुयायी होना माना जाता है। इस मत के लोग मानते हैं कि शरीर ही आत्मा है। शरीर के अलावा आत्मा नाम का कोई स्वतंत्र अस्तित्व नहीं है। शरीर की मृत्यु होने पर आत्मा का भी अवसान हो जाता है। जो पारिस्थिति इंद्रियों के द्वारा ज्ञान योग्य नहीं है, उसके अस्तित्व को वे स्वीकार नहीं करते हैं। चार्वाक मत के लोग मानते हैं कि जब तक जीवित हो, खूब भोग करो। सुख और आराम से जीवन का आनंद लो। मृत्यु-पश्चात् का विचार, सिर्फ एक मूर्खता है। जो भी आवश्यक लगे और जैसे भी हो, उसे प्राप्त कर लो। यदि धन नहीं है तो खूब उधार लो। भले ही भीख क्यों न माँगनी पड़े। मरने के बाद तो कोई भी व्यक्ति किसी भी कार्य के लिए उत्तरदायी नहीं होता है। खाओ, पिओ और मौज करो। चार्वाक सोच के लोग अधिकांशत: सभी देशों में पाए जाते हैं। इसी मत के ओल्ड टेस्टामेंट में सोलोमन ने कहा है, "जो इच्छा हो, वही करो। खाओ, पियो, मौज करो। स्त्री-पुत्र के साथ आनंद से घर बसाओ।" चार्वाक विचारों की संख्या निरंतर बढ़ती ही जा रही है। इन्हें नास्तिक, भौतिकवादी अथवा जड़वादी भी कह सकते हैं। इनके अनुसार शरीर से भिन्न जो आत्मा की सत्ता मानते हैं, वे अज्ञानी और मूर्ख हैं। आत्मा के अस्तित्व के विरोध में इन लोगों ने बहुत कुछ लिखा है परंतु फिर भी वे इस प्रश्न का उत्तर, जो सभी के मन में रहता है, नहीं खोज पाए, कि मृत्यु के पश्चात् क्या होता है ?

चार्वाक दर्शन के उद्भव के संदर्भ में अनेक मत हैं। एक मत यह है कि चार्वाक एक ज्ञानी महात्मा था, जिसने भौतिकवाद का विचार स्थापित किया। उसका कहना था,

'खाओ पियो और मौज करो' (ईट, ड्रिंक एंड बी मेरी) चार्वाक का शब्दार्थ है, चारु अर्थात् सुंदर मनमोहक और वाक् अर्थात् वचन। एक मत यह है कि चार्वाक का सिद्धांत बृहस्पति द्वारा स्थापित किया गया। बृहस्पति ने मनुष्यों को भौतिकवाद की शिक्षा दी। एक पौराणिक कथा यह है कि देवताओं का आदर-सम्मान सर्वत्र होता था और उन पर यदि कोई विपत्ति आती थी तो ब्रह्मा, विष्णु, महेश भी उनकी सहायता करते थे। देवताओं व असुरों में हमेशा से प्रतिरोध रहा है। देवता सतोगुणी, सात्त्विक, सदाचरण, सकारात्मक, धार्मिक एवं ईश्वर में आस्थावान सोच के थे, जबकि ठीक इसके विपरीत असुर तमोगुणी, तामसी, कदाचरण, नकारात्मक, अधार्मिक, दुष्कर्मी, दूसरों को कष्ट देने वाले व अपमान करनेवाले, अत्याचारी सोच के थे। परिणामतः असुरों का सम्मान नहीं होता था। इस कारण असुरों में चिंता हुई और उन्होंने स्वयं अपने आचरण को सुधारने का निश्चय किया, जिससे कि उनकी भी प्रतिष्ठा व सम्मान में बढ़ोत्तरी हो सके। इसी सोच के साथ असुर धर्म-मार्ग पर चलने लगे। उन्होंने आसुरी वृत्तियाँ त्यागना प्रारंभ कर दिया था। वे सबके साथ आदर का व्यवहार करने लगे थे और इस कारण उन्हें भी देवताओं जैसा सम्मान मिलने लगा था। देवता और असुरों के सम्मान में भेदभाव समाप्त होने लगा और कभी-कभी तो असुरों को अधिक सम्मान मिलता था। अतः देवता, जो स्वयं को सर्वश्रेष्ठ समझते थे, उनमें ईर्ष्या होने लगी। इससे देवता चिंतित हुए और उन्हें मान-सम्मान का जो एकाधिकार प्राप्त था, वह विलुप्त होने लगा था। वस्तुतः जब तक बुरा पक्ष सामने न हो, तब तक अच्छाई का महत्त्व नहीं होता है और इसी कारण देवताओं में ईर्ष्या होने लगी। अंततः देवताओं ने भगवान् विष्णु के पास जाकर असुरों के धर्म-मार्गी होने की शिकायत की। यह सुनकर भगवान् विष्णु ने उनसे कहा कि असुर, जो पहले देवताओं को परेशान करते थे, उन पर आक्रमण करते थे और चूँकि अब वे यह कार्य छोड़ चुके हैं तो यह देवताओं के हित में ही सबकुछ हो रहा है, यह तो प्रशंसनीय है। इसमें चिंता करने का कोई प्रश्न नहीं है। इस पर देवताओं ने कहा कि उनकी श्रेष्ठता समाप्त हो रही है। तब भगवान् विष्णु ने हँसते हुए कहा कि दूसरों के बढ़ते हुए मान-सम्मान के कारण ही देवता दुःखी हैं। इस कारण भगवान् विष्णु ने एक माया पुरुष का निर्माण किया और उसे पृथ्वी-लोक पर भेजा। वह माया पुरुष चार्वाक के नाम से प्रसिद्ध हुआ।

चार्वाक जब बड़ा हुआ तो उसने यह अनुभव किया कि पृथ्वी पर लोग ऐसी कल्पनाएँ करते हैं कि जो उन्हें दिखाई भी नहीं देता है, लेकिन उन्हें प्राप्त करने की लालसा में जी रहे हैं। सभी देवता एवं असुर ईश्वर को प्राप्त करने के चक्रव्यूह में फँसे हैं। ईश्वर, जो उन्हें दिखता नहीं है, उसे वे प्राप्त करना चाहते हैं। वर्तमान को वे देखते नहीं हैं और भविष्य की चिंता में उलझे हुए हैं। ईश्वर को अपनी कल्पनाओं में बसाए हुए हैं और स्वर्ग प्राप्त करना चाहते हैं। इस कारण उन्हें सांसारिक जीवन दुःखदायी लगता

है और वर्तमान जीवन को वे नरक मानने लगे हैं। अतः चार्वाक ने संकल्प किया कि मनुष्यों की मानसिकता में से देवता, ईश्वर, आत्मा, परमात्मा, स्वर्ग, नर्क के भ्रम को तोड़ना होगा। उसने वेद, शास्त्र, उपनिषद् एवं ऋषियों के संदेशों को झूठ बताया और यह कहने लगा कि यह हम सब की कल्पना की उपज मात्र हैं। चार्वाक कहता था कि देवता अथवा ईश्वर कुछ नहीं है। यह संसार प्रकृति की देन है। पृथ्वी, जल, वायु, अग्नि से ही इस शून्य आकाश में जीव और वनस्पतियों का निर्माण होता है और इन्हीं के संयोग से चेतना आती है एवं जब यह विखंडित हो जाती है, तब फिर सबकुछ शून्य में मिल जाता है। इसी प्रक्रिया को जन्म एवं मृत्यु कहते हैं। पृथ्वी पर निर्माण और नष्ट होने का क्रम चलता रहता है। चार्वाक ने यह सब प्रकृति का खेल बताया है। 'जीव' नाम का अस्तित्व न तो कहीं से आता है और न ही कहीं को जाता है। वर्तमान संसार ही सत्य है और इसमें जो कुछ भी है, वह सत्य है और इसके बाद कुछ भी नहीं है। चार्वाक ने कहा कि सुख से जीने के लिए भले ही किसी से ऋण लेना पड़े तो भी ऋण लेकर जिओ।

चार्वाक के इस तर्क से प्रभावित वर्ग के लोगों के द्वारा उसे वैसा सम्मान मिलने लगा, जो ऋषियों को मिलता था। उसका प्रभाव बढ़ने लगा। लोग वेद, पुराण, शास्त्र, उपनिषद् एवं ऋषियों के संदेशों को झूठा समझने लगे। चार्वाक की विचारधारा समाज में स्थापित होने लगी। चार्वाक-मत के अनुयायी व इस मत का प्रतिरोध करनेवालों में द्वंद्व व शास्त्रार्थ होने लगे। इस सबसे परिणाम यह हुआ कि असुरों के मान-सम्मान और प्रतिष्ठा में तो कोई परिवर्तन नहीं आया, लेकिन देवताओं व ऋषियों की विचारधारा और सिद्धांतों को लोग झूठा समझने लगे। स्वर्ग एवं नरक की सोच की स्थापना खंडित होने लगी।

इस विषय पर मेरा (मुझ लेखक का) चिंतन यह है कि चार्वाक का सिद्धांत अपनी जगह है, लेकिन हमें यह भी अनुभव करना होगा कि कर्म-फल का भी अपना एक अस्तित्व है। कर्म-फल को व्यर्थ का विषय नहीं माना जा सकता। ईश्वर की सत्यता, ब्रह्म, धर्म, वेद, पुराण, उपनिषद् कोई माने या न माने, लेकिन यह सिद्धांत पूर्ण रूप से स्थापित है कि मानव जीवन में हम जैसा कर्म करेंगे, उसका परिणाम अवश्य मिलता है। सत्कर्म करेंगे, दूसरों को सुख देंगे तो सुख मिलेगा। दुष्कर्म करेंगे, दूसरों को दुःख देंगे तो दुःख मिलेगा। इस सिद्धांत की प्रामाणिकता प्रसिद्ध वैज्ञानिक न्यूटन के गति का तीसरा सिद्धांत में भी स्पष्ट है कि 'प्रत्येक क्रिया के विपरीत और बराबर प्रतिक्रिया होती है।' कर्म-फल से हम नहीं बच सकते हैं। यद्यपि अपने सुख और आनंद की चाह में अधिकांश व्यक्ति चार्वाक के सिद्धांत को मानने वाले हो सकते हैं, परंतु उन्हें अपने कर्म-फल और भोग के लिए भी सतर्क रहना चाहिए। इस प्रकार मानव जीवन की सफलता, सुख व आनंद के लिए अंशतः चार्वाक के सिद्धांत को स्वीकार करके भी जीवन-यापन हो सकता है। चार्वाक ने सिर्फ भौतिक स्तर पर ही चिंतन किया है। जीवन को सर्वाधिक

सुख के साथ यापन करने का और वर्तमान में जीने का संदेश दिया है। इसमें किसी भी प्रकार की कोई बुराई नहीं है। इस सिद्धांत की विकृति उस स्थिति में प्रकट होने लगेगी, जब मानव दूसरों को कष्ट देकर स्वयं के सुख एवं आनंद के लिए केंद्रित हो जाएगा। उस स्थिति में तो सभी सुख व आनंद की प्राप्ति के लिए एक-दूसरे को कष्ट देने में उलझ जाएँगे। चार्वाक ने यह तो नहीं कहा कि मानव दुष्कर्मी, पापकर्मी, मिथ्याभाषी हो जाए। चार्वाक ने यह भी नहीं कहा कि दूसरों से ऋण लेकर फिर उसे चुकाया नहीं जाए, क्योंकि ऋण नहीं चुकाए जाने के कारण अपराध-बोध से भी दु:खी होना पड़ सकता है और जिससे ऋण लिया है, उसे वापस नहीं मिलने पर वह भी दु:खी हो सकता है। ऐसी स्थिति में जीवन का सुख-भोग समाप्त हो जाएगा। चार्वाक सिर्फ वर्तमान में सुखपूर्वक जीने का संदेश देता है। जब तक मानव जीवन जीने को मिला है, इसे पूर्ण सुख के साथ जीना है। इस चिंतन में किसी को भी कष्ट देने का संदेश नहीं है।

वर्तमान समय में चार्वाक दर्शन के समर्थकों की स्थिति द्वंद्वमय है, वे भ्रम में जी रहे हैं और वस्तुत: असुरक्षा की भावना से ग्रसित हैं। वे मंदिर, मसजिद, गिरजाघर, गुरुद्वारे में जाते हैं, अपने भविष्य की चिंता में पंडित, मुल्ला, मौलवियों के पास भी जाते हैं, हस्तरेखा विशेषज्ञ और ज्योतिषियों से अपने भविष्य की उपलब्धियों और संभावनाओं की जानकारी भी प्राप्त करते हैं और उपाय भी करते हैं, लेकिन जैसे ही उनसे अध्यात्म, आत्म-ज्ञान, मृत्यु के पश्चात् जीवात्मा की स्थिति पर चर्चा की जाए तो वे कहने लगते हैं कि खाओ, पियो और मस्त रहो। सब बकवास है। एक ओर तो वे भविष्य के लिए चिंतित हैं और दूसरी ओर चार्वाक के समर्थक होकर वर्तमान में जीना चाहते हैं। चार्वाक कहता है कि वर्तमान को ही सत्य मानो और सुख के साथ जीवन-यापन करो। वस्तुत: चार्वाक का सिद्धांत भविष्य की चिंता से परे होने का रास्ता दिखाता है। मृत्यु के बाद का चिंतन भी तो भविष्य का विषय है। जैसे ही भविष्य की थोड़ी सी भी चिंता की तो चार्वाक का सिद्धांत खंडित हो जाएगा, लेकिन देख तो यह रहे हैं कि चार्वाक-सिद्धांत के समर्थकों को अपने जीवन के भविष्य की बहुत चिंताएँ हैं अर्थात् व्यक्ति न तो इधर का है और न ही उधर का है। चार्वाक के सिद्धांत को आधुनिक युग में कुछ भौतिकवादी, जड़वादी, अल्पज्ञानी लोगों ने इसके विकृत स्वरूप को परोसने का प्रयास किया है। चार्वाक के बताए रास्ते पर यदि चलना है तो मानव जीवन में सुख और आनंद के साथ जीवन-यापन करना चाहिए। फिर भविष्य की क्या चिंता करनी है ? लेकिन ध्यान यह भी रहे कि अंतत: मृत्यु तो होती ही है, इस कारण मृत्यु के पश्चात् का यदि कोई प्रमाणिक ज्ञान प्राप्त होता है तो उसका भी अध्ययन करना चाहिए।

चार्वाक का सिद्धांत भौतिक वस्तुओं की उपलब्धि से उत्पन्न सुख पर आधारित है। मनुष्य इच्छाओं का एक पुलिंदा है। एक इच्छा पूर्ण होते ही तत्काल दूसरी इच्छा उत्पन्न

हो जाती है। मनुष्य के मन में अनेक अनेक इच्छाएँ हैं। चार्वाक इच्छाओं की पूर्ति होने पर सुख की कल्पना करता है, परंतु प्रश्न यह है कि क्या मनुष्य अपने जीवन में अपनी समस्त इच्छाओं की पूर्ति कर सकता है ? निश्चित ही नहीं। मनुष्य की प्रत्येक इच्छा की पूर्ति हो, यह कतई संभव नहीं है। इसीलिए चार्वाक का सिद्धांत क्षणिक सुख के लिए है। उत्पन्न हुई इच्छा की पूर्ति नहीं होने पर दुःख मिलने वाला है। इस प्रकार चार्वाक का सिद्धांत दुःख के आमंत्रण का संदेश है। इच्छाएँ और सुख एक-दूसरे के विपरीत हैं। मानव स्वभाव में इच्छाएँ उत्पन्न होना स्वाभाविक है। इच्छा-पूर्ति की कामना से रहित होने में दुःख नहीं है। सुख का तात्पर्य भौतिक वस्तु से जुड़ा है। सुख और आनंद में बहुत अंतर है, परंतु आनंद मन की एक ऐसी दशा है, जिसमें किसी वस्तु-विशेष की कामना नहीं है। चार्वाक के सिद्धांत में शाश्वत आनंद नहीं है।

□

स्थूल शरीर, सूक्ष्म शरीर, जीवात्मा एवं आत्मा

मृत्यु के विषय पर चर्चा करने के पहले भौतिक-शरीर (स्थूल शरीर), सूक्ष्म शरीर, जीवात्मा एवं आत्मा में अंतर और इनसे परिचय होना आवश्यक है।

भौतिक शरीर, जिसे हम स्थूल शरीर भी कहते हैं, का महत्त्व पृथ्वी के इस भौतिक संसार में सर्वाधिक है। प्रत्येक भौतिक कार्य, सुनना, बोलना, विचार व्यक्त करना, भौतिक निर्माण एवं विनाश के समस्त कार्य स्थूल शरीर के माध्यम से ही होते हैं। स्थूल शरीर का ही जन्म और मृत्यु होती है। आधुनिकतावादी एवं तथाकथित वैज्ञानिकों ने स्थूल शरीर को ही प्रथम और अंतिम सत्य मान लिया है, लेकिन प्रश्न तो यह है कि इस स्थूल शरीर का संचालनकर्ता, इसका निर्देशनकर्ता कौन है? यद्यपि स्थूल शरीर का निर्माण किसी मनुष्य के अधीन नहीं हुआ है, यह तो ईश्वर प्रदत्त उपहार है।

वस्तुतः स्थूल शरीर, सूक्ष्म शरीर, जीवात्मा और आत्मा—ये चारों क्रमबद्ध तरीके से एक-दूसरे से जुड़े हैं। सूक्ष्म शरीर का वस्त्र स्थूल शरीर है। जीवात्मा का वस्त्र सूक्ष्म शरीर है। जीवात्मा की उत्पत्ति और इसका आभास आत्मा के कारण है। मूलतः केंद्र आत्मा है। इस प्रकार स्थूल शरीर व आत्मा एक ही सत्य के दो छोर हैं। आत्म-तत्त्व का आभास अथवा आत्म-तत्त्व में लीन होने के लिए मन, बुद्धि, अहंकार से परे होना आवश्यक है और वह मोक्ष की स्थिति में होता है जबकि जीवात्मा में मन, बुद्धि, चित्त, अहंकार का आभास होता है। शरीर की मृत्यु के पश्चात् जीवात्मा शरीर से बाहर निकल जाती है। चूँकि जीवात्मा में मन, बुद्धि, चित्त, अहंकार होता है तो जीवात्मा का वस्त्र सूक्ष्म शरीर होता है।

प्रश्न यह है कि मनुष्य के स्थूल शरीर को कार्य करने के लिए निर्देश कौन देता है? मनुष्य में मन, बुद्धि, चित्त एवं अहंकार निहित है। बुद्धि के निष्कर्ष से मन द्वारा शरीर को निर्देश मिलता है। मन और बुद्धि के माध्यम से शरीर के होने का भाव रहता है। मनुष्य की मृत्यु के पश्चात् स्थूल शरीर विहीन होने पर मन, बुद्धि, चित्त, अहंकार का अस्तित्व तो बना ही रहता है और ये भौतिक वस्तुएँ नहीं हैं तथा जीव की आंतरिक अवस्थाएँ हैं एवं इनको खोजने के उपकरण विज्ञान के पास नहीं है। इसी को सूक्ष्म शरीर कहते हैं। पाँच

ज्ञानेंद्रियाँ—नाक, कान, आँख, मुँह व त्वचा। पाँच कर्मेंद्रियाँ—हाथ, पैर, वाणी, गुदा और उपस्थ। इनके अलावा ग्यारहवाँ मन है। मन के निर्देश पर कर्म किया जाता है और इन ग्यारह अंकों का आभास होना ही सूक्ष्म शरीर है, परंतु इन ग्यारह अंकों का स्थूल शरीर जीवन में अर्थात् जीवित अवस्था में अनुभव करने से स्थूल शरीर का अनुभव करना कहा जाता है, लेकिन जब स्थूल शरीर की मृत्यु हो जाती है, तब इससे परे होकर भी इन ग्यारह अंकों का अनुभव होता है। इसका स्पष्टत: सबसे अच्छा उदाहरण स्वप्नावस्था का है। नींद में हम स्वप्न देखते हैं और उस समय सूक्ष्म शरीर का आभास होता है।

मृत्यु के पश्चात् जीवात्मा जैसे ही स्थूल शरीर से बाहर निकलती है, तत्काल ही उसे अपने सूक्ष्म शरीर का आभास होता है। सूक्ष्म शरीर भी ठीक वैसा ही होता है, जैसा कि हम अपने स्थूल शरीर का अनुभव करते हैं। जब व्यक्ति निद्रा में होता है तो उसका स्थूल शरीर तो पलंग पर पड़ा रहता है, लेकिन वह स्वप्न में स्वयं को चलता-फिरता, दौड़ता-भागता, बोलता, रोता, हँसता आदि सबकुछ करता हुआ देखता है और यह सब कार्य करने का उसे अनुभव भी होता है। स्वप्नावस्था में यह आभास कतई नहीं होता है कि 'यह तो स्वप्न है।' स्वप्न का ज्ञान तो तभी होता है, जब हम निद्रा से जागते हैं। स्वप्न में समस्त कार्यकलाप देखना, हमारे सूक्ष्म शरीर के द्वारा ही होते हैं। मृत्यु के पश्चात् भी ऐसा ही सूक्ष्म शरीर होता है। अंतर सिर्फ यह होता है कि मृत्यु के उपरांत यह ज्ञात होता है कि स्थूल शरीर की मृत्यु हो चुकी है। अब इससे बाहर निकल आए हैं और भौतिक जगत् के भौतिक कार्य करना संभव नहीं है। यहाँ प्रश्न यह उठता है कि मन, बुद्धि, चित्त, अहंकार का आभास किसको होता है ? यही जीवात्मा है। जीवात्मा स्थूल शरीर से बाहर हो गई और उसका उस स्थिति में उसे अपने सूक्ष्म शरीर का अनुभव होने लगता है। जीवात्मा ही परलोक को जाती है। इसी का पुनर्जन्म होता है, परंतु मुख्य केंद्र-बिंदु इन सबका है, आत्मा। दूसरे शब्दों में कहा जाए कि आत्मा का आभास भी जीवात्मा के माध्यम से होता है और जीवात्मा का आभास सूक्ष्म शरीर के माध्यम से होता है एवं सूक्ष्म शरीर का आभास स्थूल शरीर में रहते हुए स्थूल शरीर के माध्यम से होता है।

सूक्ष्म-जगत् को मैं एक उदाहरण से स्पष्ट करना चाहूँगा कि हम जागते हुए अपने शरीर के माध्यम से सभी कार्य करते हैं, वस्तुओं का स्पर्श करते हैं, उनकी भौतिकता का अनुभव करते हैं, परंतु जब हम नींद में सो जाते हैं, तब भी हम अपने स्वप्न में ठीक वैसा ही अनुभव करते हैं, देखते हैं, बोलते हैं, भागते हैं, वस्तुओं को स्पर्श करते हैं, किसी को मारते-पीटते हैं अथवा किसी से पिटते हैं, किसी को घायल करते हैं, किसी से घायल होते हैं। ये सभी परिस्थितियाँ जब हम स्वप्न में अनुभव करते हैं, तो उस समय नींद में हमें आभास कतई नहीं होता है कि हम यह स्वप्न देख रहे हैं। परंतु जैसे ही हम नींद से जागते हैं, तब पता लगता है कि 'वह तो स्वप्न था।' इसी स्वप्न को हम सूक्ष्म जगत् कह

सकते हैं। इसी प्रकार मृत्यु के पश्चात् भी हमें यह आभास तो मिल जाता है कि हमारी देह छूट चुकी है और हम मर चुके हैं, लेकिन सूक्ष्म शरीर के माध्यम से हमें सूक्ष्म जगत् का आभास मिलता है।

जीवात्मा का अपना स्वयं का स्वतंत्र अस्तित्व होता है तथा स्थूल शरीर की मृत्यु के बाद जीवात्मा अपने सूक्ष्म शरीर के रूप में उसके समीप में ही बनी रहती है और वह अपने मृत स्थूल शरीर को उसी प्रकार देखती है जैसे कि शारीरिक जीवन में रहते हुए व्यक्ति देखता है। कुछ समय तक तो उसे विश्वास ही नहीं होता है कि वह मर चुका है। वह अपने मरे हुए शरीर को दाह-संस्कार के समय जलते हुए देखता है, तब जीवात्मा की समस्त अपेक्षाएँ अपने भौतिक शरीर के प्रति समाप्त हो जाती हैं। यदि शव को जमीन में गाड़ दिया जाए तो उसकी जीवात्मा उस कब्र के ऊपर मँडराती रहती है। इसका कारण यह है कि जीवात्मा का स्थूल शरीर से आकर्षण कुछ समय तक समाप्त नहीं हो पाता। कहा जाता है कि मृत्यु के पश्चात् जीवात्मा स्थूल शरीर को त्याग कर सर्वप्रथम 'काम लोक', जिसे 'प्रेत लोक' भी कहते हैं, प्रवेश करती है। कहा जाता है कि जीवात्मा के स्थूल शरीर से परम तत्त्व तक पहुँचने में उसे सात शरीरों अथवा आवरणों की बाधा पार करनी होती है। ये शरीर रूपी आवरण निम्नानुसार हैं—

1. स्थूल शरीर (फिजिकल बॉडी)
2. आकाश शरीर (इथरिक बॉडी)
3. सूक्ष्म शरीर (एस्ट्रल बॉडी या सटल बॉडी)
4. मानसिक शरीर (मेंटल बॉडी)
5. आत्मिक शरीर (स्पीरिचुअल बॉडी)
6. ब्रह्म शरीर (कॉस्मिक बॉडी)
7. निर्माण शरीर (बॉडीलेस बॉडी)

जैसा कि पूर्व में कहा जा चुका है कि जीवात्मा, सूक्ष्म शरीर, स्थूल शरीर की केंद्र शक्ति आत्मा है। आत्मा अमर है। आत्म-तत्त्व में लीन अथवा विलय होने का तात्पर्य परम तत्त्व में लीन होना है। आत्मानुभूति के समय व्यक्ति स्वयं को अपने ही शरीर से अलग होकर सिर्फ 'होने' का आभास करता है। इसे कुछ लोग 'फीलिंग ऑफ बीइंग' कहते हैं। यह स्थिति अद्वैत होने की बनती है। मैं शरीर नहीं हूँ, आत्मा हूँ। मन, बुद्धि, चित्त, अहंकार, इच्छा, विचार, विवेक, स्मृति आदि के अनुभव से जैसे ही परे हुए तो आत्मा के होने का आभास होता है। स्थूल शरीर में रहते हुए आध्यात्मिक स्तर पर चिंतन करते हुए आत्मा के भाव को धारण करके दृष्टाभाव रखना ही आत्म-तत्त्व की अनुभूति की तरफ बढ़ता हुआ प्रथम कदम है। जैसे ही मन, बुद्धि, चित्त, अहंकार का प्रकटीकरण होता है तो वही आत्मा का परिवर्तन जीवात्मा में हो जाता है और फिर उसे अपने सूक्ष्म

शरीर का आभास होने लगता है। प्रत्येक व्यक्ति के अपने स्वयं के निजी मन, बुद्धि, अहंकार हैं। इसी प्रकार जितने व्यक्ति हैं, उतनी ही जीवात्माएँ हैं और उतने ही प्रकार के मन, बुद्धि, अहंकार हैं एवं उतने ही स्थूल शरीर हैं। परंतु यदि आत्मा के स्तर पर चर्चा करें तो फिर यह सब विभिन्नताएँ विलुप्त हो जाती हैं और निर्विकार, निर्गुण, निराकार आत्मा का अभास होता है। यह सभी में एक समान है। सभी में एक ही परम तत्त्व से जुड़ी हुई है। मृत्यु के पश्चात् जीवात्मा स्थूल शरीर से जब बाहर हो जाती है और उसमें चूँकि मन, बुद्धि, चित्त, अहंकार तो होता ही है, इस कारण जीवात्मा में राग, द्वेष, वासना, इच्छा, कर्म, पुरुषार्थ, सुख-दुःख की अनुभूति व कामनाएँ होती हैं। इन सब गुणों को साथ लेकर जीवात्मा अपने सूक्ष्म शरीर के साथ विचरण करती रहती है। इस प्रकार जीवात्मा और परमात्मा में अंतर समझा जा सकता है।

जीवात्मा सत्कर्म के लिए स्थूल शरीर के रूप में जन्म लेती है। मानव शरीर बड़ी मुश्किल से मिलता है। सत्कर्मों के लिए एवं जीवात्मा के उत्थान के लिए मानव देह प्राप्त होती है। अत: शारीरिक जीवन को व्यर्थ नहीं जाने देना चाहिए। मृत्यु के समय सिर्फ स्थूल शरीर ही तो नष्ट होता है। बाकी इच्छाएँ, वासनाएँ, अपेक्षाएँ, काम, क्रोध, मोह, लालच, ईर्ष्या, विचार, मन, बुद्धि, चित्त, अहंकार तो स्थूल शरीर से बाहर निकलने के पश्चात् जीवात्मा में बने ही रहते हैं। ये सभी गुण यदि स्थूल शरीर में रहते हुए विलुप्त हो गए हों, इनसे परे हो गए, तब फिर सूक्ष्म शरीर ठहरेगा ही नहीं। फिर तो आत्मानुभूति ही होगी और परम-तत्त्व में विलीन हो जाना होगा। योग की साधना करनेवाले ऐसे महान् योगी हुए हैं, जो अपने ध्यान और समाधि की अवस्था में स्थूल शरीर से बाहर निकलकर सूक्ष्म शरीर के माध्यम से एक स्थान से दूसरे स्थान पर विचरण करते रहते हैं। शरीर जीवन में रहते हुए परलोक के दर्शन करना आम व्यक्ति के लिए संभव नहीं है, परंतु योग साधना में लगे योगी, जो ध्यान की उस स्थिति में पहुँच गए हैं कि वे समाधिस्थ हो जाते हैं। ऐसे योगी समाधि की अवस्था में शरीर से बाहर निकलकर अपनी इच्छानुसार जहाँ चाहें, वहाँ विचरण कर सकते हैं। वे समाधिस्थ होकर परलोक के भी दर्शन कर सकते हैं। मृत्यु के पश्चात् जो पुण्य आत्माएँ परलोक में जाती हैं और उनका समय आने पर जब पुनर्जन्म लेती हैं तो उन्हें परलोक की याद्दाश्त नहीं रहती है, परंतु समाधिस्थ योगी शरीर से बाहर निकलकर परलोक के दर्शन करने के बाद भी उन्हें वहाँ की स्थिति याद रहती है।

एक स्थिति पर भ्रम दूर होना आवश्यक है कि सूक्ष्म शरीर व सूक्ष्म-जगत् को इनके नाम के आधार पर यह नहीं समझना चाहिए कि इनकी शक्ति व आकार सीमित अथवा प्रतिबंधित है। सूक्ष्म शरीर किसी स्थान-विशेष, देश-विशेष, नगर-विशेष, घर-विशेष की सीमाओं और दीवारों तक सीमित नहीं रहता। सूक्ष्म शरीर की गति मन के समान होती

है। जिस प्रकार मन एक जगह से दूसरी जगह पहुँच जाता है, उसी तरह मृत्यु के पश्चात् सूक्ष्म शरीर की भी यही गति होती है। सूक्ष्म-जगत् का तात्पर्य भी यह नहीं है कि वह पृथ्वी से छोटा है। सूक्ष्म-जगत् अति विशाल और असीमित है।

कारण—शरीर मनुष्य की जीवात्मा के साथ हमेशा बना रहता है। पिछले अनेक जन्मों की अनुभूतियाँ और कर्म-फल का परिणाम 'कारण-शरीर' में निहित होता है। कारण-शरीर से तात्पर्य है, ऐसी परिस्थितियाँ एवं कर्म, जिनके परिणामस्वरूप व्यक्ति का जन्म हुआ है और मृत्यु के पश्चात् ऐसे ही परिणामों के कारण सूक्ष्म शरीर के साथ जुड़ा रहता है। अर्थात् वे कारण, जिनका परिणाम पुनर्जन्म के रूप में प्राप्त हुआ है तथा वे कारण जो मृत्यु के पश्चात् जीवात्मा को उसकी अपनी परिस्थितियों में प्राप्त हो रहे हैं। 'कारण-शरीर' जीवात्मा के साथ हमेशा ही बना रहता है। दूसरे शब्दों में, वह जीवात्मा का भाग्य है।

□

मृत्यु के समय कैसा लगता है

मृत्यु के समय कैसा लगता है और इसकी प्रक्रिया क्या है, यह विषय हमेशा से खोज का रहा है। प्रश्न यह है कि क्या मृत्यु के समय अत्यंत पीड़ा या दर्द होता है ? क्या प्राण निकलते समय अत्यधिक असहनीय तकलीफ होती है ? इस प्रश्न पर मेरा सोचना यह है कि प्रथमत: तो मृत्यु होने के समय किसी भी प्रकार की पीड़ा, दर्द अथवा कष्ट मरनेवाले व्यक्ति को नहीं होता है। द्वितीयत: जो भी कष्ट होता है, तो उसके लिए ईश्वर ने मृत्यु के समय मूर्च्छित होने की प्रक्रिया निर्धारित कर रखी है, लेकिन यह विषय सामान्य दशा में हो रही मृत्यु के ही संदर्भ में है। हम देखते हैं कि जिनकी मृत्यु हो जाती है, मृत्यु के उपरांत उनके चेहरे को गौर से देखिए। सामान्यतया उनका चेहरा पूर्णत: शांत और पीड़ा-रहित, दर्द-रहित भाव का दिखेगा। मृतक के चेहरे को देखने पर ऐसा लगता है जैसे कि वह अपनी गहन निद्रा में है। यह स्थिति उन मरनेवाले लोगों की भी होती है, जो अपने जीवन में गंभीर बीमारी के कारण शरीर जीवन को भोगते हुए मरते हैं। बीमारी की अवस्था में तो उन्होंने शारीरिक एवं मानसिक पीड़ा, कष्ट एवं तकलीफों का अनुभव किया है, लेकिन ऐन वक्त पर जब मौत ने शरीर जीवन के दरवाजे पर दस्तक दी है तो मृत्यु के बाद उस व्यक्ति के चेहरे पर पूर्णत: शांति, निश्चिंतता व गहन निद्रा का भाव देखा जा सकता है। इससे यह स्पष्ट है कि मृत्यु के क्षणों में किसी भी प्रकार का दर्द अथवा कष्ट का अनुभव नहीं होता है। इसी विषय पर अनेक पूर्व मृत व्यक्तियों की जीवात्माओं ने भी अपने अनुभव बताए हैं। ईश्वर की भी ऐसी महिमा है कि परमात्मा जीवन के अंतिम दरवाजे की निकासी के समय मरनेवाले को प्राण निकलने की तकलीफ नहीं देना चाहता है। भौतिक शरीर में रहते हुए मनुष्य अनेक शारीरिक मानसिक तकलीफों से जूझता रहता है, लेकिन जब मौत होने लगती है तो तकलीफों का अनुभव नहीं होता। इसके अलावा देखा यह भी गया है कि जिनकी मृत्यु किसी दुर्घटना या आत्महत्या अथवा हत्या के कारण होती है और उसी घटना के समय तत्काल यदि उनके प्राण शरीर से बाहर निकल रहे हों, तब ऐसी स्थिति में दुर्घटना या हत्या के कारण शरीर को पहुँचे दर्द का आभास तो उस मृतक के चेहरे पर आ सकता है, लेकिन चूँकि उसी समय उसकी मृत्यु भी हो रही है, तब चेहरे पर पीड़ाजनक भाव ठहर जाएगा।

मृत्यु के पश्चात् जीवात्माओं का विभिन्न लोगों से हुए साक्षात्कार के अनुसार एवं तत्त्वदर्शी योगियों का कहना है कि मृत्यु होने के कुछ समय पहले शरीर में बड़ी बैचेनी, पीड़ा और छटपटाहट होती है। इसका कारण यह है कि शरीर के सभी अंगों व सभी नाड़ियों से प्राण खिंचकर एक जगह एकत्रित होते हैं। इसी समय मरनेवाला मूर्च्छित हो जाता है। मरने के पूर्व जिन क्षणों में शरीर से प्राण निकलते हैं और मृत्यु होती है। तत्समय वह व्यक्ति पूर्ण रूप से मूर्च्छित हो जाता है। मैं तो यहाँ यही कहूँगा कि ईश्वर ने मनुष्य की बहुत अधिक चिंता कर रखी है। जब प्राण निकलने का समय आता है तो मनुष्य को उसके कष्ट और पीड़ा का आभास नहीं होने के लिए स्वत: ही मूर्च्छा आ जाती है। मृत्यु एक स्वाभाविक प्रक्रिया है। इसलिए मृत्यु से भयभीत नहीं होना चाहिए। जिस तरह किसी वृक्ष की टहनी से पत्ता स्वत: ही टूटकर जमीन पर गिर जाता है, उसी तरह शरीर से प्राण अपने आप ही निकलने लगते हैं। तत्समय जीवात्मा को शरीर में बने रहने की आदत और मानसिकता रहती है एवं इस कारण वह शरीर को छोड़ना नहीं चाहता है। इसलिए मृत्यु के समय प्राण पुन: शरीर के अंगों और नाड़ियों में वापस होने का प्रयास करते हैं और यही कष्ट व पीड़ा का कारण है। इसलिए मैं यहाँ यह कहूँगा कि जीवन के अंतिम समय में अभ्यास करते हुए शरीर को छोड़ने की मानसिकता बना लेनी चाहिए। शरीर से लगाव छोड़ देना चाहिए, लेकिन इसका तात्पर्य यह नहीं है कि शरीर को स्वस्थ बनाए रखने से ध्यान हटा लें। परंतु विडंबना तो यह है कि शरीर की तो बात अलग है, लोग अपनी संपत्ति व रुपए पैसे व रिश्तेदारों से लगाव नहीं छोड़ पाते हैं।

मृत्यु के समय जो कष्ट होता है, वह मरनेवाला अपने मुख से प्रकट नहीं कर पाता है। परंतु ईश्वर की महिमा भी यह है और ऐसी प्रक्रिया बना रखी है कि जब शरीर से प्राण निकलने का समय पास आता है तो मरनेवाले का बोलना बंद हो जाता है। हम कुछ लोग यह समझते हैं कि मरनेवाला व्यक्ति तो बोलते-बोलते मरा है और उसी को मृत्यु मान लेते हैं, परंतु दिल की धड़कन मात्र बंद हो जाना और श्वास का आवागमन रुक जाना ही मृत्यु का क्षण नहीं है।

शरीर से प्राण निकलने के पूर्व की स्थिति

सामान्य अवस्था में अपनी आयु पूर्ण करने के पश्चात् जब व्यक्ति की मृत्यु का समय निकट आता है तो उसकी मानसिकता में विभिन्न प्रकार के परिवर्तन होते हैं। वृद्धावस्था और रोगावस्था होने पर भी व्यक्ति जीना चाहता है एवं इसी कारण वह चिकित्सकों और अस्पतालों के चक्कर लगाता रहता है, इलाज कराता रहता है। वह सोचता है कि काश, स्वस्थ होकर और जीवन जिए, लेकिन जब इलाज व दवाइयों से उसे लाभ नहीं होता है, तब वह प्रतिक्रियात्मक होने लगता है, बात-बात पर झल्लाने लगता है, नाराज होने लगता

है। वह कहने लगता है कि मैंने तो जीवन में कभी किसी के साथ बुरा नहीं किया, फिर ये कष्ट मुझे ही क्यों ? परंतु इस सोच में भी वह स्वपेक्षी होता है। उसे अपने दोष याद नहीं रहते। कभी-कभी तो ईश्वर के प्रति भी रोष व्यक्त करने लगता है, परंतु जब स्थिति बिगड़ने लगती है और उसे यह विश्वास होने लगता है कि अब जीवन की अधिक साँसें शेष नहीं हैं, मृत्यु निकट है, तब वह ईश्वर के समक्ष समर्पण करने लगता है। ईश्वर को याद करता है। मृत्यु की अति निकटता में कुछ समय पूर्व से मरनेवाला व्यक्ति चुप हो जाता है। वह इस तथ्य को स्वीकार कर लेता है कि अब बचने का कोई भी दूसरा रास्ता नहीं है, मौत होनी ही है। उस स्थिति में स्वत: ही वह मौन हो जाता है अर्थात् उसका बोलना स्वत: ही बंद हो जाता है। पूछने पर वह अस्पष्ट जवाब देने लगता है। उसी समय उसे बेहोशी आ जाती है। उसकी आँखें भले ही खुली हों, लेकिन उसे सामने के भौतिक दृश्य और व्यक्ति दिखाई नहीं देते। प्राण निकलते समय मृतक व्यक्ति की जीवात्मा को लेने के लिए उसके पूर्व मृत परिजनों की जीवात्माएँ आती हैं और वह उन्हीं को आश्चर्यचकित होकर देखता है। शरीर में नब्ज बंद होने के बाद, हृदय की धड़कन बंद होने के बाद, मस्तिष्क की कोशिकाओं में रक्त प्रवाह बंद हो जाता है और वे नष्ट होने लगती हैं। दिमाग का कार्य करना समाप्त हो जाता है। हृदय गति रुकने के बाद इस कार्य में लगभग 10 मिनट का समय लगता है। मृत्यु के ठीक पूर्व शरीर में सनसनाहट होने लगती है। मरनेवाला उस स्थिति को व्यक्त नहीं कर पाता है। शरीर के विभिन्न अंगों की चेतनता समाप्त होकर प्राण नाभि की ओर खिंचने लगते हैं, गला सूखने लगता है। संभवत: इसी कारण मृत्यु के समय हिंदुओं में तुलसी मिश्रित जल मृतक के मुँह में डालने की प्रथा बन गई है।

प्राण निकलने की प्रक्रिया स्वाभाविक है और इसके लिए चिंतित नहीं होना चाहिए। जीवन के आखिरी समय में व्यक्ति की मानसिकता स्वत: ही इस संसार को छोड़ने की बनने लगती है। मृत्यु की अवस्था में शरीर से मोह भी समाप्त होने लगता है। कहा जाता है कि इस अवस्था में मनुष्य अपने जीवन की समस्त महत्त्वपूर्ण घटनाओं को याद करता है और अपने कर्मों का लेखा-जोखा देखता है। वह अपने सत्कर्मों को याद करते ही आनंदित होने लगता है और बुरे कर्मों के कारण स्वयं को अपराध-भाव से ग्रसित पाता है। सामान्यतया प्राण के निकास द्वार मुख, आँख, कान, नाक ही प्रमुख हैं, परंतु हिंसक और दुष्ट वृत्ति के मनुष्यों के प्राण मल-मूत्र द्वार से भी निकलते देखे गए हैं। मृत्यु के पश्चात् अधिकांश जीवात्माओं द्वारा साक्षात्कार में यह भी बताया गया है कि जैसे ही शरीर से प्राण निकलते हैं, तब जीवात्मा तत्काल ही नींद में चली जाती है। यह ठीक इस प्रकार है, जैसे अत्यधिक परिश्रम से थका हुआ व्यक्ति जिस प्रकार नींद के आगोश में चला जाता है, उसी प्रकार प्राण निकलने के बाद जीवात्मा को भी निद्रा की आवश्यकता होती है। इस नींद से जीवात्मा को अत्यधिक शांति व शक्ति प्राप्त होती है। इस नींद की समय-सीमा सुनिश्चित नहीं है। यह

कुछ मिनट, कुछ घंटे, कुछ दिन की भी हो सकती है। जो मनुष्य अपने शरीर जीवन में रहते हुए, जितना अधिक बीमार रहा है, उसे उतनी ही अधिक देर की निद्रा रहती है। उसे अपना शरीर पूर्णत: स्वस्थ प्रतीत होगा, क्योंकि स्थूल शरीर की बीमारियाँ और उसकी वेदनाएँ, स्थूल शरीर के छूटने के साथ ही समाप्त हो जाती हैं।

मृत्यु होते ही उसका सूक्ष्म शरीर बाहर निकल जाता है और एक सफेद चमकदार डोरी से अपने स्थूल शरीर से जुड़ा रहता है, जिसे सिल्वर कॉर्ड कहते हैं। जैसे ही इस डोरी का विच्छेद स्थूल शरीर से होता है, तत्काल ही स्थूल शरीर की मृत्यु घोषित हो जाती है। मृत्यु के तत्काल पश्चात् जीवात्मा के सूक्ष्म शरीर को उसके पूर्व मृत सगे-संबंधियों की जीवात्माएँ आकर घेर लेती हैं और उसे अपना सहारा व संरक्षण का आभास कराती हैं। सूक्ष्म शरीर के माध्यम से जीवात्मा स्वयं को बहुत हल्का अनुभव करती है और वह जमीन से ऊपर उठकर उड़ने की स्थिति में भी रहती है। सूक्ष्म शरीर में जीवात्मा को अपने हाथ, पैर, आँख, नाक आदि अंगों का भी आभास होता है और वह अपने सूक्ष्म शरीर को देख पाती है। सूक्ष्म शरीर के आवागमन के लिए किसी भी प्रकार के दरवाजे एवं दीवारें बाधक नहीं होती। वह दीवार के आर-पार भी देख सकता है क्योंकि उसकी पहुँच की गति मन की दौड़ के समान होती है। मनुष्य में इच्छाएँ और वासनाएँ शेष रह गई है तो मृत्यु के पश्चात् सूक्ष्म शरीर की नींद अत्यंत अल्प होगी। उसका सूक्ष्म शरीर अपने मृत्यु स्थल और शव के आस-पास ही मँडराता रहेगा तथा स्वजनों के विलाप को भी देखने और उन्हें समझाने-बुझाने का कार्य करेगा, परंतु सूक्ष्म शरीर की इस गतिविधि को कोई समझ नहीं पाता है।

शरीर से प्राण निकलने के बाद की स्थिति

प्राण निकलने के बाद जीवात्मा अपने ही शरीर को अपने से अलग देखती है और उस समय वह स्वयं को अत्यंत हल्का, स्वतंत्र व आनंदित अनुभव करती है। मृत्यु के पश्चात् दाह-संस्कार एवं तेरहवीं तक के कर्म-कांड की प्रथा हिंदुओं में है और मृतक की जीवात्मा प्रेत-योनि में अपने समस्त कर्म-कांड को देखती है। यहाँ मेरा विचार यह है कि शरीर जीवन में रहते हुए, जिस व्यक्ति की कर्म-कांड के प्रति जो मान्यताएँ होती हैं, जीवात्मा उसी के अनुसार अपना कर्म-कांड कराना चाहती है और होता हुआ देखती भी है। इसलिए मृतक के परिजनों को यह ध्यान रखना चाहिए कि मृतक की अपनी स्वयं की मान्यताएँ एवं विश्वास किस प्रकार के थे और उसी के अनुसार कर्म-कांड की संपूर्ण प्रक्रिया का पालन करना चाहिए। इसमें त्रुटि होने पर जीवात्मा को कष्ट होता है। वह दु:खी होती है और इसी को पितृदोष कहा जाता है। जीवात्मा को यह ज्ञान भी होता जाता है कि उसके संदर्भ में कौन क्या सोच रहा है, कौन क्या कह रहा है? उसे अपने सूक्ष्म शरीर का पूरा-पूरा आभास होता है। मृत्यु के तत्काल बाद जीवात्मा प्रेत-योनि में रहती है और

दाह-संस्कार, क्रिया, कर्म-कांड, तेरहवीं, शोडषी-सपिंडी आदि कर्म-कांड के पश्चात् प्रेत-योनि से मुक्त होकर परलोक गमन करती है। जीवात्मा में वासना और कामनाओं की कितनी इच्छा और तीव्रता है, इसी से उसके पुनर्जन्म का निर्धारण होता है। व्यक्ति अपने शरीर जीवन में यदि आध्यात्मिक चिंतन का रहा है तो उसकी जीवात्मा परलोक के विभिन्न लोकों में वास करती है और यह सब जीवात्मा की अपनी आध्यात्मिक योग्यता पर निर्भर करता है। इस प्रकार पुनर्जन्म भी जीवात्मा की वासना और शरीर जीवन के भोग की इच्छाशक्ति पर निर्भर करता है।

कुछ लोगों का मत है कि जीवात्मा का सूक्ष्म शरीर बैंगनी रंग का होता है, परंतु इसके विपरीत भारतवंशी संत-महात्माओं का कहना है कि जीवात्मा का रंग सफेद होता है, लेकिन इतना अवश्य है कि मृत्यु के पश्चात् जब स्थूल शरीर छूट जाता है तो जीवात्मा सूक्ष्म शरीर के रूप में होती है और वह जहाँ चाहे, इच्छानुसार जा सकती है। सूक्ष्म शरीर में भी जीवात्मा को देह-आभास होता है, लेकिन पृथ्वी लोक के निवासी भौतिक शरीर वालों को जीवात्मा का सूक्ष्म शरीर एवं उसका आभास प्रतीत नहीं हो पाता। शरीर जीवन में रहते हुए व्यक्ति का स्वभाव, विश्वास, उसके विचार भी मृत्यु के पश्चात् उसके साथ जाते हैं। मृत्यु के पश्चात् कुछ जीवात्माएँ अपने से पूर्व मृत स्वजनों की जीवात्माओं के साथ रहना पसंद करती हैं। शरीर जीवन में रहते हुए व्यक्ति की जिस प्रकार की मान्यताएँ होती हैं, मृत्यु के पश्चात् भी लगभग वे ही मान्यताएँ जीवात्मा के साथ रहती हैं। स्थूल शरीर जीवन में जिस प्रकार एक घर, भोजन, सुख-दु:ख की आदत बनी रहती है, उसी प्रकार मृत्यु के पश्चात् भी जीवात्मा को सूक्ष्म शरीर में वैसा ही अनुभव होता है। जीवात्मा को उसकी अपनी इच्छानुसार घर, भोजन, पहनने के कपड़े भी उपलब्ध होने की मान्यता है। इसी प्रकार संत-महात्माओं की मृत्यु के पश्चात् भौतिक जीवन में रहते हुए, जिस प्रकार उनका निर्वाह होता रहता है, उसी प्रकार मृत्यु के पश्चात् भी जीवात्मा को अस्तित्व बना रहता है।

कुछ विद्वानों का मत है कि जीवात्माओं में भी स्त्री और पुरुष में लिंग भेद बना रहता है। हमने अपने दैनिक जीवन में यह अनुभव किया है कि प्रत्येक स्त्री के अंदर एक पुरुष भी होता है और इसी प्रकार प्रत्येक पुरुष के अंदर एक स्त्री भी होती है। कुछ महिलाओं में पुरुषों के गुण और स्वभाव व आचरण का प्रकटीकरण अधिक होता है और इसी प्रकार कुछ पुरुषों में महिलाओं के गुणों का प्रकटीकरण अधिक होता है। अब मृत्यु के पश्चात् यदि पुरुष में महिलाओं के गुणों की अधिक प्रधानता बनी रहती है, तो इस संदर्भ में कुछ विद्वानों का मत है कि पुनर्जन्म के पश्चात् वह व्यक्ति या तो नपुंसक होगा या हिजड़ा, और तत्पश्चात् धीरे-धीरे आगे के जन्मों में उसका लिंग परिवर्तन हो जाता है।

जो व्यक्ति आध्यात्मिक स्तर पर चिंतन करते हैं, अध्यात्म साधना में रहते हैं, निर्मल चित्त के हैं और जीवन में सत्कर्म और सद्विचार के साथ जीवन-यापन किया है, उन्हें मृत्यु

के छह माह पूर्व आभास होने लगता है। आध्यात्मिक स्तर पर जागरूक व्यक्ति अपनी मृत्यु की भविष्यवाणी भी कर सकता है। कभी-कभी तो पाँच-छह घंटे पूर्व से ही मृत्यु होने के स्पष्ट संकेत दिखाई देने लगते हैं। परमात्मा भी अपनी जीवात्माओं से अत्यधिक प्रेम करता है। उसे सभी जीवात्माओं की बड़ी चिंता रहती है। परमात्मा ने इस बात का भी ध्यान रखा है कि जीव मृत्यु के दु:ख से बचा रहे। जैसे ही मृत्यु का क्षण निकट आता है, मरनेवाला व्यक्ति ठीक उसी अवस्था में पहुँच जाता है जैसे कि उसे नींद आ रही हो अथवा वह बेहोश हो जाता है और उसके प्राण बेहोशी में भी निकलते हैं तथा यह पता भी नहीं चल पाता है कि 'वह मर गया हूँ।' मृत्यु के समय जो लोग वहाँ उपस्थित रहते हैं, उन्हें बिल्कुल शांत और मौन धारण करते हुए रहना चाहिए, जिससे कि मरनेवाले के प्राण निकलते समय उसे तकलीफ न हो। चिल्लाकर रोने-पीटने से मरनेवाले व्यक्ति को और उसकी जीवात्मा को बहुत अधिक तकलीफ होती है। उस समय व्यक्ति की आस्था अनुसार धर्म ग्रंथों का पाठ भी और ईश्वर-कीर्तन करना चाहिए। हिंदुओं में गीता पाठ की परंपरा है।

हिंदू धर्मशास्त्र, उपनिषद्, वेद, श्रीमद्भगवतगीता (08/25) एवं वेद व्यास के 'ब्रह्मसूत्र' के अनुसार सार यह है कि मृत्यु के पश्चात् जीवात्मा को तीन प्रकार के मार्ग प्राप्त होते हैं—

1. **अर्चि मार्ग**—जो व्यक्ति भगवान् के प्रति समर्पित और आस्थावान हैं, भक्त हैं, अध्यात्म ज्ञानी हैं, उनकी जीवात्मा अर्चि मार्ग से सीधे परलोक जाती है और वे जीवन-मरण के क्रम से मुक्त हो जाते हैं। वे कर्म बंधन से भी मुक्त हो जाते हैं और उनका पुनर्जन्म नहीं होता है। पुनर्जन्म भी उनका तभी होता है, जब ईश्वर इच्छा हो और पृथ्वी पर किसी विशेष उद्देश्य से उन्हें आना हो।
2. **धूम मार्ग**—जो व्यक्ति अपने जीवन में सतोगुणी रहे हैं और सत्कर्म किए हैं, उनकी जीवात्माएँ धूम मार्ग से स्वर्गलोक जाती हैं और स्वर्गलोक में वे सुख व अपने पुण्य कर्मों का भोग करते हैं एवं अनुकूल समय होने पर उनका पुनर्जन्म होता है।
3. **छुद्र मार्ग**—जो व्यक्ति अपने शरीर जीवन में नीच कर्म करते रहे हैं, दूसरों को तकलीफें देते रहे हैं, नकारात्मक रहे हैं, दुष्टता का व्यवहार एवं कपटपूर्ण, झूठ एवं फरेब का जीवन व्यतीत किया है, उनके लिए तो मृत्यु के पश्चात् ऐसी ही स्थिति होती है, जैसे बार-बार मरना और बार-बार पुनर्जन्म होना। उन्हें न तो देवयान मिलता है और न ही पितृयान प्राप्त होता है।

संसार का प्रत्येक व्यक्ति मृत्यु से भयभीत है। अधिकांश व्यक्ति यह धारणा बनाए हुए हैं कि मृत्यु के बाद कुछ भी शेष नहीं रह जाता है। मेरे द्वारा इस विषय पर चर्चा करने का उद्देश्य सिर्फ यही है कि व्यक्ति मृत्यु के विषय से भयहीन हों। मैंने 'मृत्यु के पश्चात्' विषय पर जो थोड़ा-बहुत अध्ययन किया है, उसे मैं पाठकों के साथ सहभागी होना चाहता हूँ। □

शरीर से बाहर निकलने का मेरा एक निजी अनुभव

मैं अपने जीवन की एक घटना का उद्धरण यहाँ प्रस्तुत करना चाहता हूँ। मैं सन् 1970 के माह सितंबर में बी.एस-सी. प्रथम वर्ष का विद्यार्थी था। घर में अपने कमरे के अंदर रात में लगभग 12:00 बजे अध्ययन करने के पश्चात् सो गया था। मेरा कमरा अंदर से बंद था। मेरे अलावा कमरे के अंदर अन्य कोई नहीं था। मैं पूर्णतः सो चुका था। इसी मध्य मैं यह देखता हूँ और अनुभव करता हूँ कि मेरी मृत्यु हो चुकी है। मैं अपने शरीर को पलंग पर पड़ा हुआ देख रहा हूँ। शरीर पर एक चादर पड़ी है, शरीर सीधी अवस्था में है। मैं देख रहा था कि मेरा एक हाथ सिर के ऊपर है। जो देखनेवाला 'मैं' है, उसकी कोई देह नहीं थी, मैं कमरे की छत पर लगे गार्डर से अपने शरीर को देख रहा था। मैं अनुभव कर रहा था कि पलंग पर मेरा स्थूल शरीर मृतावस्था में पड़ा है और हवा में तैरते हुए, शरीर-विहीन होकर छत के कोने से सिर्फ दिखने का आभास हो रहा था। उसी अवस्था में मैं यह भी सोच रहा था कि अचानक यह मेरी मृत्यु हो गई है और मेरे कमरे का दरवाजा भी अंदर से बंद है, अब जब सुबह होगी तो घर के अन्य सदस्य मेरे नहीं उठने के कारण परेशान हो जाएँगे और जब दरवाजा नहीं खुलेगा तो परिवारजन दरवाजा तोड़कर मेरे शरीर को बाहर निकालेंगे, रोएँगे, विलाप करेंगे और यह भी सोचेंगे कि अचानक इसकी मृत्यु कैसे हो गई है? मैं लगातार अपने ही मृत पड़े हुए शरीर को देख रहा था। कमरे के अंदर लगी घड़ी को मैंने देखा तो उस समय रात के 2:20 बजे हुए थे। कुछ ही समय पश्चात् अचानक घबराहट के साथ मैं अपने स्थूल शरीर में था और अपने बिस्तर पर उठकर बैठ गया। शरीर पर पड़ी हुई चादर को एक तरफ हटाया, उस समय मेरे हृदय की धड़कन अत्यंत तेज गति से चल रही थी और मैं लगभग हाँफ रहा था। तत्काल मैंने उठकर बिजली का स्वीच ऑन किया और देखा कि इस समय रात के 2:20 बजे हुए हैं। कमरे मैं बैठकर मैं चिंतनीय अवस्था में यह विचार करने लगा कि मैंने अभी-अभी यह स्वयं की मृत्यु के बारे में कैसा दृश्य देखा? इसके बाद फिर मुझे

नींद नहीं आई। मैं समझता हूँ कि मेरा यह स्वप्न नहीं था। क्योंकि स्वप्न तो वह होता है, जो कभी बीत चुके समय अथवा बीत चुकी किसी घटना पर आधारित हो, परंतु मैं तो वह सब-कुछ देख रहा था, जो तत्काल उसी समय घटित हो रहा था। स्वप्न में कभी भी कोई स्वयं के शरीर से अलग होकर अपने ही शरीर को नहीं देखता है। जिस तरह जाग्रत् अवस्था में हम दूसरों को तो देख सकते हैं, लेकिन स्वयं को नहीं देख सकते हैं और ऐसी ही स्थिति स्वप्न में भी होती है। घड़ी का समय, कमरे के अंदर लेटी हुई अवस्था में पड़ा हुआ यथावत् मेरा शरीर इस पर पड़ी हुई सफेद चादर। वैसा ही कमरे के अंदर बंद दरवाजा। सबकुछ वैसा ही तो था, जो मैंने कुछ समय पहले देखा है। अर्थात् दृश्य मेरे कमरे के अंदर की स्थिति के साथ मेरे स्थूल शरीर का था और दृष्टा 'मैं' था। जो दृष्टा था, वह आकार-हीन, देह-हीन था।

कुछ दिन पश्चात् ही मैंने अपने परम-पूज्य प्रातः स्मरणीय गुरुदेव (जो अब ब्रह्मलीन हो चुके हैं) योगीराज श्री चंद्रमोहनजी महाराज को संपूर्ण वाकया सुनाया और उन्होंने भी बड़ी गंभीरता से मेरी बात सुनी। मेरे गुरुजी ने मुझसे कहा, "लल्ला (गुरुजी अपने शिष्यों को लल्ला कहकर संबोधित करते थे), जो घटना घटित हुई है, वह मृत्यु की सूक्ष्म घटना थी और इसे कोई रोक नहीं सकता था तथा अभी मेरे जीवन की शेष आयु बकाया है। इस कारण यह मानकर चलना चाहिए कि मेरा इसी शरीर में रहते हुए पुनर्जन्म हुआ है।" गुरुजी ने आगे बताया कि हम अधिकांशतः यह देखते हैं कि अनेक व्यक्ति गंभीर-से-गंभीर दुर्घटना के कारण मृत्यु के दरवाजे तक पहुँच जाते हैं और फिर भी वे बच जाते हैं, परंतु दुर्घटना के कारण उन्हें कष्ट भोगना पड़ता है। मेरे गुरुजी ने मुझे यह भी बताया कि चूँकि मैं हमेशा 'प्रभुजी' (योग-योगेश्वर श्री रामलालजी महाराज, जो कि मेरे गुरुजी के गुरु हैं और मेरे गुरुजी उन्हें 'प्रभुजी' के नाम से संबोधित करते रहे हैं) का स्मरण करता रहता हूँ और वे अपने बच्चों का प्रतिक्षण ध्यान रखते हैं। इस कारण मेरे शरीर जीवन में रहते हुए मृत्यु के द्वार तक पहुँचने की इस घटना को 'प्रभुजी' ने सूक्ष्म रूप में घटित कर दिया।

□

जीवात्माओं का मुझ (लेखक) से संपर्क

मेरा विश्वास है कि व्यक्ति की मृत्यु के पूर्व परलोक से उसके पूर्व-मृत स्वजन अथवा अन्य जीवात्माएँ उसे लेने आती हैं एवं मृत्यु के पश्चात् मृत व्यक्ति की जीवात्मा भी अपने स्वजनों से मिलने आती हैं। इस संदर्भ में मैं अपने कुछ निजी अनुभव के साथ सहभागी होना चाहता हूँ।

मध्य प्रदेश के दतिया नगर में डॉ. कालिका प्रसाद पांडेय, चिकित्सा क्षेत्र के एक प्रतिष्ठित हस्ताक्षर थे। वह बहुत ही मिलनसार व मजाकिया स्वभाव के थे। वे नगर पालिका परिषद् दतिया के अध्यक्ष रहे हैं। मेरे उनसे पारिवारिक संबंध थे और वे मेरे पारिवारिक चिकित्सक भी थे। वैसे तो मेरे पिताजी स्व. श्री विश्वनाथ तिवारी एवं बड़े भाई श्री रामरतन तिवारी से ही उनकी निकटता व मित्रतापूर्ण व्यवहार था, लेकिन वे मुझे अपना विशेष स्नेह देते थे। डॉ. साहब का सिर्फ एक पुत्र, चंद्रशेखर पांडेय, जिसे 'चिम्मी' के नाम से स्नेहपूर्वक जाना जाता है। डॉ. साहब अपने पुत्र को अत्यधिक स्नेह करते थे तथा उसकी शिक्षा व विकास के लिए वे काफी चिंतित रहते थे। उनकी मृत्यु के समय पुत्र चंद्रशेखर की उम्र लगभग 18-20 वर्ष होगी। डॉ. साहब जून, 1976 में अत्यंत बीमार थे और इंदौर के एक अस्पताल में उनका इलाज चल रहा था, परंतु बीमारी ने अपना जोर तीव्रता से पकड़ लिया था, इस कारण चिकित्सकों ने उन्हें अंतिम समय के लिए घर ले जाने की सलाह दी थी। उनकी मृत्यु दिनांक 29 जून, 1976 को रात्रि में लगभग 01:30 बजे इंदौर से दतिया आने के रास्ता, गुना में हुई थी। मैं उन दिनों एल.एल.बी. के अंतिम वर्ष का विद्यार्थी था और ग्वालियर के एम.एल.बी. कॉलेज (पुराना नाम—विक्टोरिया कॉलेज) में अध्ययनरत् था। उस समय मैं ग्वालियर निवासी श्री कप्तान सिंह सोलंकी (पूर्व राज्यसभा सदस्य एवं पंजाब-हरियांणा के राज्यपाल) के मकान में उनके पारिवारिक सदस्य के रूप में रहता था। दिनांक 29 जून, 1976 के समय अत्यधिक गर्मियों के दिन थे, वे अत: मैं श्री सोलंकीजी के मकान के सबसे ऊपर की छत पर अकेला ही सो रहा था।

रात के लगभग 2:00 बजे का समय था। मैं गहरी नींद में था। मैंने नींद में रहते हुए जो देखा, उसे मैं स्वप्न नहीं मान सकता, क्योंकि डॉ. कालिका प्रसाद पांडेयजी का इसी

रात्रि में लगभग 1.30 बजे गुना में निधन हुआ। मैंने देखा कि मकान के नीचे से ऊपर आनेवाली सीढ़ियों पर किसी के चढ़ने की आवाज आ रही है और डॉ. साहब मेरे पास उसी छत पर आ गए, जहाँ मैं सो रहा था। वे एक सफेद लुँगी पहने हुए थे, बदन पर सिर्फ बनियान थी और एक कंधे पर सफेद तौलिया लटकी हुई थी। मैं डॉ. साहब को अचानक अर्द्धरात्रि में छत पर देखकर चौंक गया और उनसे प्रश्न किया, "डॉ. साहब, आप और इस समय ? आपका नीचे दरवाजा किसने खोला ?" डॉ. साहब ने जवाब दिया—"ये सब प्रश्न तुम छोड़ो। यहाँ से निकल रहा था तो सोचा कि तुमसे मिलता चलूँ। ऐसा है कि तुम चिम्मी का खयाल रखना।" यह सुनकर मैंने जवाब दिया, "यह भी कोई कहने की बात है ? पूरा ध्यान रखूँगा।" इतनी बात होने पर डॉ. साहब अंतर्ध्यान हो गए। यह दृश्य नींद में देखने के तत्काल पश्चात् मैं उठकर बैठ गया और मैंने घड़ी में समय देखा तो वह 2:00 बजे का समय था। मैं प्रश्नवाचक सोच के साथ यह विचार करने लगा कि अभी-अभी मैंने नींद में यह कैसा दृश्य और डॉ. साहब से वार्त्तालाप देखा। मुझे उस समय यह कतई ज्ञात नहीं था कि डॉ. साहब की मृत्यु अभी कुछ ही देर पहले हो चुकी है। उसके बाद मैं पुनः सो गया। दूसरे दिन शाम लगभग 5:00 बजे ग्वालियर से दतिया अपने घर वापस आया तो यह जानकारी पाकर मैं चौंक गया कि उसी दिन सुबह डॉ. कालिका प्रसाद पांडेय का शव दतिया आया था और उनका दाह-संस्कार हो चुका था। मैंने गत रात्रि डॉ. साहब की मृत्यु के पश्चात् उनकी आत्मा से हुआ संपर्क का प्रसंग सभी को सुनाया तो सभी लोग एवं मैं स्वयं अचंभित थे कि मृत्यु के पश्चात् डॉ. पांडेय की जीवात्मा मुझसे मिलने आई थी।

इसी तरह दतिया जिला के एक प्रसिद्ध अभिभाषक श्री युगल किशोर लिटौरिया की मृत्यु दिनांक 7 मार्च, 1999 को हुई थी। उनके दो पुत्र हैं, बड़ा पुत्र, डॉ. अनिल कुमार लिटौरिया चिकित्सक हैं और दूसरा पुत्र, अरुण लिटौरिया भी अभिभाषक है। मेरी भी अभिभाषण व्यवसाय में होने के कारण उनसे निकटता थी। वे पूर्व से बीमार चल रहे थे। उनके दाह-संस्कार में मैं शामिल हुआ था। दाह-संस्कार से वापस आने के पश्चात् दिन में लगभग 4:00 बजे मैं खाना खाकर निद्रा में था, नींद में रहते हुए मैंने देखा कि युगल किशोरजी लिटौरिया अचानक मेरे सामने आ गए और मैं उन्हें देखकर चौंक गया। मैंने उनसे प्रश्न किया, "आप तो मर चुके हैं। आपके दाह-संस्कार में मैं गया था," यह सुनकर उन्होंने जवाब दिया, "वह सब तो ठीक है। तुम अरुण का ध्यान रखना," मैंने जवाब में कहा, "बिल्कुल।" जब मेरी नींद खुली तो मैं यह सोचकर अचंभित था कि जिस व्यक्ति के दाह-संस्कार से मैं वापस आकर सो रहा था, उसी व्यक्ति की जीवात्मा से मेरी मुलाकात और उससे यह कहना कि वे तो मर चुके थे, अर्थात् नींद में भी मुझे यह आभास होना कि जो व्यक्ति मुझसे बात कर रहा है, वह मर चुका है और उसके दाह-संस्कार से ही मैं वापस आया हूँ। मेरे लिए एक रोमांचक प्रसंग था। □

मेरी माँ की मृत्यु का आभास

जीवन में कई बार ऐसी भी विपरीत परिस्थितियाँ निर्मित होती हैं, जो मानव नियंत्रण के परे होती हैं। उस समय व्यक्ति अपने आप को अत्यंत व्यथित और निरीह अनुभव करता है। यदि हृदय में पवित्रता, निश्छलता, पारदर्शिता, निष्कपटता है और पूर्वग्रह से प्रेरित नहीं है तो उन क्षणों में आँख बंद करके एकाग्रचित्त होकर ईश्वर के समक्ष पूर्णतः समर्पित भाव के साथ वार्त्तालाप करना चाहिए। फिर अंदर से जो जवाब आता है, वह पूर्णतः निरपेक्ष होता है। भगवान् के समक्ष अपनी किसी निजी इच्छा पूर्ति के लिए जिद नहीं करनी चाहिए। यह एक अटल सत्य है कि ईश्वर प्रार्थना को अवश्य सुनता है, लेकिन यह कतई आवश्यक नहीं है कि ईश्वर प्रार्थना पूर्ण करने के लिए बाध्य हो। भगवान् को अपनी इच्छा पूर्ति का साधन नहीं मानना चाहिए। माँग और पूर्ति, ये दोनों अलग-अलग पक्ष हैं। एक पहलू यह है कि भगवान् के समक्ष अपनी इच्छा पूर्ति की प्रार्थना करना एवं इसका दूसरा पहलू यह भी है कि प्रस्तुत की गई प्रार्थना पर भगवान् का आदेश क्या है ? न्यायालय में जब एक पक्षकार अपनी फरियाद पूरी क्षमता से अपने पक्ष को प्रस्तुत करता है तो न्यायालय का भी तो यह अधिकार होता है कि फरियाद कितनी जायज है। इसका आकलन न्यायालय करती है। इसी तरह ईश्वर भी प्रार्थना का विश्लेषण करता है और फिर सुनिश्चित करता है कि इच्छा पूर्ण होने योग्य है या नहीं ? परंतु हो यह रहा है कि लोगों ने मंदिरों के चक्कर लगा-लगाकर भगवान् पर एक एहसान करने का भाव यह सोचकर बना लिया है कि इतने दिनों से आ तो रहे हैं आपके दर्शन करने के लिए, फिर भी आप नहीं सुनते हैं। यह तो ऐसे ही हुआ कि जैसे आपने मंदिर में भगवान् की मूर्ति के दर्शन करके उन पर बहुत बड़ा बोझ डाल दिया हो। मैं यहाँ कहता हूँ कि जरा भगवान् की भी तो सुनो। इसी प्रसंग के साथ मैं एक अनुभव का सहभागी होना चाहता हूँ।

मेरी माँ, जिन्हें मैं 'मताई' के नाम से संबोधित करता था, उनकी मृत्यु दिनांक 9 अप्रैल, 2001 सोमवार की अर्द्धरात्रि में 12:40 बजे हुई थी और उनकी मृत्यु को मैंने बड़ी निकटता से होते हुए देखा। उनकी मृत्यु के पूर्व मुझे कैसा आभास हुआ और उनके प्राण निकलते समय मैंने क्या देखा, उसका संदर्भ आवश्यक है। मताई की आयु 87 वर्ष

हो गई थी। वे अपने संपूर्ण जीवन स्वस्थ रहीं, लेकिन फरवरी, 2001 के अंत में उनकी पीठ में दर्द प्रारंभ हुआ था, इलाज के द्वारा मार्च, 2001 के अंत तक वे लगभग स्वस्थ हो गई थीं, परंतु शारीरिक कमजोरी बनी रही थी। दिनांक 5 अप्रैल, 2001 को उन्हें कमजोरी का आभास बहुत अधिक हो रहा था। इस कारण मैंने डॉक्टर से उन्हें चेक-अप कराया, लेकिन कोई बीमारी नजर नहीं आई। डॉक्टर ने कुछ टॉनिक दिए, जिससे कि शरीर को कुछ ताकत मिल सके परंतु इसके बाद भी उनमें शारीरिक कमजोरी लगातार बढ़ती ही जा रही थी। दिनांक 8 अप्रैल, 2001 रविवार का दिन। मैं उनकी बढ़ रही कमजोरी से अत्यधिक चिंतित था। प्रतिदिन की भाँति मैं भगवान् की पूजा व ध्यान में बैठा था। मन में माँ का मोह और उनमें लगातार बढ़ रही कमजोरी के कारण मैं अत्यधिक चिंतित था। ध्यानावस्था के समय मेरे मन के अंदर चिंता के साथ-साथ मन की एकाग्रता भी पूर्णतः थी और मेरा मन कतई विचलित नहीं हो रहा था। मैं ईश्वर के ध्यान में पूर्णतः शांत था और मन में ठहराव था। भगवान् से एक ही प्रार्थना कर रहा था कि मताई को स्वस्थ कर दो। इस समय मेरे मन में कोई व्यवधान नहीं था। सिर्फ मैं और मेरे समक्ष परमात्मा के अस्तित्व का भाव, पूर्णतः मताई के स्वास्थ्य के विषय में केंद्रित था। आँखों में अश्रुधारा के साथ प्रभु के चरणों में पूर्णतः समर्पण भाव था। मेरे अंदर प्रश्नोत्तर चल रहे थे। माँ एवं पुत्र का रिश्ता होने के कारण मैं मोह से ग्रसित था। परमात्मा के अस्तित्व का आभास करते हुए, प्रश्नोत्तर का क्रम ध्यान में चल रहा था। मताई को स्वस्थ करने हेतु प्रभु से विनती कर रहा था।

अब देखिए, मेरा, मुझसे कैसा वार्त्तालाप हुआ? परमात्मा के रूप में मेरे अंदर से प्रश्न आया, "बोल तू क्या चाहता है? आज बोल ही दे। तूँ जो कहेगा वही पूर्ण कर देता हूँ। बोल, क्या चाहता है? क्या तेरी माँ को अमर कर दूँ? पर सोच लेना, अमर तो मैं भी नहीं हुआ हूँ। मुझे भी अपने विभिन्न अवतारों के रूप में शरीर धारण करने के पश्चात् इस देह को छोड़ना पड़ा है और तेरी माँ की आयु भी 87 वर्ष हो चुकी है। अमर तो तू भी नहीं होगा।" मेरे अंदर से परमात्मा के नाम पर आया यह प्रश्न सुनकर मैं भौचक्का सा रह गया कि अब प्रभु से क्या माँगूँ?

उसी समय मैंने परमात्मा से याचना की, "मताई को तकलीफ न हो। जितना भी जीवन उनका शेष बचा है, वे स्वस्थ रहें।" परमात्मा ने दो शब्द का जवाब दिया— "ठीक है।" मेरे ध्यानस्थ मन की एकाग्रता खत्म हुई। मैं ठगा-सा आँखों में अश्रुधारा के साथ किंकर्तव्यविमूढ़-सा सोचता रहा। यह अनुभव दिनांक 8 अप्रैल, 2001 रविवार को दिन में 10:30 और 11:00 बजे मध्य का था। मेरा मन आशंका से भरा हुआ था और मुझे अंदर से यह आभास मिलने लगा कि अब मताई की मृत्यु का समय आ गया है। इस दिन मैं छुपकर मताई को देखता और उन्हें यह आभास नहीं होने देता था कि मैं

उनके लिए कितना व्यथित हूँ। मैं उनके सामने भी नहीं जा पा रहा था और उसका कारण मुख्यत: यह था कि कहीं मुझे देखकर मताई में मोह उत्पन्न न हो जाए, क्योंकि वे मुझे बहुत अधिक चाहती थीं। वे चारपाई पर एकदम शांत, आँखें बंद किए लेटी थीं और उनको देखकर ऐसा लग रहा था कि जैसे उन्हें कोई कष्ट और बीमारी नहीं है। वे कभी कुछ अस्पष्ट शब्दों से बोल लेती थीं। दूसरे दिन दिनांक 9 अप्रैल सोमवार को सुबह से ही मेरे मन के अंदर से एक निश्चयात्मक विश्वास के साथ यह भाव प्रकट हुआ कि आज का दिन मताई के लिए अंतिम दिन है और आज ही वे शरीर छोड़ देगीं। मुझे पूर्ण रूप से यह आभास हो रहा था कि आज मताई के जीवन का आखिरी दिन है। मैं स्वभाव से भावुक हूँ इसलिए दिन में अनेक बार मेरे आँसू निकल पड़ते और छुपकर मैं उन्हें पोंछ लेता था। पेशे से मैं वकील हूँ। सुबह के समय अपने ऑफिस में बैठा था और मेरे क्लाइंट व मिलने वाले मुझसे दूसरे दिन मंगलवार के लिए अपना कार्य करने को कह रहे थे तो मेरे अंदर से मुझे यह आभास हो रहा था कि कल तो मुझे मताई के दाह-संस्कार में रहना होगा। यद्यपि इस समय तक वे जीवित थी। इस कारण मन के अंदर ग्लानि भी हो रही थी कि आखिर ऐसा भाव मन में क्यों आ रहा है ? ऐसा विचार मन में आने पर मैं स्वयं को ही धिक्कारने लगा था कि अभी तो माँ जीवित हैं और उन्हें कोई तकलीफ भी नहीं है। सिर्फ कमजोरी बढ़ रही है। फिर भी, दूसरे दिन के लिए दाह-संस्कार जैसी बात सोचना पाप है, लेकिन क्या करता। मेरे अंदर से तो ऐसा ही आभास हो रहा था कि आज का दिन मेरी माँ के जीवन का आखिरी दिन है और अपने अंदर से आनेवाली इस आवाज को मैं रोक नहीं पा रहा था। दिन में कोर्ट गया। वहाँ भी मताई के बारे में यह सोचकर कि आज उनके जीवन का आखिरी दिन है, आँखों से आँसू पोंछ लेता था, लेकिन मैं यह नहीं समझ पा रहा था कि आखिर मेरे अंदर इतना अटूट दृढ़ निश्चय इस बात का क्यों था कि आज रात्रि तक उनकी मृत्यु हो जाएगी। मेरी आँखों से निकलने वाले आँसू कोई देख न ले और अनावश्यक प्रश्न न करने लगे, इस कारण मैं लोगों से मिलने से बच रहा था। मैंने अपने ऑफिस के अधीनस्थ वकीलों से यह बोल दिया था कि कल शायद मैं न्यायालय नहीं आ पाऊँगा।

न्यायालय से शाम को घर पहुँचा। मेरे मन में बार-बार यही खयाल आ रहा था कि आज की रात मताई के जीवन की आखिरी रात होगी, आज की रात व्यतीत नहीं हो पाएगी। मुझे लगा कि मैं अपनी बहन को महोवा फोन करूँ। वे मुझसे आयु में लगभग 12-13 वर्ष बड़ी हैं। शाम को 8:30 बजे मैंने उन्हें फोन पर कहा कि आज की रात मताई इस दुनिया से हमेशा के लिए चली जाएँगी, अत: वे आज ही रात्रि में दतिया के लिए चल दें। मैं अपने कमरे से बाहर निकला और मताई के कमरे में झाँककर चुपके-से देखा तो वे शांत लेटी हुई थीं और कुर्सी पर मेरी पत्नी बैठी हुई थीं। मैंने इशारे से पूछा

कि कैसी हालत है तो उन्होंने बताया कि ठीक है। फिर मैं अपने ऑफिस में बैठ गया और आवश्यक कार्य निपटाने के बाद रात्रि में 10:30 बजे सीधा मताई के कमरे के अंदर गया और उनकी चारपाई के पास ही एक कुर्सी पर बैठ गया। उस समय उनके पास मेरी पत्नी प्रभा बैठी थीं, वे मताई का चेहरा देख रही थीं। मेरे मन के अंदर एक निश्चयात्मक आभास यह था कि बस अब कुछ ही देर बाद मताई के प्राण निकलने वाले हैं। मैंने अपने छोटे भाई सुरेंद्र एवं बड़े भाई राम रतन तिवारी को बुलाया। सभी लोग एक-एक करके मताई से पूछ रहे थे कि उन्हें क्या तकलीफ है, क्या कुछ खाने का मन कर रहा है? तो उन्होंने टूटे-फूटे शब्दों में जवाब दिया कि पेट तो खाली है। मैंने उसी समय पत्नी से मूँग की दाल को थोड़ा सा पीसकर जल्दी से उबालकर लाने को कहा, जिससे कि उनके मुँह में चम्मच से दाल डालकर कुछ खिलाया जा सके और वे आसानी से निगल सकें। कुछ ही मिनट में दाल बनकर आ गई और चार-पाँच चम्मच मताई को दाल पिलाई। इस समय रात्रि के 12:00 बज चुके थे। बड़े भाई ने कहा कि घबराने की कोई बात नहीं है, चलकर सो लिया जाए और तब वे अपने कमरे में आराम करने के लिए चले गए। मैं, मेरी पत्नी एवं छोटा भाई सुरेंद्र मताई की चारपाई के पास बैठे थे। मैंने अपनी पत्नी से कहा कि मताई के मुँह में गंगाजल और तुलसी डालो। घड़ी की सूई ठीक रात्रि में 12:40 पर पहुँची। उसी समय मताई ने एक बहुत ही गहरी श्वास अचानक ली। एक ऐसी श्वास, जो मैंने अपने जीवन में पहली बार देखी थी और निकट होकर मृत्यु होना देख रहा था। ऐसा लग रहा था कि जैसे ये श्वास सिर्फ फेफड़ों तक ही नहीं गई है, बल्कि पैर के तलवों तक खींची गई हो। गहरी ली गई इस श्वास के बाद उसे बाहर छोड़ने में कुछ समय का अंतराल था और फिर श्वास उतनी ही तीव्रता के साथ जोर से बाहर निकली। हम सभी यह देख रहे थे। इस श्वास के निकलने के बाद कुछ क्षणों तक मताई में सबकुछ शांत हो गया था। कुछ ऐसा लगा जैसे कि श्वास रुक गई हो। यह श्वास जब बाहर निकली थी तो मैंने अच्छी तरह देखा था कि मताई के चेहरे और मुँह पर इस प्रकार के भाव की आकृति थी, जैसे कोई व्यक्ति रोने से पूर्व बिसूरता है। इसी क्षण मैंने जोर से कहा कि देखो मताई जा रही हैं, उनके प्राण निकल रहे हैं। मैंने अपने बड़े भाई से मताई के कमरे में जल्दी आने को कहा। कुछ ही क्षण बाद मताई ने पुन: वैसी ही दूसरी श्वास उतनी ही गहराई से ली। वैसा ही फिर हुआ कि श्वास थम गई, और कुछ समय बाद यह श्वास भी जब बाहर निकली तो पुन: चेहरे पर बिसूरने का भाव था। यह सामान्य श्वास की प्रक्रिया नहीं थी। श्वास का बाहर निकलना ऐसा था कि शरीर में अब वायु बची ही न हो। अब मताई को तत्काल पलंग से नीचे उतारा। उसी समय गाय के गोबर से कमरे की जमीन को लीपा गया और उन्हें जमीन पर लिटाया गया। तब इसके बाद तीसरी श्वास पूर्ववत मताई ने पुन: खींची और कुछ क्षण रुकने के बाद चेहरे की

उसी बिसूरने की आकृति के साथ यह आखिरी श्वास उनके मुँह से बाहर निकल गई। इस बार की श्वास के पश्चात् मताई के अंदर सबकुछ शांत हो गया था। स्पष्टत: समझ में आ गया था कि इनमें प्राण नहीं रहे थे। श्वास पूर्णत: बंद हो चुकी थी। सभी लोग रो रहे थे। उसी समय बड़े भाई ने मताई के मृत शरीर के पास अगरबत्ती जलाई और गीता का द्वितीय अध्याय पास बैठकर सुनाया। परिवारजन व मेरा छोटा पुत्र निशांत भी वहीं पर था और थोड़ी देर बाद वह ऊपर वाले कमरे में चला गया। सभी लोग सुबह का इंतजार कर रहे थे। एक घंटे के पश्चात् जब गीता पाठ हो चुका तो वहीं पर यह चर्चा होने लगी कि दाह-संस्कार कौन करेगा ? क्योंकि मान्यता यह है कि या तो सबसे बड़ा या सबसे छोटा भाई दाह-संस्कार करते हैं। सभी लोग मताई के मृत शरीर के पास बैठकर बातें करते रहे। कुछ समय के पश्चात् निशांत नीचे उतरकर पुन: उसी कमरे में आ गया, जहाँ मताई का मृत शरीर रखा था और तभी उसने बताया कि जब वह ऊपर वाले कमरे में बिस्तर पर बिल्कुल अकेला अधलेटा-सा था और अपने ही हाथ को सिर से टिकाकर जागते हुए आँखें बंद किए हुए था। उसी समय अचानक मताई उसके सामने सीधी चलती हुई दिखीं। वे कतई बीमार नहीं दिख रही थीं और न तो वे वृद्ध थीं और न ही युवा। उन्होंने निशांत से कहा कि उनके समस्त कार्यों में सभी को शामिल होना है, लेकिन उनका दाह-संस्कार, क्रिया-कर्मकांड छोटा भाई सुरेंद्र ही करेगा। निशांत ने आगे बताया कि वह तत्समय अपने आप में यह भी सोच रहा रहा था कि मताई तो अभी-अभी मर चुकी हैं, तब फिर उनकी यह आत्मा है। इसी कारण वह स्वास्थ्य एवं नीरोगी होकर आई और चली गई। यह बात ठीक उस समय की है, जब हम लोग मताई के दाह-संस्कार की चर्चा उनके मृत शरीर के पास बैठकर कर रहे थे।

मेरी माँ का सर्वाधिक स्नेह मेरी पत्नी प्रभा से था। वे सामान्यतया कहती भी थीं कि घर में सब से ज्यादा यदि उन्हें कोई चाहता है, तो वे मेरी पत्नी प्रभा का नाम बताती थीं। यद्यपि मेरा सोचना यह है कि वे सर्वाधिक ध्यान मेरा रखती थीं। मैंने अपने संपूर्ण जीवन में यह अनुभव किया है कि मेरी माँ का मेरे प्रति अत्यधिक लगाव था। मेरा भी उनके प्रति बहुत अधिक ध्यान रखने का भाव मेरे हृदय में रहता था, लेकिन न तो मैं स्वयं एवं न ही मेरी माँ इसे प्रदर्शित कर पाते थे। मताई की मृत्यु के बाद मैं और मेरी पत्नी प्रभा अकसर मताई को याद करते थे। आए दिन उनके याद करके हम दोनों के आँसू निकल पड़ते थे। उनकी मृत्यु के लगभग दो माह बाद इसी तरह हम दोनों मताई को याद कर रहे थे। एक रात का प्रसंग है कि रात में मताई मेरी पत्नी को स्वप्न में दिखीं और मेरी पत्नी से कहने लगीं कि वह उन्हें बार-बार बहुत याद मत किया करे, उन्हें वहाँ से आने में बहुत दिक्कत होती है और वहाँ से आने के लिए बहुत पूछना पड़ता है तथा बड़ी मुश्किल से अनुमति मिलती है। मेरी पत्नी ने यह बात मुझे बताई।

मेरी माँ की मृत्यु का यह प्रसंग कहने को अत्यंत सामान्य है, लेकिन कुछ महत्त्वपूर्ण बिंदु इस प्रसंग में उजागर होते हैं। एक तो यह कि मुझे मताई की मृत्यु होने का पूर्वाभास पूर्ण निश्चयात्मक रूप से और दृढ़ता के साथ क्यों हुआ? यह ईश्वर की ओर से कैसा इंट्यूशन था? दूसरा यह कि मैंने सामान्य रूप में शरीर से प्राण निकलने का साक्षात्कार अत्यंत निकटता के साथ किया और प्राण निकलने के पश्चात् आत्मा उस स्थल पर सबकुछ देखती है, सुनती है और अपनी इच्छा का आभास भी किसी-न-किसी तरह कराती है। तीसरा यह कि जब मृत्यु के पश्चात् हम अपने प्रियजन को याद करते हैं तो इसकी खबर परलोक में जीवात्मा को पहुँच जाती है और उस जीवात्मा की इच्छा पृथ्वी पर आने की होती है। चौथा बिंदु यह कि परलोक से जीवात्मा को पृथ्वी पर आने के लिए किसी देवदूत से अनुमति भी लेनी होती है।

□

मृत्यु के पूर्व का आभास

कहा जाता है कि मृत्यु के कुछ दिन पूर्व से अथवा मृत्यु के समय निम्नांकित स्थिति बनती हैं, लेकिन इनकी प्रमाणिता नहीं मिल पाई है—

1. जब मृत्यु का समय निकट आता है तो उस व्यक्ति को पानी, तेल, दर्पण में अपनी स्वयं की छवि दिखाई नहीं देती है अथवा दिखाई भी देगी तो विकृत परछाईं दिखेगी। तब ऐसा माना जाता है कि मृत्यु का समय निकट आ चुका है।
2. मृत्यु के कुछ दिन पूर्व से आँखों का ऊपर हो जाना एवं स्वयं को अपनी नाक नहीं दिखना।
3. दोनों कानों से कुछ भी सुनाई नहीं देना अथवा कम सुनना।
4. कान, नाक, जुबान कड़क हो जाना और जीभ का स्वाद कम हो जाना।
5. अपनी परछाईं का नहीं दिखना।
6. स्वप्न में टूटे-फूटे मकान अथवा खँडहर दिखना।
7. मृत्यु के समय मरनेवाले की आँखों की रोशनी समाप्त हो जाती है एवं मरनेवाला व्यक्ति अपने ही निकट के व्यक्तियों को देख नहीं पाता है।
8. स्वप्न में उल्लू का दिखना।
9. रात में चंद्रमा को देखने पर उसके दो टुकड़े दिखना।
10. सुबह को ध्रुव तारा नहीं दिखना।
11. किसी व्यक्ति या अदृश्य शक्ति का अपने आस-पास आभास होना।
12. आईना देखने पर स्वयं का चेहरा न दिखना।
13. मरनेवाले व्यक्ति ने अपने जीवन में जो भी अच्छे-बुरे कर्म किए हैं, वे सब-के-सब उसे स्मरण आने लगते हैं।
14. जिस व्यक्ति के कर्म उत्तम होते हैं, उसे मृत्यु के समय एक दिव्य ज्योति नजर आती है और मरनेवाला व्यक्ति मृत्यु से कतई भयभीत नहीं होता है।
15. मृत्यु के समय मरनेवाले की जीवात्मा को लेने के लिए एवं उसके सहारे के

लिए पूर्व-मृत परिवारजन की जीवात्माएँ उसे लेने आती हैं।

16. कहा जाता है कि मृत्यु के समय दो यमदूत मरनेवाले को दिखाई पड़ते हैं।
17. भौतिक शरीर त्याग करने के समय मरनेवाले की आवाज समाप्त हो जाती है और वह कुछ कहने की कोशिश तो करता है, लेकिन वह बोल नहीं पाता है तथा उसकी आवाज घरघराने लगती है।

□

शरीर से प्राण निकलने के रास्ते

मनुष्य शरीर नौ द्वारों का है—

- दो आँखें
- दो कान
- दो नासिका
- मुख
- गुदा और
- लिंग द्वार।

इनमें से मुख को छोड़कर शेष सभी द्वारों से शरीर के अंदर की वस्तुएँ बाहर निकलती हैं, लेकिन मुख ही एक ऐसा है, जिसमें से बाहर की वस्तु अंदर जाती है। प्राण भी इन्हीं नौ दरवाजों में से किसी एक द्वार से बाहर निकलते हैं। कभी-कभी प्राण इन नौ द्वारों के अलावा ब्रह्मांड को फोड़कर बाहर निकलते हैं। मृत्यु के पश्चात् यथासमय पुनर्जन्म होना निर्विवाद प्रमाणित है, परंतु जब मनुष्य की आध्यात्मिक स्थिति उच्च स्तर पर पहुँच जाती है तो उसका पुनर्जन्म नहीं होता। कहा जाता है कि जब आँखों के माध्यम से प्राण बाहर निकलते हैं, तब जीवात्मा का पुनर्जन्म मनुष्य योनि में ही होता है और उसकी स्मृति बनी रहती है। ऐसी अवस्था में जिस आँख से प्राण बाहर निकलते हैं, वह आँख अपेक्षाकृत बड़ी हो जाती है। नाक के जिस स्वर के माध्यम से प्राण निकलते हैं, मृत्यु के पश्चात् नाक का वह सिरा टेढ़ा हो जाता है। मुख से प्राण निकलने पर मुख एकदम खुला हो जाता है। जिस कान के माध्यम से प्राण शरीर से बाहर निकलते हैं, वह कान अन्य दूसरे कान की अपेक्षा टेढ़ा हो जाता है। मलद्वार और मूत्रद्वार से प्राण बाहर निकलने पर मल-मूत्र बाहर आ जाता है और टेढ़ापन भी आ जाता है, परंतु जब प्राण ब्रह्मांड (सिर) को फोड़कर बाहर निकलते हैं, तब मृतक की बड़ी ही आकर्षक आकृति हो जाती है। ऐसा सौभाग्य ज्ञानियों, भक्तों और महात्माओं को ही प्राप्त होता है।

□

मृत्यु के बाद जीवात्मा की उपस्थिति का आभास

कुछ घटनाओं से यह स्पष्ट हुआ है कि मृत्यु के पश्चात् जीवात्माएँ अपनी उपस्थिति को प्रकट करती हैं। जीवात्माओं द्वारा स्वयं के होने का आभास के अनेक प्रकार के प्रमाण से मिलते रहे हैं। इसी संदर्भ में जो कुछ जानकारियाँ उपलब्ध हो पाई हैं, उनका विवरण निम्नांकित है—

नीरजा कांत चौधरी के अनुभव

गीता प्रेस गोरखपुर से प्रकाशित 'कल्याण' का अंक 'परलोक और पुनर्जन्मांक' (प्रकाशन सन् 1969, पृष्ठ-189) में श्री नीरजा कांत चौधरी ने कुछ ऐसी घटनाओं के विवरण का उल्लेख करते हुए बताया है कि मृत्यु के पश्चात् जीवात्मा अपने सूक्ष्म शरीर सहित कभी भी प्रकट हो जाती है। इसी संदर्भ में संक्षिप्त सार निम्नानुसार है—

1. श्री नीरजा कांत चौधरी दिनांक 8 अगस्त, 1933 को नरसिंहपुर (म.प्र.) में अपने बँगले के बरामदे में बैठे हुए थे और पास में ही पलंग पर उनकी बीमार पत्नी सो रही थीं। अचानक उनकी बीमार पत्नी चिल्ला उठीं, "भगवान् को पुकारो, वे मेरी रक्षा करें।" उसके पश्चात् उनकी पत्नी ने उन्हें बताया, "बरामदे के ठीक बगल में आँगन में तीन ब्राह्मण खड़े हुए थे और न जाने क्या कह रहे थे? आकृति देखने से जान पड़ता था कि वे तीनों मेरे परलोकवासी जेठ थे।" आगे श्री चौधरी लिखते हैं कि इसके ठीक एक महीने बाद 8 सितंबर को उनकी पत्नी का स्वर्गवास हो गया। जान पड़ता है कि वे लोग पत्नी को इस विषय में कुछ बतलाने की चेष्टा कर रहे थे।
2. श्री नीरजा कांत चौधरी के परम मित्र परलोकवासी रायबहादुर मनमोहन लंगर एक कश्मीरी ब्राह्मण थे और वे महाराजा प्रताप सिंह के समय कश्मीर के गवर्नर रहे एवं उसके पश्चात् झालाबाड़ राज्य के दीवान पद पर भी रहे। सन्

1954 में तीर्थराज कुंभ के अवसर पर दिन में उन्होंने अपनी परलोकगत पत्नी को अपने साथ संगम में स्नान करते हुए देखा था और इस घटना के कुछ समय पश्चात् यह बात उन्होंने श्री चौधरी को सुनाई थी।

3. श्री चौधरी बताते हैं कि एक उच्च पदस्थ रेल कर्मचारी (नाम गुप्त रखा है) अपनी पत्नी के स्वर्गवास के कुछ महीने बाद गया में अपनी पत्नी के नाम से उन्होंने पिंडदान किया था, परंतु उनके मन में यह शंका थी कि सपिंडीकरण के पूर्व इस प्रकार के पिंडदान का कोई फल प्रदान होता है या नहीं? कलकत्ता वापस होते समय वे ट्रेन के प्रथम श्रेणी के डिब्बे में सोए हुए थे और अचानक वे देखते हैं कि उनकी मृतक पत्नी उनके सामने खड़ी थीं और पत्नी ने उनसे कहा, "तुम चिंता मत करो, मेरा उद्धार हो गया है।" इतना कहकर उनकी पत्नी अंतर्ध्यान हो गईं।

□

मृत्यु के पश्चात् विदेशियों की जीवात्माओं के अनुभव

सिर्फ भारत में ही नहीं, बल्कि भारत से बाहर विभिन्न देशों में भी यह विषय उत्कंठा व खोज का रहा है कि मृत्यु के बाद कैसा लगता है और क्या होता है? इस संदर्भ में श्री जे.डी. गोयल ने कुछ जानकारियाँ पुस्तक 'मृत्यु के बाद क्या, कहाँ, कैसे' (प्रकाशित सन् 1974, हिंद पॉकेट बुक्स, प्राइवेट लिमिटेड, जी.टी. रोड, शाहदरा, दिल्ली) में उजागर की है। श्री गोयल भारत के ख्याति प्राप्त थ्योसॉफिस्ट रहे हैं। वे थ्योसॉफिकल सोसाइटी (ब्रह्म ज्ञान मंडल) के सदस्य रहे हैं। उन्होंने मृत्यु के बाद की स्थिति पर बहुत अध्ययन किया है। मनुष्य की मृत्यु के बाद की स्थिति में क्या होता है, इस संदर्भ में संसार की विभिन्न पुस्तकों से प्राप्त प्रसंगों का संकलन एवं विश्व में जो भी अनुसंधान हुए तथा सत्य घटनाओं पर आधारित ऐसे पूर्व-मृत लोगों की जीवात्माओं से जिन्होंने संपर्क किया और उनका साक्षात्कार हुआ, ऐसे प्रकाशित प्रसंगों का संकलन श्री गोयल ने करने का प्रयास किया है। श्री गोयल ने प्रामाणिकता के साथ परलोकगत आत्मा का नाम एवं पुस्तकों के प्रकाशक व लेखक के नाम उल्लिखित किए हैं। पूर्व-मृत व्यक्ति की जीवात्मा मृत्यु के पश्चात् अपने स्वजनों के संपर्क में आई है और फिर उन्होंने बताया कि मृत्यु के समय एवं उसके पश्चात् उन्हें कैसा अनुभव हुआ? कुछ चुनिंदा उद्धरण संक्षिप्त रूप में मैं यहाँ प्रस्तुत करना उचित समझता हूँ।

1. 'पोस्ट मार्टम जनरल,' पुस्तक का प्रकाशक मैसर्स नेविल्ले स्पेयरमैन लिमिटेड, 112 ह्वाइटफील्ड स्ट्रीट, लंदन, परलोक-गत आत्मा का नाम 'लारेंस ऑफ अरेबिया' उपनाम स्कॉट और इस आत्मा के संपर्क में आए हुए व्यक्ति का नाम श्रीमती जेन शेरवुड, जो उस पुस्तक की लेखिका भी हैं। जीवात्मा से संवाद का आधार ऑटोमैटिक राइटिंग होना बताया गया है, अर्थात् मृत्यु के पश्चात् जीवात्मा आई और उसने माध्यम वाले व्यक्ति की सहायता से स्वयं अपनी हैंडराइटिंग में लिखना प्रारंभ कर दिया। इसमें बताया गया है कि जब लॉरेंस

(स्कॉट) की मोटर साइकिल दुर्घटना ग्रस्त हो गई और उसने स्वयं को मरा हुआ अनुभव किया तथा उस समय वह अपने स्थूल शरीर से अलग होकर सूक्ष्म शरीर के माध्यम से अपने मृत पड़े हुए शरीर को देखा है। स्कॉट ने अपने आप को एक ऐसी दुनिया में पाया, जहाँ न प्रकाश और न ही अँधेरा था। धूमिल-सा वातावरण और अज्ञात भविष्य था। उसके अलावा वहाँ पर अन्य कोई नहीं था, परंतु उसे आवाजें सुनाई दे रही थीं। स्कॉट भी आवाजें लगा रहा था, परंतु उसे कोई उत्तर नहीं मिला। धूमिल वातावरण कुछ प्रकाशमय बनने लगा था। उसे न तो सर्दी लग रही थी और न ही गर्मी और उसे यह विश्वास होता जा रहा था कि उसकी मृत्यु हो चुकी है। उसने अपने आप को जिस प्रकार से बहुत हल्का और स्वस्थ पाया, वैसा उसने अपने शरीर जीवन की अवस्था में नहीं पाया था। उसे एक अज्ञात भय की अनुभूति हो रही थी और एक नगर के समीप वह खिंचता जा रहा था। वहाँ स्त्री-पुरुषों के चेहरों पर क्रूरता दिख रही थी और उनकी आवाजों में तीखापन था। तब स्कॉट ने वहाँ से चला जाना उचित समझा और यह विचार आते ही तत्काल वह उस जगह से दूर होता चला गया। वह यह अनुभव कर रहा था कि उसके आस-पास कोई है, लेकिन उसे कोई दिख नहीं रहा था। तब उसने सुना कि कोई उससे कह रहा है कि क्या उसको किसी सहायता की आवश्यकता है ? स्कॉट ने तत्काल उत्तर दिया कि वह सहायता चाहता है और उसने प्रश्न किया कि वह जो आवाज सुन रहा है, उसे वह देख क्यों नहीं पा रहा है ? उस आवाज ने जवाब दिया कि स्कॉट एक बहुत दुखप्रद स्थान से बँधा हुआ है। मृत्यु से पूर्व जीवित अवस्था में उसके विचार बहुत ही बुरे थे। इसलिए वह सुखद अनुभव नहीं कर पा रहा है और चूँकि स्कॉट को उन्नत अवस्था में ले जाना है, इसलिए स्कॉट के अंदर एक संतुलन पैदा होना आवश्यक है। इसी समय एक प्रकाश पुंज प्रकट हो गया और जिसकी वह आवाज थी, वह वहाँ उपस्थित हो गया।

उसने स्कॉट को बताया कि परलोक में अनुभूति की नई इंद्रियाँ धीरे-धीरे विकसित होती हैं और जिस जीवात्मा में जितनी योग्यता होती है, वह उतना ही देख सकता है। स्कॉट ने उसका नाम पूछा तो उसने अपना नाम माईकेल बताया और आगे कहा कि वह नए मृतकों, जो पृथ्वी लोक को छोड़कर आते हैं, की सहायता करता है। यह सुनकर स्कॉट अपने घमंडी स्वभाव के कारण झल्लाहट अनुभव करने लगा तो उसे जवाब मिला कि 'ईश्वर के लिए ऐसा मत करो, क्योंकि इस प्रकार के दुर्भाव आने पर मेरा यहाँ ठहरना कठिन हो जाएगा।' इतना कहते ही वह ओझल होने लगा। तत्काल ही स्कॉट ने अपने

घमंड भरे विचार को दबाने का प्रयास किया और तब माईकेल को पुकारने लगा, तब वह पुनः वापस आ गया। स्कॉट ने यह अनुभव किया कि उसके मन के भाव माईकेल से छिपे नहीं सकते। परलोक में दिन-रात कुछ नहीं होते हैं, इसलिए समयहीनता रहती है। समय नापने का साधन केवल चेतना होती है। इसके बाद माईकेल उसे भुवर्लोक के एक चिकित्सा गृह में ले जाता है, जहाँ स्कॉट को कुछ समय निद्रा में व्यतीत करना पड़ा। स्कॉट बताता है कि उसके हृदय में बहुत सी अतृप्त वासनाएँ हैं और ऐसी अवस्था में उच्च लोक में उसका विकास संभव नहीं है, इस कारण उसे नीचे के उपखंड में जाकर रहना होगा।

2. 'बियॉण्ड दि होराइजन' नामक पुस्तक में परलोक गत आत्मा का नाम 'गोर्डन' बताया गया है और इस जीवात्मा के संपर्क में इसी पुस्तक की लेखिका श्रीमती ग्रेस रोशर हैं। पुस्तक का प्रकाशक, मैसर्स जेम्स क्लार्क एंड कंपनी लिमिटेड 33, स्टोर स्ट्रीट, लंदन है। श्रीमती ग्रेस रोशर बताती हैं कि माह सितंबर 1957 के दिन में 3:30 बजे का समय था और वह टेबल पर बैठकर कुछ पत्र लिख रही थी। हाथ में पेन पकड़ा हुआ था। तभी उसे एक आवाज सुनाई दी, "अपने हाथ को वहीं रहने दो और फिर देखो क्या होता है!" लेखिका ने तभी यह देखा कि उसके हाथ में पकड़ा हुआ पेन स्वतः अपने आप हिलने लगा है और उसे अनुभव हुआ कि उसके अंदर कोई शक्ति पेन में हरकत पैदा कर रही है। तभी धीरे-धीरे कागज पर उसके हाथ से पकड़े हुए पेन से यह लिखा जाने लगा, "स्नेह सहित, मैं हूँ, गोर्डन।" तभी लेखिका के मन में प्रश्न उठा कि यह कौन लिख रहा है? तुरंत ही उत्तर लिखा, "मैं हूँ गोर्डन, गोर्डन" लेखिका आगे इस पुस्तक में बताती है कि गोर्डन से उसके बड़े घनिष्ठ संबंध थे। गोर्डन अपने शरीर जीवन में रहते हुए पत्र भी लिखता था। लेखिका को यह पता नहीं था कि गोर्डन की मृत्यु हो चुकी है और संयोग की बात तो यह भी है कि लेखिका भी उसे उसी समय पत्र लिखने के लिए बैठी ही थी कि अचानक उसने अपने हाथ में लिये पेन में हरकत अनुभव की थी। आगे गोर्डन ने लेखिका के पेन के माध्यम से लिखना प्रारंभ किया, "मैं तुमको कुछ लिखना चाहता हूँ। मुझे तुमसे बहुत कुछ कहना है। मैं एक सुंदर मकान में रहता हूँ, जो एक सुरम्य वाटिका में स्थित है।" आगे गोर्डन लिखता है कि वह लोगों की सहायता करता रहता है। लेखिका ने गोर्डन से पूछा कि उसकी मृत्यु किस प्रकार हुई थी? गोर्डन ने जवाब दिया कि वह सो रहा था, परंतु जब जागा, तब एक बहुत सुंदर वाटिका में था, जहाँ उसकी माँ, बहन, भाई भी उपस्थित थे और उनकी मृत्यु पहले ही हो चुकी थी। गोर्डन ने आगे

बताया कि मृत्यु के पश्चात् उसे उनकी जीवात्माएँ बार-बार बता रही थीं कि वे अब परलोक में हैं, परंतु उसे यह बात समझ में नहीं आ रही थी, क्योंकि मरने में गोर्डन को न तो कोई कष्ट हुआ था और न ही मरने का पता लगा था। गोर्डन ने आगे बताया कि मरने के बाद उसकी इच्छा हुई कि वह लेखिका (रोशर) से संपर्क स्थापित करे और तभी उसे आदेश हुआ कि वह मानसिक स्तर पर यह कार्य कर सकता है और यह विचार आते ही वह रोशर के पास जा पहुँचा। आगे गोर्डन बताता है, "पैसा और पद के लिए तुम्हारी दुनिया में कितनी भाग-दौड़ है, परंतु हमको यह बात ऐसे लगती है कि जैसे समस्त मानव जाति बुदबुदों के पीछे भाग रही हो, हम अपने स्वर्ग और नरक की रचना स्वयं ही करते हैं और यदि हम प्राणी मात्र को अपना प्रेम देना सीख लें तो हम एक ऐसे स्वर्ग का अनुभव कर सकते हैं, जिसको शब्दों में बताना संभव नहीं है। जो लोग अपने लिये ही सोचना जानते हैं, वे कभी भी सुखी नहीं रह सकते।" गोर्डन आगे बताता है कि वह एक बहुत ही आकर्षक स्थान में रहता है और पृथ्वी पर रहनेवाले ऐसे पुरुष, जिनका ध्येय केवल रुपया कमाना ही होता है, जो काम-वासना में ही बने रहते हैं, स्वभाव से स्वार्थी और बेईमान हैं, ऐसे लोगों की जीवात्माएँ परलोक में सबसे अधिक गरीब हैं। मृत्यु के बाद जब स्थूल शरीर नष्ट हो जाता है, तब एक हल्के सूक्ष्म शरीर में जीव निवास करता है। परलोक में भोजन की आवश्यकता नहीं होती है, परंतु मरने के पश्चात् नवागंतुक को अपने भौतिक जीवन के खाने-पीने की आदत से तुरंत मुक्ति नहीं मिल पाती है। गोर्डन आगे बताता है कि परलोक में भोजन बनाया नहीं जाता, इच्छा होने पर ही प्राप्त हो जाता है। कपड़े यहाँ बनाए नहीं जाते, इच्छा होने पर ही प्राप्त हो जाते हैं। इच्छा इस लोक का तत्त्व है और उसकी पूर्ति के साधन सिर्फ विचार हैं, जो बिना हाथ-पैर हिलाए पूर्ण हो जाते हैं।

3. पुस्तक का नाम 'आफ्टर डेथ' है और परलोकगत जीवात्मा का नाम 'जूलिया' है तथा इस जीवात्मा के संपर्क में आया व्यक्ति इसी पुस्तक का लेखक डब्ल्यू. टी. स्टेड। उक्त पुस्तक का पहला संस्करण सन् 1897 में और दूसरा संस्करण सन् 1921 में प्रकाशित हुआ था। इस पुस्तक का अनुवाद फ्रेंच, जर्मन, स्विस, डेनिश और आइसलैंड की भाषा में हुआ। जूलिया की मृत्यु 12 दिसंबर, 1891 को हुई थी। जूलिया का प्रेत रूप दो बार उसके मित्रों ने देखा था। जूलिया ने इस पुस्तक के लेखक को स्वचालित लेखन (ऑटोमैटिक राइटिंग) के माध्यम से बताया कि मृत्यु के बाद उसने अपने आप को शरीर से बाहर पाया और यह एक विचित्र अनुभव था। वह अपने उस बिस्तर के पास खड़ी थी, जिस पर उसका भौतिक शरीर मरा हुआ पड़ा था कमरे की हर चीज बिल्कुल वैसी ही

दिख रही थी, जैसे उसके भौतिक शरीर ने रखी थी। उसे मृत्यु के समय कोई दर्द का अनुभव नहीं हुआ था और मृत्यु के बाद एक अलौकिक शांति एवं हल्केपन का अनुभव हुआ था। मृत्यु के बाद उसे एक प्रकाश पुंज दिखाई दिया था और एक स्त्री रूपी देवी आती दिखाई दी। उस देवी ने कहा कि वह जूलिया को लेने के लिए भेजी गई है और वह परलौकिक जीवन के नियम बताएगी। जूलिया आगे बताती है कि उसे मरने के बाद भौतिक शरीर से कोई स्नेह नहीं रह गया था, लेकिन वह रोते हुए सबको देख रही थी और बहुत प्रयास करने पर भी वह किसी को भी यह बता पाने में असमर्थ महसूस कर रही थी कि वह वहीं पर खड़ी हुई है। तब जूलिया ने उस देवी से पूछा कि क्या यह संबंध अब सदा के लिए समाप्त हो गया है तो उस देवी ने सहमति प्रकट की। वह देवी आकाश मार्ग से एक भव्य स्थान में उसे ले गई, जहाँ उसके पूर्व मृत परिचित मित्र मौजूद थे। जूलिया आगे बताती है कि उसने एक ज्योतिर्मय व्यक्ति को सामने देखा और उस व्यक्ति ने तुरंत सांत्वना देते हुए कहा कि डरो मत, वह ईश्वरी ज्ञान तुम्हें बताएगा और ऐसा समझो कि तुम अपने पिता के घर में हो। उस ज्योतिर्मय व्यक्ति ने बड़े प्रेम से कहा कि जूलिया आँखें खोलकर देखो, यहाँ मैं उपस्थित हूँ, जिसे तुमने अपनी भक्ति और प्रेम, दोनों ही दिए हैं। इतना सुनकर जूलिया ने अपनी आँखें खोलीं तो उसने अपने सामने अपने आराध्य देव को पाया और जूलिया उनके समक्ष प्रणाम करने की अवस्था में हो गई। वह आनंद का अनुभव कर रही थी। जूलिया आगे बताती है कि वहाँ पर जितने भी लोग थे, उनके चेहरों पर बुढ़ापा नहीं था। पूर्ण जवानी और स्वस्थ अवस्था थी। यहाँ पर थकावट नहीं होती और निद्रा की भी आवश्यकता नहीं होती है। इस लोक में न कभी भूख लगती है और न ही प्यास। परलोक में बहुत सी जीवात्माएँ ऐसी हैं, जो आध्यात्मिक और पवित्रता के स्तर पर बहुत ऊँची समझी जाती है, भले ही उन्हें भूलोक में त्याज्य माना जाता हो। परलोक में प्रत्येक का वास्तविक रूप, जैसा कि वह हृदय से है, वह सामने ही प्रकट हो जाता है। यहाँ पर भूलोक में प्राप्त उपाधि, पद, पैसा और इज्जत—सब समाप्त हो जाते हैं और केवल हृदय की पवित्रता, प्रेम, सद्भावना के कारण ही परलोक में उच्च स्थान प्राप्त कर सकते हैं। इन सभी गुणों के आधार पर ही परलोक में इज्जत होती है।

4. पुस्तक का नाम 'मोर एबाउट लाइफ इन दि वर्ल्ड अन्सीन' है एवं प्रकाशक का नाम 'उद्धम प्रेस लिमिटेड, लंदन' बताया गया है। परलोकगत जीवात्मा का नाम 'मौंसिगनर बेनसन' है एवं इस जीवात्मा के संपर्क में आया व्यक्ति और पुस्तक का लेखक—ऐंथोनी बोर्गिया। उक्त पुस्तक सन् 1956 में प्रकाशित

हुई थी। मौंसिगनर बेनसन जब जीवित थे तो वे एक प्रमुख लेखक के रूप में विख्यात थे और पूर्व से पुस्तक के लेखक ऐंथोनी बोर्गिया से परिचित थे। मृत्यु के पश्चात् वे पुस्तक के लेखक बोर्गिया के संपर्क में आए, मृतक मौंसिगनर बेनसन की जीवात्मा ने बताया कि वे अपने पुराने सहयोगी, जो उससे पहले ही मर चुके थे, श्री एड्विन उसे परलोक में मिले। मौंसिगनर बेनसन का मुख्य कार्य हाल ही में मरे हुए लोगों की सहायता करना था। परलोक में बेनसन के संपर्क में मरणोपरांत एक युवा लड़का रोजर आया और वह बेनसन के कुनबे में शामिल हो गया था, क्योंकि उस लड़के का परलोक में कोई पूर्व से संबंधित नहीं था और उसके संरक्षक का भार बैंसन को सौंपा गया था। जिस समय बेनसन को रोजर के संरक्षण का आदेश मिला था, वह उस समय मृत्युशैया पर अपना दम तोड़ रहा था। इस कार्य का आदेश केंद्रीय सेवा समिति के निर्देशालय द्वारा प्राप्त हुआ था। बेनसन व उनकी सहयोगी श्रीमती रूथ वहाँ पहुँच गए थे। आगे बेनसन बताते हैं—"मैं मरणासन्न रोजर के बिस्तर के एक तरफ खड़ा था और दूसरी ओर रूथ थी। रोजर को महानिद्रा का प्रभाव हो चुका था, उसके सूक्ष्म शरीर ने धीरे-धीरे सिर की तरफ से बाहर निकलना आरंभ कर दिया था। सूक्ष्म शरीर जब पूर्णत: बाहर आ गया, तब वह एक बारीक रूपहले तार से उसके स्थूल शरीर से जुड़ा हुआ था। धीरे-धीरे यह तार पतला होता गया। उसी समय मैंने रोजर के तैरते हुए सूक्ष्म शरीर के नीचे अपना हाथ लगा दिया और वह तार एक झटके के साथ टूटकर लुप्त हो गया। रोजर के संबंधियों के लिए अब उसकी मृत्यु हो चुकी थी, परंतु मेरे और रूथ के लिए वह जीवित था और मौजूद भी था। रूथ ने अपने हाथों का सहारा दिया और रोजर को हम अपने निवास स्थान पर ले आए और उसे वहाँ पर लिटा दिया। रूथ उस मरे हुए लड़के की जीवात्मा के पास बैठ गई और मैं उसके पैरों की तरफ पड़ी एक कुर्सी पर जा बैठा। कुछ समय बाद रोजर की निद्रा भंग हुई और उसने अपनी आँखें खोल दीं। तब रूथ ने रोजर से पूछा, "अब कैसा अनुभव कर रहे हो ?" रोजर कुछ समय तक इधर-उधर देखता रहा और अंत में रूथ से कहने लगा, "मैंने कुछ समय पहले कदाचित् तुम्हें देखा था। तुम कौन हो ?" रूथ बोली, "मैं तुम्हारी एक मित्र हूँ और तुम मुझे रूथ कहकर पुकार सकते हो।" रोजर ने फिर मेरी तरफ देखा और बोला, "आपको भी मैंने कुछ समय पहले देखा था", इतना कहकर रोजर उठने लगा, परंतु रूथ ने उसे पीछे की तरफ दबाते हुए कहा, "यहाँ के नियमानुसार कुछ समय तुम आराम से बिना कुछ बोले लेटे रहो।" मैंने रोजर से कहा, "तुम्हारी बीमारी डॉक्टरों के इलाज से

बाहर हो चुकी थी और तुम्हारी मृत्यु निश्चित थी, इसलिए हम तुम्हें तुम्हारी मृत्यु के बाद यहाँ ले आए।" रोजर ने पूछा, "क्या मैं वास्तव में मर चुका हूँ?" मैंने उससे कहा, "हाँ, मगर क्या तुम डर रहे हो?" रोजर ने जवाब दिया, "मैं डरा तो नहीं हूँ, परंतु मैंने इस अवस्था का, जिसमें मैं हूँ, कभी स्वप्न में भी विचार नहीं किया था।" आगे बेनसन बताते हैं कि उसने रोजर को कहा कि यहाँ न तो कोई धर्मराज है और न ही तुम्हें किसी स्वर्गीय अदालत में पेश किया जाएगा। यहाँ परलोक में प्रत्येक मुनष्य स्वयं अपना नियंता है और अपने किए-धरे पर वह स्वयं ही निर्णय लेता है। उसे अपनी गलतियों व त्रुटियों को सुधारने का पूरा मौका मिलता है। इस भ्रांति को कि ईश्वर कभी न्याय के दिन आएगा और तब तुम्हारी फाइल देखी जाएगी, यह बात सदा के लिए अपने मन से निकाल दो। बेनसन आगे पुस्तक के लेखक ऐंथोनी बोर्गिया को बताते हैं कि परलोक में वह प्रत्येक को युवावस्था में पाता है। चेहरे पर झुरियाँ, सफेद बाल, इंद्रियों की शिथिलता एवं शरीर का बोझिल हो जाना, ये सबकुछ नहीं होते हैं। बेनसन आगे बताते हैं कि परलोक में विचारों की प्रतिक्रिया भी होती है, विचारों की एक शैली अपनानी पड़ती है और विचार के अनुरूप स्वतः ही निर्माण होने लगता है। परलोक में 'इच्छा' एक तत्त्व है, जिसका सदुपयोग सीखना पड़ता है और हमारी इच्छाएँ ऊँचे लोक में पहुँचाई जाती हैं, उन पर शक्ति का आवरण होता है। रोजर ने बेनसन से पूछा, "क्या परलोक में दोजख जैसा भी कोई स्थान है?" बेनसन ने उसे जवाब दिया, "दोजख, जिसकी रूपरेखा विभिन्न धर्मों ने विभिन्न प्रकार से खींची है, ऐसा कोई स्थान परलोक में नहीं है, परंतु परलोक में कुछ बस्तियाँ ऐसी हैं, जहाँ पर मन अवश्य आक्लांत हो जाता है और एक प्रकार की घुटन अनुभव होती रहती है। उन स्थानों के प्रत्येक व्यक्ति को यह छूट है कि वह उस दुःखद वातावरण से किसी भी समय छुटकारा पा सकता है, परंतु वह अपने नीच विचारों के कारण ही अपना दोजख स्वयं ही बनाए रखता है।" बेनसन ने रोजर को उस समय सामने एक छोटा बँगला दिखाया, उसमें मृत्यु के पश्चात् जिन सज्जन की जीवात्मा रहती थी, उनसे मिलने बेनसन और रोजर पहुँचे। उन सज्जन ने अपना हाल रोजर को सुनाया, "मैं यहाँ जब आया था, तब यह स्थान एकदम दूषित था। भू-लोक में जब मैं जीवित था, तब मैं एक सफल व्यापारी था। रुपया प्रचुर मात्रा में कमाया था। मैं पैसा कमाने के लिए सारे हथकंडे उचित समझता था और कानून की पकड़ से बाहर रहता था। मैं अपने कार्य में कुशल भी था और हृदयहीन बन जाता था। अपने परिवार में केवल मेरी चलती थी, चाहे वह ठीक हो या गलत। मैं कभी-कभी दान भी

करता था, परंतु दान मैं तभी करता था, जब ऐसा करने से अधिक लाभ हो और मेरी खूब ख्याति हो। जब मैं मरा तो मैंने देखा कि मेरे मरने पर किसी को भी दुःख नहीं हो रहा था। जब मैं परलोक में जागा तो मैंने अपने आप को गंदी और दूषित कोठरी में पाया था, जबकि भू-लोक में मैं एक भव्य महल में रहता था। मेरी अथाह दौलत, जिसे मैं छोड़कर आया था, परलोक में मेरी दरिद्रता को दूर करने में बिल्कुल सहायक नहीं थी। परलोक में मैंने जो कपड़े पहने हुए थे, वे गंदे व फटे हुए थे और उस समय मैं सिर्फ क्रोध कर रहा था। मेरे चारों तरफ ऊसर जमीन थी और वायुमंडल विचित्र प्रकार का धूमिल और मलिन था। तब एक दिन एड्विन मेरे पास आया, उससे मैंने पृथ्वी पर बड़ा बुरा व्यवहार किया था, उसने मेरे बुरे व्यवहार की परवाह किए बिना वह शांत मुद्रा में मेरे पास खड़ा रहा था, जबकि मैं उस समय क्रोध से भुना जा रहा था। मुझे उन लोगों पर भी क्रोध आ रहा था, जिन्होंने मुझसे भू-लोक में दान लेते समय मेरी प्रशंसा के पुल बाँधे थे। एड्विन मेरे पास से चला गया। फिर वह बेनसन और रूथ को लेकर मेरे पास आया। उस समय मुझे क्रोध कम आया था। रूथ की आकृति देखकर मुझे मेरी एकमात्र बेटी की याद आ गई, जिससे मैं बहुत प्यार करता था। मुझे भीषण एकाकीपन महसूस होने लगा था। मैं एड्विन को पुकार रहा था, जबकि भू-लोक में मैंने सदा उसकी अवहेलना की थी। परलोक में हृदय की पुकार कभी खाली नहीं जाती। मैं बहुत प्रसन्न हुआ, जब मैंने एड्विन को आते हुए देखा। तब मैंने उससे क्षमा-याचना की। उसने मुझे क्षमा कर दिया और एड्विन ने मुझे कुछ ऐसी बातें आचरण से संबंधित बताईं, जिससे मेरा परलोकिक जीवन ऊँचा उठ सके। उसके बाद मैंने अनुभव किया कि मेरे कमरे में अब अँधेरा नहीं है और मेरे कपड़े पहले की तरह गंदे और फटे नहीं हैं।"

5. पुस्तक का नाम 'लाइफ बर्थ लिविंग' है व प्रकाशक का नाम मैसर्स चार्ल्स टेलर बुक हाउस, 23, वार्विक लेन लंदन' तथा परलोकगत जीवात्मा का नाम 'जॉन' बताया गया है। इस जीवात्मा के संपर्क में आई श्रीमती एफ. हैसलौप, जो कि परलोकगत आत्मा की पत्नी है। जॉन ने बताया कि वे पृथ्वी पर अपने भौतिक जीवन में कर्म में विश्वास रखते थे और दूसरों की कमजोरी के प्रति वे उदार थे एवं अध्यात्मवाद में उन्हें कोई आस्था नहीं थी। परलोक और मृत्यु के संबंध में कभी कोई विचार उन्होंने नहीं किया था। मृत्यु के बाद जॉन जब लेखिका के संपर्क में आए तो लेखिका और जॉन के बीच की तमाम खाइयाँ समाप्त हो गईं और लेखिका की चेतना में जॉन की उपस्थिति का आभास तुरंत हो जाता है। लेखिका बताती है कि मृत्यु के बाद जॉन जैसे ही कमरे में प्रवेश

करते हैं तो वह जॉन को देख सकती है। जॉन जो कुछ बताते हैं, लेखिका उसे लिख लेती है। जॉन ने अपनी मृत्यु के बाद लेखिका को बताया कि मनुष्य एक त्रिगुणमय प्राणी है। उसके शरीर का निर्माण, जीव और आत्मा के संयोग से हुआ है। पहले आत्मा फिर जीव और इसे जो स्थूल शरीर धारण किए हुए है, उसे प्राणी कहना अधिक उचित होगा। मृत्यु के आगमन पर शरीर छोड़ने की क्रिया बिल्कुल स्वाभाविक और वेदनारहित होती है। कभी-कभी मृतक के मुख पर अंकित जो विकृत भाव देखे जाते हैं, वस्तुतः वे वेदना के प्रतीक नहीं होते हैं, बल्कि वे स्नायु और मांशपेशियों की स्वाभाविक प्रतिक्रिया के फलस्वरूप होते हैं और इसकी अनुभूति मृतक प्राणी को बिल्कुल नहीं होती है। स्थूल शरीर छोड़ने की क्रिया पैरों से आरंभ होती है और सिर पर समाप्त हो जाती है। मनुष्य का सूक्ष्म शरीर, जो उसके स्थूल शरीर के अनुरूप होता है, जब वह स्थूल शरीर से पृथक् होता है, तब वह खड़ी हुई अवस्था में कभी नहीं देखा गया। मृत्यु के बाद उसके मरे हुए स्थूल शरीर के ऊपर उसका सूक्ष्म शरीर अधिकतर लेटी हुई अवस्था में तैरता रहता है। ऐसी परिस्थिति में वह कुछ समय रहता है, क्योंकि उसका वह सूक्ष्म शरीर अपने भौतिक-शरीर से एक बारीक रूपहली डोर (सफेद अदृश्य रस्सी) से बँधा रहता है। जब तक यह डोर कायम रहती है, तब तक पूर्ण रूप से मृत्यु नहीं होती है और डोर के टूटते ही मृत्यु हो जाती है। जॉन बताते हैं कि कभी-कभी यह भी देखा गया है कि मृतक को लेने के लिए आई हुईं जीवात्माएँ इस डोर को स्वयं तोड़ती हैं, जिससे मृत्यु की क्रिया जल्दी-से-जल्दी संपन्न हो सके। जॉन बताते हैं कि पृथ्वी पर जो मनुष्य स्वार्थी व पापी हैं, मरने के बाद उनकी जीवात्मा अंधकारमय वातावरण में रहती है और उसे यह समझने में कठिनाई होती है कि वह वास्तव में मर चुका है। जो मनुष्य पृथ्वी पर स्वार्थी, संकीर्ण विचारों वाले और दूसरों को दुःख देने वाले पापकर्मी होते हैं, वे परलोक में भी ऐसे ही स्वभाव और विचारों वाली जीव आत्माओं से घिरे रहते हैं एवं उनके वातावरण में उदासीनता बनी रहती है। ऐसे वातावरण में भी यदि उन्हें अपने बुरे कर्म पर पश्चात्ताप नहीं होता है, तब वे उससे भी और नीचे के उपखंड में उतर आते हैं। जॉन ऐसे उपखंड को 'ग्रे वर्ल्ड' कहते हैं। यहाँ अंधकार-ही-अंधकार गहरा हो जाता है और यह कतई नहीं समझना चाहिए कि उनका पतन हमेशा के लिए हो चुका है। ऊपर के उपखंड में उठने की प्रेरणा उनमें स्वयं जागनी चाहिए, तब हाथ पकड़कर ऊँचा उठाने वाला भी परलोक में मिल जाता है। परंतु इसके विपरीत यदि पृथ्वी पर मनुष्य का जीवन सेवा और सहानुभूतिपूर्ण रहा है, तब मृत्यु के बाद परलोक में उसके लिए आनंद

और सौंदर्य वाला स्थान प्राप्त होता है। परलोक में जो लोग नीचे के उपलोक में रहते हैं, वे खाने-पीने और सोने में बने रहते हैं, क्योंकि भौतिक जीवन का स्वभाव उनसे तुरंत भुलाया नहीं जाता है, परंतु ऊँचे उपलोकों में इन सब की आवश्यकता अनुभव नहीं होती है। शांत प्रकृति, प्रेम और करुणा के स्वभाव वाले मनुष्य की जीवात्मा सीधे ही तीसरे उपलोक, जिसे 'समरलैंड' भी कहते हैं, में पहुँच जाती है। यह स्थान पहाड़, सुरम्य वाटिकाओं, नदियों व झीलों से भरपूर है और मकानों के साथ वाटिकाएँ हर तरफ नजर आती हैं और ऐसा मालूम होता है कि इस लोक में देवी विभूति ने अपना स्थायी रूप धारण कर लिया है। यहाँ पुष्प मुरझाते नहीं हैं और न वहाँ तूफान, हिमपात, गर्मी, आँधी और वर्षा का प्रकोप होता है। कुछ समय व्यतीत करने के बाद इस लोक की जीवात्माएँ अपने आध्यात्मिक स्तर पर ऊँचे के उपखंड में उठती हैं और तब महात्माओं और संतों के संपर्क में पहुँचती हैं और फिर ऊपर के उपखंड में प्रवेश करने के पहले उन्हें थोड़ी सी मूर्च्छा हो जाती है।

6. पुस्तक का नाम 'दि अवर साइड' एवं प्रकाशक का नाम डब्ल्यू.एच. ऐलन, लंदन, परलोकगत आत्मा का नाम 'जिम' (जिसने आत्महत्या की थी) बताया गया है व संपर्क में आए व्यक्ति का नाम जेम्स पाईक (जो मृतक का पिता और पुस्तक का लेखक भी है)। लेखक जेम्स पाईक का मरणोपरांत जीवन में बिल्कुल विश्वास नहीं था। जेम्स पाईक ने श्रीमती ऐना ट्विग से संपर्क किया। वह इंग्लैंड की एक प्रसिद्ध महिला मीडियम (मृतात्माओं से संपर्क स्थापित कराने में सहायता देने वाली) थी। जेम्स पाईक के निवेदन पर ऐना ट्विग ने परलोकगत जिम से सीधा संपर्क किया। आगे लेखक लिखता है कि उसे जिम ने बताया कि वह परलोक में एक गंभीर और असंतुलित मानसिक स्थिति में है और उसे परलोक में बताया गया है कि पृथ्वी पर प्राप्त व्यक्तिगत पढ़ाई व उच्च शिक्षा का कोई भी अर्थ परलोक में नहीं है। परलोक में करुणा, विवेक, दया के स्वभाव का महत्त्व है। परलोक में मृतक होने का आभास नहीं होता और मृतक होने जैसा भाव तो पृथ्वी-लोक में है। परलोक में प्रत्येक व्यक्ति शांति की गरिमा को भलीभाँति समझता है। इस कारण पृथ्वी पर लोगों को नि:स्वार्थ बनना सीखना चाहिए और यही रास्ता मुक्ति के द्वार का है।

□

मृत्यु के तुरंत बाद के अनुभव

मृत्यु के तुरंत बाद के अनुभवों का संदर्भ कुछ समाचार व पुस्तकों में वर्णित एवं विशेषत: जिन पुस्तकों से लिया है, उनके नाम 'टेक्नीक्स ऑफ एस्ट्रल प्रोजेक्शन', "सुप्रीम ऐडवेंचर', 'मोर एस्ट्रल प्रोजेक्शन' हैं और इन तीनों पुस्तकों के लेखक श्री रोबर्ट कूकल हैं। ऐसे अनुभवों का विवरण जिन जीवात्माओं के हैं, उन्होंने मृत्यु के पश्चात् स्थूल शरीर से अलग होते समय जो कुछ देखा और सीधा अनुभव किया या जानकारी प्राप्त की, वे अंग्रेज, अमेरिकन, फ्रेंच व तिब्बती थे एवं व्यवसाय से डॉक्टर, लेखक व संगीतकार थे। इसका उल्लेख श्री जे.डी. गोयल ने अपनी पुस्तक 'मृत्यु के बाद क्या, कहाँ, कैसे' (प्रकाशित सन् 1974 में हिंद पॉकेट बुक्स, प्राइवेट लिमिटेड, जी.टी. रोड, शाहदरा, दिल्ली) में एवं कुछ अन्य पुस्तकों में भी दिया गया है, जो निम्नानुसार है—

1. **श्रीमती कीलर का अनुभव :** श्रीमती कीलर बताती हैं कि मृत्यु के समय किसी भी प्रकार की वेदना अनुभव नहीं होती और ऐसा प्रतीत होता है कि जैसे बेहोशी की अवस्था में जीवात्मा को जबरजस्ती शरीर से बाहर निकाल दिया गया हो। कुछ समय की बेहोशी के बाद चेतना पुन: वापस लौट आती है।
2. **गोल्डन का अनुभव :** श्री गोल्डन बताते हैं कि परलोक में मित्र और स्वजन कई प्रकार से सहायता पहुँचाते हैं। मृत्यु के बाद जब नवीन जीवात्मा भयभीत होकर शरीर से बाहर निकलती है तो उसके डर को दूर करने के लिए पूर्व मृत मित्रों व स्वजनों की जीवात्माएँ सहायक होती हैं। स्थूल शरीर छोड़ते समय एस्ट्रल बॉडी सीधी उड़ान भरती है। जब मृत्यु होती है तो ठीक उसी समय स्थूल शरीर से सूक्ष्म शरीर (एस्ट्रल बॉडी) बाहर निकलने के समय वह एक लचकदार चमकीली डोर 'सिल्वर कॉर्ड' से बँधा रहता है। इसी प्रकार सोते समय, जब एस्ट्रल बॉडी में मनुष्य घूमता-फिरता है, तब भी उसकी चमकीली डोर 'सिल्वर कॉर्ड' खिचती चली जाती है।
3. मृत्यु के बाद जिन जीवात्माओं का पृथ्वी-लोक अथवा अपने परिवारजन व शरीर के प्रति मोह बना रहता है तो मृत्यु के समय शरीर त्यागते हुए उन्हें नीचे की ओर गिरने का भान होता है। ऐसा विशेषत: उन लोगों को अनुभव हुआ, जिनकी मृत्यु

युवावस्था में हुई अथवा जो वासना में लीन रहे हों।

4. जो मनुष्य आध्यात्मिक चिंतन के हैं, जिनका जीवन आदर्शवादी रहा हो, उनकी मृत्यु होने के बाद वे ऊपर की ओर उड़ान भरने का अनुभव करते हैं।
5. जो मनुष्य मोह के वशीभूत होते हैं और उनमें अतृप्त वासनाएँ रहती हैं, उनकी एस्ट्रल बॉडी (सूक्ष्म शरीर) पूर्ण रूप से आकाश तत्त्व (ईथर) से मुक्त नहीं हो पाती है। उन्हें परलौकिक जगत् के मनमोहक दृश्य और वहाँ की जीवात्माएँ साफ तौर दिखती नहीं हैं। उनके सामने धूमिल व भयानक वातावरण रहता है और उन्हें भूत दिखाई पड़ते हैं।
6. **श्रीमती विलेट का अनुभव :** श्रीमती विलेट बताती हैं कि शरीर छोड़ने पर उन्हें ऐसा मालूम हुआ कि वे बहुत विशाल बन गई हैं। इसी के साथ एक अन्य श्री जे. वेल्स बताते हैं कि उनकी चेतना का आकार बहुत बढ़ गया था। मृत्यु के तत्काल पश्चात् जैसे ही स्थूल शरीर से प्राण बाहर निकलते हैं और सूक्ष्म शरीर बाहर आ जाता है, तभी चेतना में एक प्रकार का विस्तार हो जाता है।
7. **लेंसलाट का अनुभव :** लेंसलाट की मृत्यु 08 वर्ष की आयु में हुई थी और उन्होंने बताया कि उनकी दूसरी मृत्यु परलोक में 20 महीने के बाद हो गई थी। (यह एक आश्चर्यजनक तथ्य है कि स्थूल शरीर की मृत्यु के बाद सूक्ष्म शरीर की भी मृत्यु होती है) उन्होंने बताया कि वह अपनी दूसरी मृत्यु के बाद पहले से अधिक बेहतर देख पा रहे थे और अपना एस्ट्रल बॉडी (सूक्ष्म शरीर) त्यागना बहुत ही सुखदायक लगा था। वह बहुत हल्के हो गए थे। मनुष्य जब एस्ट्रल बॉडी त्यागकर परलोक से स्वर्गलोक को जाता है, उस समय उसकी दूसरी मृत्यु होती है।
8. **विल्फ्रेड का अनुभव :** विल्फ्रेड को एक आत्मा ने आकर बताया कि साधारणत: मृतक के मित्र और रिश्तेदार आकर मृत्यु के समय जीवात्मा को अपने संरक्षण में ले लेते हैं। बिनी नाम की एक लड़की की जीवात्मा ने बताया था कि जब उसके माता-पिता मृत्यु के पश्चात् इस सुंदर दुनिया में आएँगे, तब वह सबसे पहले उनका स्वागत करेगी।
9. **फिंडले का अनुभव :** फिंडले बताते हैं कि प्रत्येक मरणासन्न व्यक्ति को उसके पिछले सांसारिक जीवन की घटनाएँ क्रमानुसार ध्यान में आती हैं अथवा वह देखता है। यह प्रक्रिया तभी होती है, जब स्थूल शरीर छूटता है। (पुस्तक—व्हेयर दि टू वर्ल्ड्स मीट, लेखक जे. आर्थर फिंडले, प्रकाशक सायकिक प्रेस लिमि. लंदन)
10. **पिनलिप पाल का अनुभव :** पिनलिप पाल बताते हैं कि जब उसके भौतिक शरीर से प्राण बाहर निकल रहे थे, तब वह कुछ क्षणों के लिए मूर्च्छित हो गया था। (सायकिक न्यूज)

11. **स्कॉट का अनुभव :** श्रीमती जेम्स शेरवुड को स्कॉट ने बताया कि मृत्यु के समय उनके जीवन की फिल्म, उनके विचारों की घुड़दौड़ की तरह भाग रही थी। (सायकिक ब्रिज, प्रकाशक रीडर एंड कंपनी लिमि. लंदन)
12. यूनिवर्सल लिमिटेड, लंदन से प्रकाशित लेखक रेवरेंड सी ड्रेटन टोमस की पुस्तक 'इन दि डान बियॉण्ड डेथ' में मृतक की जीवात्मा का एक अनुभव का उल्लेख है, "मेरा हृदय बैठा जा रहा था। दिन का प्रकाश जैसे समाप्त हो रहा हो। पहले एक अंधकार की दुनिया आई, जिसमें सिर घूमता-सा लगता था। फिर वायुमंडल में कुछ उजाला-सा दिखाई दिया, मुझे अपने उन बच्चों की आवाजें सुनाई दे रही थीं, जो मुझसे पहले मर चुके थे। एक अर्धमूर्च्छा की अवस्था के बाद अब साफ दिखाई दे रहा था। मेरे पुत्र, मेरे भाई और अनेक स्वजन, जो मेरे से पूर्व मर चुके थे, वे सभी मेरे चारों तरफ उपस्थित थे।"
13. पुस्तक—फ्रंटियर ऑफ दि आफ्टर लाइफ, लेखक—एड्वर्ड सी रेंडेल, प्रकाशक—ऐलफ्रेड ए. नौफ में मृतक जीवात्मा का एक अनुभव उल्लेख है, "मैंने अपने चारों तरफ उनको देखा, जो मुझसे पहले मर चुके थे। मैंने अपने आपको सर्वप्रथम ऊपर की ओर उठते हुए देखा और फिर धीरे-धीरे नीचे आ गया। उस समय मेरे दो रूप थे। एक बिस्तर पर पड़ा था और दूसरा मैं उससे अलग होकर खड़ा था। स्थूल शरीर की तमाम मेरी शारीरिक वेदना समाप्त हो गई थीं। जो मुझे मृत्यु के समय लेने आए थे, उन्होंने मुझसे चलने को कहा। एक विचार आया, क्या यह स्वप्न तो नहीं है, परंतु जो मुझे लेने आए थे, उन्होंने बड़ी नम्रता से कहा कि मैं अब मर चुका हूँ।"
14. रेवरेंड सी ड्रेटन टोमस की पुस्तक 'इन दि डान बियॉण्ड डेथ' में मृत्यु के बाद की स्थिति का एक अनुभव इस प्रकार बताया गया है, "मुझे ऐसा अनुभव हुआ कि जैसे मैं आस-पास की दुनिया से ऊपर उठ रहा हूँ। उस समय मेरे चारों तरफ बहुत से इष्ट मित्र थे और मेरे स्वर्गवासी माता-पिता भी मौजूद थे। मुझे किसी विशेष परिवर्तन की अनुभूति नहीं हुई और तुरंत मुझे नींद आ गई। मैं तीन-चार दिन तक सोता रहा। मैंने तब अनुभव किया कि मैं पृथ्वी से किसी दूरस्थ स्थान पर हूँ। चारों तरफ का वातावरण सुंदर और प्रकाशमय था।" इसी पुस्तक में मृत्यु के बाद की स्थिति के संदर्भ में एक अनुभव यह भी है, "मुझे याद है कि एक सुरंग से गुजरने पर एक दरवाजा दिखाई दिया था, जो एक गुफा की तरह था।"
15. पुस्तक 'डेथ बेड विजंस' के लेखक सर डब्ल्यू.एम. बैरेट में यह उल्लेख है कि एक मरणासन्न लड़का बड़े शांत भाव में बोला कि वह कमरे के कोने में एक दरवाजा देख रहा है और उसी रास्ते से वह बाहर जाएगा।

16. आर्थर कानन डायल की पुस्तक 'दि सर्वाइव' (प्रकाशक राइडर एंड कंपनी) में यह विवरण दिया गया है कि मनुष्य के भौतिक शरीर में उसकी चेतना बहुत सीमित और संकुचित रहती है, परंतु मृत्यु के पश्चात् तत्काल ही चेतना का विस्तार और फैलाव हो जाता है।

17. **सिल्वर कॉर्ड (रूपहली डोर) :** एस.एस. वार्ड की पुस्तक 'गौन बेस्ट' (प्रकाशक—राइडर एंड कंपनी, पृष्ठ-28) में मृत्यु के पश्चात् की स्थिति में सिल्वर कॉर्ड के अनुभव का उल्लेख इस प्रकार है, "मृत्यु के आगमन पर एक प्रकार का बोझ का अनुभव होने लगा। धीरे-धीरे वह बोझ ऐसा लगता था कि मेरे पास से खिसकता जा रहा है, या यूँ कहिए कि मैं उससे अलग होता जा रहा हूँ। कुछ ऐसी अनुभूति थी कि जैसे कोई मेरा हाथ दस्ताने से बाहर निकाल रहा हो। अंधकार से कुछ प्रकाशमय हो गया। कमरे में जो बैठे हुए थे, उन्हें मैं देख रहा था। मैं अब बिल्कुल मुक्त था और अपने भौतिक शरीर को बिस्तर पर पड़ा देख रहा था। मेरे मुँह से एक चाँदी की डोर जैसी चीज निकल रही थी। वह कुछ देर के लिए चमकी और फिर टूट गई और लुप्त हो गई। उसी समय किसी ने कहा—मेरे खयाल में यह अब चला गया। उसके बाद कमरा और उसकी वस्तुएँ धुँधली दिखने लगीं और फिर ओझल हो गईं। मैं एक बहुत सुंदर दुनिया में था।

18. रॉबर्ट कूकल की पुस्तक 'सुपर ऐडवेंचर' में एक मृत जीवात्मा का अनुभव है, "मैं एक अर्धमूर्च्छा की अवस्था में चला गया था। नर्स धीरे-धीरे अन्य रोगियों के पास जा रही थी। कुछ और शक्लें दिखाई पड़ने लगीं। पास आने पर लगा कि वे मेरे पूर्व मृत स्वर्गवासी माता-पिता थे। मैं उस समय भी अपने भौतिक शरीर से जुड़ा था और एक सिल्वर कॉर्ड मेरे स्थूल शरीर से बँधी हुई थी। फिर वह डोर भी टूट गई और मैंने अपने आपको परलोकवासी इष्टमित्रों से घिरा हुआ पाया।"

19. पुस्तक 'किंग कौंसिल बियर' (प्रकाशक—हचिन एंड कंपनी, लंदन) में एक अनुभव इस प्रकार है, "एक स्वप्नरहित अर्धचेतना की अवस्था थी। मैंने अपने पूरे होश में श्रीमती जे को देखा। मुझे उस समय काफी धकावट का अनुभव हो रहा था। अर्धनिद्रा की अवस्था में मैंने देखा कि मुझसे एक चमकदार डोरी बँधी हुई थी और फिर वह टूट गई। मेरे बिस्तर के चारों तरफ खड़े लोग रोने लगे। मुझे उनके दु:खी होने से एक प्रकार के बोझ-सा अनुभव हो रहा था। मैंने बड़ी उत्सुकता से चाहा कि मैं उनको समझाने का प्रयास करूँ, परंतु तुरंत ही मूर्च्छा आ गई और जब मुझे होश आया तो मैंने अपने आप को एक अत्यंत सुंदर और भव्य स्थान में पाया।"

□

'एस्ट्रल प्रोजेक्शन' क्या है ?

जब मनुष्य अभ्यास और साधना द्वारा जाग्रत् अवस्था में अपनी इच्छानुसार अपनी एस्ट्रल बॉडी (सूक्ष्म शरीर) को अपने स्थूल शरीर से बाहर निकाल लेता है, तब इस प्रक्रिया को 'एस्ट्रल प्रोजेक्शन' कहते हैं। 'एस्ट्रल प्रोजेक्शन' के संदर्भ में भारत में योग के माध्यम से योगी अपने स्थूल शरीर से बाहर होकर भ्रमण करते हैं। 'एस्ट्रल प्रोजेक्शन' की प्रक्रिया में महत्त्वपूर्ण भूमिका सूक्ष्म शरीर की होती है। वस्तुतः हमारे स्थूल शरीर को मन के द्वारा संचालित किया जाता है और मन सूक्ष्म शरीर में निहित रहता है। वह सूक्ष्म शरीर का अंश है। स्वप्नावस्था में भी सूक्ष्म शरीर ही सक्रिय रहता है। निद्रावस्था में जब सूक्ष्म शरीर दृश्य देखता है तो उसे स्वप्न कहते हैं। परंतु जाग्रत् अवस्था में जब स्थूल शरीर से सूक्ष्म शरीर बाहर निकल जाता है और अपनी इच्छानुसार विचरण करता है, दृश्य देखता है, इस प्रक्रिया को 'एस्ट्रल प्रोजेक्शन' कहते हैं। 'एस्ट्रल प्रोजेक्शन' की अवस्था में स्थूल शरीर निष्क्रिय व स्थिर बना रहता है और यह शरीर की मृत अवस्था नहीं होती है, बल्कि उसमें जीवित होने के सभी लक्षण बने रहते हैं। सूक्ष्म शरीर बाहर भ्रमण करके पुनः स्थूल शरीर में प्रवेश कर वापस आ जाता है। 'एस्ट्रल प्रोजेक्शन' की प्रक्रिया सामान्यतया आम व्यक्ति के लिए संभव नहीं है और योग साधना की विशेष पद्धति व साधना एवं योग्य सद्गुरु कृपा व निर्देशन में ही संभव है। सूक्ष्म शरीर अपने स्थूल शरीर से बाहर निकलकर मन की गति से कहीं भी किसी भी स्थान पर पहुँचकर दृश्य देखकर, सुनकर, जानकारी लेकर अपने स्थूल शरीर में वापस आ जाता है।

स्वप्नावस्था व 'एस्ट्रल प्रोजेक्शन' में अंतर यही है कि स्वप्नावस्था में किसी का भी स्वयं पर अथवा स्वप्न के दृश्यों पर इच्छानुसार कोई नियंत्रण नहीं रहता है, बल्कि अवचेतन मन के दृश्य दिखते हैं और उनमें कोई सुनिश्चितता तथा तालमेल नहीं होते हैं। जबकि 'एस्ट्रल प्रोजेक्शन' जाग्रत् अवस्था में अपनी इच्छानुसार योग की साधना करते हुए ध्यान व समाधि की अवस्था में होता है तथा सूक्ष्म शरीर को अपने स्थूल शरीर का ध्यान भी बना रहता है।

□

दुर्घटनाओं से हुई मृत्यु के अनुभव

जिनकी दुर्घटनाओं के कारण मृत्यु होती है और उन्हें जो अनुभव हुए, इस संदर्भ में श्री जे.डी. गोयल बताते हैं—

1. दुर्घटना में मृत्यु होने के समय शारीरिक पीड़ा का अनुभव नहीं हुआ, क्योंकि दुर्घटना के तत्काल पश्चात् उन्हें मूर्च्छा आ गई थी।
2. मृत्यु के समय जब भौतिक शरीर को त्यागते हैं तो ठीक उसी समय मूर्च्छा आ जाती है।
3. दुर्घटना में मरे हुए व्यक्तियों का एक अनुभव यह भी है कि वे अपने भौतिक शरीर से बाहर निंकलने के बाद भी यह समझते रहे कि वे अभी मरे नहीं हैं अथवा कहीं स्वप्न तो नहीं देख रहे हैं।
4. ऐसे भी अनुभव बताए गए हैं कि उन्होंने दुर्घटना के कारण हुई मृत्यु के पश्चात् अपने भौतिक शरीर को भी देखा था।
5. बहुत से ऐसे मृतकों की जीवात्माएँ इस कारण से दुःखी थीं कि उनके जीवित इष्ट मित्र दुःखी हो रहे थे।
6. बहुत से मृतकों की जीवात्माओं ने अपने जीवित संबंधियों को स्वयं दिखने का और बातचीत का असफल प्रयास भी किया था।
7. दुर्घटना के कारण हुई मृत्यु का एक अनुभव पुस्तक 'फ्रंटियर ऑफ दि आफ्टर लाइफ' (प्रकाशक—ऐलफ्रेड ए. नौफ) में ऐसा उल्लेख है—मैं एक मूर्च्छा के बाद जागा। उस समय मैं अपने भौतिक शरीर से अलग था। मैंने नीचे की ओर देखा तो मेरा शरीर लड़ाई में मारे गए अन्य लोगों के शरीर के साथ पड़ा था। मुझे लड़ाई की याद आ गई, परंतु इस बात की याद नहीं थी कि कब मुझको गोली लगी थी। कुछ समय बाद ही जो लोग लड़ाई में मारे गए थे, वे भी वहीं खड़े हो गए। यद्यपि शरीर त्यागने की क्रिया पीड़ारहित थी।
8. मिसेज एल. केलवे की पुस्तक 'बॉम्बर' (प्रकाशक—सायकिक बुक) में एक अनुभव है—"मुझे कोई बहुत सख्त वस्तु लगी थी और दूसरे ही क्षण मैं अपने

शरीर से बाहर था। मृत्यु एक छोटी और क्षणिक-सी घटना है। एक क्षण पहले मैं अपने भौतिक स्वस्थ शरीर में था और बिना किसी प्रकार की आशंका के युद्ध स्थल की खाइयों का निरीक्षण कर रहा था तथा इसके तत्काल बाद ही मैं मर चुका था और स्थूल शरीर से बाहर खड़ा था।

9. डॉ. हायरवार्ड केरिंग्टन की पुस्तक 'सायकिकल फिनोमिना एंड दि वार' (प्रकाशक—मैसर्स टी. वॉर्नर लौरिक लि.) में एक अनुभव है, "मैं अचानक अपने शरीर के बाहर फेंक दिया गया था। मैंने कोई पीड़ा अनुभव नहीं की थी। मैं अपने भौतिक शरीर को भलीभाँति देख रहा था। जब मेरे शव को लोग ले जा रहे थे तो मैं भी उसके साथ खिंचा जा रहा था।"

□

युक्तेश्वर गिरि की मृत्यु के पश्चात् शिष्य योगानंद से वार्त्ता

परमहंस श्री योगानंदजी को बचपन से ही आध्यात्मिक अभिरुचि थी। बचपन में उनका नाम मुकुंद था, वे अपनी माँ के अत्यधिक लाड़ले थे और मुकुंद भी अपनी माँ से अत्यधिक प्रेम करते थे। मुकुंद आध्यात्मिक क्षेत्र में उच्च कोटि के महात्मा हुए एवं परमहंस श्री योगानंदजी के नाम से उन्होंने ख्याति प्राप्त की। मुकुंद का जन्म 05 जनवरी, 1893 को हुआ था एवं दिनांक 07 मार्च, 1952 को उनकी मृत्यु हो गई थी। उनकी माँ की अत्यधिक इच्छा यह थी कि वह मुकुंद के बड़े भाई अनंत दा का विवाह अपने जीवन-काल में ही करना चाहती थीं। मुकुंद जब ग्यारह वर्ष के थे, तब उनकी माँ कलकत्ता में अपने बड़े पुत्र अनंत दा के विवाह की तैयारियों में जुटी हुई थीं और मुकुंद अपने पिता के पास बरेली (उत्तर प्रदेश) में थे। मुकुंद और उनके पिताजी कलकत्ता जाने की योजना बना रहे थे। आधी रात का समय था और मुकुंद अपने पिता के पास ही घर में सो रहे थे। उसी समय मुकुंद के सिरहाने की ओर मच्छरदानी के जालीदार कपड़ों में एक आहट हुई और मुकुंद जाग गए। मुकुंद ने देखा उनकी माँ सामने हैं। माँ ने कहा कि अपने पिताजी को अभी कहो कि यदि माँ को देखना चाहते हैं तो सुबह ही पहली गाड़ी से कलकत्ता के लिए रवाना हो जाएँ। इतना कहकर मुकुंद की माताजी की छाया विलुप्त हो गई। उसी समय मुकुंद ने अपने पिताजी को जगाकर उनसे कहा कि माँ की मृत्यु होनेवाली है। उन्होंने पिता को माँ का दिया संदेश सुनाया। पिताजी ने मुकुंद को समझाया कि मुकुंद यह भ्रम मात्र है, चिंता मत करो। सुबह होते ही पिता के पास संदेश आया कि मुकुंद की माँ गंभीर रूप से बीमार हैं, विवाह कार्यक्रम स्थगित हो गया है, शीघ्र घर पहुँचिए। मुकुंद और उनके पिताजी तत्काल कलकत्ता के लिए रवाना हुए। कलकत्ता पहुँचते ही मुकुंद ने देखा कि उनकी माँ का स्वर्गवास हो चुका था।

इस प्रसंग से स्पष्ट होता है कि मृत्यु होने की स्थिति में सूक्ष्म शरीर अथवा मृत्यु के तत्काल पश्चात् जीवात्मा अपने प्रियजन के पास पहुँचती है और उसे आभास कराती है कि उसकी मृत्यु होनेवाली है अथवा हो चुकी है। यहाँ मैं एक निजी अनुभव को प्रकट करना

चाहूँगा। मेरी (लेखक की) पत्नी प्रभा के पिताजी श्री मोती लाल पाठक की मृत्यु हृदयाघात के कारण कानपुर से झाँसी आते समय ट्रेन में हो गई थी और हम लोग दतिया (म.प्र. 200 कि.मी. दूर) में थे। रात के लगभग 1 व 2 बजे के बीच का समय था, इसी समय मेरी पत्नी को यह आभास हो रहा था कि उनके सिर पर कोई रात्रि में बड़े स्नेह से हाथ फेर रहा है। इसके एक घंटे बाद सूचना मिली कि उनके पिताजी का स्वर्गवास हो चुका है और शीघ्र झाँसी पहुँचो। तत्काल हम लोग झाँसी के लिए रवाना हो गए। अर्थात् मृत्यु के पश्चात् जीवात्मा किसी-न-किसी प्रकार से अपने स्वजन के पास पहुँचती है और जीवात्मा के लिए यात्रा की दूरी कोई मायने नहीं रखती। जीवात्मा सिर्फ सोचने भर से हजारों कि.मी. दूर पहुँच जाती है।

मुकुंद के गुरु श्री युक्तेश्वर गिरि थे। उन्होंने ही मुकुंद को 'योगानंद' नाम दिया था। परमहंस श्री योगानंदजी अपने गुरुजी के सर्वाधिक प्रिय शिष्य थे और जिस समय अपने पुरी स्थित आश्रम में गुरु ने स्थूल शरीर का त्याग किया, उस समय योगानंदजी प्रयाग के कुंभ मेले में थे। वे इलाहाबाद अपने दल के साथ 23 जनवरी, 1936 को कुंभ मेले में पहुँच गए थे। यद्यपि उनके गुरु युक्तेश्वर गिरि की इच्छा उन्हें कुंभ मेला में जाने की नहीं थी, परंतु योगानंदजी की बहुत अधिक इच्छा के करण वे अपने गुरु से आज्ञा लेकर चले गए थे। कलकत्ता के एक शिष्य अतुल चंद्र राय चौधरी के पास 8 मार्च, 1936 को तार द्वारा सूचना मिली कि बिना देर किए हुए वे पुरी आश्रम में पहुँचें। यह सूचना योगानंदजी तक भी पहुँच गई थी और वे भी उसी समय पुरी के लिए रवाना हो गए थे। पुरी आश्रम में पहुँचकर उन्हें जानकारी मिली कि गुरुजी श्री युक्तेश्वर गिरि की मृत्यु दिनांक 09 मार्च, 1936 को हो चुकी थी। यह सुनकर योगानंदजी को बहुत अधिक दुःख और पश्चात्ताप हुआ कि वे अपने गुरु के जीवन के अंतिम समय में उनके पास उपस्थित नहीं रह पाए। इसके बाद योगानंदजी अपने गुरुदेव को याद करते रहते थे, विलाप करते रहते थे। इसी दुःख को सोचते हुए योगानंदजी के साथ एक घटना घटित हुई।

दिनांक 19 जून, 1936 को योगानंदजी बंबई प्रवास पर थे और रीजेंट होटल में रुके थे, दिन के 3:00 बजे का समय था और वह होटल के कमरे में एक दरी पर ध्यानावस्था में थे। उसी समय उन्हें एक दिव्य ज्योति का आभास हुआ और उन्होंने अपने नेत्र खोले तो देखा कि उनके सामने गुरुदेव युक्तेश्वर गिरिजी खड़े थे। योगानंदजी यह देखकर एकदम चौंक गए। योगानंदजी ने उनके दर्शन करते हुए प्रणाम किया और उनसे पूछा, "आप मुझे छोड़कर क्यों चले गए, आपने मुझे कुंभ मेले में क्यों जाने दिया था ?" कुछ वार्त्तालाप के पश्चात् ब्रह्मलीन गुरुदेव युक्तेश्वर गिरि ने अपनी मृत्यु के पश्चात् परलोक का जो हाल सुनाया था, वह संक्षेप में इस प्रकार है—"जिस प्रकार कर्म भोग में मानवों की सहायता करने के लिए महापुरुषों को पृथ्वी पर भेजा जाता है, उसी प्रकार सूक्ष्म जगत् में मैं कार्य कर रहा हूँ। उस लोक का नाम हिरण्यलोक है (हिरण्यलोक का संदर्भ हिंदू धर्म शास्त्रों में भी मिलता है)। जब कोई मनुष्य

पृथ्वी पर सविकल्प समाधि के स्थान पर निर्विकल्प समाधि की अवस्था में पहुँच जाता है, तभी मृत्यु के पश्चात् उसे हिरण्यलोक में प्रवेश मिलता है (सविकल्प समाधि में साधक ध्यानावस्था में ईश्वर को लक्ष्य मान कर उनके दर्शन की अनुभूति करता है और स्थिर ध्यान की स्थिति बनी रहती है, परंतु निर्विकल्प समाधि की अवस्था में अभ्यास करते-करते जब चित्त ध्येयाकार हो जाए और शब्द, अर्थ, ज्ञान, स्वरूप विलुप्त हो जाए, सिर्फ समग्रता का अनुभव हो, तब वह निर्विकल्प समाधि है। इस अवस्था में मुक्त रूप से विश्व में विचरण करते हुए भी ईश्वर की अनुभूति से विचलित नहीं होता है)।

आगे युक्तेश्वर गिरि की जीवात्मा ने बताया, "यहाँ अनेक सूक्ष्म जगत् हैं, जिनमें एक ग्रह से दूसरे ग्रह की यात्रा की जा सकती है और यात्रा की गति विद्युत् की तरह होती है। सूक्ष्म जगत् असीम सुंदर, स्वच्छ, सुव्यवस्थित है। यहाँ कीड़े, मकोड़े, सर्प आदि नहीं हैं। अनिश्चित जलवायु या ऋतु भी नहीं है। यहाँ हमेशा वसंत ऋतु जैसा मौसम रहता है। अच्छी जीवात्माएँ मुक्त विचरण करती हैं और दुष्ट आत्माओं के लिए सीमित क्षेत्र निर्धारित है। सूक्ष्म जगत् की प्रत्येक वस्तु ईश्वर की इच्छा और अंशतः जीवात्माओं की इच्छा पर निर्भर होती है। यहाँ इच्छा मात्र से परिवर्तन हो जाता है। एकमात्र इच्छा द्वारा ठोस एवं द्रव वस्तुएँ उपलब्ध हो जाती हैं। यहाँ सूक्ष्म शरीर सिर्फ इच्छानुसार ही प्रकट अथवा अदृश्य हो जाते हैं और सभी जीवात्माओं को इस लोक में कोई भी रूप धारण करने की स्वतंत्रता है। उदाहरणार्थ, किसी भी वृक्ष से आम या कोई इच्छित फल अथवा फूल प्राप्त किया जा सकता है। इस लोक के सूक्ष्म शरीर में सूक्ष्म मस्तिष्क होता है और सुषुम्ना नाड़ी सूक्ष्म मेरुदंड एवं चक्र भी होते हैं। सूक्ष्म शरीर में जीवात्माओं का मुख और शरीर उनके पूर्व जन्म के यौवनकालीन रहते हैं और सूक्ष्म शरीर में जीवात्मा की कभी कोई वृद्धावस्था नहीं होती है। इस लोक के सूक्ष्म शरीर की जीवात्मा में आँख, कान, नाक, जीभ, त्वचा—ये समस्त बाहरी इंद्रियाँ भी होती हैं, परंतु अंतर्ज्ञान के द्वारा वे शरीर के किसी एक अंग से संवेदना का अनुभव कर सकते हैं। इस लोक में पूर्व जन्म के मित्र एक-दूसरे को आसानी से पहचान लेते हैं। सूक्ष्म जगत् के अधिवासियों के बीच विचार संपर्क सूक्ष्म दूरदर्शन या दृश्य-श्रवण के माध्यम से ही होता है एवं लिखित अथवा पढ़ने वाले शब्दों की उलझन इस लोक में नहीं है। इस लोक में सूक्ष्म शरीर के उन्नीस तत्त्व मनोमय, भावमय और प्राणमय हैं।"

उक्त प्रकार का विवरण उन्होंने स्वयं सन् 1946 में एक पुस्तक 'ऑटोबायोग्राफी ऑफ ए योगी' में किया था। बाद में यह पुस्तक अनेक भाषाओं में एवं 'योगी कथामृत' जयको पब्लिशिंग हाउस, 127, महात्मा गांधी रोड, फोर्ट मुंबई 400 023 तथा जे.डी. गोयल की पुस्तक 'मृत्यु के बाद' में प्रकाशन के साथ-साथ परमहंस श्री योगानंदजी के आध्यात्मिक जीवन व साहित्य से चिर-परिचित लोगों में चर्चित है।

□

मग्नमयी देवी ने की पति की जीवात्मा से चर्चा

महामहोपाध्याय पं. गोपीनाथ कविराजजी की जीवनी पर डॉ. भगवती प्रसाद सिंह ने 'मनीषी की लोकयात्रा' पुस्तक लिखी है। (प्रकाशित सन् 1968, विश्वविद्यालय प्रकाशन, विशालाक्षी भवन, चौक, वाराणसी) पुस्तक के लेखक ने कविराजजी की जीवनी के संदर्भ में दिनांक 11 नवंबर, 1965 को वाराणसी में महामहोपाध्याय पं. गोपीनाथ कविराज से संपर्क किया था। मृत्यु के बाद के विषय पर केंद्रित रहते हुए यहाँ महामहोपाध्याय पं. गोपीनाथ कविराज की आध्यात्मिक महानता का उल्लेख करना भी आवश्यक है। कविराजजी के जीवन पर पुस्तक लिखे जाने का प्रस्ताव डॉ. भगवती प्रसाद सिंह ने जब उनके समक्ष रखा तो कविराजजी ने जो बात लेखक से कही, उससे कविराजजी के महान् व्यक्तित्व की झलक मिलती है। कविराजजी ने उस समय कहा था—"इसकी क्या आवश्यकता है? जीवनी लिखना अत्यंत दुष्कर व्यापार है। दूसरों की कौन कहे, यदि मैं स्वयं चाहूँ तो अपनी जीवनी नहीं लिख सकता। जीवनी का अर्थ है—'माई पिक्चर इन दि हैंड्स ऑफ डिवाइन' मैंने अपने जीवन के अध्ययन का प्रयत्न किया, किंतु पूरी सफलता प्राप्त नहीं कर सका। जीवन की कोई घटना निरर्थक नहीं होती। छोटी-से-छोटी घटना में भी कोई-न-कोई गंभीर रहस्य छिपा रहता है। सर्वाधिक महत्त्व दृष्टा होकर अपने जीवन की ओर लक्ष्य करने में है, परंतु सामान्यतया यह संभव नहीं है। आप जो लिखना चाहते हैं, वह लौकिक व्यापार है। दाल-भात खाने का विवरण एकत्र करके क्या करोगे? वह बाह्यरंग जीवन मात्र है। अंतरंग का अनुसंधान होना चाहिए। जीवन किस प्रकार अदृश्य के हाथों ढाला जा रहा है, इस पर ध्यान देने की आवश्यकता है। जीवनी लिखने की सार्थकता इसी में है।"

महामहोपाध्याय पं. गोपीनाथ कविराजजी महान् तत्त्व चिंतक थे। वे भारत के मनिषियों की जीवंत कड़ी के रूप में पहचाने जाते हैं। उनके गुरुदेव परमहंस विशुद्धानंदजी थे। कविजराजजी के संदर्भ में जो लोग परिचित नहीं हैं, आध्यात्म के क्षेत्र में वे अधूरे ही माने जाएँगे। उन्होंने अपनी महानता के प्रदर्शन को कभी भी महत्त्व नहीं दिया। कविराजजी की मातृभाषा बँगला थी। 'मनीषी की लोकयात्रा' में लेखक ने उनकी जीवनी

के विषय में विस्तृत विवरण दिया है और विशेष रूप से कविराजजी का संपर्क जिन महान् आत्माओं से हुआ, उसका उल्लेख उस पुस्तक में है। इसी पुस्तक में एक परिशिष्ट 'परलोक-वार्त्ता' का है।

परलौकिक विषय के संबंध में ज्ञान प्राप्त करने की अभिरुचि कविराजजी को बाल्यावस्था से ही थी। जब वे ढाका में जुबिली स्कूल में पढ़ते थे और इस विषय पर भी पुस्तकें पढ़ा करते थे। जब वे जयपुर में महाराजा कॉलेज में प्रविष्ट हुए तो वहाँ भी कविराजजी ने परलौकिक विषय पर प्रचुर अध्ययन किया। एक बार पं. गोपीनाथ कविराजजी कलकत्ता में अपने एक बालसखा के पास ठहरे थे। दूसरे दिन दोनों मित्र सर बृजेंद्रनाथ शील से मिलने उनके निवास 15, राममोहन साहा स्ट्रीट गए। दोपहर का समय था। कविराजजी ने अपने मित्र को बाहर बरामदे में बिठाया और स्वयं कमरे में प्रवेश किया तो उन्होंने देखा कि चौकी पर मसनद लगाए एक वृद्ध, जिनकी सफेद दाढ़ी थी, गंभीर मुद्रा में बैठे थे। कविराजजी ने उनसे कहा, "डॉ. शील से मिलना है, सूचना भेज दें।" उन वृद्ध महाशय ने पूछा, "कहाँ से आए हो ?" अब तक कविराजजी को आभास हो गया था कि शील महाशय यही हैं। कविराजजी ने नवकृष्ण बाबू का पत्र उन्हें दे दिया। उसे पढ़कर वे गद्गद हो गए, पूछा, "तुम वैकुंठ के लड़के हो, फिर नवकृष्ण की चिट्ठी की क्या आवश्यकता थी ?" कविराजजी ने प्रश्न किया, "अरविंद घोष के संबंध में आपका क्या विचार है ?" सर बृजेंद्रनाथ शील ने जवाब दिया, "ही इज ए पोयट, मिस्टिक एंड प्रोफेट।" कविराजजी का दूसरा प्रश्न था, "परलोकगत आत्मा की स्थिति के संबंध में आपका क्या विचार है ?" शील महाशय ने उत्तर दिया, "संसार के विभिन्न देशों के विद्वानों ने गंभीरतापूर्वक विचार करके शरीर से निकलने के बाद आत्मा के अस्तित्व की पुष्टि की है, जन्मांतर संबंधी कथाओं के विवरण दिए हैं, छानबीन करके उसकी सत्यता का पता लगाया है और संबद्ध व्यक्तियों की फोटो भी ली हैं। इसके अतिरिक्त मैं अपने निजी अनुभव के आधार पर भी कह सकता हूँ कि व्यक्ति की मृत्यु के बाद भी उसकी आत्मा रहती है। कुछ समय पहले मेरी पत्नी का देहांत हो गया था। वे घर का सारा काम-काज देखती थीं। जमींदारी तथा संपत्ति संबंधी कागजात् भी वे ही रखती थीं, मैं उदासीन था। वे सहसा बीमार पड़ीं और दो-तीन दिन के भीतर ही दिवंगत हो गईं। इस घटना के थोड़े समय बाद मुझे एक मुकदमे के सिलसिले में कुछ दस्तावेजों की जरूरत पड़ी। मैं दिनभर ढूँढ़ता रहा। सारी अलमारियाँ और बक्से छान डाले, कहीं पता नहीं चला। इसी परेशानी में मैं सो गया। रात में पत्नी का स्वप्न दर्शन हुआ। वे बोलीं, "इतने चिंताग्रस्त क्यों हो ?" यह कहकर उन्होंने अलमारी का वह स्थान भी बता दिया, जिसमें दस्तावेज रखे थे। मैंने उठकर इस संदेश को एक कागज पर नोट कर लिया। मेरे दु:ख को देखकर पति-परायण पत्नी की आत्मा प्रकट हो गई। इसी आधार पर प्रात: उन दस्तावेजों को ढूँढ़ निकाला।"

कविराजजी ने थियोसॉफिकल सोसाइटी द्वारा प्रसारित अनेक आध्यात्मिक रहस्यपूर्ण पुस्तकें पढ़ी थीं। ढाका के जुबिली स्कूल में अपने विद्यार्थी जीवन-काल में भी वे 'मृत्यु के पश्चात्' विषय पर पुस्तकें तलाश करके पढ़ते थे। परलोक ज्ञान के प्रसिद्ध ज्ञाता महात्मा शिशिर कुमार घोष से देवधर में कविराजजी मिलने पहुँचे और वहाँ उन्होंने एक पुस्तक 'परलोकेत्तर-कथा' पढ़ी। उस पुस्तक में परलोक-गत आत्माओं से संपर्क स्थापित कराने की शक्ति से संपन्न एक बँगली महिला श्रीमती मग्नमयी देवी का परिचय दिया गया था, जिसमें यह उल्लेख था कि वे कलकत्ता में रहती हैं एवं जो लोग अपने संबंधियों की मृत्यु होने के बाद के विषय पर जानकारी चाहते हैं, वे मग्नमयी देवी से मिल सकते हैं। इसके पश्चात् मई सन् 1938 में कविराजजी उनसे मिलने कलकत्ता पहुँचे और अपने मित्र गुरुभाई अक्षय कुमार दत्त गुप्त के घर, 62 लेक एवेन्यू में ठहरे और मग्नमयी देवी से मिलने की इच्छा व्यक्त की। अक्षय कुमारजी ने उन्हें बताया कि मग्नमयी देवी से उनका साधारण परिचय है और वे थोड़ी ही दूर पर दक्षिणी कलकत्ता में रहती हैं। मग्नमयी देवी के पति बंकिमचंद्रजी कलकत्ता हाईकोर्ट के एक प्रसिद्ध वकील थे और वे सर आशुतोष मुखर्जी के सहपाठी थे। कविराजजी के पहुँचने से कुछ समय पूर्व मग्नमयी देवी की ख्याति से आकर्षित होकर महाराष्ट्र से एक सज्जन अपनी दिवगंत पत्नी की आत्मा के विषय में जानकारी प्राप्त करने के लिए कलकत्ता आए थे और वे पत्नी-वियोग से बहुत व्याकुल थे। वे अपनी पत्नी की आत्मा से संपर्क करना चाहते थे। मग्नमयी देवी ने जवाब दिया था कि उनकी पत्नी की आत्मा अभी यहाँ आ भी जाए तो उन्हें यह कैसे विश्वास होगा कि वह आत्मा परलोकवासी उन्हीं की पत्नी की है? इस पर उन सज्जन ने तत्काल अपनी पूर्व मृत पत्नी की हस्तलिपि का एक पत्र दिखाया और तब मग्नमयी देवी ने कहा कि इस पत्र की हस्तलिपि में ही उनकी पत्नी की आत्मा एक अलग कागज पर लिखेगी और तभी वह सज्जन विश्वास कर लें कि उनकी पत्नी की आत्मा ही अपनी ही हस्तलिपि में जवाब दे रही है। कुछ देर पश्चात् उन सज्जन की पत्नी की आत्मा आई और पत्नी की ही हस्तलिपि में मग्नमयी देवी के हाथ में पकड़े पेन के द्वारा लिखा जाने लगा था। वह हस्तलिपि मिलान करने पर स्पष्ट हुआ कि वह उन्हीं सज्जन की पूर्व मृत पत्नी की थी। अर्थात् हाथ में पेन तो मग्नमयी देवी ही पकड़े हुए थी, परंतु हस्तलिपि उन सज्जन की पूर्व मृत पत्नी की थी। कुछ समय बाद वह आत्मा वापस चली गई। कविराज गोपीनाथजी ने वहाँ अनेक लोगों से मग्नमयी देवी के संदर्भ में ऐसे विवरण सुने थे कि वे दिव्यलोक आत्माओं को बुला सकतीं है और उनसे बात करा सकती हैं।

अक्षय कुमार दत्त गुप्त ने कविराजजी का परिचय अपने छोटे भाई अमूल्य कुमार दत्त गुप्त से कराया और उन्हें कविराजजी का सहयोग करने को कहा था। इसके बाद कविराजजी एवं अमूल्य कुमार दत्त गुप्त, दोनों मग्यमयी देवी के यहाँ पहुँचे। देवीजी ने

उनका बहुत स्वागत-सत्कार किया। मग्यमयी देवी ने कविराजजी को बताया कि मरे हुए व्यक्तियों की जीवात्माओं को बुलाने की शक्ति उन्हें बाल्यावस्था से ही प्राप्त थी, किंतु इसका विशेष प्रयोग उनके पति की मृत्यु के बाद हुआ। उन्होंने बताया कि वह बहुत पढ़ी लिखी नहीं है तथा उन्हें अपने पति की जीवात्मा से जो भी परलोक संबंधी विवरण प्राप्त हुए हैं, उसे उन्होंने एक कॉपी (नोट-बुक) पर लिख लिया है। बंकिमचंद्रजी की मृत्यु के पश्चात् उनकी पत्नी मग्नमयी देवी ने अपने पति की जीवात्मा को बुलाया और उन्होंने श्रीमती मग्नमयी देवी को जो कुछ बताया, वह जैसा-का-तैसा उनके मृतक पति की हस्तलिपि में मृतक पति की जीवात्मा के द्वारा लिखा गया था। इस प्रक्रिया में सिर्फ भौतिक रूप में श्रीमती मग्नमयी देवी के हाथ में पकड़ा हुआ पेन था, लेकिन उसमें लिखावट की हलचल मृतक पति की जीवात्मा के द्वारा हो रही थी। बंकिमचंद्रजी की मृत्यु के तत्काल पश्चात् मृत्यु के समय उन्हें कैसा अनुभव हुआ और उसके बाद उनकी जीवात्मा कहाँ पहुँची व क्या-क्या अनुभव हुए, वे सभी उन्होंने अपनी पत्नी मग्नमयी देवी को बताया। कविराजजी के अनुरोध पर मग्यमयी देवी वह नोट-बुक उठा लाईं और उसमें 'स्वामीर-आत्मार-कथा' (स्वामी की आत्मा की कथा) शीर्षक के अंतर्गत विवरण लिखे थे। कविराजजी ने मग्यमयी देवी से अनुरोध कर वह कॉपी पढ़ने के लिए और उसकी प्रतिलिपि करने की अनुमति प्राप्त कर ली थी।

पुस्तक 'मनीषी की लोकयात्रा' में पृष्ठ संख्या 437 से 464 पर 'परलोक वार्त्ता' के नाम से परिशिष्ट है। पुस्तक में अति विस्तृत विवरण है परंतु यथावत् वर्णन करना संभव नहीं है, उसी के संक्षिप्त अंश यहाँ निम्नानुसार है—

बंकिमचंद्रजी की परलोकगत आत्मा का अनुभव

बंकिमचंद्रजी की जीवात्मा ने बताया, "मैं जब रोग शैया पर पड़ा था, तब कितनी ही बार अत्यंत खेदपूर्वक मैंने देवताओं को पुकारा··· । तब नहीं समझा था कि यही हमारा अंतिम समय है। खाँसी की यंत्रणा से प्राण छोड़ने की इच्छा होती थी। बोलने की इच्छा होते हुए भी खाँसी के कारण बोल नहीं पाता था। अंततः एक दिन मैं शांति की निद्रा में डूब गया। वह मृत्युकालीन अज्ञान की निद्रा थी। मैंने देखा कि मैं देह से अलग हूँ।

"जब लोग मुझे चारपाई से नीचे उतार रहे थे तो मैं यह कहना चाहता था कि अभी देरी है, मुझे बाहर मत करो, परंतु बोल नहीं सका। जब नीचे उतार दिया, तब मुझे ठंडक का अनुभव हुआ। उस समय समझ में आया कि मेरी लड़की, लड़का, स्त्री, भाई, भतीजे—सभी शोक में डूबे हुए हैं, परंतु सभी शांत थे। केवल हरिनाम की ध्वनि मेरे कान में पहुँच रही थी। उससे मुझे बहुत शांति मिल रही थी। सामने देखा कि मेरे इष्टदेव बाबा विश्वनाथ मेरे सिर पर अपना पादपद्म रखकर कह रहे हैं, 'मेरे पास आ जाओ। यहाँ कोई

भय नहीं है। रोग यंत्रणा नहीं रहेगी। यहाँ केवल शांति ही शांति है।' इसके बाद दूसरे ही क्षण में चिर-निद्रा में डूब गया।

"अब मैंने देखा कि मेरे चारों ओर शांति-ही-शांति है। मैं जैसे दूसरे देश का मनुष्य हो गया। नीचे देखा कि मेरे लिए स्त्री, पुत्र, पुत्रवधू—सभी शोक में लीन हो गए। पत्नी के चक्षुओं से झर-झर करके अश्रु गिर रहे थे। तब मेरे मन में आया कि इन लोगों के साथ मैंने इतने दिन संसार में वास किया। ये लोग मेरे साथी रहे हैं। पृथ्वी पर इनकी सहायता से स्वच्छंद जीवन बिताया। मेरी मृत्यु से इनके कष्ट की सीमा नहीं है।

"दूसरे ही क्षण में मेरा मन बदल गया। सोचा कि मैं इन बच्चों का पिता था, ये हमारी संतान थे, किंतु आज में इनका कोई नहीं हूँ। वे भी हमारे कोई नहीं हैं…। उस समय अपने को स्थिर करके मैंने पुकारकर कहा, 'मेरे लिए शोक मत करो। देखो, आज मैंने पुरानी जीर्णदेह छोड़कर दिव्यदेह धारण की है और शांति में हूँ। इस समय मुझे कोई कष्ट नहीं है। रोग यंत्रणा भी नहीं है। तुम लोग रोओ मत। दुःखी मत हो, अपना कर्तव्य करो।' यह सब मैंने चिल्लाकर कहा, किंतु किसी ने नहीं सुना।

"जब मेरी आत्मा देह से विच्छिन्न होकर, बाहर आकर खड़ी हो गई, तब मैंने देखा कि कितनी ही ज्योतिर्मय आत्माएँ मेरे लिए उस लोक में प्रतीक्षा कर रही हैं। इधर देखा कि सभी मेरे कुटुंबी हैं, उधर देखते हैं तो वे आत्माएँ, मेरे दिवगंत भ्राता, भातृवधू, चाची, पितामही तथा अन्य संबंधियों की हैं। किसी ने मेरा हाथ पकड़ा, तो कोई मस्तिष्क पर हाथ रखकर आशीर्वाद दे रही हैं। फिर हम सभी मिलकर के हरिनाम-गान करने लगे। इस प्रकार का आनंद जीवन में एक दिन भी नहीं पाया था। सोचा, कितने आश्चर्य की बात है! लोग मरने पर इसी प्रकार की शांति पाते हैं? जैसे शरीर में रहते हुए प्रतिदिन मृत्यु यंत्रणा भोग करता था, ठीक उसी प्रकार महाशांति अनुभव हो रही है। दुःख क्या है? तुम लोग भगवान् के निकट प्रार्थना करना कि सदैव इसी प्रकार की शांति रह जाए और मैं यहाँ रहकर तुम लोगों की शुभकामना कर सकूँ।

"हरिध्वनि के साथ मेरे शव को उठाया गया। मैं भी उसके साथ श्मशान की ओर चला। वहाँ पहुँचकर देखा कि देह का क्या हाल है? मैंने लोगों के भी अंतिम संस्कार देखे थे और अब अपने शरीर का भी अंतिम संस्कार देख रहा हूँ। जिस शरीर के लिए इतना यत्न किया, जिस शरीर में तनिक भी चोट लगने पर कितना कष्टानुभव होता था, जिस शरीर को काला कोट, पैंट, गाऊन (बंकिम बाबू कलकत्ता हाईकोर्ट में वकील थे) से नित्य सजाता था, नित्य साबुन तथा सुगंधित तेल लगाकर इस देह को सुंदर बनाता था, उसका यह परिणाम? उसको लकड़ियों पर डाल दिया और आग लगा दी! अंत में सभी लोग हरिध्वनि करते हुए लौट आए।

"यह सब देखकर मुझे बहुत कष्ट हुआ। उन लोगों के साथ मैं भी घर लौट आया।

देखा, सारा घर सूना है। एक मेरे चले जाने से घर मानो शून्यमय हो गया हो। घर के सभी लोगों में अवसाद भाव था। क्षण-क्षण में हाहाकार उठता था। मैं वहाँ खड़ा नहीं हो सका। अपने इस लोक के कुटुंबियों को त्याग कर नूतन देश के लिए प्रस्थान किया। जैसे समुद्र में लहरें उठती हैं, मैं उसी भाँति तरंगों के ऊपर तैरता हुआ चलने लगा। सामने आनेवाले विविध रंगों के विभिन्न लोकों को पार करता हुआ ऊपर उठता गया।

"मेरी मृत्यु के समय जब मेरे शरीर को नीचे उतारा गया, तब मैंने देखा कि सबका मुख विषादमय था, परंतु सतीश के मुख पर दृष्टि डालने पर पता चला कि वह मेरे आत्म कल्याण के लिए अपने गुरुदेव तथा बाबा विश्वनाथ से प्रार्थना कर रहा है, जिससे कि मैं उन्नति के मार्ग में शीघ्र उठ सकूँ। उसी स्थान पर खड़े होकर उनको आशीर्वाद दिया। मैं समझ चुका था कि मेरे जीने की कोई आशा नहीं है···। अपनी पत्नी को गले लगाकर मैंने कहा, 'मैं मर रहा हूँ। ऊपर कमरे से उन लोगों को बुलाओ। भय लग रहा है।' पत्नी ने कहा, 'भय क्या है ? भगवान् को पुकारो। वे ही शांति देने वाले हैं।' तब मैंने पत्नी के चक्षुओं में आँसू देखकर पोंछ दिए। मैंने सोचा कि जब इनकी आँखों में आँसू भर आए हैं, तो मेरी मृत्यु निश्चित है। (बंकिम बाबू की पत्नी मग्नमयी देवी अत्यंत उच्च आध्यात्मिक थीं और बंकिम बाबू को यह विश्वास था कि साधारण आपत्ति से वे कभी धीर नहीं हो सकतीं)···। अचानक अनुभव हुआ, मानो कोई कह रहा हो, 'तुम्हारा समय समाप्त हो गया अब सब छोड़कर जाना होगा। परंतु तुम दुःखी क्यों होते हो ? ये लोग तुम्हारे कौन हैं ? कोई कुछ नहीं है। अब तुम परलोक में चलो। वहाँ जाकर देखोगे, तुम्हारे आत्मीय ज्योतिर्मयस्वरूप में हैं। यहाँ तुम कितना कष्ट पा रहे हो ? वहाँ शांति-ही-शांति है। मरने में कोई डर नहीं है। वहाँ देखोगे कि मृत्यु के बाद कितनी शांति है ?' ये शब्द मैंने देववाणी की भाँति सुने, इससे मुझे भरोसा हुआ। दुर्बल देह में बल आ गया। अब अनुभव कर रहा था कि वस्तुतः मृत्यु से ही मुक्ति मिली है। रोग शैया पर पड़े-पड़े कैंसर रोग से कोई नहीं बच पाता है।

"मैं तैरता हुआ-सा चलने लगा। नीचे झाँककर देखा, तो किसी को देख नहीं पाया। जो आत्माएँ मुझे ले जा रही थीं, जाते-जाते उन्होंने कहा, 'चलो, तुमको एक इतिहास-प्रसिद्ध आत्मा का दर्शन कराएँ। अभी यदि इन्हे नहीं देखोगे तो फिर शीघ्र देखने का अवसर नहीं पाओगे।' मैं उनके साथ आकाश मंडल में और ऊपर उठने लगा।···फिर वे आत्माएँ बोलीं, 'यह देखो रानी भवानी (बंगाल की प्रसिद्ध धर्मप्राण राजमहिर्षी, जिन्होंने काशी में दुर्गाकुंड तथा दुर्गा मंदिर की स्थापना की थी), उनका पुत्र, पुत्री, पति और सखी शिवानी, सभी यहाँ हैं।' उन्हें देखकर मेरे मन में बड़ा आश्चर्य हुआ। उन लोगों ने मुझे आदर के साथ पुकारा। बुलाकर बिठाया, उपदेश दिया, नाना प्रकार की धर्मकथाएँ सुनाईं। कुछ समय रहकर मैं वायु तरंगों पर तैरते-तैरते दूसरे स्थान पर जाकर रुक गया। वहाँ

पहुँचने के एक मिनट बाद एक महान् आत्मा मेरे सामने आकर खड़ी हो गई। उसने पूछा, 'तुम आ गए? वहाँ क्या-क्या किया, मुझे एक-एक करके बताओ।' मैंने कहा कि मैं निद्रा से उठकर नित्य क्रिया से निवृत्त हो अपना काम करता था। इसके बाद भोजन करके कचहरी जाता था। वहाँ (हाईकोर्ट) मिथ्या मुकदमा करके अर्थोपार्जन कर घर आता था। भगवान् का नाम लेने की इच्छा करने पर भी ले नहीं सका। भविष्य-चिंता, लड़कों का परिणाम, अर्थ-चिंता, शरीर चिंता आदि में जीवन का अधिकांश भाग बीत गया। अंत में भगवान् का नाम थोड़ा जप रहा था, तभी महाकाल ने आक्रमण कर दिया और वह क्रम बंद हो गया। भयंकर रोग यंत्रणा से 'विश्वनाथ! विश्वनाथ!' करके पुकारा। अंतिम समय में बाबा विश्वनाथ ने कृपा करके अपने शांतिमय क्रोड में मुझे उठा लिया, उसके बाद में यहाँ आ गया।

"मेरी बातें सुनकर उन महापुरुष ने कहा, "तुमको और कष्ट पाना नहीं होगा। अब तुम स्वच्छंद हो। अंत में भगवान् का नाम सुनते-सुनते तुम मुक्त हो गए हो। उसी समय तुम्हारा सब पाप दूर हो गया है।' यह कहकर वे महापुरुष ने एक लाल रंग के कागज में कोई रंगीन वस्तु खाने को दी। उसे खाकर मुझे अत्यंत शांति मिली। बहुत दिनों की तृष्णा दूर हो गई। एक बात और देखी। अपने पुत्र, पुत्री तथा अन्य कुटुंबियों के लिए मैं जैसे पहले कष्ट का अनुभव करता था, वह माया उसी द्रव्य गुण से कम हो गई। लौकिक माया-मोह में मैं लिप्त नहीं रहा। फिर भी, पृथ्वी की ओर थोड़ा आकर्षण बना रहा, ठीक वैसे ही, जैसे चुंबक-लौह का आकर्षण होता है। इसलिए दिन में ही एक बार पृथ्वी पर आता रहा। सुरेश जब पितृपक्ष में क्षीरजल मुझे देते थे तो उसे आनंदपूर्वक ग्रहण करता था। मृत्यु के समय चारपाई से जिस स्थान पर मुझे उतारा गया था, उसी स्थान पर जाकर बैठता था। अभी सुरेश के मस्तिष्क में हाथ स्पर्श करके आ रहा हूँ। कभी-कभी कलकत्ता में अपने प्रिय बैठक-खाने में जाकर रोशनी खोलकर कापी पुस्तकें झाड़ देता हूँ···। मैं लोकालय से इस समय बहुत दूर हूँ, परंतु संसार का आकर्षण एकदम छूटा नहीं है। इसलिए नित्य दो बार पृथ्वी पर जाना पड़ता है। बाल-बच्चों का मोह एकदम छूटा नहीं है। कब इस अस्थिरता से मुक्ति मिलेगी? भगवान् जाने, जिस समय लोग मेरे शव को तुलसी वृक्ष के नीचे ले गए थे, उस समय मेरी आत्मा सूक्ष्मतर थी। अनुभव होता था कि मेरा भूत देह, मेरे पदतल में पड़ा हुआ है। उसी को लेकर सब लोग रो रहे थे। उस समय अपने शव से मैं दो फिट की दूरी पर खड़ा था, किंतु तब मैं अनंत का जीव हो चुका था।

"मत समझो कि मृत्यु ही जीवन की सीमा है और उसके बाद कुछ नहीं है···। प्रत्येक आत्मा अपने पार्थिव जीवन के कर्म के अनुसार विचार लाभ करती है और सभी कृत कर्म का फल भोग करते हैं। पुण्य कार्य करने पर ब्रह्मलोक में वास करते हैं। यह न्याय-विचार देखकर मैं बहुत संतुष्ट हुआ। मैंने अपने जीवन में किए गए कार्यों में

कभी न्याय-अन्याय का विचार नहीं किया था। कितने ही हत्यारों को अर्थ लोभ से झूठ बोलकर मुक्त करा दिया था। उसे देखते हुए, मुझे दंड कम ही मिला, क्योंकि मैंने पृथ्वी पर रहते हुए बहुत कष्ट भोग लिया था।

"इस प्रकार धाम में आकर मैं सभी स्थानों में घूमता रहता हूँ। जिधर दृष्टि जाती है, देखता हूँ कि शांति-ही-शांति है, सुख छोड़कर दु:ख नहीं हैं जिधर दृष्टि डालता हूँ, उधर ही दीख पड़ता है—देवगंण, आत्मागंण, योगिनीवेश में स्त्रियाँ सभी धर्म चर्चा कर रहे हैं। सबके मुख पर स्वर्गीय आलोक दिखाई पड़ता है। शांति से सबका मुख प्रसन्न है…। अब देखता हूँ कि पृथ्वी की अपेक्षा यह अनंत धाम कितना शांतिमय है? यहाँ अपने बंधु-बांधव, आत्मीयजनों से कितना आदर पाता हूँ? यहाँ अंधकार नहीं है, सबकुछ आलोकमय है।

"मेरे यहाँ आने के बाद कई नूतन आत्माएँ आई हैं। उनमें से दो साहब हैं, तीन हिंदुस्तानी हैं और दो बंगाली हैं। इन लोगों में से मेरे परम बंधु प्यारेशंकर दास गुप्त भी हैं। यहाँ पुस्तकें पढ़ने की चर्चा अधिक नहीं होती है। प्राय: धर्मज्ञान की ही चर्चा होती है। इसलिए हम लोगों ने एक सभा की। उसमें केशव बाबू, कविवर कालिदास और मधुसूदन, महात्मा विजय कृष्ण गोस्वामी, नरेंद्रनाथ, शिव चौधरी, रास बिहारी घोष, महात्मा बिल्व मंगल आदि बहुत लोगों ने योगदान किया और मुझे सभापति निर्वाचित किया। यहाँ की सभी आत्माएँ मेरे व्याख्यान सुनकर संतुष्ट हुईं…। पृथ्वी पर रहने के समय मेरा व्याख्यान सुनने के लिए बहुत लोग उत्सुक रहते थे। पृथ्वी पर अंधे की भाँति मिथ्या मुकदमा करके मिथ्या व्याख्यान देकर मैं सबको मोहित करता था, परंतु यहाँ ज्ञान, चक्षु खुल गए।

"यहाँ विभिन्न प्रकार के देश हैं, परंतु उनमें रहनेवाले लोगों की अवस्था कैसी है, यह समझना कठिन है। एक-एक स्थान में एक ही प्रकार की आत्माओं का वास स्थान है। द्वितीय श्रेणी में आत्माओं की संख्या अधिक है। नाना प्रकार के पाप-पुण्य का दंड भोग यहीं होता है, 'क्षमा करो! अब ऐसा काम नहीं करेंगे।' कोई कहते हैं, 'हे पिता! यदि जन्म हो तो तुम्हारी सेवा कार्य-मन-वाक्य से करूँगा, कभी अवज्ञा नहीं करूँगा। अब सहा नहीं जाता, क्षमा करो।' कोई-कोई ऐसा कहते हैं, 'दूसरे के गले में छुरी देकर उनका सर्वस्वापहरण नहीं करूँगा।' ये सब हृदय विदारक दृश्य देखकर आँख में आँसू आ जाते हैं। यही जीवन का परिणाम है।

"कभी-कभी मैं निम्न श्रेणी आत्माओं के निकट जाकर बैठता हूँ। मुझको देखकर ये लोग आनंद में जय ध्वनि करते हैं। बीच-बीच में हरिनाम गान करता हूँ, उससे इन लोगों को भी आनंद आता है।

"यहाँ फल-फूल के वृक्ष सदा रहते हैं। कभी-कभी इच्छा होने पर दो-एक फल

ले लेता हूँ। ऐसी बात नहीं है कि बिना खाए काम नहीं चल सकता। हम पुष्प के बिछौने और पुष्प के तकिए पर विश्राम करते हैं। इस लोक में निद्रा नहीं है। यहाँ सभी समय इस प्रकार का प्रकाश रहता है, जैसा कि पृथ्वी पर सूर्योदय या सूर्यास्त के समय रहता है। ज्योतिर्मय पुरुष महात्मा रामकृष्ण देव कभी-कभी आकर धर्मज्ञान, भक्ति विशेषज्ञ उपदेश देते हैं। वे ब्रह्मलोक में वास करते हैं और सभी लोगों में इच्छानुसार विचरण कर सकते हैं। उन्होंने भी विषय-रोग की यंत्रणा भोग ली थी और उनकी भी पृथ्वी पर मृत्यु हुई थी।

"जब श्राद्ध का दिन आता है, तब पितामह, पिता और पितृगंण, पुत्र से श्राद्ध तर्पण का जल पाकर आनंद लाभ करते हैं। उस समय वे वहाँ उपस्थित रहकर श्राद्ध कार्य का निरीक्षण करते हैं। जो लोग पितरों का श्राद्ध करते हैं, वे इह और परलोक में सर्वत्र ही सुख पाते हैं। यदि कोई श्राद्ध वर्जन या अवहेलना करे अथवा श्राद्ध न करे, तो पितृ अशांति भोग करते हैं।

"मैं एक-दूसरे स्थान पर पहुँचा तो वहाँ बहुत आत्माएँ आ गईं। एकत्र होकर चिल्लाने लगीं। उनके शरीर ज्योतिहीन हैं, अत्यंत कृश हैं। शरीर का रंग पीला है। वे पूछने लगीं कि आप कहाँ से आए हैं ? आपको देखकर बहुत आनंद आ रहा है। क्या आप बता सकते हैं कि कितने दिन में हमें शांति लाभ होगा ? क्या अन्य लोगों की भाँति हमारे शरीर से ज्योति निकलेगी ? हम लोग इस अशांति के स्थान से शांतिधाम में कब जा सकेंगे ? मैंने जवाब दिया, 'तुम लोगों ने आत्महत्या करके अपनी मृत्यु की थी। इसलिए तुम्हारी मुक्ति में अभी देर है, परंतु यदि तुम मन-प्राण से भक्ति पूर्वक भगवान् को पुकार सको तो वे अवश्य इच्छा पूर्ति करेंगे और तुम लोगों को उद्धार का मार्ग दिखा देंगे।' यह सुनकर वे सभी आत्माएँ जय ध्वनि करने लगीं।

"मैं थोड़ा और ऊपर के लोक में उठा तो वहाँ भी इसी प्रकार की बहुत सी आत्माएँ हैं, परंतु वे अधिक उन्नत हैं। उनमें से 22-23 वर्ष का एक युवक मेरे पास आया। मैंने कहा, 'क्या तुम हमें पहचान सकते हो ?' वह बोला, 'पूर्व जन्म में मा़लूम पड़ता है आपको कहीं देखा है। कहाँ देखा है, यह भलीभाँति स्मरण नहीं हो रहा है।' मैंने पूछा, 'पूर्व जन्म में तुम्हारा घर कहाँ था ?' उसने उत्तर दिया, 'मूलचर (पूर्व बंग) में।' तब मैं उसे पहचान सका। मैंने उससे कहा, 'मुझे तुम क्यों नहीं पहचानते हो ? मेरे घर पर तुम कितनी बार आए थे।' यह सुनकर उसने कहा, 'आप बंकिम बाबू हैं ?'···

"मुकुल नाम की एक बालिका की आत्मा यहाँ आई है। वह बहुत छोटी है। प्राय: अपनी दादी और दादू की बात पूछती है। मैं उसको एक दिन साथ लेकर उसके दादू और दादी को नरलोक में दिखाकर ले आया था।

"यहाँ दो श्रेणी की आत्माएँ हैं—एक वे लोग, जो क्रोध से वशीभूत होकर

आत्महत्या करते हैं। उनकी मुक्ति में देर लगती है। ये लोग परलौकिक जीवन में कष्ट पाते हैं। इन्हें पहले नरक में घोर यंत्रणा भोगना पड़ती है। दूसरे वे, जो पानी में डूबकर मर जाते हैं या जिनकी मृत्यु पानी में डूबकर हुई है। यहाँ उन लोगों का शिव मंदिर है। उस स्थान पर एक बड़े संन्यासी की आत्मा रहती है। वे उन सबको शिष्य बनाकर रखते हैं।

"मुझे जब रोग हुआ था, उसके कुछ पहले से केवल मृतात्माओं को स्वप्न में देखता था। सभी स्वप्न अलीक नहीं होते हैं। जब जीव गंभीर निद्रा में होता है, तब आत्मा देह छोड़कर शून्य मार्ग में घूमती है। उस समय वह जगत् की आत्माओं के साथ बातचीत करती है। जब आत्मा लौटकर देह में प्रविष्ट करती है, उस समय वे सब बातें उसकी स्मृति में उदय होती हैं, जो वह स्वप्न में देखती है। किंतु मनुष्य निद्रा के पहले मन में जिस बात की चिंता करके सोता है, यदि वही स्वप्न में देखता है तो वह अलीक स्वप्न होता है। जिस व्यक्ति के लड़के, लड़की या अन्य किसी आत्मीय स्वजन की मृत्यु होती है तो उसकी आत्मा अपने प्रिय जीवित व्यक्ति को देखने के लिए छाया के रूप में जाती है। उसको स्वप्न में कोई भी देखकर चौक जाता है। ये सभी जगत् को छोड़कर उस जगत् में जाने पर भी महामाया के प्रभाव से मुक्त नहीं हो सकते। शोक, दुःख तथा चिंताग्रस्त व्यक्ति के लिए निद्रा ही शांति है। जिस समय मनुष्य की मृत्यु आसन्न है, उसके पहले से ही सब आत्माएँ उसके लिए प्रतीक्षा करती हैं। जब आत्मा बाहर निकल आती है, तो परलोक की आत्माएँ उसे यहीं लेकर आती हैं और बड़े-बड़े महात्मा व्यवस्था करके, जिस श्रेणी के योग्य जो होता है, उसे वहाँ भेज देते हैं।

"आनंद धाम एक श्रेणी है। वहाँ केवल महात्माओं का वास होता है। जो लोग पृथ्वी में भगवान् कां नाम लेकर अपने को भूल जाते हैं, वे केवल उन्हीं को अपना सर्वस्व समर्पण करते हैं। वे इस श्रेष्ठ 'आनंद धाम' नामक लोक में वास करते हैं। भगवान् में विश्वास करके, जो आत्मप्रशंसा को विषतुल्य समझते हैं, हिंसा को हृदय में स्थान नहीं देते हैं, शील, दया और भगवान् में विशेष युक्त होकर सर्वदा जीवन-यापन करते हैं, वे इस धर्म स्थान पर अधिकार कर सकते हैं।

"एक दिन हम कई लोग साथ-साथ एक स्थान में गए। पूछने पर पता लगा कि वह नक्षत्र लोक है। इसमें जो महात्मा रहते हैं, उन्हें देखकर आश्चर्य में पड़ गया। जैसा नक्षत्र का आलोक है, सभी आकाश में प्रज्वलित हैं, उसी प्रकार उन लोगों के सूक्ष्म देह से शतसहस्त्र हीरों की भाँति आलोक प्रस्फुटित हो रहा था। अत्यंत सुंदर, अत्यंत स्निग्ध और अत्यंत सुंदर। हम लोगों को मानो मोहित कर लिया। हम लोग उनसे बात नहीं कर सके। ध्रुव, प्रहलाद, अभिमन्यु, विजयकृष्ण, मीराबाई, रानी भवानी, रामकृष्ण, शिवाजी और भी अनेक श्रेष्ठ महात्मा यहाँ हैं। थोड़ी देर तक उनका उपदेश ग्रहण कर हम पूर्व स्थान में लौट आए। स्वर्गवासी आत्माओं के शरीर में से एक प्रकार का तेज प्रस्फिटित

होता है और उससे यह प्रकट होता है कि वह सब प्रकार से सुखी है।

"मैं सत्य लोक में गया था। उसको 'आनंद-धाम' कहा जाता है। वहाँ की आत्माएँ सब प्रकार के आलोक से आलोकित हैं। वे मिथ्या को विष समझते हैं। धर्म की जय करते हैं। जिन्होंने भगवान् में विश्वास नष्ट में नहीं किया, वह लोग इस लोक में वास करते हैं।

"एक दिन 'अज्ञान लोक' में अर्थात् निम्न श्रेणी में उन लोगों का हाल जानने के लिए गए थे। वहाँ प्रकाश का अभाव है। चारों ओर कुहासे से ढका हुआ है। सर्वदा ही मानो अंधकार छाया रहता है। वहाँ की आत्माओं के सूक्ष्म-देह में कोई ज्योति नहीं है, मानो मृत व्यक्ति हैं। वहाँ का दृश्य देखकर हृदय कंपित हुआ। मन में धैर्य नहीं रहा। मृत्यु लोक में चक्षु पाकर भी लोग अंधे हो जाते हैं। अंतिम दिन कितना भयानक होता है, इसका कभी स्मरण नहीं करते। ये उसका परिणाम आकर भोग रहे हैं।"

मैं (लेखक) स्व. श्री कविराज गोपीनाथजी के व्यक्तित्व को एक महान् संत के रूप में देखता हूँ और कविराजजी ने श्रीमती मग्नमयी देवी के द्वारा बताए अनुसार उक्त पुस्तक के लेखक डॉ. भगवती प्रसार सिंह को सुनाया, उसका संक्षिप्त सार उपरोक्तानुसार परोसने का प्रयास किया है।

□

परलोक : क्या और कैसा

मृत्यु के पश्चात् जीवात्मा अपने कर्म-फल के परिणामस्वरूप परलोक की ओर विचरण करती है। स्थूल शरीर की अपनी सीमाएँ हैं। मनुष्य का स्थूल शरीर उड़ नहीं सकता। स्थूल शरीर की एक स्थान से दूसरे स्थान पहुँचने की एक सीमित गति है, परंतु सूक्ष्म शरीर मन की गति के समान उड़ सकता है। मनुष्य की जीवात्मा जितना अधिक सूक्ष्म होती जाएगी, वह उतनी ही परलोक के उच्च स्तर पर पहुँचने हेतु सक्षम होती जाएगी। मनुष्य जीवन में यदि व्यक्ति का मन इच्छा-रहित, वासना-रहित हो चुका है, तब तो मृत्यु के पश्चात् सूक्ष्म शरीर भी इच्छा-रहित एवं वासना-रहित रहेगा और स्वर्गलोक तक पहुँचने का रास्ता उसके लिए साफ हो जाएगा। परंतु यदि सूक्ष्म शरीर में भी इच्छाएँ बनी रहीं और वह वासनायुक्त रहा तो जीवात्मा को स्वर्ग पहुँचने की पात्रता नहीं होती है। जीवात्मा को अपने सूक्ष्म शरीर में रहते हुए भी इच्छाएँ और वासनाएँ त्यागनी होती हैं और तभी वह स्वर्ग-लोक पहुँच सकता है। कहने का तात्पर्य यह है कि स्थूल शरीर जीवन की आयु पूर्ण होने के बाद मृत्यु के पश्चात् सूक्ष्म शरीर के रूप में एक दूसरा जीवन प्रारंभ हो जाता है। सूक्ष्म शरीर की भी अपनी उसकी एक निश्चित आयु होती है। स्वर्ग-लोक में सुख-ही-सुख है, सिर्फ आनंद है और उसका कारण यह है कि जब सूक्ष्म शरीर में इच्छाएँ व वासनाएँ नहीं होगीं तो सिर्फ सुख व आनंद का आभास होगा। ऐसे सुख व आनंद का आभास शरीर में रहते हुए भी किया जा सकता है। इच्छाओं को उत्पन्न करनेवाला मन एवं हानि-लाभ का तर्क करनेवाली बुद्धि और अहंकार नष्ट होने की स्थिति जब सूक्ष्म शरीर में बन जाती है, तब उस स्थिति में सूक्ष्म शरीर भी समाप्त हो जाता है अर्थात् इच्छाएँ और वासनाएँ ही दुःख का कारण हैं। परलोक में जीवात्मा के सिर्फ मन में आए विचार ही अन्य दूसरी जीवात्माओं तक संदेश पहुँचाने के माध्यम होते हैं। अर्थात् एक जीवात्मा के दूसरी जीवात्मा तक विचारों का आदान-प्रदान ही माध्यम है और उनमें भाषा तथा स्थूल शरीर की तरह बोल-चाल होना आवश्यक नहीं है।

परलोक में भाव की प्रधानता है और शब्द एवं भाषा, भाव की अभिव्यक्ति मात्र ही तो है एवं मन में उठ रहे भाव शब्द एवं भाषा के माध्यम से ही आदान-प्रदान होता है।

परंतु परलोक में भाव की प्रधानता है और भाव ही मूल तत्त्व है। मन में उत्पन्न हुए भाव एक से दूसरे के पास पहुँच जाते हैं। इस कारण यदि कोई जीवात्मा मृत्यु उपरांत किसी अन्य देश, अन्य भाषा की परलोक में पहुँच है और उसका मिलन किसी अन्य भिन्न देश, भिन्न भाषा की जीवात्मा से होता है एवं वे भले ही पृथ्वी-लोक में बोलने वाली भाषाओं में एक-दूसरे से संवाद न भी कर पाते हों, फिर भी उनके अंदर उठ रहे भाव तो एक समान ही होंगे। इस प्रकार सिर्फ विचार और भाव के माध्यम से वह अन्य दूसरे देश की भाषा वाली जीवात्माओं के संपर्क में आ जाती है और भाव तथा मन में उठे विचार के माध्यम से ही संवाद हो जाता है एवं वे एक-दूसरे के निकट पहुँच जाते हैं तथा विकर्षण का भाव आते ही दोनों के सूक्ष्म शरीर एक-दूसरे से दूर हो जाते हैं। इस तरह वहाँ कपट का कोई स्थान नहीं है। ऐसा नहीं है कि शारीरिक जीवन में रहते हुए मन में तो कुछ और मुँह के बोल कुछ और हैं और कर्म कुछ अलग हैं, परंतु ऐसा परलोक में नहीं है। स्थूल शरीर जीवन में झूठ बोल कर धोखा दिया जा सकता है, लेकिन मरणोपरांत जीवात्माएँ ऐसा नहीं कर सकती हैं। परलोक में यात्रा की समस्या नहीं है। मन में विचार आते ही सूक्ष्म शरीर एक स्थान से दूसरे स्थान पर पहुँच जाता है।

□

मृत्यु के पश्चात्-स्थिति पर आचार्य श्रीराम शर्मा का मत

श्री श्रीराम शर्मा आचार्यजी एक विख्यात आध्यात्मिक चिंतक थे। उनका आश्रम 'शांति-कुंज' के नाम से हरिद्वार में है। आश्रम में वे स्वयं अपनी पत्नी भगवती देवी सहित, जिन्हें 'माताजी' के नाम से जाना जाता है, निवास करते थे। शांति-कुंज में उनके शिष्य व कार्यकर्ता आश्रम की व्यवस्था में उनके निर्देशानुसार कार्य व साधना में समर्पित थे। उन्होंने 'अखंड ज्योति' नामक मासिक पत्रिका का प्रकाशन किया। आम व्यक्ति में आध्यात्मिक रुचि का जागरण करने में श्रीराम शर्मा आचार्यजी का नाम हमेशा याद किया जाएगा। मुझ (लेखक) को अपने परिवार सहित सन् 1985 में उनके दर्शन का सौभाग्य 'शांति-कुंज' में प्राप्त हुआ था और उनसे आध्यात्मिक विषय पर चर्चा भी हुई थी। चर्चा के उपरांत मेरा यह सौभाग्य रहा कि उन्होंने माताजी (भगवती देवी) की देख-रेख में मुझे व मेरे परिवार को अपने ही समक्ष भोजन परोसवाया था। आचार्य श्री श्रीराम शर्मा न सिर्फ भारत में, बल्कि विश्व में ख्याति प्राप्त आध्यात्मिक चिंतक के जीवंत हस्ताक्षर हैं। उन्होंने 'गायत्री-मंत्र' का विशेष महत्त्व और उसके जप करने पर जोर दिया है। मृत्यु के पश्चात् जीवात्मा की स्थिति पर आचार्यजी के मत का उल्लेख किए बिना विषय अधूरा ही रहेगा। मनुष्य की मृत्यु के पश्चात् श्री श्रीराम शर्मा आचार्य ने अपने विचार समय-समय पर वर्णित किए हैं और उनका उल्लेख होना अत्यंत प्रासंगिक है। इसी विषय पर युग निर्माण योजना गायत्री तपो भूमि मथुरा से प्रकाशित पुस्तक ('मरने के बाद हमारा क्या होता है?" प्रकाशन सन् 1997) में भी मृत्यु के बाद जीवात्मा की स्थिति का उन्होंने उल्लेख किया हैं श्री श्रीराम शर्मा आचार्यजी से मेरी हुई चर्चा व उनका विषयांकित मत का उल्लेख करना भी आवश्यक है।

एक मान्यता यह भी है कि शरीर से प्राण निकलने के पश्चात् जीवात्मा तत्काल नींद में चली जाती है, परंतु श्री श्रीराम शर्मा आचार्यजी का मत है कि मृत्यु के तत्काल बाद जीवात्मा को नींद नहीं आती है, वरन् इसमें कुछ देर लगती है। प्राय: एक माह तक

लग जाता है। कारण यह है कि प्राणांत के बाद कुछ समय तक जीवन की वासनाएँ जीवित बनी रहती हैं और शनैः-शनैः वे कमजोर होती जाती हैं। शरीर छूटने के पश्चात् जीवात्मा स्वयं को सूक्ष्म शरीर के रूप में देखती है और उसकी बनावट ठीक स्थूल शरीर जैसी होती है। जीवात्मा को बड़ा आश्चर्य यह होता है कि उसका शरीर बहुत हल्का हो गया है, वह हवा में पक्षियों की तरह उड़ सकता है और इच्छा करने भर से चाहे जहाँ आ-जा सकता है। स्थूल शरीर छोड़ने के बाद जीवात्मा अपने मृत स्थूल शरीर के आस-पास ही मँडराती रहती है। मृत शरीर के आस-पास प्रियजनों को रोता-बिलखता हुआ, उसका सूक्ष्म शरीर देखता है और उनसे कुछ कहना चाहता है या अपने पुराने शरीर में पुनः वापस लौटना चाहता है। श्री श्रीराम शर्मा आचार्यजी का मत है कि एक प्रेतात्मा ने बताया, "मैं मरने के बाद बड़ी अजीब स्थिति में पड़ गया। स्थूल शरीर में और प्रियजनों से मोह होने के कारण मैं उनके संपर्क में आना चाहता था, परंतु लाचार था। मैं सबको देखता था, परंतु मुझे कोई नहीं देख सकता था। मैं सबकी वाणी सुनता था, परंतु मैं जो बड़े जोर-जोर से बोलता था, फिर भी मेरी आवाज को कोई भी नहीं सुनता था। इस कारण से कुछ तो कष्ट होता था। कुछ अपने नवीन शरीर के बारे में खुशी भी थी कि मैं कितना हल्का हो गया हूँ और तेजी से चारों ओर उड़ सकता हूँ। जीवित अवस्था में मैं मौत से डरा करता था, परंतु यहाँ मुझे डरने लायक कुछ भी नहीं लगा। सूक्ष्म शरीर में होने के कारण पुराने शरीर से कुछ विशेष ममता नहीं रही, क्योंकि नया शरीर पुराने की अपेक्षा हर दृष्टि से अच्छा था। मैं ठीक वैसा ही अनुभव करता था जैसा कि जीवित दशा में। कई बार मैंने अपने हाथ-पाँवों को हिलाया-डुलाया और अपने अंग-प्रत्यंगों को देखा, पर मुझे ऐसा नहीं लगा कि मैं मर गया हूँ। तब मैंने समझा कि मृत्यु में कुछ डरने की बात नहीं है, यह शरीर परिवर्तन की एक मामूली सुख-साध्य क्रिया है।"

श्री श्रीराम शर्मा आचार्य का मत है कि जब स्थूल शरीर का दाह-संस्कार होता है, तब जीवात्मा बार-बार उसके आस-पास मँडराती है और जल जाने पर उसी समय उससे निराश होकर दूसरी ओर मन को लौटा लेती है, किंतु जमीन के अंदर गाड़ देने पर वह अपने स्थूल शरीर से मोह करती रहती है और बहुत दिनों तक उसके इधर-उधर घूमता रहता है। जो लोग अज्ञान और माया-मोह के बंधन में दृढ़ता के साथ बँधे हुए हैं, ऐसे मृतकों की जीवात्माएँ प्रायः श्मशानों में बहुत दिनों तक चक्कर काटती रहती हैं। शरीर का मोह बार-बार उन्हें खींचता है और वे स्वयं को सँभालने में असमर्थ होती हैं। वे प्रिय व्यक्तियों के निकट रहने का प्रयत्न करती हैं। वृद्ध मनुष्यों की वासनाएँ स्वयं ढीली पड़ जाती हैं, इसलिए वे मृत्यु के बाद बहुत जल्दी नींद में चले जाते हैं, किंतु जवान व्यक्ति, जिनकी वासनाएँ प्रबल होती हैं, बहुत समय तक विलाप करते रहते हैं। खासतौर पर जो लोग अकाल मृत्यु से अथवा आत्महत्या करके मरते हैं, उनकी जीवात्माएँ बहुत विलाप

करते हुए अशांत रहती हैं। अकाल मृत्यु की दशा में शारीरिक जीवन में रहते हुए व्यक्ति के अंदर बहुत वासनाएँ होती हैं और वृद्धावस्था में वासनाओं व इच्छाओं की शिथिलता होने लगती है। अकाल मृत्यु की जीवात्माएँ प्रेत रूप में प्रत्यक्षत: दिखाई देती हैं, अदृश्य भी हो जाती हैं और उन्हें नींद भी आती है। ऐसी प्रेतात्माएँ पीपल के पुराने पेड़ की गुफा, खँडहर या जलाशय के आस-पास रहती है और जब वे अवसर देखती है, तब अपना स्वरूप प्रकट करने या बदला लेने की इच्छा के साथ सामने आ जाती है। इन्हीं प्रेतों को कई तांत्रिक अपने वश में कर लेते हैं और उनसे गुलाम की तरह काम लेते हैं, परंतु प्रेत इस प्रकार के तांत्रिकों से प्रसन्न नहीं रहते, वरन मन-ही-मन बड़ा क्रोध करते रहते हैं और मौका मिल जाए तो मार भी देते हैं। बंधन सभी को बुरा लगता है।

श्रीराम शर्मा आचार्य के मतानुसार साधारण वासनाओं वाले धार्मिक वृत्ति के मृतक की जीवात्मा अंत्येष्टि क्रिया के बाद पुराने शरीर से रिश्ता तोड़ देती है। उन्हें निद्रा आने लगती है और आराम करके नई शक्ति प्राप्त करती हैं। यह नींद कितने समय तक रहती है, इसका कोई निश्चित नियम नहीं है। यह जीव की योग्यता के ऊपर निर्भर करता है। आमतौर से तीन वर्ष की निद्रा काफी होती है। इसमें एक वर्ष तक बड़ी गहरी निद्रा आती है। उससे पुरानी थकावट मिट जाती है और सूक्ष्म इंद्रियाँ संवेदनाओं का अनुभव करने के योग्य हो जाती हैं। दूसरे वर्ष उसकी निद्रा भंग होती है और तीसरे वर्ष में नवीन जन्म धारण करने की खोज में जीवात्मा लग जाती है। यह अवधि एक मोटा हिसाब है। कई विशिष्ट व्यक्ति छह महीने में ही नवीन गर्भ में आ जाते हैं, और कइयों को पाँच वर्ष तक लग जाते हैं। प्रेतों की आयु अधिक-से-अधिक बारह वर्ष समझी जाती है।

मृत्यु के पश्चात् जीवात्मा को प्रथम भाग में विश्राम, दूसरे भाग में उसे स्वर्ग अथवा नरक मिलता है और तीसरे भाग में उसके पुनर्जन्म की तैयारी में व्यतीत होता है। स्वर्ग-नरक भोगने के बाद आगामी जन्म के लिए जीव को विशेष प्रोत्साहन मिलता है। नरक भोगने वालों के पाप तो प्राय: नष्ट हो जाते हैं, परंतु उनकी आदतें यथावत् शेष रह जाती हैं और इन आदतों को संस्कार के नाम से जाना जाता है। ये आदतें तब तक नहीं छूट पाती हैं, जब तक कि जीव अपनी बुरी आदतों को पहचान कर उन्हें छुड़ाने का प्रयत्न न करे। जीव स्वतंत्र है। वह अपनी इच्छानुसार संस्कार बनाता है और उन्हीं संस्कारों में जकड़ा रहता है। जिस प्रकार एक व्यक्ति अपने इस जन्म में किसान है और सारी उम्र उसके मन पर खेती-किसानी के संस्कार जमे रहते हैं तो अगले जन्म में भी वह किसानी ही पसंद करेगा। ऐसा नहीं है कि कोई शक्ति जबरदस्ती हमारे जन्म को निर्धारित करती हो। जीवात्मा स्वयं अपनी इच्छा और संस्कारों के कारण ही जन्म ग्रहण करती है। □

क्या भूत-प्रेत होते हैं?

सामान्य जन-मानस के मन में यह प्रश्न उठता रहता है कि भूत-प्रेत होते हैं या नहीं? विभिन्न प्रकार की धारणाएँ इस विषय पर हैं। कुछ लोग भूत-प्रेत के अस्तित्व पर विश्वास करते हैं और कुछ विश्वास नहीं रखते हैं। भूत का नाम सुनते ही अधिकतर लोगों को डर लगने लगता है और सच तो यह है कि जैसे ही भूत के नाम पर किसी को भय लगा, तब उसके लिए भूत नहीं होते हुए भी उसकी मानसिकता में भूत का प्रकटीकरण होने लगता है। इसलिए कहा जाता है, 'भय का भूत।' कैसी विडंबना है कि यदि जीवित व्यक्ति से कोई मिलता है तो उसे कोई भय नहीं लगता, परंतु मरे हुए व्यक्ति की जीवात्मा यदि सामने आ जाए तो भय लगने लगता है। परंतु प्रश्न तो यह है कि क्या भूत-प्रेत होते हैं? इस विषय पर विभिन्न विद्वानों का भिन्न-भिन्न प्रकार का मत है। मृत्यु के पश्चात् जैसे ही शरीर को जीवात्मा छोड़कर बाहर निकल जाती है तो जीवात्मा का एक सूक्ष्म शरीर भी होता है, जिसका उसे अनुभव भी होता है। जिस व्यक्ति की अकाल मृत्यु होती है अथवा मृत्यु के पश्चात् जिस व्यक्ति में अत्यधिक लगाव, मोह इस भौतिक संसार से रहता है अथवा जिसमें किसी के प्रति अत्यधिक द्वेष, हिंसा, बदला लेने की प्रवृत्ति होती है तो उसकी जीवात्मा परलोक में नहीं पहुँच पाती है और पृथ्वी लोक में ही अपने सूक्ष्म शरीर को लेकर अतृप्त भावना के साथ विचरण करता रहता है। इसी को भूत-प्रेत कहते हैं।

भूत होते तो हैं, परंतु बहुत कम संख्या में होते हैं और उसका कारण यह है कि भूत-योनि स्वाभाविक नहीं है। इसी कारण जिस मनुष्य की मृत्यु पूर्ण जीवन जीने के पश्चात् वृद्धावस्था में सांसारिक जीवन से मोह भंग होता है, ऐसे मनुष्य की जीवात्मा को प्रेत योनि नहीं मिलती है। जिन लोगों की मृत्यु आत्महत्या, हत्या, दुर्घटना अथवा अकाल मृत्यु के कारण होती है और उनमें अतृप्तता बनी रहती है तो उनके लिए यह संभावना हो जाती है कि वे कुछ समय के लिए भूत-प्रेत की योनि में बने रहते हैं और इसकी समय-सीमा तब तक बनी रहती है, जब तक कि उन्हें विरक्ति न हो जाए। जिनमें वासनाओं की तीव्र इच्छा बनी रहती है और जिन्होंने अपने शरीर की जीवित अवस्था में शरीर और मन

को वासनाओं का गुलाम बना दिया है तथा मृत्यु के अंतिम समय तक भी उससे मोह भंग नहीं हुआ है, कभी-कभी ऐसे व्यक्ति भी प्रेत-योनि में ठहर जाते हैं और उन्हीं स्थानों पर रुके रहते हैं, जहाँ उनकी वासनाएँ शांत हो सकें। भूतों की वासनाएँ बहुत निम्न श्रेणी की होती हैं। भूत होने का आभास हर किसी व्यक्ति को नहीं होता है। वस्तुतः जिन व्यक्तियों की आत्मा सबल होती है, आत्मविश्वास से भरपूर होती है, जो भयग्रस्त नहीं रहते हैं, ईश्वर में आस्थावान होते हैं, भूत स्वयं ऐसे व्यक्तियों से भयभीत रहते हैं, उन्हें कभी भी भूत दिखाई नहीं पड़ सकते। भूत इनके सामने ही नहीं आ पाते हैं।

प्रेतों के संदर्भ में

कुछ लोग प्रेत-योनि में विश्वास नहीं करते हैं। उनका मानना है कि प्रेत जैसी कोई योनि नहीं होती है। भूत-प्रेत को सिर्फ भ्रम और भय से उत्पन्न फिजूल की बातें समझी जाती हैं, परंतु लोगों के मानने अथवा नहीं मानने से किसी के अस्तित्व पर कोई प्रभाव नहीं पड़ता है एक दूसरी मान्यता यह भी है कि प्रेत-योनि होती है। यद्यपि प्रेत के नाम से कुछ ढोंग, ठगी भी चलती रहती है और उससे सावधान रहना चाहिए।

जिस प्रकार शारीरिक जीवन में अनेक प्रकार के स्वभाव वाले व्यक्ति होते हैं, अपनी मनोकामनाओं से असंतुष्ट, अतृप्त, दुष्ट स्वभाव के दुष्कर्मी दूसरों को कष्ट देने वाले होते हैं और ऐसे लोगों की यदि अकाल मृत्यु हो जाए तो ऐसी मान्यता है कि उन्हें कुछ समय के लिए प्रेत-योनि में रहना पड़ता है। प्रेत-योनि अत्यंत यातनामय होती है। सभी प्रेत एक जैसी शक्ति एवं एक जैसी बुद्धि वाले, एक जैसे सामर्थ्यवान, एक जैसे स्वभाव के नहीं होते हैं। सत्-स्वभाव के भी प्रेत होते हैं। इस विषय पर चिंतन करनेवालों के मन में यह विचार अवश्य उठेगा कि आखिर, प्रेत-योनि क्यों मिलती है ? विभिन्न प्रकार के अनुभवों व जानकारियों के आधार पर यह प्रकट होता है कि निम्नांकित कारणों से मृत्यु के पश्चात् प्रेत-योनि मिलती है—

1. वैमनस्य, ईर्ष्या, द्वेष, किसी दुश्मन से बदला लेने की अत्यंत इच्छा, किसी के प्रति अत्यधिक लगाव होते हुए यदि मृत्यु हो जाए, तो प्रेत-योनि की संभावना रहती है।
2. निर्धारित प्रक्रिया व शास्त्रानुसार दाह-संस्कार क्रिया कर्म-कांड नहीं होने के कारण भी प्रेत-योनि की संभावना रहती है।
3. आत्महत्या के कारण मृत्यु होने पर प्रेत बनने की प्रबल संभावना रहती है।
4. हत्या अथवा किसी दुर्घटना के कारण भी प्रेत बनने की संभावना रहती है।
5. लालची, डकैत, आततायी, आतंकी की मृत्यु होने पर प्रेत-योनि की संभावना रहती है।

प्रेत अधिकतर कहाँ रहते हैं

अपवित्र स्थान, खँडहर, पुराने किले, ऐसे पुराने मकान, जिनमें बहुत दिनों से कोई निवास नहीं कर रहा है, पीपल के वृक्ष, वट-वृक्ष, खजूर के पेड़, सुनसान जगह में, श्मशान, तालाब के किनारे, कुएँ, बावड़ी के तट पर एवं चौराहों पर प्रेत रहते हैं। उन स्थानों पर एकांत एवं अँधेरे में जाने से बचना चाहिए और मल-मूत्र भी नहीं करना चाहिए। ऐसे स्थानों पर ईश्वर का नाम और कीर्तन करते हुए ही जाना चाहिए। जब भी कोई अद्‍भुत आकृति दिख जाए और प्रेत होने की संभावना हो तो भगवत्नाम एवं गायत्री मंत्र का जप करना चाहिए। उससे स्वयं नहीं बोलना चाहिए। किसी भी स्थिति में डरना नहीं चाहिए। जो भगवान् की शरण में रहते हैं, सत्कर्मी हैं, ईश्वर स्मरण करते रहते हैं और स्वयं को ईश्वर के आधीन मानते हैं, उन्हें कभी भी प्रेत नहीं दिख सकते और न ही कोई नुकसान पहुँचा सकते।

निरंजन दास धीर का एक अनुभव

गीताप्रेस गोरखपुर से प्रकाशित कल्याण अंक 'परलोक और पुनर्जन्मांक' के पृष्ठ संख्या 597 पर श्री निरंजन दास धीर के एक अनुभव का उल्लेख है, जिसमें उन्होंने एक प्रेत के संवाद को बताया है। निरंजन दासजी के एक कार्यालयीन विभागीय कर्मचारी कर्मचंदजी की पत्नी की मृत्यु दिल्ली के एक अस्पताल में एक कन्या को जन्म देने के पश्चात् हो गई थी और फिर उस नवजात कन्या की भी मृत्यु हो गई थी। उनके परिवार में एक गढ़वाली नौकर था, जो भोजन बनाता था। एक दिन वह गढ़वाली नौकर अचानक काँपने लगा और उसके चेहरे की आकृति कुछ परिवर्तित हो गई। वह उस मृत महिला की भाषा तथा रीति-ढंग से कर्मचंदजी से बोलने लगा, "आपने न तो मेरे नाम से और न ही अपनी कन्या के नाम से वस्त्र दान किया है। हम दोनों वस्त्रहीन हैं। मुझे बड़ा संकोच होता है और मैं एक वट वृक्ष के नीचे पड़ी हूँ। जब कोई व्यक्ति इधर से गुजरता है तो मैं वृक्ष की ओट में छिप जाती हूँ। अतः आप मेरे लिए और बच्चे के लिए एक-एक जोड़ा वस्त्र किसी वस्त्रहीन को अथवा किसी निर्धन ब्राह्मण को हमारे नाम से दे दें।" पति कर्मचंद की स्वीकारोक्ति के बाद गढ़वाली नौकर में आया बदलाव समाप्त हो गया और वह फिर साधारण अवस्था में बात करने लगा। कर्मचंदजी ने दो-चार दिन में वस्त्रों का दान भी कर दिया।

कुछ समय पश्चात् उस गढ़वाली नौकर में फिर वैसा ही बदलाव हुआ और कहने लगा, "वस्त्र तो मिल गए हैं, किंतु हम शहर में नहीं जा सकते, क्योंकि हमारी गति नहीं है।" कर्मचंद ने उत्तर दिया, "जैसा पंडित ने कहा था, मैंने क्रिया-कर्म करा दिया था। अब मैं क्या करूँ ?" गढ़वाली नौकर के रूप में पत्नी ने जवाब दिया, "उस पंडित को

कर्म-कांड का ज्ञान नहीं था। हरिद्वार में एक पंडित हैं, जो भीमगोंडा की बस्ती में रहते हैं। मेरे लिए जैसा वे कहें, वैसा ही कराओ।" कर्मचंदजी हरिद्वार पहुँचे और भीमगोंडा बस्ती में पंडित का पता लगाया, लेकिन वे पंडित उन्हें नहीं मिल पाए। उस समय वह गढ़वाली नौकर भी उनके सामने ही था और तत्काल उसी समय मृत पत्नी का प्रेत पुनः नौकर पर आ गया और वह कहने लगा वे, "कर्म-कांडी पंडित दिनभर दरवाजा बंद करके एकांत में भीमगोंडा बस्ती में ही रहते हैं। उनसे 4:00 बजे के बाद मिलो और उनके मकान का दरवाजा पूर्व दिशा की ओर है तथा किवाड़ो पर नीला रंग है।" अंततः वह पंडित कर्मचंदजी को मिल गए एवं विधि अनुसार उन्होंने कर्म-कांड कराया।

□

एक हजार वर्ष की प्रेत-योनि में रहा पीर सुलेमान

एक आश्चर्यजनक तथ्य कि प्रेत-योनि एक हजार वर्ष की भी हो सकती है। गीताप्रेस गोरखपुर से प्रकाशित कल्याण का अंक 'परलोक और पुनर्जन्मांक' में पृष्ठ संख्या 626 पर भक्त रामशरण दास, पिलखुआ वाले ने एक प्रसंग बताया है कि पीर सुलेमान एक हजार वर्ष तक प्रेत-योनि में रहे थे।

सिक्खों के पूज्य संत राड़ेवाले श्री ईश्वर सिंहजी महाराज की सेवा में निरंतर रहे श्री राजेंद्र सिंह ने भक्त श्री रामशरण दासजी को यह प्रसंग बताया था कि दिनांक 05 अगस्त, 1968 को छात्र मनमोहन सिंह के शरीर में पीर सुलेमान की प्रेत आत्मा प्रवेश कर गई थी। तब उससे राजेंद्र सिंह ने कुछ प्रश्न किए और उनके उत्तर मनमोहन सिंह के माध्यम से प्रेत पीर सुलेमान ने दिए थे। राजेंद्र सिंह ने उसका नाम पूछा तो उसने अपना नाम 'सुलेमान' बताया। फिर उससे उसका पता पूछा तो उसने कहा, 'मैं ईरान का रहनेवाला मुसलमान हूँ।' आगे उससे पूछा, "वह हिंदुस्तान कैसे आया?" तब उसने अपना पूर्व जन्म का विवरण बताया, "हम मुसलमान बादशाह नादिरशाह अब्दाली, जब वह हिंदुस्तान को लूटने के लिए आया था, के साथ आए थे। वह हिंदुस्तान को लूटकर अपने मुल्क को वापस चला गया और मैं यहीं हिंदुस्तान में रह गया। यहीं मैंने एक औरत से शादी कर ली थी और मैं जिला सहारनपुर के मुगलखेड़ा नामक एक गाँव में रहने लगा। उस औरत से मुझे दो लड़के और दो लड़कियाँ हुईं। मेरे नजदीक ही उन दिनों एक हिंदू तपस्वी रहा करता था, जो इस समय (इस जन्म में) आपके समक्ष मनमोहन सिंह के रूप में सामने बैठा है। वह तपस्वी गंडे, धागे, ताबीज आदि का काम करता था और पाखंडी था। मेरी एक बड़ी खूबसूरत नौजवान लड़की थी, जिससे उस तपस्वी साधु ने अपने नाजायज ताल्लुकात बना लिये थे। मैंने बहुत कोशिश की थी कि इनके नाजायज ताल्लुकात टूट जाएँ, लेकिन मुझे कामयाबी नहीं मिली। मेरे दिल पर इस बात का गहरा असर हुआ। मैंने उस वक्त अपने उस खुदाबंदताला से यह दुआ की थी कि मैं इससे

इसका बदला किसी प्रकार जरूर लूँ। इसी खयाल में मैं कुछ दिनों बाद मर गया था।"

राजेंद्र सिंह के द्वारा यह पूछने पर कि पूर्व जन्म में सुलेमान अपने मरने के समय और उसके बाद का विवरण बताए, तब सुलेमान पीर की प्रेतात्मा ने बताया, "जब मेरे मरने का वक्त आया, तब मेरी आँखों से आँसू निकलने लगे थे। मेरी जुबान एकदम बंद हो गई थी। मुझे उस समय चार यमराज के दूत लेने आए थे। वे आकर मेरे इर्द-गिर्द खड़े हो गए⋯। उन दूतों के स्थूल शरीर नहीं थे, इसलिए वे किसी को नहीं सिर्फ मुझे ही दिखाई दे रहे थे। मुझे मरते वक्त बहुत ज्यादा तकलीफ हुई⋯। यमराज के दूतों ने मेरे शरीर से प्राण निकाले और मेरी रूह को वे यमराज के सामने ले गए। वहाँ पहुँचकर चित्रगुप्त नाम के फरिश्ते ने मेरी जिंदगी के पुण्य-पाप का हिसाब यमराज को बताया। तब उन्होंने मुझे कुंभीपाक नरक में डालने का आदेश दिया और यह भी कहा कि एक हजार वर्ष तक प्रेत-योनि में रहोगे और जिसने तुम्हारी लड़की के साथ नाजायज ताल्लुकात बनाए थे, वह तुम्हें मनुष्य योनि में मिलेगा, फिर तुम उससे बदला ले सकोगे।" (प्रेत पीर सुलेमान ने कुंभीपाक नरक के अत्यंत बीभत्स वर्णन बताए और नरक में रहने के बाद उसे प्रेत-योनि मिली।)

मनमोहन सिंह के शरीर में प्रेत पीर सुलेमान ने प्रवेश करने की स्थिति में आगे बताया, 'प्रेत-योनि से छुटकारा पाने के लिए एक हजार वर्ष पूरे होने में कुछ समय बाकी था। यह लड़का मनमोहन सिंह, जो पूर्व जन्म में तपस्वी था और मेरी लड़की से इसके नाजायज ताल्लुक हो गए थे, एक दिन अचानक आकर इसने मेरी मजार पर पेशाब कर दिया। मैंने इसे बड़े गौर से देखा तो इसकी आत्मा को मैंने पहचान लिया कि यह तो वही तपस्वी है, जिसने मेरी लड़की से अपने नाजायज ताल्लुकात बनाए थे और मैंने यह तय कर लिया था कि मैं इससे अपना बदला अवश्य लूँगा। मैंने झटके से इसे पकड़ लिया और मैं इसके शरीर के अंदर दाखिल हो गया। मैंने बहुतों को पकड़-पकड़कर मार दिया, परंतु इसे इसलिए नहीं मारा कि इसके द्वारा मेरा उद्धार होना था। अब मैं इस लड़के मनमोहन सिंह के शरीर के अंदर रहता हूँ और इसे खूब सताकर अपना बदला ले लिया है⋯।

राजेंद्र सिंह ने उससे पूछा, "धर्मराज कैसे थे, प्रेतों की क्या खुराक है? प्रेत क्या-क्या खाते हैं, प्रेत कहाँ पर रहते हैं, प्रेत-योनि क्यों मिलती है, क्या तुम प्रेतों को कथा-कीर्तन में, सत्संग में शांति प्राप्त होती है?" तब प्रेत पीर सुलेमान ने बताया, "धर्मराज बहुत ही खूबसूरत थे, उनके सफेद दाढ़ी थी⋯। प्रेत हड्डियाँ चूसते हैं और खून पीते हैं, गंदगी खाते हैं, लकड़ी के बुझे हुए कोयले को खाते हैं⋯। हम खँडहरों में रहते हैं, पेड़ों के ऊपर लटकते हैं, खूब चीखते-चिल्लाते हैं, पुकारते हैं, लेकिन कोई हमारी आवाज नहीं सुनता है⋯। हमें खूब भूख-प्यास लगती है। हम लोग बहुत ही दुःखी रहते हैं⋯।

मुझे प्रेत-योनि इसलिए मिली, क्योंकि मेरे पाप तो थे ही, मैं भी अपनी सारी जिंदगी गंडे, ताबीज, झाड़-फूँक का काम करता था। झूठ-सच बोलकर लोगों से पैसे लूटता था। इसी काले इल्म की वजह से मुझे प्रेत-योनि मिली। मेरी जिंदगी में मेरे कर्म बड़े गंदे थे और मैंने दूसरों की औरतों से अपने नाजायज ताल्लुकात बनाए थे और बड़े-बड़े कुकर्म व पाप किए थे। इस कारण से मुझे कुंभीपाक नरक में जाना पड़ा और पापों का फल भोगना पड़ा। मुझे एक हजार वर्ष के लिए प्रेत-योनि मिली…। प्रेत या भूत-योनि को सत्संग और कथा-कीर्तन में आने का हुकुम नहीं है। अगर कथा-कीर्तन में भूत-प्रेत आएँगे तो आग लग जाती है और शरीर जलने लगता है। जहाँ पर कथा-कीर्तन है और सत्संग होता है, वहाँ से भूत-प्रेत एकदम से भाग जाते हैं …।"

□

मृत्यु के पश्चात्-स्थिति पर स्वामी अभेदानंदजी का मत

स्वामी अभेदानंदजी महाराज भारत के आध्यात्मिक क्षेत्र के विद्वानों और मनीषियों में अपनी एक विशेष पहचान के साथ और अपने विचारों के माध्यम से हमेशा जीवंतता बनाए रखते हैं। वे श्री रामकृष्ण परमहंसजी के शिष्य और श्री विवेकानंदजी के गुरुभाई थे। स्वामी अभेदानंदजी का एक ग्रंथ 'लाइफ बियॉण्ड डेथ' का हिंदी अनुवाद 'मृत्यु के पार' पुस्तक स्वामी संशुद्धानंद के द्वारा प्रकाशित हुई। (प्रकाशन सन् 1988, प्रकाशक: स्वामी अशेषानंद, श्री रामकृष्ण वेदांत मठ, 19-बी, राजा राजकृष्ण स्ट्रीट, कलकत्ता) इस पुस्तक की भूमिका स्वामी प्रज्ञानानंदजी महाराज ने लिखी है। पुस्तक की भूमिका में उन्होंने अत्यंत ही सुंदर तरह से 'श्रीमद्भगवतगीता' का सार स्पष्ट किया है कि मृत्यु तो सिर्फ शरीर की होती है। जिसका जन्म होता है, उसकी मृत्यु भी होती है। आत्मा का न तो जन्म होता है और न ही आत्मा की मृत्यु होती है। 'नासतो विद्यते भावो नाभावो विद्यते सत:' इस परिवर्तनशील जगत् में आत्मा अपरिवर्तनीय है और देह-दृष्टि का त्यागकर आत्म-दृष्टि में प्रतिष्ठित होना चाहिए। जिस प्रकार स्थूल जगत् है, उसी प्रकार सूक्ष्म जगत् भी होता है। अर्थात् जिस प्रकार शरीर जीवन में रहते हुए हम भौतिक वस्तुओं और शरीर को स्पर्श करते हुए अनुभव करते हैं, ठीक उसी प्रकार मृत्यु के पश्चात् सूक्ष्म रूप में भी ऐसा ही अनुभव होता है। मृत्यु के पश्चात् प्रत्येक परिस्थिति मन पर आधारित रहती है और मन की कल्पना और उसकी गति के कारण प्रकटीकरण होने लगता है। इसको मनोराज कहा गया है। पृथ्वी पर इंद्रियों का जगत् और स्थूल भोगों का जगत् है, परंतु मन का जगत् इससे भिन्न है। मृत्यु होने पर सभी का सूक्ष्म शरीर होता है।

स्वामी अभेदानंदजी का मत है कि इस जगत् में मृत्यु के पश्चात् प्रेत तत्त्व पर निरंतर खोज हो रही है। अमेरिका में सन् 1870 में प्रेत संबंधी परीक्षण होना प्रारंभ हुआ था। मानव मृत्यु के पश्चात् जीवन का रहस्य क्या है? वैज्ञानिक सर विलियम क्रुक्स ने श्रीमती फ्लोरेंस क्रुक्स को माध्यम बनाकर एक परीक्षण कार्य प्रारंभ किया था। उन्होंने

समस्त कार्य वैज्ञानिक पद्धति से किए एवं सूक्ष्म वैज्ञानिक यंत्रों का उपयोग किया था। श्रीमती क्रुक्स के माध्यम से प्रेतात्मा 'केटि किं' का अनेक अमेरिकियों से परिचय हुआ था। उस प्रेतात्मा ने स्वयं को प्रदर्शित किया था, उसकी नाड़ी की गति की गणना की गई थी, हृदय की धड़कन सुनी गई थी एवं उसका फोटो भी लिया गया था। सर क्रुक्स का यह कार्य सामान्य रूप से चलता रहा।

स्वामी अभेदानंदजी ने संदर्भ देते हुए कहा है, 'लॉ ऑफ साइकिक फिनोमिना' के लेखक डॉ. टामस जे. हार्डसन का कहना है, 'आज भी यदि कोई प्रेत तत्त्व (जीवात्मा) को स्वीकार नहीं करता, तो वह नास्तिक कहलाने योग्य भी नहीं, उसे अज्ञ (मूर्ख) ही कहना होगा।'

चिकित्सकगण शरीर की मृत्यु यह मानकर चलते हैं कि जब नाड़ी चलना बंद हो जाए, दिल धड़कना बंद हो जाए और स्वास अवरुद्ध हो जाए, तब वे मनुष्य की मृत्यु होना घोषित कर देते हैं। परंतु कभी-कभी ऐसी घटनाएँ भी घटित हुई हैं कि शरीर के उक्त अंग कार्य करना बंद भी कर दें, तब भी व्यक्ति पुनः जीवित हो उठा है। तब उस स्थिति में चिकित्सक क्या कहेंगे?

स्वामी अभेदानंदजी का मानना है कि किसी भी फल की आशा किए बिना अर्थात् निष्काम कर्म करनेवाले एवं शुद्ध व पवित्र जीवन-यापन करनेवाले मनुष्य ब्रह्मलोक में जाते हैं। जिन्हें आत्मज्ञान अथवा ब्रह्मज्ञान हो जाता है, उन्हें मोक्ष प्राप्त हो जाता है। उपनिषदों में देवयान एवं पितृयान का उल्लेख किया गया है कि मृत्यु के पश्चात् किस प्रकार मनुष्य की आत्मा देवयान या पितृयान मार्ग द्वारा देवलोक अथवा पितृलोक को जाती है। दयालु, परोपकारी एवं धार्मिक मनुष्य पितृयान से गमन करते हैं। जीवात्मा को विभिन्न स्तरों को पार करते समय विभिन्न प्रकार की अनुभूति होती है। जीवात्माओं का अपने-अपने स्वजनों के साथ मिलन होता है। जब तक कर्म-फल शेष नहीं होता, तब तक जीवात्मा वहीं पर रहती है। कर्म-फल शेष होने पर पुनः पृथ्वी पर जन्म लेती है। मोक्ष नहीं होने पर जीवात्मा पुनः इसी पृथ्वी पर लौटकर आती है और इसी प्रकार आवागमन निरंतर चलता रहता है। अनेक लोग कहते हैं कि यह सब पौराणिक आख्यान मात्र है, किंतु इस विषय में किसी का कोई भी विचार क्यों न हो, सत्य हमेशा सत्य ही रहता है। पारसी, क्रिश्चियन व मुसलिम अपना अंतिम गंतव्य स्वर्ग को ही मानते हैं। इन सभी धर्मों में स्वर्ग को एक चिरस्थायी स्थान माना गया है जहाँ दुःख नहीं है, जहाँ अनंतकाल तक सुख-भोग किया जा सकता है, किंतु हिंदू धर्म में ऐसा नहीं है। हिंदू मतानुसार, सभी प्रकार के लोक, यहाँ तक की स्वर्गलोक भी कुछ समय के लिए हो सकता है, यह समय कई सौ वर्ष अथवा कई लाख वर्ष का भी हो सकता है, परंतु चिरस्थायी नहीं है। तभी तो भगवान् श्रीकृष्ण कहते हैं, "ब्रह्मलोक से लेकर सभी लोक

ऐसे स्थान हैं, जहाँ से सबको वापस आना ही होगा, किंतु जो मुझे प्राप्त कर लेता है, उसका पुनर्जन्म नहीं होता।" वेदांत इन समस्त ऊर्ध्वलोकों को विशेष महत्त्व नहीं देता है, परंतु उन्हें अस्वीकार भी नहीं करता। वेदांत के मत में आत्मा का जन्म नहीं होता, आत्मा तो शाश्वत एवं अमर है। वह इच्छानुसार स्वरूप धारण कर सकती है। स्थूल सत्ता का कारण मन का विकास है, जो तीव्र कामना के फलस्वरूप होता है। मनुष्य का भविष्य जीवन उसकी वासना व कामना द्वारा निर्मित होता है।

ग्रीक दार्शनिक पिथागोरास, प्लेटो एवं उनके शिष्य आत्मा की अमरता एवं पुनर्जन्म में विश्वास करते थे। आत्मा के संबंध में प्लेटो के विचार उपनिषदों से मिलते-जुलते थे। प्लेटो का विचार था कि पापियों को दंड देने का एक स्थान है। जो असत्य कार्य करते हैं, उन्हें दंड मिलता है। जो शुद्ध होकर सत् कार्य करते हैं, उन्हें पुरस्कार भी मिलता है। प्लेटो का विश्वास था कि आत्मा मनुष्य देह अथवा पशु देह धारण कर सकती है और पशु शरीर धारण करने पर भी पुनः मानव शरीर धारण कर सकती है। पिथागोरस एवं प्लेटो तथा उनके अनुयायी इस मत में विश्वास करते थे कि मरने पर चैतन्य सत्ता शरीर बंधन से मुक्त होकर सूक्ष्म शरीर धारण कर प्रेत-लोक में जाती है और जब तक पृथ्वी पर उसे पुनः किसी अन्य शरीर में नहीं भेजा जाए, तब तक वह वहीं पर रहती है।

आत्मा किस प्रकार उत्पन्न होती है एवं शरीर छोड़ने के बाद कहाँ जाती है, ये प्रश्न समस्त मानव जाति के मन में उठते रहे हैं। प्राचीन काल से जन्म और मृत्यु के रहस्य को जानने की चेष्टाएँ होती रही हैं। प्रत्येक घटना, चाहे वह भूतकाल में घटी हो अथवा भविष्य में घटने वाली हो, उसका कोई-न-कोई कारण अवश्य ही होता है क्योंकि इस जगत् में बिना कारण के कुछ भी नहीं हो सकता। शून्य से तो शून्य की ही उत्पत्ति होगी, अन्य कुछ उत्पन्न नहीं हो सकता। वैज्ञानिक इस सिद्धांत पर पहुँचे हैं कि किसी भी वस्तु का कारण उसमें ही निहित रहता है। वाह, क्या बात है, शत्-शत् प्रणाम करता हूँ— स्वामी अभेदानंदजी के इस वाक्य पर कि शून्य से तो शून्य की ही उत्पत्ति होगी। मनुष्य जीवन में हम सभी अपने मन में अनेक जोड़, घटाव, गुणा, भाग लगाए हुए हैं, अनेक कर्म-बंधन के अंकों में उलझे हैं। इसलिए परिणाम उन्हीं अंकों में आनेवाला है। जब हम शून्य हो जाएँगे तो शून्य की ही उत्पत्ति होगी, परिणाम भी शून्य होगा और मोक्ष की प्राप्ति होगी। क्योंकि फिर कुछ भी कर्म-बंधन एवं वासना तथा इच्छाओं रूपी अंकों का बंधन नहीं रहा। मृत्यु के पश्चात् समय का बोध उसी प्रकार समाप्त हो जाता है, जिस प्रकार निद्रा पूर्ण होने के बाद होता है। निद्रा के पश्चात् हमें नवचेतना का अनुभव होता है। हम अपने आप को तरोताजा अनुभव करते हैं। इसी प्रकार मृत्यु भी तो एक चिरनिद्रा है। मृत्यु के पश्चात् और पुनर्जन्म होने पर भी हमें नवचेतना का अनुभव होता है।

स्वामी अभेदानंदजी का मत है कि सत्कर्मों के द्वारा जो मृत्यु उपरांत स्वर्ग प्राप्त

करते हैं, वे निर्धारित समय तक ही वहाँ रहते हैं और समय पूर्ण होते ही वे या तो अन्यत्र चले जाते हैं अथवा इसी पृथ्वी पर लौट आते हैं। स्वर्ग में जाना और देव-शरीर धारण कर लेना ही अमरत्व नहीं है। क्योंकि अमरत्व तो अपरिवर्तनीय एवं शास्वत होता है। हमारे मन में सदा ही यह प्रश्न उठता है कि मृत्यु होने पर क्या होता है? ऐसा प्रश्न आज भी उठता है, पहले भी उठता था, आगे भी उठता रहेगा। प्रत्येक व्यक्ति, चाहे वह भिखारी हो अथवा राजा, चाहे ऋषि, मुनि, धर्माचारी, दार्शनिक एवं विचारक हो, कहीं भी किसी भी देश में क्यों न रह रहे हों, निरंतर सभी के मन में यह प्रश्न उठता रहता है कि मृत्यु के बाद क्या होता है? जब अपनी आँखों के सामने ही देखते हैं कि हमारा कोई प्रियजन निकटस्थ व्यक्ति शरीर छोड़कर जा चुका है, मर चुका है तब निश्चित ही यह विचार मन में आता है कि वह कहाँ गया है? परलोक संबंधित प्रश्न हमारे मन में जाग्रत् हो जाते हैं। श्मशान पर यह कहते सुना जाता है कि क्या शरीर की यही परिणति है? आत्मा के अभाव में शरीर सड़ना प्रारंभ कर देता है। तभी यह प्रश्न उठता है कि शरीर के अंदर ऐसा क्या था, जो इसे सड़ने से बचाए हुए था? जो कोई भी था, वह कहाँ गया? किसी-किसी समय कुछ आत्माएँ मृत्यु के समय शरीर से बाहर होकर शरीर की समस्त शक्तियों को एक केंद्र में संकुचित कर लेती हैं। वह एक अणु बिंदु का रूप ले लेता है। यदि किसी जीवात्मा का स्वजनों में आकर्षण रहता है तो वह किसी-न-किसी प्रकार से उस आकर्षण की आसक्ति से अलग नहीं हो पाता है और वह अपने आत्मीय स्वजनों के आस-पास ही घूमता रहता है। अभेदानंदजी ने इसे प्रेतात्मा कहा है। यह प्रेतात्मा अपने स्वजनों की सहायता करती है, उनके निकट बनी रहती है और उनका प्रेम पाने की इच्छा करती है। अभेदानंदजी ने इसे एक उदाहरण से इस प्रकार समझाया है कि यदि मैं एक सुंदर भवन तैयार करता हूँ, उसे सुंदर-सुंदर वस्तुओं के द्वारा सजाता हूँ और निरंतर उसे सजाने के प्रयत्न में लगा रहता हूँ तो इस भवन के प्रति इतना आसक्त हो जाऊँगा कि मरने के बाद भी उसे छोड़ने की इच्छा नहीं होगी। तब मरने के बाद उस भवन के आस-पास ही घूमता रहूँगा। निश्चित ही अन्य कोई हमें नहीं देख पाएगा, किंतु मेरी तीव्र आसक्ति मुझे उस माया के स्थान से बाँधे रहेगी। मेरे स्वजन मुझे पहचान नहीं पाएँगे, तब मुझे आश्चर्य भी होगा और कष्ट भी अनुभव करूँगा। किंतु ऐसी दशा कुछ ही जीवात्माओं की होती है, क्योंकि वृद्धावस्था के बाद भौतिक संसार और शरीर से मोह समाप्त होने लगता है। किसी युद्ध में अनेक सैनिक मरते हैं, अथवा क्रूर स्वभाव के व्यक्ति अपने अंदर घृणा रखते हुए इस भौतिक जगत् में रहते हैं, उनमें घृणा व क्रोध भरा रहता है तो वे परलोक में जाकर भी देखते हैं कि युद्ध हो रहा है। इसी को नरक की अवस्था कहा जाता है। मरने के बाद वे सोचते हैं कि इससे तो पृथ्वी पर ही अच्छे थे।

अभेदानंदजी कहते हैं कि मृत्यु के बाद भी हमारी कामनाएँ, वासनाएँ हमारे साथ

ही जाती हैं। मृत्यु के पश्चात् प्रेतलोक में यदि हम एक रोटी की चिंता करते हैं तो हमारे सामने रोटी प्रकट हो जाती है और हम उसे ही खा जाते हैं। वहाँ सभी कार्य, सोचने मात्र से ही हो जाते हैं। खाद्य सामग्री, पानी, वस्त्र सबकुछ उपलब्ध हो जाता है। परलोक में हम कल्पना की सहायता से सूक्ष्म पदार्थ को वास्तविक आकार में प्राप्त कर लेते हैं। पृथ्वी लोक में समय की नाप परलोकगत आत्माओं के किसी काम की नहीं हैं। यह भी संभव है कि पृथ्वी लोक के पाँच हजार वर्ष परलोक गत आत्माओं के लिए पाँच दिन प्रतीत होते हों। अत: यह नहीं कहा जा सकता कि परलोकगत आत्माएँ कितने दिन तक उस अवस्था में रहती हैं। अभेदानंदजी कहते हैं कि हम ही अपने भाग्य का निर्माण करते हैं, हम ही अपने भविष्य के निर्माता हैं और हम ही अपने विचार तथा कार्यों के द्वारा अपने स्वभाव एवं चरित्र का निर्माण करते हैं। परलोकिक जीवन हमारे इसी जीवन की निरंतरता है। ऐसा नहीं है कि हमारा कोई रूपांतरण हो जाता है अथवा हमारे दो पंख उग आते हैं। अंतर सिर्फ इतना है कि यह भौतिक जगत् भौतिक वस्तुओं का है और परलोक जगत् एक भिन्न लोक है। परलोक कोई स्थान नहीं है। मानो वह एक चक्र के भीतर दूसरा चक्र है। जिन लोगों का यह दृढ़ विश्वास रहता है कि स्वर्ग नामक कोई लोक अथवा राज्य है, वे सोचते हैं कि देवदूत भगवान् की स्तुति करते हैं, वहाँ रविवार के दिन शांति रहती है एवं सबकुछ अलौकिक है। तब फिर वे मृत्यु के पश्चात् भी परलोक में यह सब प्राप्त करते हैं और उसका उपभोग करते हैं। जो समस्त मुसलमान विश्वास करते हैं कि जन्नत (स्वर्ग) में हूरें (परियाँ) रहती हैं, तथा वहाँ प्रचुर प्रमाण में मदिरा पान किया जा सकता है, वहाँ शीतल समीर बहती रहती है, वे सब मृत्यु के पश्चात् अपने विचारों की दृढ़ता के अनुसार परलोक में जाकर इन्हीं कल्पनाओं को साकार करने के लिए उसी प्रकार के जन्नत की सृष्टि कर लेते हैं। किंतु ये समस्त अवस्थाएँ चिर स्थायी नहीं हैं, बल्कि स्वप्न के समान हैं। विभिन्न प्रकार की विचारधाराओं के लोगों की अलग-अलग धारणाएँ हैं और अपनी-अपनी धारणा के अनुसार वे मृत्यु के पश्चात् सुख एवं सामग्री का उपभोग करते हैं। स्वर्ग-सुख का समय शेष होने पर अपनी वासनाओं व कामनाओं के कारण पुन: इसी पृथ्वी पर जीव लौट आता है। अत: मृत्यु से भयभीत होने की कोई आवश्यकता ही नहीं है, क्योंकि जीवात्माओं की यही वासना रहती है कि वे पुन: पृथ्वी पर आकर भौतिक विषयों का उपभोग करें। वहाँ न तो कोई दंड देता है और न पुरस्कार। जीवात्मा अपने विचार एवं कार्य द्वारा ही दंड अथवा पुरस्कार प्राप्त करती है। जीवात्मा में जन्म ग्रहण करने की इच्छा होते ही पृथ्वी पर देह धारण करती है एवं इच्छित वस्तुओं का उपभोग करती है।

परंतु मैं (लेखक) स्वयं स्वामी अभेदानंदजी की उक्त धारणा से किंचित् असहमत होते हुए संशय में हूँ क्योंकि यदि कोई अत्याचारी क्रूर स्वभाव का व्यक्ति अपने शरीर

जीवन में रहते हुए अपने कुकर्मों को ही आनंद का विषय मानता है, तब तो मृत्यु के पश्चात् भी उसकी जीवात्मा को सुख और आनंद में ही रहना चाहिए। पुनर्जन्म होने पर भी अपनी कुकर्म प्रेमी वासना के कारण वह सुख और आनंद में रहेगा। फिर तो जैसी जिसकी धारणा और कल्पना होगी, उसका शरीर जीवन और मृत्यु के पश्चात् जीवात्मा अपनी धारणा के अनुसार ही प्राप्त करने लगेगी। यहाँ हमें याद करना होगा जो भगवान् श्रीकृष्ण ने 'श्रीमद्भागवत्गीता' में कर्मयोग के सिद्धांत को समझाया है। जैसा हमारा कर्म होगा, उसी के परिणामस्वरूप हमें उसका फल भोगना होगा। मृत्यु के पश्चात् हमारी जीवात्मा को सुख और आनंद की प्राप्ति सिर्फ निष्काम कर्म से ही प्राप्त हो सकती है।

मृत्यु के पश्चात् जीवात्मा का अस्तित्व

स्वामी अभेदानंदजी कहते हैं कि मृत्यु के पश्चात् मानवात्मा का अस्तित्व रहता है। आधुनिक मत के अनुसार, वह दुःख भोग नहीं करती, वरन् सुख में ही समय व्यतीत करती है। वह अपने बंधु-बांधवों को भी नहीं भूलती है, बल्कि स्वर्गीय देवदूतों के समान अपने स्वजनों का हित चिंतन करती है एवं विपदाओं से उनकी रक्षा भी करती है। आधुनिक मत के अनुसार मनुष्य को मृत्यु के पश्चात् की विभीषिकाओं के चिंतन से मुक्त कर दिया गया है। यह सब जानकारी जीवात्माओं से संपर्क करके आधुनिक मतानुसार प्राप्त की गई है।

अभेदानंदजी का मत है कि पितृ-जनों की पूजा का अर्थ है, उनकी जीवात्मा में आस्था व्यक्त करना। उन्हें स्मरण करके तर्पण एवं अर्पण करना और उनसे सहानुभूति प्राप्त करना, जिससे कि हमारे भौतिक जीवन की दुर्दशा एवं दुर्भाग्य के समय वे हमारी सहायता कर सकें। पितृ-पुरुषों की आराधना प्रायः समस्त धर्मों में ही प्रचलित है। आदिम जातियों में मृतक के स्वजन द्वारा उसके गुणगान करने की प्रथा थी और वही गिरजाघरों एवं मंदिरों में प्रार्थना-गान के रूप में रूपांतरित हुई। मुहम्मद साहब एवं ईसा मसीह, दोनों ही देहहीन आत्मा में विश्वास करते थे। (मुसलमान लोग इसी को रूह कहते हैं।) भारत में प्राचीन युग से देहहीन आत्मा में विश्वास किया जाता रहा है और इस विश्वास का आधार वैदिक-युग के साहित्य में पाया जाता है। ईसा मसीह के जन्म से पाँच हजार वर्ष पूर्व भी ऋग्वैदिक काल में सर्वसाधारण में यह धारणा थी और श्राद्ध के समय आत्माओं का आह्वान किया जाता था एवं अर्पित द्रव्यों को सेवन करने की प्रार्थना द्वारा उन्हें संतुष्ट किया जाता था। वेदांत के अनुसार, मनुष्य की जीवात्मा मृत्यु के पश्चात् भी भौतिक बंधनों में बँधी रहती है तथा अपने स्वजनों की सहायता की कामना करती है। प्राचीन पारसी अपने पूर्व पुरुषों की जीवात्मा में विश्वास करते हैं तथा उन्हें 'फ्रावाशिस' अर्थात् पिता कहते हैं। उनके अनुसार निष्ठावान जीवात्माएँ देवदूत, स्वर्गदूत एवं देवता स्तर तक

उठ सकती हैं। आधुनिक विद्वान् एवं शास्त्र-ज्ञाता समालोचकों ने ईसाई, मुसलिम एवं यहूदी धर्मों में भी पितृ-पुरुषों की आराधना के प्रमाण प्रस्तुत किए हैं। रोम अथवा इटली के अन्य भागों में देखा जा सकता है कि सिद्ध पुरुषों की समाधियों पर सुसज्जित प्रतिमूर्ति रहती है। उनकी जीवात्माओं को प्रार्थना के द्वारा आह्वान किया जाता है। मिस्र के लोग जीवात्मा में विश्वास करते थे। उनकी धारणा थी कि भौतिक शरीर के समान ही जीवात्मा के अंग होते हैं और देह का यह द्वितीय रूप ही शरीर की मृत्यु होने पर शरीर से बाहर हो जाता है और आत्मा मृत्यु के पश्चात् बची रहती है। उनकी धारणा है कि जीवात्मा की स्थिति शरीर की अवस्था पर निर्भर करती है तथा भौतिक शरीर जब तक अविकृत रहेगा, तब तक जीवात्मा का जीवन भी अटूट रहेगा। किंतु यदि मृतक शरीर का कोई भाग क्षतिग्रस्त हो जाएगा, तब फिर जीवात्मा का भी वही भाग क्षतिग्रस्त हो जाएगा। इसलिए वे लोग 'ममी' तैयार करके मृतक शरीर की रक्षा करते थे। यही विश्वास मिस्रवासियों की जीवात्मा के लिए था। चीन में पितृ-पुरुषों की पूजा होती है। चीनी लोग देहविहीन आत्मा में विश्वास करते थे। वे पितृ-पुरुषों की उपासना इस उद्देश्य से करते थे कि असमय में उनकी सहायता प्राप्त की जाए और अपनी सुख-समृद्धि की कामना करते थे।

मृत्यु के पश्चात् जीवात्मा एक स्तर आगे जाती है। प्रतिभासित जगत् से अज्ञात एवं अदृश्य जगत् में जाती है। पितृलोक के संबंध में अनेक अनुसंधान करने पर वेदांतवादी इस निष्कर्ष पर पहुँचे हैं कि पितृ-पुरुषों का स्वर्गलोक ही सत्य की अंतिम सीमा नहीं है। वेदांत के मत में पितृगण भी पूर्ण सत्य के विषय में नहीं जानते हैं। वासना-बंधन के कारण वे उस अपार्थिव स्तर पर नहीं पहुँच सकते। निरपेक्ष सत्य को जिन्होंने जाना है, वह अपनी अभिज्ञता से ही जाना है। पितृलोकवासी अपार्थिव सत्य को नहीं जान सकते, अत: वे इस विषय में कोई जानकारी नहीं दे सकते हैं। इसलिए कहा जाता है कि इस कार्य में जीवात्माओं की सहायता प्राप्त करने में वृथा समय नष्ट नहीं करें। कोई भी जीवात्मा पूर्ण सत्य की उपब्लधि में सहायता करने में समर्थ नहीं है। अमेरीकियों की धारणा है कि वे प्रेतात्माओं की सहायता से जीवन-मृत्यु का रहस्य जान सकते हैं और मानव मन की समस्या का समाधान कर सकते हैं।

जीवात्मा का आह्वान

स्वामी अभेदानंदजी बताते हैं कि हमने लॉस एंजिल्स के निवासी की एक प्रेतात्मा को बुलाया। उसकी मृत्यु सन् 1913 में हुई थी। वे न्यायाधीश थे। कुछ मित्रों की सहायता से उनकी आत्मा संपर्क बनाए हुए थी। उस आत्मा ने बताया कि परलोक में उन्होंने अपनी परिचित किसी स्त्री की आत्मा को देखा। वह अत्यधिक शोचनीय अवस्था में थी। वह स्त्री एक बोर्डिंग में रहती थी तथा मृत्यु के बाद भी वह प्रेत-शरीर (सूक्ष्म शरीर)

लिये उसी घर में रहती थी और मरे हुए पशुओं के हाड़, मांस व आलू खाती थी। तभी उसने कहा, "क्या भयानक अवस्था है? मैं अपने स्वजनों के साथ टेबल पर बैठकर भी नहीं खा सकती एवं आलू भी अच्छे नहीं हैं।" किंतु भूख के कारण वह खाती थी। इससे हम यह धारणा कर सकते हैं कि भूख और सुख का आकर्षण यदि बना रहता है तो मरने के बाद भी जीवात्मा को वही अवस्था प्राप्त होती है। वह स्त्री यह नहीं समझ पाती थी कि उसका भौतिक शरीर अब नहीं है। वह समझती थी कि वह तो अभी भी पृथ्वी पर जीवित है।

अमेरीकियों के मध्य स्वामी अभेदानंदजी

अभेदानंदजी कहते हैं कि उन्हें अमेरिका के प्रेततात्विकों की ओर से आमंत्रण प्राप्त हुआ था कि उनकी प्रेत आवाहक बैठक में सम्मिलित होकर उनकी ओर से कुछ बोला जाए। उन्होंने उस आमंत्रण को स्वीकार कर लिया था। अभेदानंदजी ने देखा कि प्रेतात्माएँ उनके साथ वार्त्ता करती हैं, किंतु उन्होंने अथवा उनके मध्यस्थों ने एक भी संतोषजनक उत्तर नहीं दिया। अभेदानंदजी ने उनसे मृत्यु उपरांत जीवन, आत्मा की उत्पत्ति, आत्मा का यथार्थ रूप आदि विषयों पर प्रश्न किए। परंतु इनमें से किसी भी प्रश्न का उत्तर उन्होंने नहीं दिया, बल्कि यह स्वीकार किया कि इन सब विषयों में वे अज्ञानी हैं और 'हमसे अधिक तो तुम ही जानते हो।' कुछ प्रेतात्माओं ने तो बैठक में भाग लेने वालों से उनके प्रश्नों का उत्तर स्वामी अभेदानंदजी के मतानुसार ही स्वीकार कर लेने को कहा। स्वामी अभेदानंदजी ने एक साधारण अधिवेशन में एक प्रेतात्मा को मध्यस्थ की सहायता से बोलते सुना था—"उनके सामने मैं क्या बोलूँगा?" यह सुनकर अभेदानंदजी आश्चर्यचकित हो गए थे। वह प्रेतात्मा एक अमेरिकावासी नीग्रो की थी। अभेदानंदजी उस समय मध्यस्थ के पति के पास ही बैठे हुए थे और तब उस प्रेतात्मा से उसके उक्त कथन का तात्पर्य बताने को कहा गया और फिर उस प्रेतात्मा ने कहा, "आप ज्ञानी हैं अत: आपके सामने अपनी क्षमता नहीं दिखा सकता।"

यहाँ मैं (लेखक) अपना स्वयं का मत प्रकट करना चाहूँगा कि हिंदुओं के अनुसार जीवन का मुख्य लक्ष्य मोक्ष प्राप्ति का है। इसी को अंतिम सत्य कहा गया है। ऐसी विचारधारा अन्य धर्मों में नहीं है और इसी कारण अमेरिका में मृत्यु के पश्चात् जीवात्माओं के आह्वान करने पर वे अंतिम सत्य की प्राप्ति नहीं कर सकते हैं क्योंकि वे नहीं जानते कि मोक्ष क्या होता है? वे नहीं जानते कि मनुष्य जीवन का अंतिम लक्ष्य क्या है? वे तो भौतिक शरीर को 'खाओ, पिओ और मौज करो' के सिद्धांत को मानते हैं। वे भौतिकवादी हैं। जीवात्मा सिर्फ परलोक के उन स्तर की जानकारी दे पाएगी, जहाँ तक जीवात्मा का अस्तित्व बना रहता है, क्योंकि मोक्ष प्राप्ति पर तो जीवात्मा का अस्तित्व ही

समाप्त हो जाएगा। यह ठीक उसी तरह होगा जैसे कि एक लोटे पानी को समुद्र में मिला दिया जाए। फिर उस लोटे के पानी से पूछा जाए कि तुम कहाँ हो? लोटे का वह पानी फिर जवाब न दे पाएगा क्योंकि वह तो उस अंतिम सत्य में विलीन हो चुका है।

पुस्तक 'लाइफ बियॉण्ड डेथ' के हिंदी रूपांतरण 'मृत्यु के पार' के चतुर्दश अध्याय में स्वामी अभेदानंदजी कहते हैं कि सन् 1899 में न्यूयॉर्क के लिलिडेले में उन्हें एक आध्यात्मिक सम्मेलन में आमंत्रित किया गया था। सम्मेलन के पश्चात् 4 अगस्त, 1899 को एक प्रेत बैठक में अभेदानंदजी ने देखा कि एक टाइपराइटर स्वत: ही टाइपराइटिंग करने लगा। वहाँ बैठे सभी ने अपने-अपने पूर्व मृत आत्मीय स्वजनों के नाम बोले और अभेदानंदजी ने भी अपने पूर्व-मृत गुरुभाई योगेन का नाम बोला। थोड़ी देर में अभेदानंदजी को एक नीले कागज पर योगेन का नाम लिखा हुआ मिला। इसके बाद 5 अगस्त को अभेदानंदजी वहाँ के प्रख्यात मध्यस्थ (मीडियम) मिस्टर किलार के यहाँ पहुँचे। किलार ने बीच में एक मेज रखी और दो स्लेटें साफ करके पेंसिलों के साथ रख दीं। तब किलार ने अभेदानंदजी से कहा कि वह जिस जीवात्मा को बुलाना चाहें, उसका संबोधन करते हुए कुछ प्रश्न लिखें। उस समय स्लेट व पेंसिल को रूमाल से ढक दिया था। अभेदानंदजी ने प्रश्न लिखा, "योगेन, तुम कहाँ हो?" इतना लिखकर अभेदानंदजी ने अपने हस्ताक्षर कर दिए। कुछ देर बाद देखा कि वे दोनों स्लेटें छह इंच ऊपर हवा में झूलने लगी हैं और स्लेट पर पेंसिल से लिखने की आवाज सुनाई दे रही थी। उसी समय एक इलेक्ट्रिक शॉक का अनुभव हुआ। अभेदानंदजी को जवाब मिल गया था कि उनके गुरु भाई योगेन ने स्लेट पर अपनी हस्तलिपि बाँग्ला भाषा में लिखकर जवाब दिया है। एक अन्य बैठक में अभेदानंदजी ने योगेन का स्वर सुना था और बाँग्ला भाषा में योगेन ने अभेदानंदजी से पूछा था, "यह स्थान (अमेरिका) क्या तुम्हें अच्छा लगता है?" अभेदानंद ने 'हाँ' में जवाब दिया था। तब योगेन की जीवात्मा ने जवाब दिया था, "मुझे यह जगह अच्छी नहीं लगती। श्री माँ को देखने के लिए मैं भारत जा रहा हूँ।" उक्त पुस्तक में अभेदानंदजी ने उल्लेख किया है कि उनके गुरु भाई श्री योगेन ने अपने जीवन-काल में श्रीरामकृष्ण की सहधर्मिणीं श्री माँ की मन-प्राण से सेवा की थी। उक्त तथ्य का उल्लेख 'लाइफ बियॉण्ड फाउंडेशन' हार्निक हाउस, 9 साधु वासवानी रोड, पुणे (महाराष्ट्र) से प्रकाशित मासिक पत्रिका 'लाइफ-बियॉण्ड' के अक्तूबर 1980 के अंक में पेज नं. 8 पर शकुंतलाजी (बी.कॉम., बी.ए., केलीफॉर्निया, यू.एस.ए.) के लेख में भी है, जिसमें उन्होंने लिखा है कि स्वामी अभेदानंदजी को सन् 1899 में अमेरिका में 'दि रिलीजन ऑफ दि हिंदू ऑन रिइनकॉर्नेशन' विषय पर व्याख्यान हेतु आमंत्रित किया गया था, जिसमें सात हजार लोगों ने टिकट लेकर प्रवेश किया था।

स्वामी अभेदानंदजी कहते हैं कि एक बार अमेरिका में शाम के समय उन्होंने

देखा कि बार-बार एक मुँह हवा में उठता है और वह दुःख-कष्ट से भरा हुआ है तथा कह रहा है कि "मेरी सहायता करो, मेरी सहायता करो। मैं बहुत कष्ट भोग रहा हूँ। मैंने आत्महत्या की है।" तब अभेदानंदजी ने यह कहते हुए आशीर्वाद दिया, "यदि तुम सोचते हो कि मेरे आशीर्वाद से कल्याण हो सकता है तो मैं प्रार्थना करता हूँ कि तुम्हें शांति प्राप्त हो।" थोड़ी देर बाद वह मुख विलुप्त हो गया। एक बार अभेदानंदजी के सामने एक नाविक, जो समुद्र में डूबकर मर गया था, उसकी प्रेतात्मा अंधकार में छटपटा रही थी। तब स्वामीजी ने उससे पूछा, "तुम्हें क्या हुआ है ?" उसने जवाब दिया, "मैं ठीक नहीं जानता, किंतु समुद्र में डूबकर मरा हूँ। मुझे आशीर्वाद दीजिए, मुझे शांति चाहिए।" स्वामीजी ने आशीर्वाद दिया और फिर वह हवा में विलीन हो गया।

यूरोप एवं अमेरिका के संदर्भ में वहाँ की प्रेत बैठक का अनुभव अभेदानंदजी बताते हैं कि प्रेतात्माओं के बीस हाथ उनकी पीठ पर स्पर्श कर रहे थे। उनके वस्त्र और कॉलर अथवा जेब पकड़कर खींचे जा रहे थे। उस समय किसी प्रेतात्मा ने यह भी प्रश्न किया था, "क्या आप सोचते हैं कि यह सब काम मध्यस्थ कर रहा है ?" प्रेत बैठक का घर एकदम अंधकारमय था। यद्यपि घर के एक कोने में एक दीपक मंद-मंद जल रहा था। तभी एक आवाज सुनाई दी—"आप मध्यस्थ के शरीर पर हाथ रखिए" और इससे पहले कि अभेदानंदजी मध्यस्थ के शरीर पर हाथ रख पाते, उसी समय किसी ने उनका हाथ पकड़कर मध्यस्थ के शरीर पर रख दिया। तभी उन्होंने स्पर्श करके देखा कि मध्यस्थ का समस्त शरीर एक मरे हुए शरीर के समान अकड़ी हुई अवस्था में है। अभेदानंदजी ने अनुभव किया कि उन्होंने जिस हाथ को पकड़ा था, वह एक अमेरिकन नीग्रो की प्रेतात्मा का हाथ था। हाथ पकड़ने के कुछ समय पश्चात् ही वह हाथ अभेदानंदजी के हाथ से विलुप्त होकर गायब हो गया। इसके अतिरिक्त उन्होंने एक बार कलकत्ता के एक मृत व्यक्ति की जीवात्मा को स्थूल शरीर धारण करते हुए प्रत्यक्ष रूप से देखा था।

जीवात्मा को बुलाने में मध्यस्थ की भूमिका

स्वामी अभेदानंदजी का कहना है कि मृत जीवात्माओं को किसी-न-किसी मध्यस्थ के द्वारा ही बुलाया जाता है और मध्यस्थ की भूमिका अत्यंत महत्त्वपूर्ण होती है। जीवात्मा किसी मध्यस्थ के माध्यम से ही अभिव्यक्ति करती है। स्वामीजी का ऐसा भी सोचना है कि अनेक बार जिस जीवात्मा को बुलाया जाता है, उसकी जगह कोई अन्य जीवात्मा आ जाती है और जो वह अन्य जीवात्मा आती है, वह झूठ बोलते हुए यह कहने लगती है कि मैं वही हूँ, जिसे आपने बुलाया है। अभेदानंदजी का कहना है कि प्रेतात्माओं के बुलाने से सिर्फ अपनी कौतुहल वृत्ति शांत ही हो सकती है, लेकिन इसके अलावा वे और कुछ नहीं कर पाती हैं। वे उच्चतम सत्य के विषय में कोई भी ज्ञान लाभ नहीं दे सकती

हैं। वे आत्मा की उत्पत्ति के बारे में कुछ भी नहीं बताती हैं। इस कारण स्वामीजी कहते हैं कि जीवात्माओं के साथ इस योगा-युग साधना का फल प्रायः भ्रांति एवं व्यर्थ ही हुआ है। कभी-कभी प्रेतात्माएँ अन्य का रूप धारण कर कथन करती हैं और मध्यस्थ बेचारे यह भी नहीं जान पाते कि उनके साथ क्या चाल चली गई है ? ऐसी अवस्था में गलत सूचना देने का दोष मध्यस्थों पर नहीं मढ़ा जा सकता। प्रेत बैठक में यह देखा जाता है कि सीमाबद्ध होकर ही प्रेतात्माएँ ज्ञानी अथवा महात्मा के छद्म वेश में आ जाती हैं। वे उच्च ज्ञान देने का दिखावा भी करती हैं और लोग सरलता से समझ लेते हैं कि ये प्रेतात्माएँ धोखा दे रही हैं। इसलिए प्रेतात्माओं से संयोग के समय अत्यंत सावधान रहने की आवश्यकता है।

अभेदानंदजी कहते हैं कि एक बार मैंने एक अच्छे मध्यस्थ से पूछा कि प्रेतावस्था के पश्चात् उसके मन एवं ज्ञान की क्या अवस्था होती है ? तब उस लड़की ने उत्तर दिया था, "मैं ऐसा अनुभव करती हूँ कि जैसे मेरा शरीर मेरे वश में नहीं है एवं किसी ने मेरे शरीर से समस्त जीवनी शक्ति को बाहर कर दिया है। अंदर ऐसा लगता है जैसे कि पूरा खाली हो गया हो। इसलिए कुछ क्षण के लिए मैं न कुछ सोच सकती हूँ और न कुछ कर सकती हूँ।"

स्वामीजी कहते हैं कि भारतीय अनुसंधानकर्ता कभी भी प्रेतात्माओं की सहायता से ईश्वर को जानने की चेष्टा नहीं करते हैं। पितृ-पुरुषों अथवा जीवात्माओं के पास ज्ञान लाभ हेतु नहीं जाया जा सकता, क्योंकि प्रेतलोक, स्वर्ग, पितृलोक आदि कोई भी शास्वत नहीं हैं। मनुष्य की जीवात्मा अपनी वासना से आबद्ध होकर ही इन लोकों में जाता है और कुछ समय के लिए शुभ कर्मों का फल भोगकर पुनः पृथ्वी लोक पर आ जाता है। सही जीवात्मा का अवतरण होने पर वे कुछ लोगों का उपकार भी करती हैं तथा हमारे कार्य-कलापों के संदर्भ में वे भविष्यवाणी भी कर सकती हैं।

स्वामी अभेदानंदजी कहते हैं कि कामनाओं के वशीभूत कोई भी व्यक्ति जन्म एवं मृत्यु और पुनर्जन्म के चक्र से पार नहीं हो सकता। जब तक हमारी कामनाओं का अस्तित्व रहेगा, तब तक विभिन्न अवस्थाओं एवं जन्म-मृत्यु के चक्कर में रहना होगा। जीवन-मृत्यु के गूढ़ रहस्य को जानने के लिए हमें परम सत्य के मार्ग का ही अनुसरण करना चाहिए।

पुस्तक के त्रयोदश अध्याय में स्वामी अभेदानंदजी का मत व्यक्त किया गया है कि यूरोप एवं अमेरिका के लोगों के मन में अपने परलोकगत बंधुओं की जीवात्मा के साथ संपर्क करने की तीव्र इच्छा उत्पन्न हुई। अनेक नास्तिक और अविश्वासी, जो मृत्यु उपरांत आत्मा के अस्तित्व में विश्वास नहीं करते थे, उन्होंने भी जीवात्माओं के साथ प्रत्यक्ष अनुभव करने के पश्चात् इस सत्य का आभास किया है कि मृत्यु के पश्चात्

भी जीव का अस्तित्व रहता है। उन्होंने यह जाना है कि मरने पर आत्मा की मृत्यु नहीं होती है, उसका अस्तित्व मृत्यु के पश्चात् भी रहता है। जीवात्माएँ मृत्यु के बाद एक विस्मयकारी स्वप्नमय स्थान में जाकर नई सुख, शांति का संचय करती हैं। प्रेतत्व द्वारा हम इस तथ्य को भी जान पाए हैं कि प्रेतात्माएँ अपने सुखी जीवन की सूचना अपने आत्मीयजनों तक पहुँचाने के लिए उत्कंठित रहती हैं। हमारे कार्यों एवं कर्मों के बारे में भी उनका प्रबल आग्रह रहता है। वे सदुपदेश देने एवं आनेवाली विपत्तियों से हमारी रक्षा करने के लिए प्रयत्नशील रहती हैं। प्रेततत्त्ववादी मध्यस्थ होने की अवस्था में उन्नति करते हैं। मध्यस्थ से यहाँ स्वामीजी का तात्पर्य यही है कि जिस व्यक्ति के माध्यम से जीवात्माओं को आहूत किया जाता है, उसे मध्यस्थ कहते हैं। जो मध्यस्थ होने की इच्छा रखते हैं, उन्हें उन्हीं लोगों से मिलना चाहिए, जो स्वयं मध्यस्थ हैं और इसमें पारंगत हैं। ऐसे मध्यस्थ उन्हें एक खाली घर चुनने के लिए कहते हैं, जहाँ वे कम-से-कम सप्ताह में एक बार प्रेतात्माओं की बैठक में बैठ सकें। बैठक भी एक निश्चित समय की होती है, क्योंकि प्रेतात्माएँ भी हमारे समान ही काम-काज में व्यस्त रहती हैं। इसलिए पृथ्वी स्तर पर उन्हें लाने के लिए एवं बैठक में योगदान के लिए एक समय निश्चित कर लेना होता है। घर का वातावरण प्रेततत्त्व अनुशीलन के अनुरूप बनाने के लिए कम-से-कम पाँच-छह बैठक करने की आवश्यकता होती है। जिस प्रकार फोटोग्राफर को फोटो की प्लेट से फोटो छापने के लिए अंधकार कमरे की आवश्यकता होती है, ठीक वैसे ही मध्यस्थ के लिए आवश्यक है। ध्यान यह रखना होगा कि मध्यस्थ होने का भाव का तात्पर्य यह है कि व्यक्ति के शरीर एवं मन की तंद्रावस्था हो। बैठक में कोई भी विचार न कर मन को शून्यावस्था में करके कुछ ग्रहण करने की आकांक्षा (रिसेप्टिव एटिच्यूड) होना चाहिए। बैठक घर आलोकविहीन अंधकारमय होने के कारण किसी जड़ वस्तु को देखने की सुविधा वाला नहीं होना चाहिए। उस समय सुरीला गान, ध्वनि अति सहायक होती है। जो प्रेत बैठक में स्वयं भाग ले रहे हैं, वे स्वयं गान नहीं करते हैं, क्योंकि गान करने के लिए चेतन मन की आवश्यकता होती है। बैठक में जो भी मध्यस्थ होने के लिए भाग ले रहे हैं, उनमें यदि किसी का मन खाली होने में असमर्थ है तो उन्हें छोड़कर किसी अन्य व्यक्ति को शामिल करना होगा। मध्यस्थ को कोई चिंता नहीं करनी चाहिए और कोई भी प्रश्न करने की चेष्टा नहीं करनी चाहिए तथा अपनी इच्छा को अदृश्य प्रेत-जीवात्मा की इच्छा के हाथ में सौंप देना चाहिए। प्रेत-जीवात्मा के आह्वान पर होनेवाले आश्चर्य का इंतजार करना चाहिए। यदि प्रेत बैठक में मध्यस्थ अपने शरीर, मन एवं इच्छा को पूर्ण रूप से प्रेत-जीवात्मा की इच्छा पर छोड़ देते हैं तो मध्यस्थ होने के कार्य में इच्छा अनुरूप फल प्राप्त होता है। धीरे-धीरे प्रेत शक्ति मध्यस्थ की इच्छा एवं इंद्रियों के ऊपर प्रभाव बढ़ाकर अपने अधिकार में कर लेती है। यह कृत्य आंशिक अथवा पूर्ण रूप से हो

सकता है। अनेक स्त्री-पुरुष ऐसे हैं, जिनके अनेक मानसिक कार्य आंशिक रूप से किसी बाहरी प्रेत शक्ति के अधिकार में रहते हैं और उसी शक्ति से वे समय-समय पर आदेश पाते हैं। जिस विषय पर वे पहले कुछ भी नहीं जानते थे, उस पर भी वे बताने लगते हैं। जब कोई प्रेतात्मा मध्यस्थ पर नियंत्रण कर लेती है तो वह मध्यस्थ भारी से भारी वस्तुओं को भी सरलता से उठा सकता है। मध्यस्थ के शरीर, मन पर प्रेतात्मा का पूर्ण प्रभाव तभी होता है, जब वह अचैतन्य होकर निद्रित अवस्था में पहुँच जाए।

जीवात्मा अथवा प्रेतात्मा का मध्यस्थ होने के लिए मध्यस्थ को पूर्णत: शरीर एवं मन को शून्य करना होता है। फिर मध्यस्थ के शरीर एवं मन पर उस मध्यस्थ के स्वयं का कोई भी कृतत्व भाव नहीं रहता है। वह उस प्रेतात्मा, अथवा कहें तो जीवात्मा की शक्ति के वश में हो जाता है। मध्यस्थ होने का अर्थ ही यह है कि अपने शरीर और मन को उस जीवात्मा की शक्ति के आधार पर कर देना। स्वामी अभेदानंदजी का मत है कि परलोकवासी जीवात्माएँ पृथ्वी लोक के मनुष्यों के साथ संपर्क कर सकती हैं और उनके साथ संवाद का आदान-प्रदान भी कर सकती हैं एवं वे स्वयं को दृश्यमान रूप में प्रकट भी कर सकती हैं।

अभेदानंदजी का मत है कि प्रेतात्माएँ स्वयं पृथ्वी लोक की माया और वासना से आबद्ध होकर भोगने की इच्छा रखती हैं और मध्यस्थ को अपने वश में तथा अपने अधीन करना चाहती हैं एवं कभी-कभी तो ऐसा होता है कि मात्र एक ही मध्यस्थ के पीछे अनेक प्रेतात्माओं की भीड़ लग जाती है और फिर इन्हें रोकना संभव नहीं हो पाता है तथा असहाय मध्यस्थ की इन प्रेतात्माओं से रक्षा करना कठिन हो जाता है। प्रेतात्माएँ मध्यस्थ की प्राण शक्ति को क्षय करती हैं। प्राय: मध्यस्थों की स्मरण शक्ति भी कमजोर होती जाती है और उनका स्वभाव भी चिड़चिड़ा हो जाता है। कभी-कभी वे अहंकारी एवं स्वार्थी हो जाते हैं। इस कारण किसी भी अवस्था में मध्यस्थ नहीं बनना चाहिए।

जैसा कि ऊपर स्वामी अभेदानंदजी ने मध्यस्थ के संदर्भ में उल्लेख किया है, तो मैं (लेखक) इसी प्रसंग के साथ कहना चाहूँगा कि मैंने स्वयं अनेक व्यक्तियों को खासकर मध्य प्रदेश के बुंदेलखंड क्षेत्र में 'घुल्ला' होते हुए देखा है। घुल्ला का अर्थ है, किसी व्यक्ति विशेष पर कोई अदृश्य शक्ति का अवतरण होना। वह अदृश्य शक्ति किसी-न-किसी नाम से एक सुनिश्चित समय काल में उस घुल्ला पर अवतरित होती है। इस हेतु किसी एक माह में एक सुनिश्चित दिन रहता है और उस दिन उस शक्ति के प्रति आस्थावान व्यक्ति एक सुनिश्चित जगह पर इकट्ठे हो जाते हैं, फिर वे पूजा-अर्चना करते हैं और विशेष प्रकार का गायन करते हैं। घुल्ला को चारों ओर से वे घेर लेते हैं और घुल्ला भी स्वयं को उस अवतरित होनेवाली शक्ति के प्रति समर्पित करने का भाव रखता है। कुछ ही देर में वह व्यक्ति जो घुल्ला है, उस पर आहूत की गई जीवात्मा का

अवतरण हो जाता है। घुल्ला के हाथ-पैर, सिर असामान्य होकर काँपने लगते हैं और वह उस जीवात्मा, जिसे लोग 'देवता' मानते हैं, के रूप में वार्त्तालाप करने लगता है और वह व्यक्ति, जो घुल्ला बना है, स्वयं अपना अस्तित्व व नाम पूर्णतः भूल जाता है। फिर उस घुल्ला के समक्ष पीड़ित लोग अपनी विभिन्न प्रकार की समस्याओं को विनती के रूप में प्रस्तुत करते हैं और वह घुल्ला उन समस्याओं के निदान हेतु उपाय बताता है। बुंदेलखंड क्षेत्र के ग्रामीण क्षेत्र एवं छोटे शहरों में यह अकसर देखा जा सकता है।

स्वामी अभेदानंदजी ने प्रश्नोत्तर के रूप में स्पष्ट किया है कि परलोक में जीवात्मा को यह अवसर भी रहता है कि वह सूक्ष्म शरीर के रूप में साधना करते हुए मोक्ष की ओर अग्रसर हो, अथवा अपनी इच्छानुसार पुनर्जन्म के लिए मृत्युलोक में आ सकती है और यह जीवात्मा की कामना पर निर्भर करता है। मृत्यु के पश्चात् कभी-कभी ऐसा भी होता है कि मृतक की जीवात्मा यह नहीं जान पाती है कि उसका स्थूल शरीर मर चुका है और यह समझने में जीवात्मा को समय लगता है। अभेदानंदजी ने एक आश्चर्यजनक मत व्यक्त किया, "हम जो जीवित हैं, इसका कोई निर्दिष्ट प्रमाण नहीं है। हम स्वयं को मृत भी कह सकते हैं।" इस प्रकार उनके मतानुसार तो यह प्रकट होता है कि मृत्यु के पश्चात् कोई खास परिवर्तन नहीं होता है। हमारी यह मानसिकता है कि यह हमारा स्थूल शरीर है और हम जीवित हैं और मृत्यु की घटना घटित होने पर सूक्ष्म शरीर को भी वास्तविक मानते हैं और उसे भी तत्समय सत्य मानने लगते हैं। अभेदानंदजी का मत है कि मृत्यु के पश्चात् शरीर को दाह-संस्कार के समय जब जलाते हैं तो हिंदू की जीवात्मा को दुःख होता है और थोड़े समय बाद मोह समाप्त हो जाता है। परंतु जो लोग शरीर को कब्र में रखते हैं, उनकी जीवात्मा अपने शरीर को देखने के लिए बार-बार आती है। उनका मत है कि परलोक में जीवात्मा अपने बंधु, स्वजनों को पहचान सकती है।

□

जीवात्मा से संपर्क करने के अनेक साधन हैं

मेरा अपना मत एवं अनुभव यह है कि कुछ अतृप्त जीवात्माएँ प्रेत-योनि में विचरण करती रहती हैं। उन्हें परलोक में कोई स्थान नहीं मिलता है। ये प्रेतात्माएँ अधिकतर वे होती हैं, जिनकी अकाल मृत्यु हो जाती है अथवा जिनमें शरीर जीवन के प्रति और अपने स्वजनों अथवा दुश्मनों के प्रति अत्यधिक 'आसक्ति' अत्यधिक वासना एवं कामनाएँ होती हैं। जीवात्माओं को विभिन्न प्रकार की प्रक्रिया एवं पद्धति से आहूत किया जाता है।

प्लेंचिट प्रक्रिया

संसार के विभिन्न देशों में मृत्यु के पश्चात् की स्थिति जानने के लिए विभिन्न प्रकार के प्रयोग हो रहे हैं। इस हेतु एक प्रक्रिया प्लेंचिट की भी है। इस हेतु सर्वप्रथम योग्य 'माध्यम' व्यक्ति का होना आवश्यक है। उसके माध्यम से जीवात्मा प्रश्न सुनती है और जवाब भी देती है। योग्य 'माध्यम' व्यक्ति से तात्पर्य यह है कि वह निष्पक्ष, सबका हितैषी, निःस्वार्थी, साफ दिल का होना चाहिए। (अर्थात् कपट व्यवहार का नहीं हो) योग्य व्यक्ति नहीं होने पर जीवात्मा नहीं आती है। मेरा इस विषय पर यह मत है कि प्लेंचिट के माध्यम से जीवात्मा को बुलाने के लिए उन व्यक्तियों को शामिल होना चाहिए, जो संवेदनशील होते हैं। सामूहिक रूप में चार-पाँच व्यक्तियों को बैठना चाहिए, जिससे कि उनमें से यह चयन किया जा सके कि कौन से व्यक्ति का माध्यम जीवात्मा को बुलाने के लिए उचित होगा। इस प्रयोग हेतु किसी चिकनी सतह पर एक साफ-सुधरी हल्के बजन की स्टेनलैस स्टील की छोटी कटोरी, जो आसानी से इधर-उधर सरक सके, का इस्तेमाल किया जाता है। जमीन की सतह पर एक गोलाकार घेरा किसी रंगीन चॉक से बना लें, जिसका व्यास लगभग 2 फीट का हो। उस घेरे के अंदर अंग्रेजी के 26 अक्षर (ए बी सी डी···जेड) लिखने के बाद इसी गोलाकार घेरे के अंदर एक से नौ तक के अंक व आखिरी में जीरो लिखें। ये सभी अक्षर व अंक इस प्रकार से समान आकार में लिखे जाना चाहिए कि घेरे के अंदर अन्य कोई खाली जगह न बची रहे। इससे

जीवात्मा को जवाब देने में आसानी होती है। अब रात्रि के समय कम प्रकाश में तीन योग्य 'माध्यम' वाले व्यक्ति जूते उतारकर, पवित्र होकर, हाथ-पैर धोकर उस गोलाकार घेरे के चारों तरफ बैठ जाएँ। कमरे के दरवाजे अधिकांशत: बंद रखें एवं एक कोई दरवाजे का थोड़ा हिस्सा खुला रखें। अगरबत्ती जलाएँ। अब कटोरी को उठाएँ और उसमें माचिस की एक तीली जलाकर उसे स्वच्छ करें। अब कटोरी को एक हाथ में लेकर एवं दूसरे हाथ में जलती हुई माचिस की तीली गोले के अंदर ठीक बीच में कटोरी को उलटा करके जलती हुई तीली को ढक दें। अब शेष दो व्यक्ति सहित तीनों व्यक्ति अपने-अपने दाहिने हाथ की तर्जनी उँगली को उस गोलाकार के अंदर बीच में रखी कटोरी पर लगाए रखें और उस जीवात्मा का ध्यान करें, जिसे मृत्यु के पश्चात् आहूत करना है। बार-बार आमंत्रित करने हेतु उससे विनती करें। उसे आहूत करने के लिए उसका नाम लेकर बार-बार धीरे से कहें कि आपका आमंत्रण है, इसे कई बार दोहराएँ। थोड़ी ही देर में वह जीवात्मा, यदि उसका पुनर्जन्म नहीं हुआ है, वहाँ पर आ जाएगी और अपने आप ही कटोरी हिलने लगेगी। अब जिस जीवात्मा को आहूत किया गया है, वह वही है, इसकी भी परीक्षा ले लेना चाहिए, क्योंकि कभी-कभी ऐसा भी होता है कि जिसे आमंत्रित किया गया है, उसके स्थान पर वातावरण में विचरण कर रही अन्य कोई प्रेतात्मा आ जाती है और वह झूठ बोलने लगती है कि जिसे आपने आहूत किया है, वह वही है। कभी-कभी दुष्ट जीवात्मा भी आ जाती है, जो बाद में परेशान करती है। इस कारण परीक्षा कर लेनी चाहिए। उससे पूछें कि जिसे आमंत्रित किया गया है, क्या वह वही है ? इस प्रश्न पर वह कटोरी 'वाई.ई.एस.' पर जाकर अपनी सहमति देगी। अब परीक्षा के लिए उसका नाम पूछें, उसके पिता का नाम पूछें, उससे पूछें कि उसकी मृत्यु कौन सी बीमारी से हुई है आदि प्रश्नों का जवाब, यदि सही-सही दिया जाता है तो इसकी पुष्टि हो जाएगी कि जिसे आमंत्रित किया गया है, वह वही है। इस प्रकार का परीक्षण करने के लिए अनेक प्रश्न भी किए जा सकते हैं। प्रश्नोत्तर करने के बाद उस जीवात्मा को वापस जाने हेतु कहें। परंतु मेरा स्वयं का मत यह है कि इस प्रयोग के लिए योग्य माध्यम विशेषज्ञ व्यक्ति होना चाहिए, अन्यथा उक्त प्रकार के प्रयोग समान्यतया नहीं करना चाहिए। क्योंकि यदा-कदा यह भी होता है कि आहूत की गई जीवात्मा के स्थान पर यदि कोई दुष्ट प्रेतात्मा आ जाती है तो वह वापस जाने में परेशान करती है।

मैं जब विद्यार्थी था, सन् 1975 की बात है। मेरे दो मित्र, डॉक्टर अनिल मिश्रा एवं डॉक्टर सुशील खरे, ये दोनों प्लेंचिट के माध्यम से पूर्व मृत जीवात्माओं को बुलाने की प्रक्रिया जानते थे और मैं यह भी मानता हूँ कि वे इस कार्य में परिपक्व नहीं थे। एक बार हम तीनों ने मिलकर प्लेंचिट के माध्यम से एक पूर्व मृत परिचित जीवात्मा को बुलाया था। हम तीनों ने यह अनुभव किया कि जिस जीवात्मा को हमने बुलाया है, उसकी जगह

अन्य कोई प्रेतात्मा आ गई और झूठ जवाब देकर कहने लगी कि वह वही जीवात्मा है, जिसको बुलाया गया है। इससे यह प्रकट हुआ कि अन्य कोई जीवात्मा आ गई थी।

एक बार ऐसा हुआ कि दतिया के एक प्रतिष्ठित आध्यात्मिक व्यक्ति व दर्शनशास्त्र में रुचि रखनेवाले स्व. श्री हित किशोरजी पस्तौर के यहाँ हम तीनों लोग बैठे हुए थे और पस्तौरजी के आग्रह पर प्लेंचिट के माध्यम से उनके परिवार के एक पूर्व मृत व्यक्ति की जीवात्मा को बुलाया गया। प्रश्नोत्तर का कार्यक्रम चला और अंत में यह प्रकट हो गया कि पस्तौरजी के जिस स्वजन पूर्व मृत व्यक्ति की जीवात्मा को बुलाया था, वह नहीं आई थी, बल्कि अन्य कोई प्रेतात्मा उनके नाम पर झूठा जवाब दे रही थी। स्थिति विकट तब हो गई, जब एक-डेढ़ घंटे बाद भी वह प्रेतात्मा वापस जाने को तैयार नहीं हुई। हम तीनों बहुत परेशान हो गए और उससे विनती करने लगे, "अब आप वापस जाएँ, आप जो भी हैं, हमने आपको तो नहीं बुलाया था और आप लगातार झूठा जवाब देते हुए दूसरे के नाम पर यहाँ आ गए हैं।" लेकिन फिर भी वह वापस जाने को तैयार नहीं हुई। जिन पस्तौरजी के यहाँ हम बैठे थे, वे भी परेशानी में आ गए और हम तीनों मित्र भी न तो उससे छूट पा रहे थे और न ही उसे आधे-अधूरे में छोड़ पा रहे थे। काफी मिन्नत और विनती करने पर एवं उसे भोग-प्रसाद लगाने पर और पुनः काफी विनती करने पर वह प्रेतात्मा वापस गई। इससे इतना अवश्य स्पष्ट हुआ कि वातावरण में अतृप्त, शैतानी जीवात्माएँ विचरण करती रहती हैं। इस कारण इस कार्य को सामान्य रूप में नहीं करना चाहिए, बल्कि जानकार और विशेषज्ञ की मध्यस्थता में ही करना चाहिए। कोई भी प्रेतात्मा ईश्वर के बारे में तो बता ही नहीं सकती। उसकी पहुँच तो परलोक तक भी नहीं हो पाती है, तब ऐसी स्थिति में ईश्वर को जानने का और ईश्वर के संदर्भ में बताने की आशा किसी भी प्रेतात्मा से नहीं की जा सकती है। सामान्यतः यह गलत अवधारणा है कि मृत्यु के पश्चात् जीवात्मा सर्वज्ञानी हो जाती है अथवा वह भविष्यवक्ता हो चुकी है। वस्तुतः व्यक्ति अपने शरीर जीवन में यदि सतोगुणी, आध्यात्मिक व आत्म तत्त्व का ज्ञानी रहा है तो मृत्यु के पश्चात् उसे परलोक का जितना जो कुछ ज्ञान हो पाता है, वह उतना ही बता सकता है। अच्छी जीवात्माओं में यह शक्ति होती है कि वह मन की सोच की बात को जान लेती हैं, मन में उठ रहे विचारों का भी उन्हें ज्ञान हो जाता है। वस्तुतः परलोक में संवाद व एक जीवात्मा से अन्य दूसरी जीवात्मा की निकटता उनके मन में आ रहे विचारों पर ही निर्भर करती है। वे एक-दूसरे के विचार जान लेते हैं। इसी कारण जीवात्मा को बुलाने पर प्लेंचिट के माध्यम से पूछे जानेवाले प्रश्नों को शब्दों में व्यक्त किए बिना ही जीवात्मा उत्तर देती है। जीवात्मा में यह क्षमता होती है कि वह मन की सोच की गति से एक स्थान से दूसरे स्थान पर जा सकती है और वहाँ का हाल-चाल भी बता सकती है।

नोट : उक्त संदर्भ में मैं (लेखक) यहाँ पाठकों से निवेदन करूँगा कि उक्त प्रकार

की प्रक्रिया के माध्यम से किसी भी प्रेतात्मा को आहूत नहीं करना चाहिए। इस पुस्तक के लिखे जाने का उद्देश्य सिर्फ इतना है कि आमजन यह समझ सकें कि मृत्यु के पश्चात् भी आत्मा का अस्तित्व रहता है और चाहे वह प्रेत-योनि के रूप में हो अथवा परलोकगत आत्मा के रूप में हो।

ऑटोमैटिक राइटिंग

जीवात्मा से संपर्क करने का एक अन्य माध्यम स्वत:-लेखन (ऑटोमैटिक राइटिंग) का भी है। इस प्रयोग में कमरा बंद होना चाहिए, कमरे में अत्यंत न्यून रोशनी हो, कागज और हाथ में पेन लेकर बैठ जाना चाहिए और स्वयं को पूर्णत: ढीला, विचारों से शून्य, आग्रहविहीन, पूर्वग्रहविहीन होकर बैठ जाना चाहिए फिर अमुख जीवात्मा को आमंत्रित करना चाहिए। यदि जीवात्मा आ जाती है तो हाथ में लिया पेन स्वत: ही लिखने लगता है और वह हस्तलिपि उसी जीवात्मा के शरीर जीवन की हस्तलिपि से मिलती-जुलती रहती है।

एक अन्य विधि 'हिप्नोसिस' भी पूर्व जन्म के संबंध में ज्ञात करने की है। हिप्नोसिस के माध्यम से जीवित व्यक्ति के पूर्व जन्मों का भी पता लगाया जा सकता है। हिप्नोसिस प्रक्रिया में पूर्व मृत व्यक्ति की जीवात्मा से संपर्क करने का कोई भी साधन नहीं है अर्थात् पूर्व मृत व्यक्ति की जीवात्मा को हिप्नोटाइज्ड नहीं किया जा सकता। वस्तुत: जीवित व्यक्ति ही हिप्नोटाइज्ड किया जा सकता है। मैंने इसी पुस्तक में पुनर्जन्म वाले अध्याय में डॉ. ब्रेन बीस के द्वारा हिप्नोसिस की प्रक्रिया के माध्यम से जो प्रयोग उन्होंने कैथरीन नाम की लड़की के साथ 'मैनी लाइव्स मैनी मास्टर्स' तथा उनकी अन्य पुस्तक 'ओनली लव इज रियल' में उल्लेख किए हैं, उनका विवरण पृथक् से दिया है।

परलोक से जीवात्माओं के संदेश आते हैं

पत्रिका 'लाइफ-बियॉण्ड' के माह दिसंबर-जनवरी सन् 1980-1981 के अंक में 'मैसेज फ्रॉम बियॉण्ड-कम्स टू' नाम से पेज संख्या 21 पर श्री एच.आर. मित्तल (एम. आई.ई. चीफ डिजाइनिंग इलेक्ट्रिकल इंजीनियर, 96, सेक्टर-8 ए, चंडीगढ़ 160 008) ने अपना एक निजी अनुभव बताया है। इस अनुभव में किए गए विवरण से दो बातें स्पष्ट होती हैं, प्रथम तो यह कि भौतिक शरीर के अलावा एक पृथक् सूक्ष्म शरीर होता है। द्वितीय यह कि हमारे स्वजन, जो पूर्व में मर चुके हैं, वे अपनी मृत्यु के बाद भी हमारा ध्यान रखते हैं, हमारी चिंता करते हैं, हमारी रक्षा करते हैं और समय-समय पर हमें सूचनाएँ भी देते हैं। इस प्रसंग में विवरण यह है कि मित्तलजी की माँ की मृत्यु के पश्चात् वह उनसे मिलने आई थीं।

मित्तलजी का जन्म दिनांक 01 मार्च, 1923 को हुआ था और 13 माह बाद ही दिनांक 09 अप्रैल, 1924 को उनकी माँ की मृत्यु हो गई थी। उनके पिता की आयु उस समय मात्र 24 वर्ष की थी, लेकिन पिता ने अपना दूसरा विवाह नहीं किया और इकलौते पुत्र होने के कारण पिता ने उनकी परवरिश में अपना जीवन लगा दिया, उनके पिता मिलिट्री के डेरी फार्म में नौकरी करते थे। सन् 1938 में जब मित्तलजी की आयु 15 वर्ष थी तो वे टायफॉयड बुखार से पीड़ित हो गए, उन्हें इलाज हेतु ब्रिटिश मिलिट्री हॉस्पिटल कोहाट (जो अब पाकिस्तान में है) में भरती कराया गया। बुखार टेंप्रेचर 102–103 डिग्री के नीचे नहीं आ रहा था और उनकी यह स्थिति लगातार 45 दिन से यथावत् थी, परंतु उनके इलाज में कोई फायदा नहीं हो पा रहा था। उनके पिता एवं दादा (ग्रांड–फादर) अस्पताल में उनकी देख–रेख कर रहे थे। सितंबर का महीना था और दिन के 2:00 बजे का समय, अस्पताल के वॉर्ड में ब्रिटिश सैनिक मरीज शांति से सो रहे थे, वॉर्ड का वातावरण पूर्णतः शांत था, सिर्फ पंखे चलने की आवाज आ रही थी। मित्तलजी के पिताजी व दादाजी कमरे के बाहर बैठे थे। जिस पलंग पर मित्तलजी लेटे हुए थे, वहाँ से उन्हें कमरा का खुला दरवाजा साफ दिखाई दे रहा था और वे जाग रहे थे। उसी समय मित्तल ने देखा कि दरवाजे के अंदर से कोई प्रवेश कर रहा है। उसकी आकृति अस्पष्ट धुंध जैसी थी और वह एक महिला थी, जो सफेद साड़ी पहने हुए धीरे–धीरे मित्तल के पलंग तक आई। मित्तल ने अनुभव किया कि उनके पलंग पर कोई बैठा है। उसका चेहरा स्पष्ट नहीं दिख रहा था। एक बहुत कमजोर, परंतु स्पष्ट आवाज, मित्तल को सुनाई पड़ी—“हंसराज, सुनो। मैं तुम्हारे पास हूँ, अस्पताल में तुम्हें स्वस्थ होने में बहुत समय लगेगा। तुम एक मुसलिम हकीम से दवा लो। वह यहाँ (इसी शहर में) आयरन–गेट बाजार में दाहिनी तरफ मोड़ पर, जहाँ सब्जी मंडी है, उसके आखिर में एक कुआँ व पीपल का पेड़ है। वहीं पर लकड़ी की सीढ़ियाँ लगी हैं। उन सीढ़ियों से चढ़कर प्रथम तल पर हकीम साहब सफेद कपड़े पहने रहते हैं। उनसे दवा लेकर खाओ, जल्दी ठीक हो जाओगे। उससे तुम्हें कोई नुकसान नहीं होगा अन्यथा यहाँ तो स्वस्थ होने में बहुत समय लग जाएगा।” मित्तलजी ने उस अस्पष्ट धुंध जैसी छाया को दरवाजे से बाहर जाते हुए देखा।

मित्तल ने ये सारी बातें अपने पिता व दादा को सुनाई। मित्तलजी व उनके पिताजी ने उस स्थान का आयरन–गेट बाजार व सब्जी मंडी एवं हकीम साहब को पहले कभी नहीं देखा था। उनके पिताजी व दादाजी उस बताए हुए स्थान पर गए और हकीम साहब से दवा लेकर वापस आ गए। दवा खाने के बाद मित्तलजी कुछ ही दिन में स्वस्थ हो गए। उक्त विवरण का अनुभव प्रकाशन के समय मित्तलजी की आयु 58 वर्ष थी और वे तत्समय पूर्णतः स्वस्थ थे।

□

जीवात्मा की हुई परिवार से मिलने की इच्छा

मेरे (लेखक) एक मित्र श्री लक्ष्मीनारायण अग्रवाल ने अपने पुत्र अतुल की हुई अकाल मृत्यु के पश्चात् उसकी जीवात्मा से संपर्क का एक प्रसंग मुझे सुनाया था। अग्रवालजी एम.एल.बी. कॉलेज ग्वालियर में सहायक प्राध्यापक थे और हम दोनों म.प्र. कला परिषद् के सदस्य थे। इस कारण मेरा श्री अग्रवाल से अधिकांशतः भोपाल में मिलना होता था और हमारा यह परिचय मित्रता में परिवर्तित हो गया था। अग्रवालजी का एक पुत्र अतुल की अकाल मृत्यु मार्च, 1996 में हो गई थी। मृत्यु के पश्चात् उसकी जीवात्मा उसकी माँ श्रीमती मालती अग्रवाल में प्रवेश कर गई और वह अपनी माँ के माध्यम से मृत्यु के पश्चात् का अनुभव बताती थी। अतुल की मृत्यु के कुछ दिन पश्चात् अचानक श्रीमती मालती अग्रवाल के व्यवहार में अल्प समय के लिए परिवर्तन हो जाता था और उनका स्वर अपेक्षाकृत भारी हो जाता था तथा वह मृतक पुत्र अतुल के रूप में बोलने लगती थीं। स्वर सिर्फ श्रीमती मालती अग्रवाल का रहता था, लेकिन बोलने का लहजा मृतक पुत्र का था। अतुल अपने स्थूल शरीर जीवन में एक अच्छा सदाचारी एवं शिक्षित युवक था।

श्री अग्रवाल अपनी यह शंका कि मृतक पुत्र अतुल की जगह कहीं यह किसी अन्य की जीवात्मा तो नहीं है, परीक्षण करने के लिए उससे प्रश्न किया, "मेरे एक मित्र कलकत्ता में हैं। यदि तुम अतुल हो तो तुम उन्हें जानते हो, मैं उनका नाम नहीं बताऊँगा, तुम वहाँ जाकर देखकर बताओ कि इस समय वे क्या कर रहे हैं?" यह सुनकर अतुल की जीवात्मा अपनी माँ के शरीर से बाहर निकल गई और माँ श्रीमती मालती अग्रवाल बिल्कुल सामान्य हो गईं। कुछ ही मिनट पश्चात् पुनः अतुल की जीवात्मा अपनी माँ के शरीर प्रवेश कर गई और उसने बताया, "आपके वह मित्र कलकत्ता में अपने घर में कुर्सी पर बैठकर टाइम्स ऑफ इंडिया अखबार पढ़ रहे हैं।" यह सुनते ही अग्रवालजी ने तत्काल अपने मित्र को टेलीफोन लगाया और पूछा कि क्या वह टाइम्स ऑफ इंडिया पढ़ रहे हैं? उनके मित्र ने चौंकते हुए स्वीकारोक्ति में जवाब दिया और तब यह पुष्टि हुई कि यह अतुल की जीवात्मा बात कर रही है। इस घटना से एक प्रमाण यह भी मिलता है कि जीवात्मा के लिए स्थान की दूरी का कोई मायने नहीं है।

अतुल की जीवात्मा ने बताया कि चूँकि उसकी असामयिक अकाल मृत्यु हुई थी और अभी शेष आयु स्थूल शरीर जीवन में बकाया थी, इस कारण वह परलोक में रहता है। परलोक में प्रत्येक जीवात्मा को उपयुक्त कार्य करना होता है। परलोक का वातावरण अत्यंत सुखद व आनंददायक है। वहाँ किसी भी प्रकार का द्वेष, वैमनस्य, अन्य को दुःख पहुँचाने वाला कोई कार्य नहीं होता है और न ही इस हेतु किसी भी जीवात्मा में इस प्रकार की भावना होती है।

चूँकि अतुल का जुड़ाव एवं लगाव अपने माता-पिता, परिवारजन से था इस कारण परलोक में जब भी उसकी इच्छा पृथ्वी पर परिवारजन से मिलने की होती है तो वह अपने परिवार के पास आ जाता है और अपनी अभिव्यक्ति के लिए अपनी माँ को ही उपयुक्त समझता है। अतुल की जीवात्मा ने आगे यह भी बताया कि जब वह परलोक से पृथ्वी लोक की तरफ आता है तो उसे रास्ते में नीचे के स्तर के लोक को पार करना होता है, जहाँ अत्यंत निम्न स्तर की जीवात्माएँ अँधेरे में रहती हैं और अपने कष्ट के कारण वे रोती-चिल्लाती हैं। वहाँ का वातावरण अत्यंत गरम है और उनकी इस पीड़ा को देखकर अतुल की जीवात्मा को बहुत दुःख होता है। निम्न स्तर के लोक में ऐसे लोगों की जीवात्माएँ रहती हैं, जिन्होंने अपने शरीर-जीवन में रहते हुए पृथ्वी पर बहुत खराब कर्म किए हैं, अपने सुख की खातिर अथवा बिना किसी कारण के दूसरों को कष्ट पहुँचाया है, दुष्कर्मी रहे हैं, पाप-कर्म किए हैं, उनकी जीवात्माएँ नीचे के लोक में अत्यंत कष्ट में रहती हैं और उन्हें किसी भी प्रकार की सुख-शांति नहीं मिलती है। उन्हें अँधेरे का आभास होता है, मानसिक अशांति रहती है। उन्हें भूख-प्यास बनी रहती है एवं वे जीवात्माएँ अतृप्त होती हैं। जैसे-जैसे उन्हें अपने कुकर्मों पर पश्चात्ताप होने लगता है तथा मन शांत होने पर वे जीवात्माएँ उत्थान की ओर बढ़ने लगती हैं और प्रकाशमय वातावरण में ऊपर के लोक में पहुँचती हैं।

श्री अग्रवालजी ने मुझे बताया कि अपने पुत्र अतुल की हुई अकाल मृत्यु के पश्चात् जब प्रथम बार वह अपनी माँ पर आया तो उसने बताया था कि उसे बहुत अधिक प्यास लग रही है एवं प्यास के कारण वह अतृप्त है। जब उसकी जीवात्मा से यह प्रश्न किया गया कि इस हेतु क्या उपाय करें, तो उसने बताया कि उज्जैन के महाकाल मंदिर में पूजन किया जाए, दान-पुण्य किया जाए और तुलसी के पौधे पर दाहिने हाथ की हथेली को इस प्रकार उलटा करें कि अँगूठा नीचे की ओर रहे और फिर पानी धीरे-धीरे डाला जाए, तभी उस जगह पहुँचकर वह अँगूठा के नीचे अपना मुँह लगाकर पानी पी लेगा। तब श्री अग्रवालजी ने ऐसा ही किया था और तत्पश्चात् अतुल की जीवात्मा ने पुनः आकर धन्यवाद देते हुए अपनी प्यास की तृप्ति को पूर्ण होना बताया था। कुछ समय बाद मृतक पुत्र अतुल की जीवात्मा का आना बंद हो गया था। श्री लक्ष्मीनारायण अग्रवाल की मृत्यु मई, 2008 में व उनकी पत्नी श्रीमती मालती अग्रवाल की भी मृत्यु अप्रैल, 2013 में हो गई। □

मृत्यु के पश्चात् संत की आत्मा का प्रकटीकरण

पत्रिका 'लाइफ-बियॉण्ड' के माह दिसंबर-जनवरी सन् 1980-1981 के अंक में शीर्षक 'फेंटास्टिक बट ट्रू लिविंग एक्स्पीरिएंस' के नाम से पृष्ठ संख्या 27 पर श्री एस.एन. वाधवानी (405 इर्विन रोड, पुणे) का एक अनुभव बताया गया है। जब श्री एस.एन. वाधवानी पाँच वर्ष की आयु के थे तो उस समय वे अपने माता-पिता के साथ सर्वार कुबी लेन, हैदराबाद सिंध (जो अब पाकिस्तान में है) में रहते थे। एक दिन रात को लगभग 8:00 बजे उनके पिता ने कहा कि बाजार से दही ले आओ। उस दिन उनके नौकर घर में नहीं थे। वाधवानी घर से बाहर निकले और एक छोटी गली को पार करके बाजार में पहुँच गए। तभी वहाँ उन्होंने देखा कि एक लंबी ऊँचाई के वृद्ध संन्यासी उनके सामने खड़े थे, उनके बाल सफेद थे और केसरिया वस्त्र पहने हुए थे। उनके चेहरे से इतना तेज प्रकाशित हो रहा था कि चेहरे पर नजर नहीं टिक रही थी। उसी समय वाधवानी वापस घर की तरफ दौड़कर आए और अपने पिता से कहा, "बाहर चलकर देखो, एक संन्यासी के अंदर से बहुत प्रकाश निकल रहा है, जिससे उनका चेहरा मैं नहीं देख पाए हूँ।" पिता उनके साथ उसी स्थान पर तत्काल पहुँचे, परंतु वहाँ पर वह वृद्ध प्रकाशवान संन्यासी नहीं दिखे। इस घटना के लगभग तीन माह बाद तक वाधवानी डरे हुए रहते थे और मकान के किसी भी अँधेरे कमरे अथवा अँधेरी जगह में जाने की हिम्मत नहीं करते थे।

एक दिन उनका वह डर तब खत्म हो गया, जब उन्होंने उसी संन्यासी को अपने घर के अंदर उसी अवस्था में देखा और उस समय भी उनके चेहरे से तेज प्रकाश निकल रहा था। संन्यासी ने वाधवानी से कहा कि इस मकान के बाहर कोने की तरफ चबूतरे पर उनकी समाधि है। यह सुनकर वाधवानी ने उस स्थान की प्रतिदिन सुबह सफाई करना प्रारंभ कर दिया, दीपक जलाकर रखना शुरू किया और कुछ पुष्प वाले पौधे चारों तरफ लगा दिए। वाधवानी बताते हैं कि उनके और उस संन्यासी की आत्मा के मध्य पिता-पुत्र जैसा घनिष्ठ संबंध बन गया था और संन्यासी की आत्मा उनके परिवार के एक सदस्य

के रूप में किसी भी समय प्रकट हो जाती थी। संन्यासी की वह आत्मा वाधवानी की इच्छा को पूर्ण कर देती थी। उन्होंने आगे बताया कि जब भी वे हैदराबाद सिंध में रहते, तो संन्यासी की आत्मा उनके सामने प्रकट हो जाती। परंतु जब वे देश के बाहर जाते तो उस आत्मा से मिलना नहीं हो पाता था। यद्यपि आत्मा कभी भी किसी भी समय अपनी इच्छानुसार प्रकट हो सकती थी।

वाधवानी आगे बताते हैं कि जब वह 18 वर्ष की आयु के थे तो उनका विवाह एक धनाढ्य परिवार की लड़की के साथ हो गया था। उनकी पत्नी उक्त संन्यासी की आत्मा के प्रकटीकरण से परिचित नहीं थी। एक दिन जब उनकी पत्नी बिस्तर पर लेटी हुई थी तो कमरे के अंदर उस संन्यासी की आत्मा को अचानक प्रकट देखकर वह चौंक गई थी। पत्नी जोर से चिल्लाई और तभी परिवार के सभी सदस्य कमरे में पहुँच गए, तब उसने बताया कि अचानक यहाँ केसरिया वस्त्र पहने वृद्ध चेहरे से तेज प्रकाश निकलता हुआ एक आदमी को उसने देखा है। परिवार के सदस्यों ने उसे समझाया कि डरने की आवश्यकता नहीं है। वह एक संन्यासी की आत्मा है और उस आत्मा के संबंध इस परिवार से हैं। आगे वाधवानी बताते हैं कि जब उनकी आयु 20 वर्ष की थी, वह टॉन्सिलिटिस की बीमारी से बहुत अधिक पीड़ित थे और उन्होंने यह निर्णय किया कि इसका ऑपरेशन किसी अंग्रेज सर्जन डॉक्टर से कराना चाहिए। उस समय अंग्रेज सर्जन बहुत अधिक महँगे डॉक्टर थे, लेकिन फिर भी एक अंग्रेज सर्जन और सिंध हैदराबाद के एक प्रसिद्ध डॉक्टर मंघनमल ने मिलकर ऑपरेशन किया था। ऑपरेशन सफल हुआ, परंतु उसके तीसरे दिन घाव के किनारे अपने आप खुल गए और खून तेजी से निकलने लगा। डॉक्टर मंघनमल को उसी समय बुलाया गया तो उन्होंने कुछ इंजेक्शन लगाए। खून का बहना नियंत्रित हुआ। अगले दिन सुबह अंग्रेज सर्जन को बुलाया तो उन्होंने खून की कमी होने के कारण वाधवानी की माँ का खून लेकर उनको चढ़ाया। उसके बाद कमरे के बाहर बरामदे में वाधवानी सो रहे थे और एक नर्स दिन-रात उनकी देख-रेख में रहती थी। अचानक अर्द्ध-रात्रि में उसी संन्यासी की आत्मा प्रकट हो गई और उन्होंने वाधवानी से कहा, "मेरे बच्चे, तुम कैसे हो ?" वाधवानी ने उन्हें जवाब दिया, "पिताजी, मैं ठीक नहीं हूँ, मैंने पिछली रात ऑपरेशन कराया था और उसके बाद बहुत अधिक खून बह गया है।" यह सुनकर संन्यासी की आत्मा मुसकराई और वाधवानी से कहा, "मेरे पुत्र, क्या तुम डरे हुए हो ? तुम पूरी तरह ठीक हो। कौन कहता है तुम बीमार हो ? यह तुम्हारी सिर्फ एक कल्पना है," संन्यासी की आत्मा ने वाधवानी से आगे कहा कि कमरे के अंदर मेरे साथ चलो, तो वाधवानी ने अंदर जाने से इनकार कर दिया। उस समय वाधवानी ने पहली बार संन्यासी की आत्मा के निर्देश को इनकार किया था। तब उस संन्यासी की आत्मा ने वाधवानी को स्पर्श किया और वाधवानी उसके साथ मकान के अंदर के कमरे

में गए और वापस पुनः अपने बिस्तर पर आ गए। वह नर्स, जो देख-रेख के लिए वहाँ थी, उसने भी यह सब नहीं देखा। वाधवानी ने जोर से आवाज देकर नर्स को बुलाया और पूछा कि तुमने हमारी आवाज क्यों नहीं सुनी, तब उसने जवाब दिया कि वहाँ कोई आवाज ही नहीं हुई। कमरे के अंदर संन्यासी की उस आत्मा ने वाधवानी के सिर पर बड़े प्रेम से हाथ रखा और अदृश्य हो गए।

अगले दिन सुबह अंग्रेज सर्जन और डॉक्टर मंघनमल वाधवानी को देखने के लिए आए तो वे आश्चर्यचकित थे कि ऑपरेशन का कोई भी चिह्न वाधवानी के शरीर पर नहीं था। अंग्रेज सर्जन ने कहा, "देखो, खून चढ़ाने का इलाज किस तरह काम कर गया?"

वाधवानी आगे बताते हैं कि हम सभी को यह विश्वास रहता है कि हमारी बीमारी में सिर्फ दवाइयाँ ही काम कर रही हैं, परंतु ईश्वर भी हमारे प्रति दयावान होता है और उन्हें यह पूर्ण विश्वास हो गया था कि संन्यासी की उस आत्मा के आशीर्वाद ने उन्हें स्वस्थ कर दिया था।

इस प्रसंग से यह प्रमाणित होता है कि हमारे चारों ओर ऐसी अनेक आत्माएँ घूम रही हैं, जिन्हें हम नहीं देख सकते हैं, परंतु हमें उनका आशीर्वाद मिल सकता है। प्रेम और दया नैसर्गिक गुण हैं। मृत्यु के पश्चात् भी इस प्रकार के नैसर्गिक गुण की जीवात्माएँ सहायता करने के लिए तत्पर रहती हैं। सुयोग्य व्यक्ति की पहचान वे स्वयं कर लेती हैं।

□

प्रिय स्वजन का मृत्यु के पश्चात् दर्शन

पत्रिका 'लाइफ-बियॉण्ड' के माह फरवरी, 1981 के अंक में 'विजिट ऑफ ए डियर डिपार्टेड' शीर्षक के नाम से पृष्ठ संख्या 21 पर पी.वी. चक्रवर्ती बताते हैं कि वह गंगटोक (सिक्किम) में रहते थे। उनके मकान के पास मेट्रोलॉजिकल स्टेशन के सुपरिटेंडेंट अशोक मजूमदार, जो सन् 1974 में पदस्थ हुए थे, का निवासगृह था। वे दोनों अच्छे मित्र बन गए थे। अशोक मजूमदार प्रत्येक सुबह लगभग 10 मिनट ध्यान में बैठते थे। दोनों की पत्नियाँ भी आपस में बहुत अच्छी मित्र बन गईं थीं। अचानक मजूमदार की पत्नी बीमार हो गईं। उन्हें पेट में कैंसर था और इलाज के लिए कलकत्ता ले जाया गया। वहाँ इलाज के दौरान उनकी मृत्यु हो गई। इसके एक माह बाद मजूमदार गंगटोक वापस आ गए। तीन माह पश्चात् उनका स्थांनातरण पाराद्वीप मेट्रोलॉजिकल स्टेशन, उड़ीसा हो गया था।

चक्रवर्ती आगे बताते हैं कि सन् 1975 में एक रात जब वह अपने पलंग पर सोने के लिए पहुँचे, जहाँ उनकी पत्नी पहले से सो रही थी, उसी समय उन्होंने अनुभव किया कि पलंग की मच्छरदानी अपने आप बिना किसी कारण हिल रही है। पहले तो चक्रवर्ती ने इस पर ध्यान नहीं दिया, लेकिन जब मच्छरदानी ज्यादा हिली तो चक्रवर्ती ने बत्ती जलाई और फिर उन्होंने देखा कि मजूमदार की मृतक पत्नी की जीवात्मा वहाँ खड़ी हैं। तत्काल चक्रवर्ती ने अपनी पत्नी को जगाया तो उन्होंने भी श्रीमती मजूमदार की छाया को स्पष्टत: देखा। दोनों कतई भयभीत नहीं हुए और उसी समय चक्रवर्ती और उनकी पत्नी को एक विशेष सुगंधित तेल की खुशबू का आभास हुआ और यह वैसी ही खुशबू थी, जैसी कि श्रीमती मजूमदार उपयोग करती थीं।

मृत व्यक्ति की जीवात्मा अपने प्रियजन के निकट विचरण करती है, यह इस तथ्य का प्रमाण है।

□

सूक्ष्म शरीर : बाहर निकलने का एक अनुभव

भारत में ऐसे अनेक योगी-महात्मा हुए हैं, जो समाधि की अवस्था में अपने सूक्ष्म शरीर के माध्यम से एक स्थान से दूसरे स्थान पर पहुँचते रहे हैं। भारत में प्राचीन समय से ऐसा होता रहा है कि योगी अपने भौतिक शरीर से बाहर निकलकर सूक्ष्म शरीर के माध्यम से अन्यत्र अनंत दूरी तक पहुँच जाते हैं और अपनी उपस्थिति का आभास भी कराते हैं। सूक्ष्म शरीर के माध्यम से बाहर निकलकर इनकी गति 'मन' के समान होती है अर्थात् जिस प्रकार व्यक्ति का मन एक स्थान से दूसरे स्थान तक तत्काल पहुँच जाता है, उसी प्रकार योगी अपनी समाधिवस्था में शरीर से बाहर निकलकर सूक्ष्म शरीर के माध्यम से एक स्थान से दूसरे स्थान पर पहुँचते हैं और वहाँ का हाल-चाल बता सकते हैं। विषय से जुड़ते हुए यहाँ हम सूक्ष्म शरीर के अस्तित्व पर चर्चा करते हैं। वस्तुत: मनुष्य अपनी गतिविधि दो प्रकार की अवस्थाओं में अनुभव करता है—एक तो यह कि वह अपने भौतिक शरीर से होनेवाले कार्यों को जाग्रत् अवस्था में स्वयं करते हुए देखता है और उसका अनुभव करता है। दूसरा यह कि जब व्यक्ति सो रहा होता, तब वह स्वप्नावस्था में स्वयं की गतिविधि का अनुभव करता है। नींद में स्वप्न की अवस्था में हमारा भौतिक शरीर बिस्तर पर पड़ा रहता है, आँखें बंद रहती हैं, नींद की बेहोशी होती है, लेकिन फिर भी स्वप्न में स्वयं के द्वारा स्वयं की गतिविधियों को वह देखता है। स्वप्न की अवस्था में भी व्यक्ति का सूक्ष्म शरीर कार्यरत् रहता है। स्वप्नावस्था में हमारा, हम पर एवं स्वप्न के दृश्यों पर किसी भी प्रकार का कोई नियंत्रण नहीं होता है। सामान्यत: यह भी होता है कि स्वप्न में जो कुछ हम देखते हैं, वह सब-का-सब हमें याद भी नहीं रहता है। कुछ याद रहता है और कुछ भूल भी जाते हैं। स्वप्नावस्था में दृश्यों की कोई सुनिश्चित शृंखला भी नहीं होती अर्थात् स्वप्न लगातार एक फिल्म की तरह जुड़ते हुए शृंखलाबद्ध नहीं होते हैं। कभी कहीं किसी जगह का दृश्य तो कभी अचानक किसी अन्य जगह और समय का दृश्य। स्वप्न के दृश्यों का आपस में कोई ताल-मेल नहीं होता है, परंतु एक अन्य अवस्था भी होती है, जिसे 'एस्ट्रल प्रोजेक्शन' कहा जाता है। ध्यान और समाधि की अवस्था का ही स्वरूप 'एस्ट्रल प्रोजेक्शन' है। इस अवस्था में व्यक्ति न तो नींद में सोया होता है और न ही उसकी स्थिति स्वप्न जैसी होती है। बल्कि योग की निरंतर साधना के

अभ्यास से 'एस्ट्रल प्रोजेक्शन' की अवस्था में व्यक्ति जाग्रत् होते हुए अपने भौतिक शरीर से उसका सूक्ष्म शरीर बाहर निकल जाता है और फिर वह अपनी इच्छानुसार इच्छित स्थान पर पहुँच जाता है तथा उसके सूक्ष्म शरीर को यह भान रहता है कि उसका भौतिक शरीर सुनिश्चित स्थान पर रखा हुआ है और वह अपने सूक्ष्म शरीर पर पूर्णत: नियंत्रण भी रखता है। इस अवस्था में वह जब तक चाहे, तब तक अपने भौतिक शरीर से बाहर रह सकता है और अपने ही भौतिक शरीर को स्वयं देख भी सकता है। चूँकि यह प्रक्रिया भौतिक शरीर की जाग्रत् अवस्था में होती है, अत: साधक को वह सबकुछ याद रहता है, जो उसने अपने सूक्ष्म शरीर के माध्यम से देखा है और अनुभव किया है। सूक्ष्म शरीर चाहे स्वप्नावस्था में बाहर निकले अथवा 'एस्ट्रल प्रोजेक्शन' की अवस्था में बाहर निकले, उसका जुड़ाव अपने भौतिक शरीर से लगातार बना रहता है।

पत्रिका 'लाइफ-बियॉण्ड' के माह मार्च 1981 के अंक में 'एस्ट्रल प्रोजेक्शन इन इन्फेंट ऐज' शीर्षक के नाम से पृष्ठ संख्या 19 पर डॉ. पंडित कन्हैया योगी (योगिक स्प्रीचुअल सेंटर, अंबातुर, मद्रास) ने अपना अनुभव बताया है। उन्होंने स्पष्ट किया है भौतिक शरीर से सूक्ष्म शरीर बाहर निकलकर अपने ही भौतिक शरीर के कार्य-कलाप देखता है। डॉ. पंडित बताते हैं कि उनके माता-पिता को कोई संतान नहीं थी। अत: उन्होंने भगवान् वेकेंटेश्वर से यह विनती की थी कि उनकी कृपा से यदि एक पुत्र संतान का जन्म हो जाए तो वे तिरुपति मंदिर के दर्शन करने के लिए आएँगे और पूजन भी करेंगे। इसके बाद उनके माता-पिता को पुत्र-जन्म डॉ. पंडितजी कन्हैया योगी (उक्त अनुभवकर्ता) के रूप में हुआ था। जब वह एक से पाँच वर्ष की आयु के थे तो उन्हें फिट (एक बीमारी जिसमें अचानक बेहोशी हो जाती है) आते थे और इस कारण वे मूर्च्छित हो जाते थे। उनके माता-पिता ने कोयंबतूर में अच्छे चिकित्सकों से इलाज कराया, लेकिन कोई लाभ नहीं हुआ। अंतत: ईश्वर कृपा पर उनके माता-पिता आधारित हो गए। जिस समय वे फिट के कारण मूर्च्छित हो जाते थे, उस समय स्पष्ट रूप से यह अनुभव करते थे कि वह अपने स्थूल शरीर से बाहर निकल आए हैं और अपने स्थूल शरीर को स्वयं ही मूर्च्छित अवस्था में देख रहे हैं। अपने स्थूल शरीर से बाहर निकलने की अवस्था में वे अपने सूक्ष्म शरीर के माध्यम से यह भी देखते थे कि उनके माता-पिता किस तरह परेशान हो रहे हैं और विलाप कर रहे हैं। इस अवस्था में उनका स्थूल शरीर बेहोश पड़ा रहता था, लेकिन डॉ. पंडित अपने आप को सूक्ष्म शरीर के रूप में सबकुछ देखते रहते थे कि उन्हें होश में लाने का भरसक प्रयास किया जा रहा है। जैसे ही मूर्च्छा की स्थिति खत्म हो जाती थी, तो वे तत्काल शरीर में प्रवेश कर जाते थे। डॉ. पंडित को यह पता नहीं रहता था कि वह अपने ही शरीर से बाहर कैसे निकलकर आ जाते थे और कौन सी प्रक्रिया से वह शरीर के अंदर प्रवेश कर जाते थे ? उनकी यह स्थिति उनकी आयु के 05 वर्ष तक रही और उसके बाद उन्हें फिट आने बंद हो गए थे। □

डॉक्टर रेमंड ए. मूडी का मत

डॉक्टर रेमंड ए. मूडी एक प्रसिद्ध चिकित्सक, मनोवैज्ञानिक एवं दार्शनिक थे। उन्होंने एक पुस्तक लिखी थी 'लाइफ आफ्टर लाइफ,' जो सन् 1975 में प्रकाशित हुई थी। इस पुस्तक में उन्होंने ऐसे रोगियों के संदर्भ में लिखा है, जिनका इलाज के दौरान किल्नीकल मृत्यु हो चुकी थी, परंतु पुनः वे जीवित हो गए थे। एक मरीज की शल्य चिकित्सा के दौरान उसकी मृत्यु हो गई थी और ऐसी स्थिति बीस मिनट तक रही थी। इसके बाद वह पुनः जीवित हो गया था। तब उस मरीज ने बताया कि जब उसकी मृत्यु हुई, तो उसने यह अनुभव किया था कि उसके सिर से तेज आवाज आ रही है। एक अन्य मरीज ने डॉक्टर मूडी को बताया था कि मृत्यु के समय वह एक अँधेरी खाई, जो अँधेरी गुफा की तरह थी, उसमें जाने का अनुभव किया था और उसमें से एक रास्ता प्रकट हो रहा था, जिसमें वह बड़ी तेजी से खिंचा जा रहा था। डॉ. मूडी का कहना है कि ऐसे अनेक मरीजों ने बताया है कि मृत्यु के बाद जीवात्मा को एक अंधकार रूपी सुरंग से जाना होता है। वे कहते हैं कि उन्हें अनेक मरीजों ने ऐसा भी बताया है कि मृत्यु के समय एक अति आकर्षक ज्योति पुंज दिखता है। डॉ. मूडी ने एक अमेरिकन महिला का कथन, जो मृत्यु के द्वार तक पहुँच गई थी, के अनुभव का वर्णन किया है। वह महिला प्रसव के समय एक बच्चे को जन्म दे रही थी। उसी समय उसे अत्यधिक रक्तस्राव हो गया और चिकित्सकों ने उसके रिश्तेदारों को बता दिया कि वह अब मर चुकी है, परंतु वह महिला यह सब सुन पा रही थी। उस महिला ने यह अनुभव किया कि उसने स्वयं कमरे की छत में उन परिचित लोगों को देखा था, जो उससे पूर्व मर चुके थे। उसने अपनी दादी (ग्रांड-मदर) तथा अनेक पूर्व मृत रिश्तेदारों व मित्रों को देखा था, जो छत के नीचे तैरते हुए अनुभव हो रहे थे। उसने एक लड़की की जीवात्मा को भी देखा था, जिसे वह अपने स्कूल के समय से जानती थी। वे सभी खुश थे। उस महिला ने उन क्षणों का ऐसा वर्णन किया कि वह बहुत आनंददायक समय था और वे सभी पूर्व मृत जीवात्माएँ उस महिला की देख-रेख व उसे गाइड करने के लिए आ चुकी थीं एवं वे उस महिला का स्वागत करने के लिए तत्पर थीं। इन क्षणों में उस महिला ने स्वयं को बहुत हल्का व आनंद का

अनुभव किया था। डॉ. मूडी के संपर्क में ऐसे मरीज, जिनकी मृत्यु की घोषणा इलाज के दौरान चिकित्सकों ने कर दी थी और उनके स्थूल शरीर पूर्णतः मृत हो चुके थे तथा कुछ समय पश्चात् वे पुनः जीवित हो गए एवं उन लोगों ने मृत्यु के समय का अपना अनुभव डॉ. मूडी को बताया और उनसे जो निष्कर्ष निकला है, उसके अनुसार उन्होंने यह माना है कि मृतक को नौ प्रकार के अनुभव होते हैं, जो निम्नानुसार हैं—

1. **विचित्र आवाज (एस्ट्रेंज साउंड) :** मृत्यु के समय भुनभुनाहट जैसी घंटी की आवाज सुनाई पड़ती है।
2. **पीड़ारहित शांति (पीस एंड पैन्लेसनेस) :** जब मृत्यु होने लगती है, तब तीव्र दर्द का अनुभव होता है और जैसे ही जीवात्मा स्थूल शरीर को छोड़ देती है, दर्द समाप्त हो जाता है और आनंद व शांति का अनुभव होता है।
3. **शरीर से बाहर निकलने का अनुभव (आउट-ऑफ-बॉडी एक्सपीरिएंस) :** सामान्यतः मृत्यु के तत्काल बाद जीवात्मा को ऐसा अनुभव होता है कि वह अपने स्थूल शरीर से ऊपर की ओर तैर रहा है। उस समय वह चिकित्सकों के द्वारा इलाज किए जाने की स्थिति और अपने स्वयं के स्थूल शरीर को व आस-पास जो लोग होते हैं, उन्हें वह देखता है तथा अच्छा अनुभव करता है।
4. **सुरंग का अनुभव (दि टनेल एक्सपीरिएंस) :** मृतक की जीवात्मा को अगला अनुभव इस प्रकार का होता है कि जैसे वह एक अँधेरी सुरंग में अत्यंत तेज गति से प्रवेश करती जा रही है और एक सुनहरी-सफेद प्रकाश की किरणों के समक्ष पहुँच जाती है।
5. **तीव्र गति से परलोक में पहुँचना (राइजिंग रेपिड्ली इन टू दि हेवन) :** सुरंग के अलावा कुछ लोगों ने यह भी बताया है कि उनका सूक्ष्म शरीर अचानक ऊपर की ओर परलोक की तरफ गया है और उन्होंने पृथ्वी तथा आकाश को इस तरह देखा था कि जैसे कि आंतरिक्ष यात्री अंतरिक्ष में पहुँचकर देखते हैं।
6. **पूर्व-मृत जीवात्माओं का प्रकाश में मिलना (प्यूप्ल ऑफ लाइट) :** सुरंग के दूसरी तरफ अथवा जब जीवात्मा परलोक की ओर पहुँचती है तो वहाँ पूर्व-मृत रिश्तेदार, मित्रों, स्वजनों की जीवात्माएँ मिलती हैं। उनके सूक्ष्म शरीर से आकर्षक प्रकाश की किरणें निकलती हुई दिखती हैं।
7. **प्रकाश-पुंज (दि बीइंग ऑफ लाइट) :** पूर्व-मृत स्वजनों की जीवात्माओं से मिलने के बाद जीवात्मा एक शक्तिशाली आध्यात्मिक शक्ति के अस्तित्व से मिलती है, जिसे कुछ ईश्वर अथवा जीसस अथवा अपने-अपने धार्मिक और

आस्थाओं के अनुसार देवता से मानते हैं।

8. **जीवन का पुनर्विलोकन (दि लाइफ रिव्यू) :** मृतक की जीवात्मा एक प्रकाश-पुंज के रूप में ऐसे समस्त कार्यों का विस्तृत रूप में पुनर्विलोकन करता है, जो उसने अपने शरीर जीवन में किए थे। वह अपने प्रत्येक कर्म एवं व्यवहार को याद करता है। उसे यह अनुभव होता है कि जीवन में सिर्फ प्रेम ही सबसे ज्यादा महत्त्वपूर्ण है।
9. **वापस होने की अनिच्छा (रिलक्टेंस टू रिटर्न) :** जो मृतक अपने जीवित स्वजनों के मोह में फँसे रहते हैं, उनकी जीवात्मा में कभी-कभी यह इच्छा होती है कि वह पृथ्वी पर वापस जाकर अपने शरीर-जीवन को जिए, परंतु अंततः उसकी इच्छा वापस होने की नहीं होती है।

डॉ. मूडी का कहना है कि पुनर्जीवित हुए मरीजों ने उन्हें बताया कि मृत्यु के बाद मरीजों की जीवात्मा ने एक अत्यंत आश्चर्यजनक, अद्वितीय, चमकदार, अलौकिक प्रकाश-पुंज को देखा था। प्रारंभ में यह प्रकाश-पुंज धीमी रोशनी का होता है और फिर बड़ी तेजी से सफेद चमकदार हो जाता है। इसकी चमक इतनी होती है कि जिसका शब्दों में वर्णन नहीं किया जा सकता है। वे कहते हैं, "मैं कोई व्यक्ति नहीं था, सिर्फ प्रकाश था।" इस प्रकाश-पुंज के अस्तित्व को ही 'बीइंग ऑफ लाइट' कहेंगे। पुनर्जीवित हुए किसी भी मरीज ने यह नहीं बताया कि वह स्थूल शरीर से निकलने के बाद कोई व्यक्ति था, बल्कि उन्होंने स्वयं को एक प्रकाश के रूप में अनुभव किया। उनमें प्रकाश-पुंज के प्रति आकर्षक लगाव का प्रेम-भाव प्रकट हुआ था। विभिन्न प्रकार के आस्थावान एवं धार्मिक व्यक्ति अपनी-अपनी आस्था के आधार पर इस प्रकाश-पुंज को ईश्वर के रूप में देखते हैं। ईसाई उसे क्राइस्ट मानते हैं और यहूदी उसे देवदूत और कोई उसे दिव्य देहधारी मानते हैं। वह मरनेवाले की जीवात्मा के साथ वार्त्तालाप करता है। परंतु यह वार्त्तालाप शब्दो में नहीं होता है और न ही किसी आवाज के माध्यम से होता है, बल्कि जिस प्रकार मनुष्य के शरीर जीवन में जब उसके मन में जो भाव प्रकट होते हैं, ऐसे ही भाव प्रकट होने मात्र से प्रकाश-पुंज तक स्वतः पहुँच जाते हैं और प्रकाश-पुंज के अंदर से उठ रहे भाव जीवात्मा तक आ जाते हैं। भाव के प्रकट होने को ही विचारों का आदान-प्रदान माना जाता है। संसूचनाओं के आदान-प्रदान में किसी भी भाषा अथवा वाणी अथवा ध्वनि माध्यम नहीं होती है।

□

मृत्यु के द्वार तक पहुँचे मरीजों के कुछ अनुभव

पत्रिका 'लाइफ-बियॉण्ड' के माह अप्रैल 1982 के अंक में 'लाइफ आफ्टर डेथ' शीर्षक के नाम से पृष्ठ संख्या 13 पर श्री वाघ सिंह लांबा (स्प्रीचुअल होम, हरिद्वार) ने कुछ विवरण उल्लिखित किए हैं। श्री लांबा बताते हैं कि अनेक चिकित्सकों ने उन मरीजों के कथन लेख किए हैं, जिनका इलाज करने के दौरान चिकित्सकों ने उन्हें मृत घोषित कर दिया था, परंतु कुछ ही मिनट में वे पुनः जीवित हो गए। डॉ. ऐलिजाबेथ कुलवेर रोज एक मनोवैज्ञानिक थे, उन्होंने अपनी पुस्तक, 'डेथ ऐंड डायइंग' में उन लोगों के अनुभव बताए गए हैं, जो मृत्यु के निकट पहुँच गए थे तथा पुनः अपने शरीर में वापस आ गए थे, उन्होंने बहुत ही आनंद का अनुभव होना बताया है।

श्री लांबा बताते हैं कि कनेक्टीकट यूनिवर्सिटी के एक मनोवैज्ञानिक प्रो. के. रिंग के द्वारा एकत्रित किए गए विवरण में से यह निष्कर्ष निकलता है कि मृत्यु के समय जैसे ही जीवात्मा अपने भौतिक शरीर से बाहर निकलती है तो स्वयं को उड़ते हुए अनुभव करती है एवं पूर्व-मृत प्रियजन व्यक्ति की जीवात्माएँ तत्काल उससे संपर्क करती हैं फिर एक अँधेरी सुरंग से होकर चमकते हुए प्रकाश की ओर जाने का अनुभव करती हैं एवं ऐसा अनुभव होना लगभग सभी ने बताया है। ऐसे अनुभव उन लोगों ने बताए हैं, जो स्थायी रूप से मर तो नहीं पाए थे और पुनः अपने भौतिक शरीर में वापस आ गए थे।

अमेरिका के सेंट ल्यूक हॉस्पिटल के डायरेक्टर डॉ. स्चॉनमेकर ने 2,300 मरीजों में से 1,400 के विवरण, जो मौत के निकट पहुँच गए थे और पुनः जीवित हो गए, उक्त प्रकार के मिलते-जुलते अनुभव रिकॉर्ड किए थे। डॉ. स्चॉनमेकर का निष्कर्ष भी प्रोफेसर के. रिंग के मत से मिलता-जुलता था। डॉ. माईकेल सोबोल (कॉर्डियोलोजिस्ट असिस्टेंट प्रोफेसर, एयोर्ज यूनिवर्सिटी अटलांटा, अमेरिका) ने 120 उन मरीजों पर, जो मृत्यु की अवस्था तक पहुँच चुके थे, उनके अनुभव बताए हैं। उनमें से एक व्यक्ति ने बताया था कि वह अस्पताल में अपने स्थूल शरीर से बाहर निकलकर शरीर के ऊपर तैर रहा था और स्पष्टतः यह देख रहा था कि डॉक्टरों की टीम उसके शरीर का

ऑपरेशन किस प्रकार कर रहे हैं और कौन से औजारों का उपयोग वे कर रहे हैं? उसे अपना दिल भी दिखाई दे रहा था।

उक्त प्रकार के अनुभव यह स्पष्ट करते हैं कि मृत्यु के समय स्थूल शरीर से सूक्ष्म शरीर बाहर निकलता है और मृत्यु होने के समय की सूचना उसके पूर्व मृत प्रियजनों को परलोक में मिल जाती है और वे तत्काल उसकी सहायता के लिए मरनेवाले के पास आ जाते हैं।

□

मृत्यु के पश्चात् जीवात्माएँ तत्काल अपने शरीर में वापस आईं

कुछ ऐसी भी घटनाएँ भी प्रकाश में आई हैं कि मृत्यु के पश्चात् जीवात्मा को यमदूत यमलोक ले गए और जब वहाँ यह स्पष्ट हुआ कि जिस व्यक्ति की मृत्यु होना थी, वह तो मरा नहीं, बल्कि त्रुटिवश अन्य व्यक्ति की मृत्यु होकर यमदूत उसकी जीवात्मा को यमलोक ले गए। उसके बाद तत्काल ही मृत हुआ व्यक्ति जीवित हो गया और उसने मृत्यु के पश्चात् का विवरण बताया। इसी विषय पर गीताप्रेस गोरखपुर से प्रकाशित 'कल्याण' का अंक 'परलोक और पुनर्जन्मांक' के तेरहवें पुनर्मुद्रण में कुछ विवरणों में उल्लेख किया गया है। उन्हीं में से कुछ घटनाओं के संक्षिप्त विवरण कल्याण के प्रति साभार सहित प्रस्तुत है—

1. 'कल्याण' के उक्त अंक के पृष्ठ क्र. 607 पर भक्त श्री कृष्ण गोपालजी माथुर ने अपनी माँ श्रीमती बाला बाई के मुख से घटना का विवरण इस प्रकार बताया है कि राजस्थान के राजपूताना हडौती में देहलनपुर नाम की तहसील है। कृष्ण गोपालजी माथुर के पितामह (ग्रांड-फादर) बालाबख्श नौकरी करते थे। उनके कोई पुत्र संतान न होने के कारण वह स्वयं एवं कृष्ण गोपालजी की पितामही (ग्रांड-मदर) बहुत उदास रहती थी और एक दिन पितामही की मृत्यु हो चुकी थी। मृत्यु के समय परिवारजन कह रहे थे कि यदि उन्हें पुत्र संतान हो जाती तो शायद वह अभी और जीवित बनी रहतीं एवं संतान-हीनता के दुःख के कारण उनकी मृत्यु हुई है। पितामही के दाह-संस्कार हेतु श्मशान जाने की तैयारियाँ हो चुकी थीं और अर्थी पर शव को रखा जा चुका था। 'राम-नाम सत्य है' कहते हुए ज्यों ही अर्थी को उठाने के लिए लोगों ने जैसे ही अपने हाथ बढ़ाए, तो उसी समय यह देखा कि पितामही के शव में कुछ चेतनता आ गई है। वह अपने कफन के बंधनों को हटाने की कोशिश कर रही थीं। यह देखकर सभी को शंका हुई कि कोई भूत-प्रेत तो उनके शव में नहीं आ

गया है। इतने में ही पितामही के शव ने उठने की चेष्टा की और लोगों ने उन्हें सहारा देकर अर्थी पर से उठा लिया। पितामही बैठ गईं और उन्होंने बोलना प्रारंभ किया। कृष्ण गोपालजी की दादी ने बताया था, "मुझे यमदूत ले गए और यमराज व चित्रगुप्तजी के सामने खड़ा कर दिया। वह स्थान मुझे स्वर्णपुरी जैसा लगा। रत्नजड़ित स्वर्ण के ऊँचे सिंहासन पर चित्रगुप्तजी विराजमान थे। उनके सम्मुख लंबे पन्नों का बही-खाता जैसा था। दूसरे सिंहासन पर यमराजजी विराजमान थे, जिनका श्याम-वर्ण, बड़े-बड़े लाल नेत्र और मोटा शरीर था। चित्रगुप्तजी बोले, "इसको तो अभी आयु भोगना शेष है। इसने तो भगवदाराघन व्रत, अनुष्ठान आदि किए हैं, उनके फलस्वरूप इसको एक धर्मात्मा पुत्र की प्राप्ति होगी।" यह सुनकर यमराजजी ने दूतों से कहा—"तुमने बड़ी भूल की है। अब इसे अतिशीघ्र इसके स्थान पर ले जाओ नहीं तो इसके शव को जला देने पर इसकी आत्मा इधर-उधर भटक कर अपनी शेष आयु बिताएगी और इसकी जगह इसी के मोहल्ले की इसी के नाम की अन्य दूसरी महिला को शीघ्र लाओ।" मैंने हाथ जोड़कर यमराजजी से निवेदन किया—"दयानिधान, अब मैं मृत्यु-लोक में घर जाकर क्या करूँगी? मुझ निपूती का कोई मुँह देखना पसंद नहीं करेगा। इसलिए जब आ ही गई हूँ, तो वापस नहीं भेजो।" मेरी प्रार्थना सुनकर यमराजजी बोले, 'देखो, तुम्हारी मृत्यु घड़ी अभी आई नहीं है। दूत भूल से तुमको यहाँ लाए हैं। अभी सुखपूर्वक जीवित रहो, भगवत्कृपा से मातृ-पितृ-भक्त पुत्र उत्पन्न होगा।" इसके बाद ही मैं अपने इस शरीर में वापस आ गई।" उक्त समाचार नगर में सभी ओर प्रसारित हो गया और कृष्ण गोपाल की पितामही को देखने के लिए लोग इकट्ठे होने लगे। उसी समय पड़ोस की एक महिला की तत्काल मृत्यु हो गई। इस घटना के पश्चात् कृष्णजी के पितामह व पितामही को एक पुत्र जन्म हुआ, जो कृष्ण गोपालजी के पिता थे।

2. 'कल्याण' के उक्त अंक में पृष्ठ क्र. 603 पर भक्त श्री रामशरण दासजी ने विषय से संबंधित जानकारियों का उल्लेख किया है, उनमें से कुछ के संक्षिप्त विवरण निम्नानुसार हैं—

1. नवंबर सन् 1957 में सर्व वैदिक शाखा सम्मेलन, कानपुर में आयोजित हुआ था। उसी अवसर पर गोयनका संस्कृत महाविद्यालय के अध्यापक काशी के विद्वान् पंडित श्री लाल बिहारी मिश्र भी शामिल हुए थे। भक्त श्री रामशरण दासजी की उनसे परलोक संबंधी विषय पर चर्चा हुई थी। लाल बिहारी मिश्र ने बताया कि जिला वारांणसी के सकलडीडा स्टेशन से तीन कोस उत्तर की ओर प्रभुपुर नामक एक गाँव है। उसी गाँव में भांगरी नामक एक मुसलमान महिला

रहती थी। उसका पति काँच की चूड़ियाँ बेचने का काम करता था। एक दिन भांगरी के पड़ोस की एक महिला बीमार थी और वह उसका हाल-चाल जानने के लिए उसके घर पहुँची थी। उसके बाद जैसे ही भांगरी अपने घर वापस आई तो अचानक उसकी मृत्यु हो गई। जबकि भांगरी को कोई रोग नहीं था और वह पूर्णतः स्वस्थ थी। चूँकि भांगरी मुसलमान थी, इसलिए मुसलिम रीति-रिवाज के अनुसार उसे दफनाने की प्रक्रिया प्रारंभ हो गई। गाँव के बाहर कब्रिस्तान में गड्ढा खोदा गया। जैसे ही भांगरी के शव को वस्त्रों से लपेटकर कब्र में रखा जाने लगा तो वह अचानक जीवित हो गई। उसने अपने हाथ के संकेत से अपने मुख पर से कपड़ा हटाने को कहा। सभी लोग आश्चर्य में थे और जब भांगरी को लोगों ने देखा तो उसके सिर में जलने के तीन निशान इस प्रकार के थे कि जैसे किसी ने गरम त्रिशूल से दाग दिया हो। भांगरी उठकर बैठ गई और फिर उसने जो बताया, वह आश्चर्यजनक था। उसने कहा—"मैं बिल्कुल ठीक-ठाक थी। मुझे कोई बीमारी नहीं थी। अचानक मेरे सामने दो व्यक्ति आए और वे मुझे पकड़कर अपने साथ ले गए। वहाँ पहुँचकर मैंने देखा कि एक बहुत बड़ी सभा लगी हुई थी। एक ऊँचे आसन पर एक बड़े ही तेजस्वी व्यक्ति बैठे हुए थे। उन्होंने उन दोनों व्यक्तियों को, जो मुझे पकड़कर ले गए थे, बहुत ही फटकारा और कहा—"तुम इसे यहाँ पर क्यों ले आए हो ? इसकी मृत्यु अभी नहीं थी। इसकी आयु तो अभी 14 वर्ष और बाकी है। तुम्हें तो हमने इसके पड़ोस की जो औरत बीमार है, उसको लाने के लिए भेजा था। यह स्त्री तो बड़ी पापात्मा है। जब यह अपनी दोनों लड़कियों के मरने का दुःख देख लेगी, तब यह मरेगी। इसके सिर को त्रिशूल से दाग दो, ताकि इसे यहाँ आने की बात याद न रहे।" उन्होंने मुझे त्रिशूल से दाग दिया, इसी कारण मेरे सिर के बाल जल गए हैं।" इसके बाद तत्काल ही भांगरी के पड़ोस में रहनेवाली वह बीमार औरत की मृत्यु हो गई थी। इसके बाद भांगरी 14 वर्ष तक जीवित रही और इसी समय-काल में उसकी दोनों लड़कियों की मृत्यु हो चुकी थी, जिसका बहुत ही दुःख भांगरी को हुआ था। जैसे ही 14 वर्ष पूर्ण हुए, 15वें वर्ष में भांगरी की मृत्यु हो गई थी।

2. सन् 1954 में भक्त रामशरण दासजी के निवास स्थान पिलखुवा में उदासीन संप्रदाय के संत स्वामी रामेश चंद्रजी महाराज पहुँचे थे। उन्होंने भक्त रामशरण दासजी को परलोक संबंधी एक घटना सुनाई थी कि सन् 1946 में श्री रामेश चंद्रजी महाराज के पिता श्री रक्खामलजी नानकाना साहब में निवास करते थे। वह प्रतिदिन ब्रह्म-मुहूर्त में प्रातःकाल उठ जाया करते थे। एक दिन वह

ब्रह्म-मुहूर्त में नहीं उठे, इससे चिंतित होकर परिवारजन उनके कमरे में पहुँचे तो देखा कि रक्खामलजी सो रहे थे। रामेश चंद्रजी महाराज ने जोर से आवाज देकर अपने पिता रक्खामलजी को पुकारा, तब भी वह नहीं बोले। हाथ से उनके शरीर को स्पर्श करने पर यह प्रतीत हुआ कि जैसे वह मर चुके हैं। तत्काल चिकित्सक को बुलाया गया। चिकित्सक ने बताया कि इन्हें बहुत कमजोरी है। कुछ देर बाद रक्खामलजी को होश आया तो उन्होंने बताया कि प्रात:काल लगभग 5:00 बजे दो यमदूत उन्हें लेने के लिए आए और कहा—"तुम हमारे साथ चलो।" आगे रक्खामलजी ने बताया, "मैं उन दोनों यमदूतों के साथ चला गया। दूर जाने पर देखा कि एक बहुत बड़ा मैदान है, जहाँ पर एक आदमी बैठा हुआ है। उसने देखते ही उन दोनों यमदूतों से कहा—"इसे यहाँ पर मत लाओ। हमने तुम्हें इसे लाने के लिए कब कहा था? वहाँ तो दूसरा रक्खामल अग्रवाल है, जो इनके बिल्कुल पड़ोस में रहता है, उसे लाना है। इसे वापस ले जाओ। वे दोनों यमदूत मुझे वापस लाकर यहाँ छोड़ गए। तभी से मेरे शरीर में बिल्कुल भी शक्ति नहीं है।" इसके बाद ही पड़ोस में रहनेवाला अन्य व्यक्ति लाला रक्खामल अग्रवाल, जो रात को पूर्णत: स्वस्थ था और उसे किसी प्रकार का रोग नहीं था, उसी समय सुबह 05:25 बजे उसकी मृत्यु हो गई थी।

3. भक्त रामशरण दासजी बताते हैं कि दिनांक 20 दिसंबर, 1957 को दिल्ली से प्रकाशित दैनिक समाचार-पत्र 'हिंदुस्तान' में एक समाचार प्रकाशित हुआ था—"मुरैना। इस बात पर विश्वास होना कठिन है, किंतु घटना यह सत्य है कि यहाँ के एक व्यवसायी विश्वंभरनाथ बजाज, जिनकी आयु 75 वर्ष है और कई दिनों से बीमार चल रहे थे, अभी 16 तारीख को पहले तो उनका प्राणांत हो गया, किंतु कुछ देर बाद वे फिर जीवित हो उठे। उसी समय उनके बजाय एक दूसरे व्यक्ति का देहावसान हो गया।" उक्त घटना को इस प्रकार बताया गया कि 16 दिसंबर, 1957 को विश्वंभरनाथ बजाज की तबीयत बिगड़ने लगी थी और उनके शरीर से जीवन के लक्षण लुप्त हो गए थे, नाड़ी बंद हो चुकी थी, श्वास चलना बंद हो गया था, शरीर पूर्णत: ठंडा हो गया था। परिवारजन ने उनकी मृत्यु होने के कारण उनके शरीर को भूमि पर उतार लिया था और अंत्येष्टि क्रिया की तैयारियाँ होने लगी थीं। किंतु लगभग आधा घंटे बाद ही वह अचानक उठकर बैठ गए और आश्चर्य में पूछने लगे, "यह सब क्या हो रहा है?" उन्होंने आगे कहा, "मैं मरा नहीं हूँ, कुछ लोगों ने मुझे उठाकर आकाश में एक दिव्य पुरुष के सामने रख दिया। उस दिव्य पुरुष ने मुझे ले जानेवालों को फटकारते हुए कहा—"इस आदमी को शीघ्र पृथ्वी पर छोड़ आओ। मैंने

इसे नहीं, बल्कि दूसरे को लाने को कहा था। इस पर वह मुझे वापस छोड़ गए।" बाद में तत्काल ही उसी समय यह पता लगा कि एक अन्य व्यवसायी 40 वर्षीय पूर्णत: स्वस्थ व्यक्ति, ग्यासीराम की मृत्यु हृदय गति रुक जाने के कारण अचानक हो गई।

4. भक्त रामशरण दासजी ने एक घटना का उल्लेख करते हुए बताया है कि मासिक पत्रिका 'श्री मारुति संजीवन' का 10 अक्तूबर, 1956 को प्रकाशित अंक में यह खबर छपी थी कि नुनहड बस्ती में जानकी नाम की एक खटीक महिला निवास करती थी। वह 50 वर्ष की आयु की थी और कई महीनों से बीमार थी। एक दिन उसकी मृत्यु हो जाने के कारण उसके शव को जमीन पर लिटा लिया। उसके पिता सीताराम खटीक नुनहड के ही थे और वह अपने पिता के साथ रहती थी। गाँव वाले उसे जनुकिया नाम से पुकारते थे। उसकी मृत्यु उपरांत उसे श्मशान ले जाने के लिए अर्थी बनाई जाने लगी। तभी अचानक जोर से जनुकिया के चिल्लाने की आवाज आई। यह देखकर सभी लोग चौंक गए, जनुकिया ने बताया, "मेरी कमर में बुरी तरह चोट लगी है। यहाँ से दो काले आदमी पहले तो मुझे घसीट कर ले गए थे, मैं रोती-चिल्लाती रही, परंतु वहाँ पहुँचकर मैंने देखा कि एक बूढ़े बाबा सफेद दाढ़ी वाले तख्त पर बैठे थे। उनके पास ढेर सारे बस्ते रखे थे। उन्होंने देखते ही उन दोनों से कहा—"इसे क्यों लाए हो ? जिसे लाना था, वह जमुनिया है। उसे लाओ।" इसके बाद उन दोनों यमदूतों ने मुझे पटक दिया, इस कारण मेरी कमर में चोट है और दर्द हो रहा है।" इस घटना के दो घंटे बाद इसी गाँव की एक दूसरी वृद्ध महिला जमुनिया खटीक की मृत्यु हो गई।

5. भक्त रामशरण दासजी ने एक समाचार का संदर्भ देते हुए बताया है कि दिनांक 09 जनवरी, 1960 को दिल्ली से प्रकाशित 'नवभारत टाइम्स' में एक समाचार प्रकाशित हुआ था कि "नैनीताल, 08 जनवरी। गढ़वाल जिले में राणा घाट के पास छुंडी ग्राम का निवासी रुद्रदत्त मृत घोषित किए जाने के कुछ देर बाद पुन: जीवित हो उठा। उसके सगे-संबंधी रोते हुए विलाप कर रहे थे और उसकी अंतिम क्रिया की तैयारी की जा रही थी। इतने में मृत व्यक्ति में पुन: जीवन के चिह्न दिखाई दिए। उसने आँखें खोलीं, अपने सगी-संबंधी और ग्रामवासियों को परलोक-यात्रा के अनुभव सुनाए। रुद्रदत्त ने बताया, "मुझे हनुमानजी का मंदिर बनाने का दैवी आदेश मिला है।" रुद्रदत्त काफी समय से बीमार था। वह पूर्णत: स्वस्थ हो गया और उसने हनुमानजी का मंदिर बनाना शुरू किया।"

6. एक समाचार का संदर्भ देते हुए भक्त रामशरण दासजी ने बताया है कि मेरठ

से प्रकाशित समाचार-पत्र 'प्रभात' दिनांक 04 मार्च, 1966 को एक घटना प्रकाशित हुई थी—"कानपुर। 'मौत को उन्होंने छला था या मौत ने उन्हें,' यह तय करना तो कठिन है, लेकिन अंत में तुलसी बुआ यहाँ से 40 मील दूर स्थित एक गाँव की निवासिनी थी जो अपने धर्म-प्रेम तथा पूजा-पाठ के लिए विख्यात थी। विगत 14 फरवरी को रात्रि में 10:00 बजे उनका देहांत हो गया और दूसरे दिन प्रात: जब उन्हें चिता पर रखा गया तो वह उठकर बैठ गई और बोली, "यमदूत मुझे भगवान् के सामने ले गए तो वे बोले कि अभी इसका समय नहीं हुआ है। इस पर यमदूत मुझे वापस भेज गए। भगवान् के सिंहासन पर इतनी चमक थी कि मुझे उनकी झलक नहीं दिख पाई।" तुलसी बुआ को चिता से उठाकर गाने-बजाने के साथ सभी लोग घर लिवा ले आए।

□

दुर्गा मथरानी की जीवात्मा ने किया परलोक का वर्णन

मासिक पत्रिका 'लाइफ-बियॉण्ड' के माह जनवरी 1983 अंक में कवर-पेज के पीछे 'एन एकाउंट ऑफ ए गाइडेड टूर ऑफ हेवन' नाम के शीर्षक से प्रोफेसर जी.एन. मथरानी (एम.ए. कैंब्रिज, महाराष्ट्र के शिक्षा विभाग से सेवानिवृत्त) ने पूर्व-मृत श्रीमती दुर्गा मथरानी द्वारा मृत्यु-पश्चात् परलोक के विवरण उल्लेख किए हैं। मृत्यु के बाद की स्थिति को पूर्व मृत श्रीमती दुर्गा मथरानी की जीवात्मा ने माह अप्रैल 1931 से जुलाई 1931 के मध्य अपने पति ए.पी. मथरानी को 'माध्यम' बनाकर उनके हाथ का उपयोग करते हुए ऑटोमैटिक राइटिंग के माध्यम से लिखा था। ए.पी. मथरानी की प्रथम पत्नी श्रीमती दुर्गा मथरानी थीं। उनकी मृत्यु माह अगस्त, 1930 में हो गई थी। ए.पी. मथरानी सेवानिवृत्त इंजीनियर थे, वह सिंध प्रांत के एक प्रतिष्ठित परिवार के वरिष्ठ सदस्य थे, उन्होंने जीवात्मा को बुलाने का एवं 'स्वत: लिखित' (ऑटोमैटिक राइटिंग) प्रक्रिया की शक्ति को विकसित कर लिया था। इस प्रक्रिया में जीवात्मा बुलाने वाला माध्यम (मीडिएटर) बनता है और वह अपने हाथ में पेन लेकर बैठ जाता है जैसे ही जीवात्मा आती है तो मीडिएटर का पेन स्वत: बिना किसी नियंत्रण के चलने लगता है और हैंड-राइटिंग भी मृतक व्यक्ति की होती है। ए.पी. मथरानी अपनी पत्नी श्रीमती दुर्गा मथरानी की मृत्यु के पश्चात् उनकी जीवात्मा से संपर्क कर लेते थे।

जी.एन. मथरानी बताते हैं कि उन्होंने स्वयं यह देखा है कि श्री ए.पी. मथरानी के हाथ के माध्यम से जो कुछ लिखा जा रहा था, उस पर पूर्णत: नियंत्रण पूर्व-मृत श्रीमती दुर्गा मथरानी की जीवात्मा का था। मृत्यु के पश्चात् श्रीमती दुर्गा मथरानी की जीवात्मा ने परलोक के सात लोकों का स्पष्टत: विस्तृत विवरण बताया है। श्रीमती दुर्गा मथरानी एक धार्मिक महिला थीं और वह हिंदू रीति-रिवाजों एवं परंपराओं में विश्वास रखती थीं तथा उनका विश्वास पुनर्जन्म में भी था। उन्होंने अपने मीडिएटर पति को बताया कि परलोक में एक देवदूत की सहायता से उन्हें सात लोकों का विवरण ज्ञात हुआ है। वह लिखित

विवरण बाद में टाइपराइटर से टाइप कराया गया और ए.पी. मथरानी के बड़े भाई श्री एम.पी. मथरानी की व्यक्तिगत लायब्रेरी में रखा है। ए.पी. मथरानी की मृत्यु सन् 1968 में हो चुकी है। तत्पश्चात् इसके एक वर्ष बाद उक्त प्रसंग जी.एन. मथरानी (उक्त प्रसंग के विवरणकर्ता) के पिताजी श्री एन.पी. मथरानी ने मूल स्क्रिप्ट को फिर से टाइप करवाया और उसे जी.एन. मथरानी को प्रकाशन हेतु दिया था।

श्रीमती दुर्गा मथरानी की जीवात्मा ने अपने पति को बताया था (पत्रिका 'लाइफ-बियॉण्ड' के माह फरवरी 1983 के अंक के अंतिम कवर-पेज के पीछे) कि परलोक में सभी महिला जीवात्माएँ लड़कियों के स्वरूप में दिखती हैं एवं पुरुष जवान व प्रौढ़ आयु के हैं। वहाँ अपने बदन पर वन-पीस कपड़ा का वस्त्र सभी पहनते हैं और कपड़े का तात्पर्य वह नहीं है, जो मनुष्य पृथ्वी पर रहते हुए अपने स्थूल शरीर पर पहनते हैं, बल्कि परलोक में कपड़ा सूक्ष्म शरीर का ही सूक्ष्म अंग के रूप में होता है और वह चमकदार होता है। वहाँ न तो कोई खाना खाता है, न पानी पीता है और न ही सोता है। जैसे ही नवीन जीवात्माएँ आती हैं, वे स्वयं को प्रारंभ में तो आरामदायक अनुभव नहीं करती हैं, परंतु जैसे-जैसे उन्हें वहाँ के वातावरण का अनुभव एवं पसंद आने लगता है और उन्हें यह विश्वास हो जाता है कि वे मरकर पृथ्वी से परलोक में आ गए हैं तथा अब वापस नहीं जा सकते हैं, तब वे खुश रहने लगते हैं और इस हेतु थोड़ा-सा समय लगता है।

अमेरिकन लेखक राल्फ हार्लो की पुस्तक 'ए लाइफ आफ्टर डेथ' में पृष्ठ संख्या 177 का उल्लेख करते हुए जी.एन. मथरानी बताते हैं कि एक व्यक्ति जिसका नाम एवरेट था, वह अपने बचपन से ही अंधा था और बाद में उसे गठिया की गंभीर बीमारी हो गई थी एवं इस कारण उसके दोनों हाथ व दोनों पैर पूर्णतः अपंग की स्थिति में हो गए थे। उसकी मृत्यु के पश्चात् उसकी जीवात्मा से जब संपर्क करके पूछा गया तो उसने जवाब दिया कि वह परलोक में पूर्णतः खुश है। चारों ओर सुंदरता है व उसे कोई भी तकलीफ नहीं है एवं उसके हाथ पूर्णतः कार्य कर रहे हैं। उसे आँखों से भी दिखता है।

श्रीमती दुर्गा मथरानी की जीवात्मा ने अपने मध्यस्थ पति श्री ए.पी. मथरानी के माध्यम से परलोक के सात लोकों का विवरण निम्नानुसार बताया है, जो 'लाइफ-बियॉण्ड' पत्रिका में प्रकाशित हुआ था—

प्रथम लोक : ऐसी सभी जीवात्माएँ, जो अपने शरीर जीवन में पृथ्वी पर एक-दूसरे के रिश्ते में रह रही थीं, वे प्रथम लोक के परलोक में भी आपस में एक साथ निवास करती हैं। उनके सगे संबंधी, मित्र, परिवारजन, जिनमें एक-दूसरे के प्रति लगाव था, उसी लगाव से साथ-साथ रहते हैं। उनमें एक-दूसरे के प्रति प्रेम व सहयोग करने का भाव रहता है और इसी कारण उनकी आत्मा के स्तर का उत्थान ऊपर के लोक में जाने के लिए होता है। पृथ्वी पर शरीर जीवन में रहते हुए, यदि उनमें कोई पूर्व का बैर या झगड़ा

रहा है तो वे प्रथम लोक में उस बैर को भूल जाते हैं। यदा-कदा ये जीवात्माएँ पृथ्वी पर निवास कर रहे अपने रिश्तेदारों व मित्रों की सहायता अदृश्य रूप में करती हैं।

द्वितीय लोक : द्वितीय लोक बहुत बड़े क्षेत्रफल में फैला है और इस लोक में निवासरत् जीवात्माओं में नि:स्वार्थ प्रेम रहता है एवं नवागंतुक जीवात्माओं को सहयोग करने का भाव इनमें रहता है। इस लोक में जीवात्माएँ सामूहिक रूप से बहुत बड़े हॉल में रहती हैं, जिनमें असंख्य जीवात्माएँ रहती हैं और हॉल का आकार इतना बड़ा है, जैसे कि पृथ्वी के किसी बड़े-से-बड़े शहर का आकार हो। प्रत्येक हॉल में एक समान विचार की जीवात्माएँ उसी प्रकार रहती हैं, जैसे कि शरीर जीवन में पृथ्वी पर विभिन्न भाषा, विभिन्न धर्म, विभिन्न जाति, विभिन्न देश के लोग रहते हैं। यहाँ प्रथम लोक जैसा यह नहीं है कि जीवात्माएँ अपने परिवारजन या मित्रों के साथ रहें। इस लोक की जीवात्माओं में संतान संबंधी भावना नहीं रहती है, बल्कि सभी भाई-बहन की भावना से रहते हैं। वरिष्ठ देवदूतों का एक अलग विभाग है, जो नवीन जीवात्माओं के रहने की व्यवस्था करते हैं। इस लोक में जो जीवात्माएँ अपने को असहज अनुभव करती हैं, जिन्हें यह विश्वास नहीं होता है कि वे शारीरिक जीवन में मर चुके हैं और अब पुन: उसी शरीर में वापस नहीं जा सकते हैं। नवागंतुक जीवात्माओं से परिचय कराना और परलोकवासी आत्माओं में सामांजस्य कराने का कार्य वरिष्ठ देवदूतों द्वारा होता है। जिन जीवात्माओं को परलोक का आभास हो जाता है, वे आनंद में रहते हैं अर्थात् उन्हें भौतिक-शरीर जीवन की मृत्यु की वास्तविकता को समझना आवश्यक है। नीचे के लोक से भागकर आनेवाली जीवात्माओं का प्रवेश द्वितीय लोक में नहीं है, परंतु उन जीवात्माओं को यह सुविधा दी जाती है कि वे देवदूत के साथ ऊपर के लोकों का भ्रमण कर सकें और देख सकें। देवदूतों का एक कार्य यह भी है कि वे नीचे के लोक की जीवात्माओं के कष्ट को दूर करने में सहयोग करें और उनमें सुधार होने पर उन्हें द्वितीय लोक में लाते हैं। जब नीचे के लोक में कोई जीवात्मा अँधेरे के कारण सहायता के लिए पुकार रही होती है तो देवदूत उन्हें इन दोनों लोकों के बीच के 'मध्यस्थ जोन' में ले जाते हैं।

तृतीय लोक : तृतीय लोक का आकार, द्वितीय लोक की अपेक्षा ज्यादा बड़ा है। इस लोक में रंगीन, चमकदार प्रकाश है। यहाँ देवदूत हैं, जिन्हें नीचे के लोक की निवासरत् जीवात्माओं की पुकार सुनाई देती है और फिर वे सहायता के लिए प्रकाश की गति की किरणों की तरह पहुँच जाते हैं एवं नीचे के लोक की जीवात्माओं की पीड़ा का निदान करते हैं। देवदूत उन्हें समझाते हैं कि उनके गलत कार्य व गंदी सोच के कारण ही उन्हें पीड़ा हो रही है और वे अँधेरे में है तथा प्रकाश से परे हैं और उसी कारण उनका ऐसा हाल है। अत: वे पहले अपनी सोच बदलें और ईश्वर का ध्यान करें। इस लोक में बाग-बगीचे, पुष्प लगभग एक समान हैं। नवागंतुक जीवात्माएँ यहाँ नियमित रूप से

अध्यात्म साधना व ध्यान करती हैं। मंगल व बृहस्पति ग्रह इस लोक से जुड़े हुए हैं। आध्यात्मिक ध्यान साधना करनेवालों के पास 'गंधर्व' अर्थात् गाइड बैठ जाते हैं। ऊपर के लोक के देवदूतों को गंधर्व बनाया जाता है और उनका चयन तृतीय लोक के देवदूतों में से भी होता है। इनके चयन का आधार यह है—(1) उन्हें सांसारिक कामना व वासना के आनंद से विरक्ति हो चुकी हो। (2) उनमें मित्र और शत्रु के साथ एक समान प्रेम-भाव रहता हो। (3) ईश्वर के प्रति समर्पण हो। (4) अन्य जीवात्माओं से कार्य कराने की क्षमता हो। श्रीमती दुर्गा मथरानी की जीवात्मा इसी संदर्भ में यह विवरण भी बताती है कि एक बार एक नवागंतुक संन्यासी मृत्यु के पश्चात् उनकी जीवात्मा पृथ्वी से सीधे तृतीय लोक में आ गई और वह कहने लगे कि उसने पृथ्वी लोक में बहुत भक्ति की है, अत: वह अब गंधर्व बनने की पात्रता रखते हैं। यह सुनकर वरिष्ठ देवदूत ने उससे पूछा कि वह भक्ति के अनुभवों को बताएँ और उसी समय तत्काल देवदूत ने प्रकाश की किरणें उस संन्यासी के सूक्ष्म शरीर पर डाल दीं तो यह देखा गया कि जैसे ही उन किरणों ने उस संन्यासी के सूक्ष्म शरीर में प्रवेश किया तो वे किरणें गहरे काले रंग के साथ वापस आ गईं। यह प्रक्रिया उस संन्यासी ने भी स्वयं देखी। इससे यह स्पष्ट हुआ कि उस संन्यासी में अध्यात्म, भक्ति, प्रेम, सहयोग का वह स्तर विकसित नहीं हो पाया था, जो गंधर्व के गुणों के लिए आवश्यक था। देवदूत के द्वारा डाली गई प्रकाश की उन किरणों को सूक्ष्म शरीर से आर-पार होना ही तृतीय लोक में देवदूत व गंधर्व बनने की पात्रता को प्रकट करता है। वह संन्यासी भी संतुष्ट हो गया।

चतुर्थ लोक : श्रीमती दुर्गा मथरानी के द्वारा चतुर्थ लोक का विवरण संभवत: 'लाइफ-बियॉण्ड' पत्रिका के माह मई 1983 अंक में प्रकाशित हुआ होगा। वह अंक मुझे पढ़ने को उपलब्ध नहीं हो पाया।

पंचम लोक : 'लाइफ-बियॉण्ड' पत्रिका का माह जून 1983 की पृष्ठ संख्या 5 पर श्रीमती दुर्गा मथरानी की जीवात्मा का बताया हुआ विवरण कि पंचम लोक में रहनेवाले सभी देवदूतों की पात्रता यह है कि जो जीवात्माएँ पृथ्वी-लोक को पूर्णत: भूल चुकी हों और उनमें प्रेम व ईश्वर भक्ति हो, ऐसी जीवात्माएँ पंचम लोक में रहती हैं। इस लोक में ईश्वर के विभिन्न नाम और उनका वर्गीकरण नहीं है और न ही किसी जीवात्मा के इष्टदेव हैं। ईश्वर सिर्फ एक है और वह सिर्फ परमात्मा है।

इसको इस प्रकार समझ सकते हैं कि प्रथम लोक में जीवात्माएँ अपने परिवार, मित्रों, स्वजनों को, जिन्हें वे पृथ्वी पर शरीर धारण करते समय जानते थे, उन्हें प्रेम करती हैं अर्थात् प्रथम लोक में प्रेम की सीमाएँ हैं और प्रतिबद्धताएँ हैं। द्वितीय लोक में प्रेम नि:स्वार्थ होता है, प्रेम में भेदभाव नहीं होता है। नि:स्वार्थ सेवा का भाव होता है और सभी के लिए एक समान रहता है। तृतीय लोक में जीवात्माओं के अंदर नीचे के लोकों

की जीवात्माओं के प्रति प्रेम-भाव, सहयोग व सहायता का भाव रहता है। उनमें कोई अपना-पराया व भेदभाव नहीं होता है अर्थात् भाव की सीमाएँ बढ़ जाती हैं। चतुर्थ लोक में देवदूत, नीचे के लोकों के देवदूतों व जीवात्माओं के प्रति प्रेम व सहयोग तथा सहायता का भाव रखते हैं। अँधेरे में रह रही जीवात्माओं और पृथ्वी से आनेवाली जीवात्माओं में प्रेम व ईश्वर के प्रति आस्था एवं समर्पण विकसित करने का कार्य करते हैं। पंचम लोक में देवदूतों का भाव ईश्वर के प्रति समर्पण और प्रेम का रहता है। देवदूतों के मध्य आपसी सहयोग की भावना की प्रधानता इस लोक में रहती है। पंचम लोक की देख-रेख ईश्वर के द्वारा अथवा गंधर्व से उच्च श्रेणी के द्वारा की जाती है। इस लोक में अत्यंत सुंदर आकृति के चित्र, बाग-बगीचे, अति सुंदर पुष्प हैं। इस लोक में पृथ्वी से आनेवाली वे जीवात्माएँ, जो पृथ्वी पर अत्यंत उच्च स्तर के आध्यात्मिक साधना में लीन रहे हैं, सीधे भी पहुँच सकती हैं। उनमें यदि भेदभाव-रहित, प्रेम तथा भक्ति का भाव रहा है, तो उन्हें सीधा पंचम लोक में ईश्वर बुला लेते हैं।

षष्टम् लोक : यह लोक अति सुंदर है। यहाँ के बाग-बगीचे अत्यंत उच्च कोटि के सुंदरतम हैं और पुष्प इस तरह चमकते हैं जैसे पृथ्वी पर हीरा चमकता है। वृक्षों की पत्तियों में चमक है। यहाँ के देवदूतों में एक विशेष तेज व प्रकाश है। यहाँ ईश्वर का दर्शन तेज चमकदार प्रकाश के रूप में होता है। आनंददायक संगीत की धुन इस प्रकार बजती है जैसे कि प्रेम की धारा बह रही हो। इस लोक पर संपूर्ण नियंत्रण और देख-रेख ईश्वर का है। इस लोक में सभी देवदूत एक बहुत बड़े हॉल में रहते हैं। षष्टम् लोक में यह निर्धारण होता है कि वहाँ निवासरत् देवदूत का पृथ्वी पर पुनर्जन्म कब होना है। ऐसे देवदूत, जो प्रथम लोक से उत्तरोत्तर अपनी योग्यता में वृद्धि करते हुए षष्टम् लोक तक आ पहुँचे हैं, उनका पृथ्वी पर पुनर्जन्म होने के लिए यह प्रथम दरवाजा है।

श्रीमती दुर्गा मथरानी की जीवात्मा बताती है कि सामान्य रूप में एक समान्य जीवात्मा को अँधेरे नरक से तृतीय लोक तक पहुँचने में लगभग सौ वर्ष लग जाते हैं और इसके बाद ऊपर के लोकों में सातवें लोक तक पहुँचने में उसे तीन सौ या चार सौ वर्ष का समय लग जाता है। फिर भी, यह निर्भर करता है कि पृथ्वी पर शरीर जीवन में मृत्यु के समय तक किस प्रकार का जीवन-यापन किया है, यह व्यक्तिशः निर्भर करेगा। इस लोक में यह बताया जाता है कि चरित्र और संस्कार व्यक्ति के कर्म पर निर्भर करते हैं।

श्रीमती दुर्गा मथरानी की जीवात्मा बताती है कि वह इस निष्कर्ष पर पहुँची हैं कि मानव जीवन ही इस उद्देश्य के लिए सर्वोत्तम है और उसके माध्यम से मोक्ष प्राप्त किया जा सकता है। ईश्वर ने शरीर तो एक इन्स्टुमेंट के रूप में दिया है, जिसके माध्यम से प्रेमरूपी प्रार्थना की जा सकती है और ईश्वर तक पहुँचा जा सकता है। इस लोक में ईश्वर प्रदत्त प्रेम है और शरीर जीवन में मानव प्रदत्त ईश्वर के प्रति प्रेम होता है।

सप्तम लोक : श्रीमती दुर्गा मथरानी के द्वारा सप्तम लोक का विवरण संभवत: 'लाइफ-बियॉण्ड' पत्रिका के माह अगस्त 1983 अंक में प्रकाशित हुआ होगा। वह अंक मुझे पढ़ने को उपलब्ध नहीं हो पाया।

उक्त प्रकार के विवरणों से यह स्पष्ट होता है कि जीवन में मनुष्य को आंतरिक रूप से सभी के साथ प्रेम-भाव, समानता, निष्कपटता, द्वेष-रहित, ईर्ष्या-रहित होकर जीना चाहिए और तभी मृत्यु के बाद का आनंद अनुभव किया जा सकता है।

□

अजामिल का प्रसंग

भारत की पौराणिक कथाओं में मृत्यु के समय अजामिल के अनुभव को वर्णित किया गया है। अजामिल की कथा में मृत्यु के निकट उसे हुए अनुभव को आचार्य शुकदेव ने अपने ही शिष्य राजा परीक्षित को सुनाया था और उसका प्रसंग 'श्रीमद्भागवत' के षष्टम स्कंद में दिया गया है। प्रसंग यह है कि नैमिषारण्य में सूतजी से शौनकजी ने कहा कि आप मुझे कोई ऐसी उत्तम कथा सुनाएँ, जिससे भक्ति, ज्ञान व वैराग्य की प्राप्ति हो सके तथा संसार के मायाजाल से मुक्ति मिले। तब सूतजी ने उन्हें जवाब दिया कि शुकदेवजी ने 'श्रीमद्भागवत' का प्रवचन किया था और इसे श्रवण कर भक्ति में वृद्धि होती है। 'श्रीमद्भागवत' से बढ़कर संसार में चित्त-शुद्धि का कोई दूसरा उपाय नहीं है। राजा परीक्षित ने भी अपने गुरु शुकदेवजी से निवेदन किया था कि ऐसा उपाय बताएँ कि जिससे मनुष्य भयंकर यातना वाले नरकों में जाने से बच जाए। तब शुकदेवजी ने उन्हें अजामिल का प्रसंग सुनाया था।

कान्यकुब्ज देश में (वर्तमान में भारत का यह कन्नौज नगर है) अजामिल नाम का एक ब्राह्मण रहता था। वह पूर्व में सदाचारी था और बाद में पथभ्रष्ट हो गया था। वह वेदज्ञानी भी था, उसने युवावस्था में वेदों का अध्ययन किया था। अजामिल शील, सदाचार, सद्गुणी, व्रतपालक, मृदुस्वभाव, इंद्रियों पर विजय प्राप्त करनेवाला (जितेंद्रिय), सत्यवान, मंत्रवेत्ता, पवित्र आचरण वाला, गुरु व अतिथियों की सेवा करनेवाला, अहंकार-रहित, सबका हितैषी, साधु-स्वभाव, मितभाषी, अन्य के गुणों में दोष नहीं निकालना वाला (असूयारहित), अपने पिता की आज्ञा पालन करनेवाला था। परंतु एक दिन अजामिल वन को गया और वहाँ से फल, फूल, कुशा लेकर घर को वापस आ रहा था तो रास्ते में एक कामुक, निर्लज्ज, आचारभ्रष्ट, शूद्र व्यभिचारिणी स्त्री को उसने मदिरा पीते हुए एवं उसके साथ एक पुरुष को कामवासना से वशीभूत होकर घूमते हुए देखा। मदिरा पीने से उस वेश्या के नेत्र नाच रहे थे और उन्मत्त होने के कारण उसकी साड़ी भी सरक गई थी। अजामिल ने उस वेश्या को मदिरा के नशे में उस पुरुष के साथ संभोग जैसी स्थिति में लिपटते हुए देखा तो उसी समय अजामिल भी अपने चित्त को नहीं रोक पाया और स्मृतिशून्य हो गया।

उसके खयालों में होकर वह धर्म भूल गया। तब अजामिल ने अपने पिता के समस्त धन को उस वेश्या को अर्पित कर उसे प्रसन्न करने की कोशिश की थी और अपनी पतिव्रता पत्नी को त्याग दिया था। अजामिल न्याय-अन्याय का विचार न करते हुए इधर-उधर से धन बटोरने लगा था और वेश्या के साथ अपने परिवार का भरण-पोषण करने लगा था। उसने शास्त्राज्ञा का उल्लंघन किया था और उसने अपना जीवन पापपूर्ण बना लिया था। एक ज्ञानी, धार्मिक, सदाचारी होते हुए अजामिल की विवेकशून्यता और पथ-भ्रष्ट होने से यह संदेश मिलता है कि मनुष्य के जीवन में उसके ज्ञान और सदाचार के प्रति दृढ़ता होना चाहिए। घर में उसने एक वेश्या को दासी बनाकर रख लिया था और उससे विवाह कर लिया था। उसने अपने समस्त ब्राह्मण गुण नष्ट कर दिए थे। चोरी करना, जुआ खेलना, पक्षियों को मारकर मांस खाना आदि अनेक दुष्कर्म वह करने लगा था। वह ठगी और चोरी से धन प्राप्त करता था और उसी से अपने परिवार का पालन-पोषण करने लगा था। अपनी पत्नी से अजामिल ने दस पुत्र उत्पन्न किए थे, लेकिन वह अपने इतने बड़े परिवार का पालन-पोषण ईमानदारी व सदाचरण से नहीं करता था। परिवार के पालन-पोषण के लिए वह उधार लेकर, चोरी करके धन प्राप्त करता था। इसी के चलते आयु बढ़ते हुए वह अट्ठासी वर्ष का हो गया था।

उसके दस पुत्रों में से सबसे छोटा पुत्र का नाम नारायण था। अपने छोटे पुत्र पर वह बड़ा ही स्नेह करता था। खाते-पीते, चलते, उठते-बैठते वह अपने पुत्र नारायण का ही नाम पुकारता रहता था। अजामिल वृद्ध तो हो ही गया था और अपने छोटे पुत्र नारायण की तोतली भाषा सुनकर वह बड़ा ही सुख प्राप्त करता था आनंदित होता था। जब अजामिल की मृत्यु का समय निकट आ गया तो उस समय वह अपने पुत्र नारायण के विषय में सोच-विचार कर रहा था। मृत्यु के समय अजामिल ने यमराज के तीन दूत देखे, जो उसे लेने के लिए आए थे। उनकी आकृति बड़ी ही भयानक थी। अजामिल उन्हें देखकर घबरा गया। उसने अपने पुत्र नारायण को पुकारा, क्योंकि कुछ ही दूरी पर उसका वह पुत्र अपने खेल में आसक्त था और इधर अजामिल 'नारायण-नारायण' पुकार रहा था। (श्रीमद्भागवत 6/1/28 से 29) यमदूतों ने जब यह देखा कि वह भगवान् विष्णु का नाम 'नारायण-नारायण' बोल रहा था। उसी समय विष्णु भगवान् के दूत भी 'नारायण-नारायण' की आवाज सुनकर वहाँ पहुँच गए और उन्होंने यमदूतों को बलपूर्वक वहाँ से हटाया। उस समय यमदूतों ने विष्णु दूतों से कहा, "धर्मराज की आज्ञा का उल्लंघन करनेवाले आप कौन हैं? कहाँ से आए हैं? इस पापी को ले जाने से हमें क्यों रोकते हैं? हम धर्मराज की आज्ञा से इसे लेने आए हैं। अजामिल ने पाप किए थे, इस कारण यह पापी यमराज के कार्यक्षेत्र का है।" विष्णु दूतों के नेत्र कमल की पंखुड़ियों के समान थे। वे पीले रेशमी वस्त्र धारण किए हुए थे, मालाओं से सुशोभित थे, सिर पर मुकुट धारण किए हुए थे और कानों में कुंडल पहने

थे। उनकी चार भुजाएँ थीं। तब विष्णु दूतों ने कहा, "यदि तुम धर्मराज के आज्ञाकारी दूत हो तो बताओ धर्म का स्वरूप क्या है ? अधर्म के लक्षण क्या है ? दंड देने की विधि क्या है ? दंड के वास्तविक भागीदार कौन हैं ? क्या सभी कर्म करनेवाले दंडनीय हैं ?" यमदूत बोले, "वेदविहित कर्म ही धर्म है और वेदनिषिद्ध कर्म ही अधर्म होना कहा गया है। भगवान् श्री नारायण वैकुंठधाम में विराजमान हैं और वह सतोगुण, रजोगुण व तमोगुण के अनुसार समस्त जगत् का नियंत्रण करते हैं। कर्म करनेवाले सभी प्राणी अपने-अपने गुणों से ही संबंधित हैं। उनके कर्मों के कारण उनका शुभ-अशुभ फल उन्हें प्राप्त होता है। कोई भी देहधारी कर्म किए बिना नहीं रह सकता है।" (श्रीमद्भागवत 6/1/44)

आगे विष्णुदूतों से यमदूत कहते हैं कि प्रत्येक शरीरधारी को कर्म करना चाहिए। यमराज सबके अंत:करण में विराजमान हैं और वह सभी का रूप देख लेते हैं। जिस प्रकार निद्रा में देखे गए स्वप्न व कल्पित शरीर को वास्तविक समझ लिया जाता है और नींद से जाग जाने के बाद सबकुछ भूल जाते हैं, उसी प्रकार पूर्व जन्म की स्मृति भी नया जन्म लेने पर नष्ट हो जाती है और वर्तमान शरीर को सच मान लिया जाता है। यहाँ यमदूतों का आशय यह है कि न तो निद्रा में देखा गया स्वप्न शाश्वत व सच है और न ही शरीर द्वारा किया गया कर्म शाश्वत व सच है। बिना कर्म किए कोई भी जीव क्षण भर भी नहीं रह सकता है।

यमदूतों के वचन सुनकर विष्णुदूतों ने कहा, "अजामिल ने विवशवश ही सही, श्रीनारायण का नाम उच्चारण किया है और इससे उसके करोड़ों जन्मों के पापों का प्रायश्चित्त हो चुका है। चोर, मित्रद्रोही, ब्रह्महत्यारा, गुरु की स्त्री से संबंध रखनेवाला, गऊ का हत्यारा और जितने भी पापी हैं, उन सभी के लिए श्री विष्णु भगवान् का नाम लेने से ही प्रायश्चित्त हो जाता है। क्योंकि इससे भगवान् के गुण, लीला और स्वरूप की जानकारी होकर बुद्धि जाग्रत् हो जाती है।" आगे विष्णुदूत कहते हैं, "इस अजामिल को तुम अपने साथ नहीं ले जाओ। इसके मन में प्रायश्चित का भाव आ गया है।" अजामिल अभी भी मरा नहीं था, क्योंकि यमदूतों को उसके शरीर में से जीवात्मा निकालने से विष्णु दूतों ने रोक दिया था और जब उन दोनों के मध्य वार्त्तालाप चल रहा था, तब अजामिल उनके तर्क-वितर्क को सुन रहा था तथा यह निर्णय होना शेष था कि अजामिल की जीवात्मा को ले जाने का आखिरकार दावेदार कौन है ?

विष्णुदूतों ने यमदूतों को समझा-बुझाकर वापस किया। अजामिल ने विष्णुदूतों के समक्ष अपना सिर झुकाकर प्रणाम किया। इसी समय तत्काल ही विष्णुदूत अंतर्ध्यान हो गए। वहाँ से प्रस्थान के बाद यमदूतों ने समस्त वृत्तांत यमराजजी को सुनाया और पूछा कि चार भुजाधारी वे कौन हैं ? यमदूतों को सुनकर यमराजजी ने भगवान् श्री विष्णु का स्मरण किया और मन-ही-मन उन्हें प्रणाम किया और यमदूतों को समझाया, "मेरे अतिरिक्त एक अन्य भी समस्त विश्व के संचालक हैं। तुम लोगों ने मुझे भले ही सर्वोच्च स्वीकार

किया है, किंतु मैं सर्वोच्च नहीं हूँ। मेरे ऊपर इंद्र, चंद्र आदि अनेक देवताओं के ऊपर भी एक परम स्वामी हैं। जिस तरह बैलगाड़ी का चालक बैलों को अपने नियंत्रण में रखने के लिए उनके दोनों नथुनों रस्सियाँ बाँधे रहता है, उसी तरह भगवान् वेदों में कहे गए अपने वचनरूपी रस्सियों से सभी को बाँधे रहते हैं। मैं, इंद्र, वरुण, चंद्र, सूर्य, अग्नि, वायु आदि भी इनकी लीला का मर्म नहीं जानते हैं। विष्णुदूत देखने में अति सुंदर व उसी के समान सद्गुण स्वभाव वाले हैं और वे प्राय: इस लोक में विचरण करते रहते हैं। वे भगवत भक्तों को शत्रुओं से एवं सभी बाधाओं से सदा सुरक्षित रखते हैं। भगवान् आत्मनिर्भर और पूर्णत: स्वतंत्र हैं। वह इस समस्त संसार के स्वामी हैं। विष्णुदूतों की पूजा देवता भी करते हैं। तुम ऐसे भक्तों के पास मत जाना, क्योंकि भगवान् के भक्त पूर्णत: भगवान् की शरण में होते हैं। भगवान् के द्वारा ही उनकी रक्षा होती है। परमहंस, महापुरुष भौतिक भोग की इच्छा नहीं रखते हैं। तुम मेरे पास सिर्फ उन्हीं जीवात्माओं को लाओ, जो भगवान् से विमुख हैं, जो सांसारिक भोग विलास में लिप्त हैं।"

इस प्रकार अजामिल को मृत्यु से विष्णुदूतों ने बचा लिया। अजामिल को अपने किए पापों का प्रायश्चित हुआ। वह दु:खी हुआ और सोचना लगा, "पृथ्वी पर मेरा क्या अस्तित्व था, फिर भी अभिमान और कामुकता के कारण दासी वेश्या के गर्भ से संतानें उत्पन्न कीं। मुझे धिक्कार है, जो मैंने अपनी पतिव्रता पत्नी को छोड़कर मदिरा पीने वाली वेश्या से विवाह कर लिया था। मैंने अपने वृद्ध, असहाय व निरीह माता-पिता को त्याग दिया था। मैंने ऐसा घोर अन्याय किया है। अब मैं अपने दुष्कर्मों के कारण नरक में ही गिरूँगा, जहाँ यातनाएँ भोगी जाती हैं। मैंने अभी तक जो अद्‌भुत दृश्य (विष्णुदूतों व यमदूतों का संवाद) देखा है, वह एक स्वप्नमात्र ही था। (श्रीमद्‌भागवत 6/2/26 से 30) शुकदेवजी अपने शिष्य राजा परिक्षित को कथा सुनाते हुए कहते हैं कि पापकर्मों का सच्चा प्रायश्चित तो भगवत स्वरूप ज्ञान के पश्चात् ही होता है। जो मनुष्य मन, वचन और शरीर के द्वारा किए जा रहे कर्म से किए हुए पापों का इसी जन्म से प्रायश्चित नहीं करते हैं तो मरने के बाद उन्हें भयंकर यातनापूर्ण नरकों में जाना पड़ता है। धर्मज्ञ, श्रद्धावान, धीर-पुरुष, तप, ब्रह्मचर्य, शम, दम, दान, सत्य, शौच, यम और नियम द्वारा जो अपने मन, वाणी तथा शरीर द्वारा बड़े से बड़े पापों को नष्ट कर देते हैं, उन्हें नरक का भागीदार नहीं होना पड़ता है। इस तरह दुष्कर्मी, पापकर्मी अपनी समस्त इंद्रियों को भगवत भक्ति में लगाकर शुद्ध हो जाते हैं। संसार में भक्ति-मार्ग सर्वश्रेष्ठ है, कल्याणमय है एवं भयरहित है। जिसने भी भगवान् श्री कृष्णचंद्र की भक्ति में अपना मन लगा लिया, वे मृत्यु के समय यमदूतों के दृश्य और भय से मुक्त हो जाते हैं।

यद्यपि उक्त कथा में भगवान् विष्णु भक्ति की प्रधानता को बताया गया है और मेरा (मुझ लेखक) ऐसा सोचना है कि जो व्यक्ति मन, वाणी, वचन, कर्म से भक्त होगा वह

कभी भी दुराचारी नहीं हो सकता है। इस कथा का तात्पर्य यह कतई नहीं है कि कोई व्यक्ति जीवन भर दुराचारी, पापकर्मी बना रहे और मृत्यु होते अंत समय 'नारायण' का नाम पुकार ले तो उसके समस्त पाप धुल जाएँगे। विष्णु-दूत व यमदूत जाने के बाद अजामिल मरा नहीं था, उसे पश्चात्ताप हों रहा था, उसके मन में दंड भोगने का भाव प्रकट हो रहा था।

इस कथा में उक्त प्रसंग से यह संदेश व उपदेश मिलता है कि मनुष्य के जीवन में पथ-भ्रष्ट होने के अनेक मौके आ सकते हैं, लेकिन ऐसे मौकों पर बुद्धि व विवेक की शून्यता मन में नहीं आनी चाहिए। संयम स्थापित करते हुए मन को स्थिर रखना चाहिए। मनुष्य ने यदि शरीर जीवन में रहते हुए अपने कुकर्मों का दंड भोग लिया है तो मरणोपरांत उसे कष्ट नहीं मिलते हैं। इसी कारण यमदूतों ने कहा था कि अजामिल को वे यमराज के पास ले जाएँगे, क्योंकि उसने पापों का प्रायश्चित नहीं किया है।

उक्त प्रसंग में यह संदेश दिया गया है कि भगवान् का नाम हृदय से लिया जाए तो निश्चित ही सतोगुण का अवतरण होने लगेगा। मन में यदि पूर्व के अपराध व पापकर्मों का प्रायश्चित है, तभी यह माना जाएगा कि उसे दंड मिल चुका है। एक अपराधी को कुछ समय के लिए कारावास का दंड दे दिया गया और कारावास-अवधि में भी उसके मन में प्रायश्चित का भाव नहीं आ पाया, उसमें अपराध-बोध प्रकट नहीं हो पाया और सिर्फ कारावास के समय को व्यतीत कर दिन गिनने का कार्य किया गया है, तो इस कार्य व सोच को दंड मिलना नहीं कहा जा सकता है। ऐसा अपराधी तो कारावास से निकलकर पुनः अपराध ही करेगा। जब मन में पछतावा ही नहीं है, अपराध-बोध ही नहीं है, प्रायश्चित करने का भाव ही नहीं है, तो किए गए पाप-कर्म और अपराध तो यथावत् अपने सिर ऊँचा किए हुए सामने ही खड़े रहेंगे। मात्र कारावास भुगतने मात्र से मृत्यु के पश्चात् यदि नरक में जाने का और दंड मिलने की धारणा सच है, तो फिर वह तो भुगतना ही पड़ेगा। अनेक बार हम यह भी देखते हैं कि किसी गलत कार्य और त्रुटि होने पर प्रायश्चित करते हुए व्यक्ति स्वयं को ही दंड देने लगता है, भले ही वह कानून, पुलिस व न्यायालय की पकड़ में नहीं आ पाए। सच्चा दंड और पापकर्म का भोग यही है।

'श्रीमद्भागवत' के स्कंद पुराण में अजामिल की उपरोक्त कथा वर्णित है। पौराणिक कथाओं के संबंध में तर्क-वितर्क नहीं किया जाना चाहिए, क्योंकि इन कथाओं के माध्यम से व्यक्ति को अपनी जीवन-शैली और आचरण सुधारने की प्रेरणा मिलती है। भगवान् की भक्ति करने में भगवान् के गुणों का ध्यान स्वतः ही आ जाता है अर्थात् सद्गुणों का अवतरण भक्त में होने लगता है। कथा का सार यह है कि सदाचरण, सद्गुणी, सत्कर्मी, सतोगुणी, सत्संग करनेवाला व्यक्ति मृत्यु के पश्चात् भी सुख और आनंद में रहेगा। इसके ठीक विपरीत गुणों वाले व्यक्ति को दुःख ही दुःख मिलने वाले हैं।

□

‘गरुड़ पुराण’ में मृत्यु के बाद का क्या प्रसंग है?

भारत में ‘गरुड़ पुराण’ का संबंध मृत्यु के पश्चात् के समय से सीधा जोड़ा जाता है। ‘गरुड़ पुराण’ के मुख्य एवं संक्षिप्त अंश यहाँ उल्लेख करना आवश्यक है, वरना मृत्यु के पश्चात् का विषय अधूरा ही रह जाएगा और आमजन को ‘गरुड़ पुराण’ की जानकारी होना भी प्रासंगिक है। प्राय: अधिकांश हिंदुओं के यहाँ मृत्यु के पश्चात् ‘गरुड़ पुराण’ का वाचन पंडित के द्वारा कराया जाता है और उपस्थित परिवार व निकटजन उसे सुनते हैं। जिससे कि आमजन यह जान लें कि मृत्यु-पश्चात् जीवात्मा के साथ कैसा व्यवहार होता है और इसके पीछे का कारण यह प्रकट होता है कि खराब आचरण के लोग अपने शरीर जीवन में सुधरे, जीवन को अच्छा बनाएँ। ‘गरुड़ पुराण’ में मृत्यु के पश्चात् की स्थिति और जीवात्मा का गमन वर्णित है। दुष्ट और पापी व्यक्ति की जीवात्मा को नरक में दंड दिए जाने का वर्णन है। पौराणिक शास्त्रों में ‘गरुड़ पुराण’ प्राचीनतम ग्रंथ है और प्राचीन समय में मृत्यु के पश्चात् के संदर्भ में कोई भी खोज करने का विषय ही नहीं था, तब भी ‘गरुड़ पुराण’ ग्रंथ का अस्तित्व था। ‘गरुड़ पुराण’ का अध्ययन करने से इतना अवश्य प्रकट होता है कि मनुष्य जीवन में व्यक्ति यदि सदाचारी, सद्‌गुणी रहेगा तो मृत्यु के पश्चात् उसे स्वर्ग में जाना होगा और यदि वह पापकर्मी व दुष्ट रहा है तो मृत्यु के पश्चात् भी उसे दंड भोगना पड़ेगा।

‘गरुड़ पुराण’ में दिए गए विवरण को वर्तमान समय में व्यक्ति सुनना और पढ़ना नहीं चाहता है और इस ग्रंथ को सिर्फ मृत्यु के पश्चात् तेरहवीं के पूर्व तक सीमित करते हुए औपचारिक मात्र बनाकर रख दिया गया है। ‘गरुड़ पुराण’ ग्रंथ के प्रारंभ ही कहा गया है कि विष्णु भगवान् सर्वश्रेष्ठ सर्वत्र रूप में विद्यमान हैं। नैमिषारण्य आदि ऋषि-मुनियों ने भगवान् विष्णु की प्राप्ति के लिए यज्ञ किया था और तब एक बार श्री सूतजी से यह प्रश्न किया कि सुख देने वाले वेद के सिद्धांत को तो आपने सुनाया है, अब यम मार्ग को भी सुनाएँ। इस संदर्भ में यह प्रसंग सूतजी ने ऋषि-मुनियों को बताया जो गरुड़जी के

पूछने पर भगवान् विष्णु ने गरुड़जी को सुनाया था एवं गरुड़जी व विष्णु भगवान् का जो वार्त्तालाप हुआ था, वह 'गरुड़ पुराण' है।

'गरुड़ पुराण' में वर्णित किए गए विवरण की प्रामाणिकता को समय के बदलते क्रम में जिन लोगों ने मृत्यु के पश्चात् जीवात्माओं का आह्वान करके उन्हें बुलाया है और जानकारी प्राप्त की है, तो उससे इतना तो अवश्य स्पष्ट हुआ है कि दुष्ट, पापी, कपट व्यवहार करनेवाले व्यक्ति को मृत्यु के पश्चात् उसकी जीवात्मा को आत्म-शांति, सुख, आनंद नहीं मिलता है और परलोक में उसे स्थान नहीं दिया जाता है, वह भटकता रहता है और उसे दुःख का अनुभव होता है। इस ग्रंथ के माध्यम से यह संदेश मिलता है कि "सुधर जाओ अन्यथा मृत्यु के पश्चात् कष्ट ही कष्ट और दंड के भागीदार बनोगे।"

जितना यह कहना सत्य है कि 'गरुड़ पुराण' में बताई गईं बातें सत्य नहीं हैं, उतना ही यह कहना भी सत्य है कि 'गरुड़ पुराण' में लिखी गई बातें और गरुड़जी का भगवान् विष्णु से हुआ संवाद सत्य है। मनुष्य जीवन में जो दुष्ट व पापकर्मी रहे हैं और दूसरों को कष्ट देते रहे हैं, न तो स्वयं अच्छे से रहे और न ही किसी अन्य दूसरों को अच्छे से रहने दिया, वे ही व्यक्ति 'गरुड़ पुराण' में कही गई बातों को झूठ व बकवास कह सकते हैं। इसका कारण यह है कि 'गरुड़ पुराण' में अत्याचारी, दुष्ट, पापकर्मी मनुष्यों के संदर्भ में ही यह बताया गया है कि मृत्यु के बाद उन्हें नरक में जाकर दंड भोगना होगा।

सदाचारी, सत्यवादी, प्रेमी-हृदय, दयावान, दूसरों की सहायता करनेवाले, धार्मिक विचारों के आध्यात्मिक चिंतन करनेवाले आत्म-तत्त्व की पहचान करनेवालों के लिए दंड भोगने का कोई उल्लेख 'गरुड़ पुराण' में नहीं है। जो मनुष्य सत् एवं असत् विचार का भेद कर लेते हैं और सत् विचारों वालों हैं अर्थात् सद्गुणी हैं, वे मोक्ष का लाभ लेते हैं।

'गरुड़ पुराण' के चतुर्थ अध्याय में यह उल्लेख है कि धर्मात्माओं की जीवात्मा पूर्व, पश्चिम व उत्तर द्वारा से यमपुर को जाती है एवं दुष्ट व पाप-कर्मी मनुष्यों की जीवात्मा दक्षिण द्वारा से यमपुर पहुँचती है, जिन्हें वहाँ दुःख देने वाली वैतरणी नदी मार्ग में मिलती है। ब्राह्मण, गौ को मारने वाले, बालक, स्त्री का वध करनेवाले, गर्भपात करनेवाले, गुप्त पापों को करनेवाले वैतरणी को जाते हैं। जो व्यक्ति ऋण लेकर वापस नहीं करते हैं, दूसरे की धरोहर जब्त कर लेते हैं, विश्वासघात करते हैं, भोजन में विष मिलाकर खाने को देते हैं, गुणवान व्यक्तियों से ईर्ष्या रखते हैं, नीच संगति करते हैं, सत्संग से दूर रहते हैं, गुरु व देवताओं की निंदा करते हैं, पुराण, वेद, न्याय, वेदांत आदि शास्त्रों को दोष देते हैं, दुःखियों को देखकर प्रसन्न होते हैं, और सुखी व्यक्ति को देखकर उसे दुःख देते हैं, माता-पिता, गुरु का अपमान करते हैं, यज्ञ में विध्वंस करते हैं, दान छीन लेते हैं, झूठी गवाही देते हैं, छल व कपट से धन इकट्ठा करते हैं, चोर हैं, पतिव्रता कुलीन शीलवती स्त्री को बिना युक्तियुक्त कारण से ईर्ष्यावश त्याग करते हैं, मृत्यु के

पश्चात् ऐसे अनेक दुष्कर्म करनेवालों की जीवात्माएँ रोते हुए यम मार्ग से वैतरणी में गिरती हैं।

'गरुड़ पुराण' में कहा गया है कि पापी व दुष्ट व्यक्ति की जब मौत आती है तो प्राण निकलते समय उसे सौ बिच्छुओं के काटने जैसी पीड़ा होती है। उसे यमदूत दिखते हैं और उनके भय से मुख से लार व फेन गिरने लगता है तथा पापियों के प्राण गुदा-द्वार से निकलते हैं। यमदूतों के भयानक रूप को देखकर मृतक का मल-मूत्र निकल जाता है। जिनका मन सदा पाप कर्मों में आसक्त बना रहता है, जिनमें दया का भाव नहीं है और बुरी संगत में रहते हैं तथा अपने को प्रतिष्ठित मानते हुए नम्र नहीं होते हैं एवं जिनमें धन का अभिमान रहता है, ऐसे व्यक्ति राक्षसी प्रवृत्ति के हैं और देव कृपा से वंचित रहते हैं। जो व्यक्ति पराई स्त्री और पराए धन को हड़पने में मन लगाए रहता है एवं मोह जाल में फँसा है, वह मृत्यु के पश्चात् नरक में जाता है एवं यम-लोक में उसे यातनाएँ दी जाती हैं।

जीवात्मा शरीर से बाहर निकलकर अँगुष्ठ के समान सूक्ष्म शरीर को धारण कर लेती है। तब जीवात्मा अपने ही घर को देखती है और यमदूत उसके सूक्ष्म शरीर को गले में रस्सी बाँधकर ले जाते हैं (श्री जे.डी. गोयल की पुस्तक 'मृत्यु के बाद' में दिए विवरण के अनुसार भी जीवात्माओं ने यह बताया है कि मृत्यु के समय एक सफेद चमकदार रस्सी, जिसे सिल्वर कोर्ड कहा गया है, मृतक व्यक्ति को दिखती है)। 'मृत्यु के पश्चात्' विषय पर जिन थ्योसोफिस्ट ने शोध किया है और आहूत की गईं जीवात्माओं ने उन्हें इतना अवश्य बताया है कि दुष्ट जीवात्मा को अंधकार-ही-अंधकार में रहना होता है और जब वह सुधर जाती है, तभी उसे प्रकाश दिखता है। 'गरुड़ पुराण' के अनुसार, जीवात्मा को नरक में उसके पाप कर्मों के कारण उसका भोगमान दंड के रूप में पूर्ण हो जाता है, तब उसे पुनर्जन्म हेतु पुनः पृथ्वी पर भेजा जाता है। मृत्यु के तत्काल पश्चात् जीवात्मा को भूख लगती है और मरने के समय दिए गए पिंड, दान, श्राद्ध को वह ग्रहण करता है। जिनका पिंड दान नहीं होता है, वे जीवात्माएँ प्रेत-योनि को प्राप्त कर निर्जन स्थान में घूमती रहती है। पिंड दान दस दिन तक प्रतिदिन चार भागों में होता है, दो भाग पंच भूतों के लिए होते हैं, तीसरा भाग यमदूतों को और चौथा भाग जीवात्मा को मिलता है (परंतु मृत्यु के पश्चात् शोध किए जाने पर किसी भी जीवात्मा ने इस प्रकार का विवरण नहीं बताया)।

गरुड़जी के पूछने पर विष्णु भगवान् ने बताया कि यमलोक अत्यंत दुःख देने वाला है वहाँ वृक्ष की छाया नहीं है, जल नहीं है, जीवात्मा प्यासी रहती है, विषैले साँपों से कटाया जाता है, गरम रेत पर चलाया जाता है, उबलते घी की कड़ाई में डाला जाता है, सूई के समान मुख वाले कीड़ों से कटवाया जाता है, आदि अनेक कष्टदायी विवरण

जीवात्मा को दिए जाने का 'गरुड़ पुराण' में वर्णित है।

गरुड़जी को आगे विष्णु भगवान् बताते हैं कि जीवात्मा 17 दिन तक प्रेत-योनि में रहती है और 18वें दिन वह सौम्यपुर नामक नगर में पहुँचती है, यहाँ पुष्प भद्रा नामक नदी है और अत्यंत सुखकारी एक वट वृक्ष है। यहाँ जीवात्मा विश्राम करती है, इसके पश्चात् सौरपुर को प्रस्थान करती है, वहाँ एक जंगम नाम का राजा है। वहाँ जीवात्मा अन्न व जल को ग्रहण करती है एवं डेढ़ महीने में सौरपुर को वह पार करती है। इसके बाद जीवात्मा नगेंद्र भवन में पहुँचती है। यहाँ पर परिवारजन द्वारा दिए गए श्राद्ध के समय का भोजन व सामग्री को ग्रहण करती है एवं तीसरे महीने में जीवात्मा पत्तनपुर पहुँचकर श्राद्ध के समय दिए गए पिंड का भोजन ग्रहण करती है। चौथे महीने में जीवात्मा शैलपुर नामक नगर में पहुँचती है और वहाँ पर पत्थरों की वर्षा से पीड़ित होती है एवं पाँचवें महीने में क्रोंचपुर में पहुँचती है, वहाँ पर अत्यंत निर्दयी प्राणी रहते हैं।

[मेरी (मुझ लेखक की) अपनी मान्यता है कि मनुष्य को कर्म फल का भोगमान अवश्य करना होता है और ईश्वर बहुत ही दयालु है एवं जीवात्मा को कष्ट देने का उद्देश्य कतई नहीं रहता है। अपने ही पाप कर्मों के कारण से जीवात्मा स्वयं ही कष्ट में रहती है।]

गरुड़जी के इस प्रश्न पर कि जीवात्मा यम-मार्ग की यात्रा पूर्ण करने के बाद यम-लोक में किस प्रकार से यातना भोगती है ? इस विषय पर विष्णु भगवान् ने कहा है कि जीवात्मा यम-लोक में हाहाकार करते हुए चिल्लाती है और चिल्लाहट को सुनकर यमराज का द्वार-पाल धर्मध्वज चित्रगुप्त को सूचित करता है और फिर चित्रगुप्त उस जीवात्मा के अच्छे बुरे कार्यों का लेखा-जोखा यमराज को बताते हैं। भैंसे पर बैठे अपने भयंकर स्वरूप में यमराज पापी और दुष्ट जीवात्मा को दर्शन देते हैं। यमराज 32 भुजाओं वाले हैं और मेघ के समान गर्जन करते हुई उनकी आवाज है, काला स्वरूप है, चमकने वाले शस्त्र धारण किए हुए हैं। तब यमराज की आज्ञानुसार चित्रगुप्त जीवात्मा से कहते हैं, "तुमने अभिमान से प्रमत्त होकर पाप-कर्म क्यों किए ? काम, क्रोध और दुष्टों की संगत करके तुमने यह क्या किया ? पहले तो बड़े हर्ष के साथ पाप किए अब यातनाएँ सहो। इससे नहीं बच सकते। यहाँ मूर्ख, पंडित, प्रबल, निर्बल, दरिद्र, धनवान—सभी एक समान हैं।" तत्पश्चात् यमराज जीवात्मा के अच्छे, बुरे कर्मों के आधार पर उचित दंड देने की आज्ञा देते हैं। यमराज की आज्ञा पाकर दूत उस जीवात्मा को नरक की ओर रस्सी से बाँधकर ले जाते हैं। वहाँ एक विशाल अग्नि के समान गरम वृक्ष है और वृक्ष के नीचे जीवात्मा को उल्टा करके लटका दिया जाता है। फिर उसे ताड़ना दी जाती है। जीवात्मा यमदूतों से क्षमा माँगती है और पापी व दुष्टात्मा को विभिन्न हथियारों से मारा, पीटा जाता है। यमदूत उससे कहते हैं, "तूने भूखे व्यक्तियों को भोजन, प्यासों को पानी,

पीड़ित की सहायता नहीं की, घर पर आए हुए अतिथि का सत्कार नहीं किया, कोई तीर्थाटन नहीं किया, ग्रहस्थ होते हुए अन्नदान नहीं किया, साधुओं की सेवा नहीं की, अब यमराज की आज्ञा से दंड भोगो।" 'गरुड़ पुराण' में विभिन्न प्रकार के घोरतम यातनाएँ जीवात्मा को दिए जाने का उल्लेख है। चौरासी लाख नरक बताए गए हैं और उनमें से अत्यंत कष्ट देने वाले इक्कीस नरक हैं, जिनके नाम हैं—(1) तमिस्त्र, (2) लोहशंकु, (3) महारौरव, (4) शाल्मली, (5) रौरव, (6) कुड्मल, (7) कालसूत्र, (8) पूति मृतिक, (9) संघात, (10) लोहितोद, (11) विष, (12) संप्रतायन, (13) महानिरय, (14) लकाको, (15) संजीवन, (16) महापथ, (17) अवीचि, (18) अंधतामिस्त्र, (19) कुंभीपाक, (20) संप्रतायन, (21) तपन। जो व्यक्ति अधर्म से अपने कुटुंब का पालन-पोषण करते हैं, उन्हें अंधतामिस्त्र नरक में जाना होता है।

हिंदू शास्त्रों में यमलोक के मार्ग का विवरण किया गया है। 'ब्रह्मपुराण' में व्यास जी ने कहा है कि मृत्यु के पश्चात् जीवात्मा को यमलोक के मार्ग से जाना पड़ता है। पुण्य आत्माएँ पुण्य-लोकों में पहुँचती हैं और पाप-कर्मी, पाप-मय लोकों में जाते हैं। 'ब्रह्मपुराण' के अनुसार, यम-लोक में मुख्यत: 22 प्रकार के नरक हैं, जिनमें पापकर्मियों को यातनाएँ मिलती हैं। यमलोक के मार्ग में वृक्षों की छाया नहीं है, तालाब नहीं हैं, पोखर, बावड़ी, कुएँ, नदी, पर्वत, ठहरने योग्य स्थान नहीं है। यहाँ जीव अत्यंत कष्ट में पड़ा रहता है। इस मार्ग पर सभी दुष्ट पापकर्मियों को जाना होता है।

'गरुड़ पुराण' के पंचम अध्याय में बताया गया है कि गरुड़जी ने विष्णु भगवान् से पूछा कि कौन से पाप का भागीदार कौन सी योनि में जाते हैं ? तब भगवान् ने जवाब दिया कि नरक से वापसी पर ब्राह्मण को मारने वाला क्षय रोगी, गौ को मारने वाला कुबड़ा, कन्या को मारने वाला कोढ़ी, स्त्री को मारने वाला म्लेच्छ जाति में रोगी होकर जन्म लेता है। स्वगोत्री कन्या से शादी करनेवाला नपुंसक, गुरु की पत्नी से दुष्कर्म करनेवाला चर्मरोगी के रूप में जन्म लेता है। जो व्यक्ति श्राद्ध में अशुद्ध भोजन देता है उसे सफेद कोढ़, गुरु का अपमान करनेवाले को मृगी, झूठी गवाही देने वाला गूँगा, गौ को लात मारने वाला एवं असत्य बोलने वाला बहरा आदि पाप-कर्मों का विभिन्न प्रकार के फल पुनर्जन्म में मिलना बताए गए हैं।

गरुड़जी के इस प्रश्न पर कि वे कौन से उपाय हैं, जिनसे जाने-अनजाने में किए पाप-कर्मों के कारण यातनाओं से बचा जा सकता है, विष्णु भगवान् बताते हैं कि ऐसे धर्मात्मा व्यक्ति, जिनके पुत्र होते हैं, उनकी दुर्गति नहीं होती है। यदि किसी कारण पुत्र की उत्पत्ति नहीं हुई है तो 'हरिवंश पुराण' की कथा सुनकर भक्ति भाव शत् चंडी के विधान से और भगवान् शिव की आराधना से अच्छी बुद्धि वाले पुत्र जन्म लेते हैं। एक ही धर्मात्मा पुत्र संपूर्ण कुल को तार देता है। पुत्र, पौत्र से स्वर्ग की प्राप्ति होती है। विष्णु

भगवान् बताते हैं कि जब मनुष्य वृद्धावस्था में अपने कानों को बंद करने पर उसे सन्-सन् की आवाज हृदय में सुनाई पड़ती हो, तब समझ लेना चाहिए कि मृत्यु का समय निकट आ गया है। (डॉ. रेमंड मूडी ने भी अपने प्रयोगों में ऐसा ही अनुभव बताया है, जिसका उल्लेख इसी पुस्तक में है) उस समय विष्णु भगवान् के सालिगराम स्वरूप की पूजा करना चाहिए, ब्राह्मणों को दान एवं भोजन कराना चाहिए, अष्टाक्षर 'ओम विष्णुवे नमः' तथा द्वादशाक्षर 'ओम नमो भगवते वासुदेवाय' मंत्र का जाप करें। इन मंत्रों का जाप करनेवाले को मृत्यु के समय यमदूतों के भयंकर स्वरूप नहीं दिखते हैं। गीता व विष्णुसहस्त्रनाम का पाठ करना चाहिए। एकादशी का व्रत करना चाहिए; गंगाजल, तुलसीदल, विष्णु भगवान् का चरणामृत मुख में मृत्यु के समय डालना चाहिए। तिल, लोहा, सोना, कपास (रूई) नमक, सप्तधान, पृथ्वी व गौ, ये आठ प्रकार के दान करना चाहिए। इस प्रकार के दान से चित्रगुप्त प्रसन्न होते हैं। धान, जौ, गेहूँ, मूँग, उड़द, कंगनी, चने के दान से धर्मराज प्रसन्न होते हैं। जो दान पृथ्वी पर मनुष्य करते हैं, वे यमलोक के मार्ग में उन्हें काम आते हैं। पुण्य कर्म से ही मनुष्य जन्म मिलता है और मनुष्य देह पाकर जो धर्म करता है, उसे मोक्ष प्राप्त होता है। जिस घर में तुलसी का पौधा लगा है, वहाँ यमदूत नहीं जाते हैं, वह तीर्थ है। गोबर से लिपा हुआ स्थान पवित्र माना जाता है और पिशाच, राक्षस, भूत, प्रेत एवं यमदूत बिना लिपे स्थान पर पहुँच सकते हैं। अच्छे संस्कार वालों के प्राण मुख, आँख, नाक और दोनों कानों से होकर निकलते हैं। योगी के प्राण तालु के छिद्र से निकलते हैं।

'गरुड़ पुराण' के अध्याय-10 में बताया गया है कि पुत्र को अपने माता-पिता की अंत्येष्टि करनी चाहिए, मुंडन कराना चाहिए, नवीन वस्त्रों से पिंड-दान करना चाहिए, चंदन, तुलसी, पलाश, पीपल की लकड़ियों की चिता बनानी चाहिए। चिता पर दो पिंड रखने चाहिए और यदि पंचक में मृत्यु हो तो पाँच की मृत्यु होती है, अतः पंचक में दाह-संस्कार नहीं करना चाहिए या फिर मृतक के निकट चार पुतले रखना चाहिए। वे पुतले कुशा के बने हों और उन्हें भी दाह-संस्कार में शामिल करना चाहिए। दाह-संस्कार के समय आधा दाह होने पर या पूर्णतः होने पर चिता में जलते समय मृतक के मस्तिष्क को लकड़ी से छेद करना चाहिए और तब घी की आहुति कपाल पर करनी चाहिए। दाह-संस्कार के पश्चात् पहले स्त्रियों को और फिर पुरुषों को स्नान करना चाहिए। इसके बाद नीम की पत्ती को दाँतों से कुतरें। पहले स्त्रियाँ घर के अंदर प्रवेश करें, उसके बाद पुरुष। मृतक का शव घर में जिस स्थान पर रखा गया हो, उस स्थान को गोबर से लीपें और 12 दिन तक उस स्थान पर दीपक रखें। सूर्य के अस्त होने पर श्मशान में अथवा चौराहे पर मिट्टी के पात्र में दूध व जल तीन दिन तक भरें। पुत्र अपने माता-पिता का दाह-संस्कार करे और यदि पुत्र नहीं है तो भाई बंधु क्रिया

कर्म-कांड करे। सपिंडी के दिन उसकी शांति विधिपूर्वक करना चाहिए।

'गरुड़ पुराण' के 12वें अध्याय में श्राद्ध व पिंड-दान से संबंधित विवरण है एवं 13वें अध्याय में उल्लेख है कि गरुड़जी ने भगवान् श्री विष्णु से पूछा कि सपिंडन व सूतक की विधि क्या है? इस पर भगवान् ने समझाया कि सपिंड क्रिया के बाद ही जीवात्मा प्रेत-योनि को छोड़कर पितृ-योनि प्रवेश करती है। सपिंडी किए बिना सूतक से निवृत्ति नहीं होती है। इसलिए पुत्र को सूतक के अंत में सपिंडन करना चाहिए। ब्राह्मण की दस दिन में, क्षत्रिय की बारह दिन में, वैश्य की पंद्रह दिन में और शूद्र की एक माह में शुद्धता करनी चाहिए। प्रत्येक वर्ण के लिए 12वें दिन सपिंडन करना चाहिए। सूतक के समय संन्यासी को भिक्षा नहीं देनी चाहिए। यज्ञोपवीत, व्रत, उद्यापन, उत्सव, विवाह, यज्ञ आदि नहीं करना चाहिए। सपिंडन करना अत्यावश्यक है। जो लाभ तीर्थ दर्शन से मिलता है, सभी प्रकार के यज्ञ करने से मिलता है, वही लाभ 12वें दिन सपिंडन करने से प्राप्त होता है (जो कर्म-कांडी विद्वान् पंडित जानते हैं, उन्हीं से विधि अनुसार सपिंडन का कार्य कराना चाहिए)। गया जाकर जो श्राद्ध कर्म करते हैं, उनके पितर भव सागर से छूट जाते हैं। इसलिए गया जाकर आदर-पूर्वक पिंड-दान करना चाहिए।

हिंदुओं में मृत व्यक्ति के स्वजन अंत्येष्टि संस्कार करते हुए प्रार्थना करते हैं कि उसकी सद्गति हो। ऐसी धारणा व विश्वास है कि मृतक के नाम से जो कुछ भी प्रार्थना व कर्म-कांड किए जाएँगे, वे परलोक में उस जीवात्मा की सहायता करेंगे। हिंदू स्वर्ग-सत्ता में विश्वास करते हैं।

'गरुड़ पुराण' के 14वें अध्याय में यह प्रसंग है कि जो धार्मिक व्यक्ति हैं, उनके यमलोक में जाने का मार्ग क्या है? तब विष्णु भगवान् ने गरुड़जी को बताया कि मृत्यु के बाद दिव्य धर्मनगर बड़े ही पुण्य करने से से मिलता है। याम्य और नैर्ऋत्य के बीच में यमराज का नगर है। यह चौकोर है और उसके चार दरवाजे हैं। वह चहारदीवारी से घिरा हुआ है। इस नगर में चित्रगुप्त का सुंदर निवास है। यह सैकड़ों पताकाओं तथा ध्वजों से शोभित है, गाना-बजाना होता है, बाग-फुलवारी से मनोहर है और अनेक पक्षी उसमें बोलते हैं। गंधर्व व अप्सराओं से शोभायमान है। इसमें चित्रगुप्त एक परम अद्भुत आसन पर बैठकर मनुष्यों की आयु की गणना करते हैं। वह मनुष्यों के पाप-पुण्य का लेखा-जोखा रखते हैं। चित्रगुप्त के निवास से पूर्व दिशा में ज्वर का घर है। पश्चिम दिशा में कालपाश का घर है, उत्तर दिशा में राजरोग व पांडुरोग का घर है एवं दक्षिण दिशा में शूल व विस्फोटक के घर हैं। ईशान दिशा में सिर की पीड़ा का तथा अग्नि कोण में मूर्च्छा का घर है। चित्रगुप्त के घर के आगे और पुर के मध्य में यमराज का रत्नमय महल है। यह बहुत दिव्य है। सोने के तोरण व दरवाजे इसमें हैं। यमराज के घर की सुंदरता, भव्यता का वर्णन 'गरुड़ पुराण' में दिया गया है। अप्सराओं के गाने-बजाने होते हैं। यमराज की

सभा में पक्षपात नहीं होता है। धर्म को जानने वाले सूर्यवंशी और चंद्रवंशी राजा सभा में धर्मराज यमराज की सेवा करते हैं।

धर्मराज की सभा में पापी जीवात्माएँ दक्षिण मार्ग से होकर आती हैं और वे धर्मराज की सभा को देख नहीं सकती हैं। धर्मराज के नगर में शेष तीन मार्ग से बड़ी पुण्यात्माएँ वाली जीवात्माएँ आती हैं। पूर्व दिशा का मार्ग सभी प्रकार के भोगों से युक्त है व कल्पवृक्ष की छाया से आच्छादित एवं रत्नों से शोभित है। अमृतरूपी जल से युक्त है। जो देवताओं की आराधना करनेवाले हैं, शिव की भक्ति में तत्पर रहते हैं, ग्रीष्म ऋतु में जो जलदान करते हैं और माघ के माह में जो ईंधन दान करते हैं, वर्षा ऋतु में जो विश्राम की व्यवस्था करते हैं, जो लोग अमृत समान वचन बोलते हैं, सत्य धर्म का पालन करते हैं क्रोध व लोभ से रहित हैं, माता-पिता के भक्त हैं व गुरु की सेवा में तत्पर रहते हैं, गोदान व विद्यादान करनेवाले हैं, पुराण को कहने, सुनने और परायण करनेवाले हैं एवं अनेक प्रकार के पुण्य कर्म करनेवाले हैं, वे सभी धर्मराज के नगर में पूर्व मार्ग से होकर पूर्व द्वार में प्रवेश करते हैं। यमलोक को जानेवाला पश्चिम मार्ग भी रत्नों से बना हुआ है। अमृतरूपी जल इस मार्ग में भरा हुआ है और ऐरावत् हाथियों से घिरा हुआ है, उच्च अश्वरत्नों से युक्त है। यमलोक को पश्चिम मार्ग से आनेवाले पश्चिम द्वार से प्रवेश करनेवाले वे होते हैं, जो शास्त्रों का ज्ञान रखते हैं, विद्वान् हैं, परायण करनेवाले, उत्तम विचार वाले, भगवान् विष्णु के अनन्य भक्त एवं गायत्री मंत्र का जाप करनेवाले हैं। जो दूसरों की हिंसा नहीं करते एवं जो दूसरों का धन नहीं लेते, अपनी ही स्त्री के साथ भोग करते हैं। वेद पढ़ने वाले, ब्रह्मचर्य व्रत धारण करनेवाले, वानप्रस्थ व तपस्वी, संन्यासी, जिनके समक्ष कंकड़ व सोना एक समान हो, ज्ञान वैराग्य से जो युक्त हों, शिव तथा विष्णु भगवान् का व्रत करनेवाले हों, वे सभी पश्चिम द्वार से धर्मराज की सभा में प्रवेश करते हैं और उनका बार-बार स्वागत किया जाता है एवं उन्हें सिंहासन बैठने को दिया जाता है, चंदन आदि से उनका पूजन होता है। उत्तर दिशा से आनेवाले मार्ग का विवरण इस प्रकार है कि यह मार्ग अत्यंत सुंदर है। अमृत के समान जल एवं चंदन के वृक्षों से युक्त है। इस दिशा से आनेवाले मार्ग से धर्मराज के नगर में वेद पढ़ने वाले, पूजा करनेवाले, दुर्गा तथा सूर्य भक्त, जो युद्ध धर्म में मरते हैं, अनशन से मरते हैं, काशी में मरते हैं, तीर्थ स्थल के जल में मरते हैं, योगाभ्यास से मरते हैं, महादान करते हैं, वे सभी उत्तर द्वार से धर्मराज के महल में प्रवेश करते हैं।

'गरुड़ पुराण' में यह भी बताया गया है कि स्त्री को गर्भ-धारण कब होता है और इसी परिस्थिति को मेडिकल साइंस भी मान्यता देता है। 'गरुड़ पुराण' के 15वें अध्याय में उल्लेख है कि गरुड़जी ने भगवान् विष्णु से प्रश्न किया कि धर्मात्मा स्वर्ग को सुख छोड़कर निर्मल कुल में जन्म लेने के लिए माँ के गर्भ में कैसे आते हैं? कृपया बताएँ।

इस विषय पर भगवान् विष्णु कहते हैं कि ऋतुकाल में नारी को चार दिन तक पति से दूर रहना चाहिए इन चार दिनों तक पति को पत्नी का मुख भी नहीं देखना चाहिए। चौथे दिन ऋतुकाल से निवृत्त होनेवाली नारी को स्नान करके शुद्ध होना चाहिए और फिर उसके सात दिन बाद पितरों व देवताओं का पूजन एवं व्रत करना चाहिए। प्रथम सात दिन छोड़कर रात्रि में पति से संपर्क करना चाहिए। यह सोलह रात्रि गर्भधारण के लिए उपयुक्त रहती है और उसमें भी चौदहवीं रात्रि में निश्चय ही गर्भ धारण हो सकता है। पान खाकर, पुष्प व चंदन को धारण करके, शुद्ध वस्त्र पहनकर, मन में धर्म धारण कर पुरुष उत्तम शैया पर पत्नी से संबंध बनाएँ। वीर्य स्खलन के समय चित्त में जैसी कल्पना होती है, उसी स्वभाव का जीव स्त्री की कोख में प्रवेश करता है। वीर्य में सदा स्थित चैतन्य रहता है। गर्भ धारण करनेवाली स्त्री को परम आनंद प्राप्त होता है। पुण्यात्माएँ उच्च गृह की स्थिति में जन्म लेती हैं।

मानव शरीर का निर्माण निम्नांकित पाँच तत्त्वों से हुआ है और मृत्यु उपरांत जब दाह-संस्कार शरीर का कर दिया जाता है तो कहा जाता है कि मृतक की देह पंचतत्त्व में विलीन हो गई। ये पाँच तत्त्व निम्नलिखित हैं—

1. पृथ्वी
2. जल
3. अग्नि
4. वायु
5. आकाश

अर्थात् पृथ्वी, जल, अग्नि, वायु और आकाश के इन तत्त्वों से ही गर्भ में पिंड बनता है। अब यह जानना भी आवश्यक है कि शरीर के कौन-कौन में ये पाँच तत्त्व हैं और इन पाँचों तत्त्वों के कौन-कौन से गुण शरीर में विद्यमान हैं—

1. **पृथ्वी के गुण :** त्वचा, हड्डी, रोम, नाड़ी और मांस—ये पाँच पृथ्वी के गुण हैं।
2. **जल के गुण :** लार, मूत्र, वीर्य, मज्जा और रक्त—ये पाँच जल के गुण हैं।
3. **अग्नि के गुण :** क्षुदा, तृष्णा, आलस्य, निद्रा और कांति—ये पाँच अग्नि के गुण हैं।
4. **वायु के गुण :** आकुंचन (सिकुड़ना), धावन, उल्लंघन, फैलना और चिष्टित होना—ये पाँच वायु के गुण हैं।
5. **आकाश के गुण :** शब्द, चिंता, शून्यता, मोह और संदेह—ये पाँच गुण आकाश के हैं।

विष्णु भगवान् गरुड़जी को समझाते हैं कि मन, बुद्धि, चित्त, अहंकार—ये चार

गुण अंतःकरण के हैं। ये गुण पूर्व जन्म के कर्मों से संस्कारयुक्त होते हैं। शरीर में पाँच ज्ञानेंद्रियाँ निम्नानुसार हैं—

1. कान
2. त्वचा
3. आँख
4. जीभ
5. नाक

मनुष्य शरीर कान, त्वचा, आँख, जीभ, नाक ज्ञानेंद्रियों के माध्यम से ज्ञान प्राप्त करता है। शरीर में निम्नानुसार पाँच कामेंद्रियाँ हैं—

1. वाक
2. पाणि
3. पाद
4. गुदा
5. लिंग

इस प्रकार मानव देह में वाक, पाणि, पाद, गुदा लिंग—ये पाँच कामेंद्रियाँ हैं। शरीर में मुख्यतः हम लोग तीन नाड़ियों को ही जानते हैं, लेकिन वस्तुतः सात नाड़ियाँ होती हैं, जिनके नाम इडा, पिंगला व सुषुम्ना, गंधारी, गजजिह्वा, पूषा, यशस्विनी नाड़ियाँ हैं। भगवान् श्री विष्णु बताते हैं कि शरीर में साढ़े तीन करोड़ रोम हैं, सात लाख बाल हैं, बीस नाखून हैं, बत्तीस दाँत हैं और षट्चक्र हैं। मनुष्य का शरीर दस प्रकार की वायु के संपर्क में रहता है। प्रत्येक वायु का शरीर में एक निश्चित स्थान है, जिसका विवरण निम्नानुसार है—

1. प्राण-वायु हृदय में होती है।
2. अपान-वायु गुदा में रहती है।
3. समान-वायु नाभि-मंडल में रहती है।
4. उदान-वायु कुंठ में रहती है।
5. ब्यान-वायु समस्त शरीर में रहती है।
6. नाग-वायु डकार के समय निकलती है।
7. कूर्म-वायु उन्मीलन में होती है।
8. कृकल-वायु क्षुधा जागृति के समय होती है।
9. देवदत्त-वायु वृजंभण में रहती है।
10. धनंजय-वायु सर्वव्यापी है, जो मरे हुए शरीर को नहीं छोड़ती है।

'गरुड़ पुराण' के 16वें अध्याय में अत्यंत महत्त्वपूर्ण उल्लेख है कि श्री गरुड़जी ने

विष्णु भगवान् से कहा कि सनातन मोक्ष के उपायों को बताएँ। तब भगवान् कहते हैं कि 'गरुड़ पुराण' मात्र से ही मनुष्य संसार सागर के बंधन से छूट जाता है (यहाँ मेरा मत यह है कि 'गरुड़ पुराण' को यदि पूर्ण श्रद्धा और विश्वास के साथ पढ़ा या सुना जाए तो निश्चित ही वैराग्य उत्पन्न होगा और जीवन में पाप-कर्म एवं दुष्कर्म की प्रवृत्ति नहीं रहेगी। प्रथमत: तो 'गरुड़ पुराण' में जो विभिन्न नरकों और कष्टों का विवरण है, उसी से भय लगने लगता है कि यदि यह सब सच है तो मृत्यु के पश्चात् बड़ा भारी दंड नरक में मिलने वाला है। द्वितीयत: सत्यकर्मी, सत्यवादी, दयावान, सहायता करनेवाले, धार्मिक व भक्त आदि सद्गुणी को कोई दंड नहीं मिलता। इसी कारण विष्णु भगवान् का संसार के बंधनों से छूट जाने का आशय है)। विष्णु भगवान् कहते हैं कि सबके कर्ता, सर्वज्ञ, निर्गुण, काल-रहित, विकार-रहित भगवान् शिव हैं। मोक्ष की प्राप्ति के लिए मनुष्य को यह दुर्लभ देह मिलती है। देह के बिना किसी को भी पुरुषार्थ की प्राप्ति नहीं होती है, इसलिए देह व धन की रक्षा करते हुए पुण्य कार्य करने चाहिए। अपनी आत्मा की विकृत मानसिकता से रक्षा करते हुए कल्याण कार्य करना चाहिए। (यहाँ आत्मा की रक्षा से आशय यह है कि मनुष्य को अपने कर्मों में सदाचारी होना चाहिए, जिससे कि आत्मा निश्छल, पवित्र बनी रहे।) कल्याण करने योग्य वार्त्तालाप करना चाहिए। जब तक दु:ख व आपत्ति न आए और जब तक इंद्रियों में व्याकुलता न हो, तब तक आत्म-तत्त्व का अभ्यास करना चाहिए। आत्म-ज्ञान से ही मोक्ष प्राप्त होता है। कोई अद्वैत की इच्छा करते हैं और कोई द्वैत की इच्छा करते हैं, परंतु वे द्वैत और अद्वैत से रहित समतत्त्व को नहीं जानते। 'मेरा नहीं, उसका है, मुझे मिल जाए और मेरा है', ये भाव बंधनकारी हैं। 'मेरा है' से जीवात्मा बँध जाती है। 'मेरा नहीं है, सबकुछ परमात्मा का है,' के भाव से जीवात्मा छूट जाती है। आगे विष्णु भगवान् कहते हैं कि जो परम वैराग्य में स्थित हो गया है और मुझको भजता है, वह मोक्ष को प्राप्त होता है।

□

'ब्रह्मसूत्र' में मृत्यु के समय की स्थिति

'ब्रह्मसूत्र' हिंदुओं का एक अत्यंत प्राचीन ग्रंथ है। इसमें 555 सूत्र हैं। मृत्यु के समय मनुष्य को कैसा अनुभव होता है, मृत्यु के बाद सूक्ष्म शरीर क्या अनुभव करता है, इस संदर्भ में हजारों वर्ष पूर्व 'ब्रह्मसूत्र' में उल्लेख किया जा चुका था। जब 'ब्रह्मसूत्र' के श्लोक लिखे गए तो उस समय मनुष्य की मृत्यु के बाद की स्थिति पर किसी भी प्रकार की शोध के तथ्य उपलब्ध नहीं थे, लेकिन ऋषि-मुनियों ने अपनी दिव्य-दृष्टि और ज्ञान के माध्यम से मृत्यु के पश्चात् के अनुभवों का विवरण अनेक ग्रंथों व पुराणों में किया है और किए गए शोध से उनका सत्यापन व प्रमाण यथावत् जीवात्माओं से संपर्क करने पर स्पष्ट होता है। उसी संदर्भ में 'ब्रह्मसूत्र' का उल्लेख करना भी आवश्यक है।

'ब्रह्मसूत्र' के निम्नांकित सूत्रों पर ध्यान आकर्षित करना सुसंगत होगा—

"तदन्तरप्रतिपत्तौ रंहति। सम्परिश्वक्त: प्रश्ननिरुपणाभ्याम्।" (सूत्र 292)

"वाङ्मनसि दर्शनाच्छब्दाच्च" (सूत्र 497)

"अत एव च सर्वाण्यनु" (सूत्र 498)

"तन्मन: प्राण उत्तरात्" (सूत्र 499)

"सोऽध्यक्षे तदुपगमादिभ्य: " (सूत्र 500)

"नैकस्मिन् दर्शयतो हि" (सूत्र 502)

"समाना चासुत्युपक्रमादमृतत्वं चानुपोष्य" (503)

"नोपमर्देनात: " (506)

उपरोक्त सूत्रों की व्याख्या इस प्रकार से की गई है कि जीवात्मा अपने भौतिक-शरीर को छोड़कर सूक्ष्म शरीर के माध्यम से अन्य दूसरे शरीर को प्राप्त करती है। सूक्ष्म शरीर के साथ जीवात्मा अपना नया जन्म प्राप्त करने के लिए माता के गर्भ में पहुँचती है तथा इस कार्य में प्राण उसकी सहायता करते हैं। प्राण जीवात्मा का अनुसरण करते हैं। मृत्यु के पश्चात् मन, बुद्धि, चित्त, अहंकार सूक्ष्म शरीर में भी बने रहते हैं और ये गुण जीवात्मा के साथ जाते हैं।

'ब्रह्मसूत्र' के अनुसार मृत्यु के समय मनुष्य बोल नहीं पाता है और उसकी वाणी मन में स्थित होकर स्थिर हो जाती है। इसी कारण ठीक मृत्यु के समय मनुष्य का बोलना बंद

हो जाता है। उसका मन तो कार्यरत रहता है और मन में कुछ कहने की लालसा भी होती है, लेकिन बोलना बंद हो जाता है। जुबान स्थिर हो जाती है, क्योंकि वाणी मन में स्थित होकर स्थिर हो जाती है अर्थात् वाणी मन में लीन हो जाती है और प्राण अग्नि में लीन हो जाते हैं तथा अग्नि सर्वोच्च देव-शक्ति में लीन हो जाती है। इसी कारण मनुष्य मृत्यु के अनुभव बिना बताए अपने भौतिक शरीर को छोड़कर उसकी जीवात्मा बाहर निकल जाती है। यहाँ गौर यह करना होगा कि अग्नि से तात्पर्य ज्वलनशील दृश्यमान आग से नहीं है बल्कि अग्नि का अर्थ है, ऊर्जा में लीन हो जाना। इस प्रकार प्राण का ऊर्जा में लीन होना माना जाता है।

सामान्यतया हम देखते भी हैं कि मृत्यु के समय स्थूल शरीर की सभी इंद्रियाँ शिथिल हो जाती हैं। सुनना, देखना, बोलना, हाथ-पैर हिलना, सबकुछ प्राण निकलते समय बंद हो जाते हैं, क्योंकि सबकुछ मन में स्थिर हो गया। तभी जीवात्मा प्राण के साथ शरीर से बाहर निकल जाती है और तब उस समय उसे सूक्ष्म शरीर का आभास होता है।

शरीर के समस्त दृश्यमान एवं अदृश्यमान अंग मृत्यु के समय मन में स्थित होकर लीन हो जाते हैं। भले ही मृतक को दिखना बंद हो जाए अथवा उसकी अन्य ज्ञानेंद्रियाँ कार्य करना बंद कर दें, परंतु मन कार्यरत् रहता है। व्यावहारिक रूप में होता भी यही है कि जब मनुष्य की मृत्यु होती है तो सामान्यत: तत्काल यह समझ लिया जाता है कि वह मर चुका है, परंतु प्राण निकलने की प्रक्रिया में सबकुछ मन में एकत्रित होकर स्थिर हो रहा है और जीवात्मा इन सभी को लेकर प्राण के साथ बाहर निकलती है। निश्चित ही इस प्रक्रिया में कुछ अल्पसमय अवश्य की लगता होगा। मनुष्य के सूक्ष्म शरीर का संबंध उसके स्थूल शरीर से तो विच्छेद हो जाता है, लेकिन जीवात्मा के साथ सूक्ष्म शरीर बना रहता है। सूक्ष्म शरीर जीवात्मा के साथ उसके पुनर्जन्म होने तक स्वयं के होने का आभास कराता रहता है।

'ब्रह्मसूत्र' के अनुसार भी मनुष्य का शरीर पृथ्वी, जल, वायु, अग्नि, आकाश से निर्मित है और मृत्यु के पश्चात् इन्हीं पाँच तत्त्वों में विलीन हो जाता है। जीवात्मा के सूक्ष्म शरीर के साथ पुनर्जन्म के लिए सभी तत्त्व सूक्ष्म रूप में उसके साथ गमन करते हैं।

स्थूल शरीर नष्ट होने के बाद भी सूक्ष्म शरीर नष्ट नहीं होता है और उसका अस्तित्व बना रहता है। श्रुति व स्मृति के अनुसार जब जीवात्मा अपने मृत शरीर को छोड़कर दूसरे शरीर में जन्म लेती है तो उस समय उसका सूक्ष्म शरीर ही होता है और इसके साथ उसके सभी सूक्ष्म तत्त्व भी उसमें समाहित होते हैं। छोड़े गए पूर्व मृत शरीर के पश्चात् उसके सूक्ष्म शरीर में पूर्व जन्म के सूक्ष्म तत्त्व (गुण) भी पुनर्जन्म वाले शरीर में प्रवेश करते हैं। इस प्रकार नवीन शरीर में सिर्फ प्राण का ही प्रवेश नहीं होता है, बल्कि उसके पूर्व जन्म के सूक्ष्म तत्त्वों का भी प्रवेश होता है।

'ब्रह्मसूत्र' के अनुसार, मनुष्य की मान्यता दो प्रकार की होती है। एक यह कि वह निर्गुण एवं निराकार ब्रह्म है और दूसरा यह कि सगुण एवं साकार ब्रह्म है। निर्गुण एवं

निराकार ब्रह्म के ज्ञानी की मृत्यु के समय उसके प्राण ब्रह्म में लीन हो जाते हैं अर्थात् ब्रह्म में विलय हो जाता है। इनका जन्म-मरण से नाता छूट जाता है। इसे इस तरह समझ सकते हैं कि जैसे पानी की एक बूँद का समुद्र में मिलने पर उस बूँद का अस्तित्व ही समाप्त हो जाता है। वह समुद्र में लीन हो जाती है। समुद्र-रूपी ब्रह्म में विलय होने के बाद प्राण और जीवात्मा का एकल अस्तित्व समाप्त हो जाता है। निर्गुण एवं निराकार ब्रह्म ज्ञानी व्यक्ति भौतिक शरीर में रहते हुए भी वह शरीर-भाव में नहीं रहता है और मृत्यु के पश्चात् भी वह निर्गुण एवं निराकार ब्रह्म में लीन हो जाता है। चूँकि निर्गुण एवं निराकार ब्रह्म-ज्ञानी के समक्ष साकार का स्वरूप ही नहीं है, तब ऐसी स्थिति में उनके शरीर की मृत्यु के बाद वे स्वमेव ब्रह्म में लीन हो जाते हैं, परंतु सगुण एवं साकार ब्रह्म की मान्यता वाले अधिकांशत: ईश्वर के अस्तित्व को मानते हैं और वे अपने-अपने इष्ट-देव के भक्त होते हैं। निर्गुण एवं निराकार ब्रह्म तथा सगुण एवं साकार ब्रह्म की मान्यताओं में ब्रह्म दोनों ओर है और दोनों प्रकार की सोच में ब्रह्म के अस्तित्व को मान्यता दी गई है।

सगुण ब्रह्म में आस्था रखनेवाले और सगुण ब्रह्म के ज्ञानी मनुष्य की मृत्यु के समय सुषुम्ना-नाड़ी के माध्यम से उसके प्राण निकलते हैं तथा उसके बाद वे देवयान के माध्यम से ईश्वर को प्राप्त करने का पथ ग्रहण करते हैं जबकि अन्य मनुष्यों के प्राण अन्य नाड़ी से बाहर निकलते हैं और उनका पुनर्जन्म होता है। मृत्यु के समय प्राण निकलने की प्रक्रिया एक जैसी होती है, परंतु 'छांदोग्योपनिषद्' एवं 'कठोपनिषद्' के अनुसार, शरीर में हृदय के अंदर सौ से भी अधिक नाड़ियाँ हैं और उनमें से एक नाड़ी हृदय से मस्तिष्क की ओर जाती है। शरीर में सुषुम्ना नाड़ी का एक सुनिश्चित स्थान है। 'ब्रह्मसूत्र' के अनुसार, सगुण एवं साकार ब्रह्म का पुनर्जन्म तत्काल नहीं होता है, बल्कि उनके जन्म का उपयुक्त समय आने पर ही आवश्यकतानुसार उनका पुनर्जन्म होता है।

तीसरे प्रकार के मनुष्य वे होते हैं, जो न तो निर्गुण एवं निराकार ब्रह्म को मानते हैं और न ही सगुण एवं साकार ब्रह्म को अर्थात् ऐसे मनुष्य किसी भी प्रकार के ब्रह्म ज्ञानी नहीं होते हैं एवं 'खाओ, पिओ और मौज करो' के सिद्धांत पर जीवन-यापन करते रहते हैं। इनकी मृत्यु के समय इनके प्राण नाड़ियों से होकर आँख, कान, नाक, मुँह, गुदा आदि स्थानों के माध्यम से शरीर से बाहर निकलते हैं। इनका पुनर्जन्म भी जल्दी होता है 'छांदोग्योपनिषद्' में भी यह कहा गया है कि सत्कर्म करनेवाली एवं अच्छी जीवात्माएँ, जिनका भौतिक जीवन सदाचरण से परिपूर्ण रहा है, वे उच्च एवं अच्छी योनि में जन्म लेती हैं। मनुष्य योनि में भी जन्म होने पर ऐसी जीवात्माएँ विद्वान, प्रतिभाशाली और अच्छे कर्म करने के उद्‌देश्य से इनका जन्म होता है जबकि इसके विपरीत जिन्होंने अपने जीवन में कुकर्म किए हैं, बुरा आचरण रहा है, दूसरों को कष्ट दिया है, ऐसी जीवात्माएँ निम्न और अशुभ योनि में जन्म लेती हैं। □

मृत्यु के पश्चात् कर्मों के फल पर एक चिंतन

मनुष्य के जीवन में उसके कर्म और मृत्यु के पश्चात् उनके परिणाम के संदर्भ में कहा गया है कि किए जा रहे कर्म इस प्रकार के होना चाहिए, जो संचित करने के लिए उपयुक्त हों। (कल्याण का अंक 'परलोक और पुनर्जन्मांक' पृष्ठ 129 पर श्री सुशांतजी ब्रह्मचारी से उद्धृत) इन्हें तीन सर्वमान्य विभागों में विभक्त कर सकते हैं—

1. प्रथमत: वे लोग हैं, जिन्होंने बिना किसी फल की इच्छा के निष्काम कर्म किए हैं। इनका पुनरागमन नहीं होता है। वे सूक्ष्म से सूक्ष्म ऊर्ध्वलोकों की ओर तब तक बढ़ते जाते हैं, जब तक वे मुक्त नहीं हो जाते हैं। इसे 'देवयान' कहेंगे।
2. दूसरी वे आत्माएँ हैं, जिन्होंने शुभ-फल प्राप्त करने की इच्छा के कारण पुण्य कर्म किए हैं। उनकी आत्मा लोकों में उन पुण्य कर्मों के शुभ-फल का उपभोग तब तक करेगी, जब तक उनके पुण्य कर्म का फल समाप्त नहीं हो जाता है और इसके बाद वे फिर लौटकर पृथ्वी पर आ जाएँगे। इसे 'पितृयांण' कहेंगे।
3. तीसरी आत्माएँ वे हैं, जो अपने दुष्कर्मों, पापकर्मों के परिणामस्वरूप आत्मा की अधोगति प्राप्त करती हैं। ऐसे लोग निम्न पशु योनि अथवा वृक्ष में भी जन्म ले सकते हैं।

□

परकाया प्रवेश

संपूर्ण विश्व में भारत-भूमि चमत्कारों से परिपूर्ण है। आध्यात्मिक ज्ञान, धार्मिकता, योग, शैवभक्त, शाक्तभक्त, वैष्णवभक्त भारत में ही मिलेंगे और इनका उद्‌भव भारत-भूमि से ही हुआ है। पूजा की विभिन्न पद्धतियाँ ईश्वर के अस्तित्व का ज्ञान, द्वैत एवं अद्वैत, कर्मयोग, कर्मज्ञान, कर्मफल, प्रारब्ध, पौराणिक कथाएँ, वेद-पुराण, श्रीमद्‌भगवतगीता, श्रीमद्‌भागवत एवं अनेक अनेक धार्मिक व आध्यात्मिक ज्ञान का उद्‌भव भारत-भूमि से ही हुआ है। भगवान् श्रीराम, श्रीकृष्ण, बुद्ध, महावीर, आदि शंकराचार्य, सूरदास, गोस्वामी तुलसीदास, कबीर, मीराबाई, भक्त कवि रैदास, रामकृष्ण परमहंस, विवेकानंद, योग योगेश्वर प्रभु श्रीरामलालजी महाराज, योगीराज श्री चंद्रमोहनजी महाराज, मत्स्येंद्रनाथ, गोरखनाथ, तैलंग स्वामी, हनुमान प्रसाद पोद्‌दार, गोपीनाथ कविराज, तैलंग स्वामी, युक्तेश्वर गिरि आदि अनेक महान् संत महात्माओं के जन्म और उनकी कर्मभूमि भारत ही रही है। भारत-भूमि अत्यंत महान् है।

भारत में अनेक ऐसे संत-महात्मा हुए हैं, जो योग के माध्यम से समाधिस्थ हो जाते रहे हैं एवं स्वयं के शरीर से बाहर होकर अन्य दूसरे शरीर में प्रवेश करते रहे हैं। योग के साधकों के लिए यह स्थिति उच्च कोटि की होती है। पाश्चात्य देशों में एवं तथाकथित आधुनिकतावादी भले ही योग एवं परकाया-प्रवेश को कपोल कल्पित कहते हैं, लेकिन उनके लिए इतना भर कहना पर्याप्त होगा कि जिस विषय पर यदि ज्ञान नहीं हो, तो उसके संदर्भ में कोई भी विपरीत टिप्पणी नहीं करना चाहिए। जो लोग शरीर जीवन की समाप्ति के साथ मृत्यु के पश्चात् सबकुछ समाप्त होना मान लेते हैं, शरीर की उत्पत्ति और उसकी मृत्यु तक अपने ज्ञान को सीमित रखते हैं, उनके लिए यह कहना ही उचित होगा कि मृत्यु के पश्चात् की स्थिति के विषय में उन्हें ज्ञान नहीं है।

हिंदुओं में पुनर्जन्म की मान्यता तो है ही, साथ-साथ प्रत्येक मानव जाति के कर्मफल के परिणामस्वरूप पुनर्जन्म होने की मान्यता है। एक अटल सत्य यह भी है कि मृत्यु के पश्चात् भौतिक शरीर से कोई अदृश्य निकलता है। उसे प्राण कहो, या जीवात्मा कहो या आत्मा कहो, या सूक्ष्म शरीर कहो या रूह कहो, लेकिन इतना अवश्य है कि

भौतिक शरीर के क्रियाकलाप मात्र ही अंतिम नहीं हैं। इससे आगे भी कुछ और है।

योगी संत-महात्मा अपने भौतिक शरीर से बाहर निकलकर अपने सूक्ष्म शरीर के माध्यम से विचरण करते हैं एवं दूसरे के शरीर में भी प्रवेश कर जाते हैं। दूसरी देह के माध्यम से अपने उद्देश्य व कर्म का उपयोग करने के बाद योगी का पहला शरीर यदि विद्यमान एवं सुरक्षित रहा है, तो वे उसमें पुनः प्रवेश कर जाते हैं। परंतु यदि पहला शरीर नष्ट हो गया, तो योगी अपनी इच्छानुसार दूसरे के शरीर में बने रहते हैं। इस प्रकार की सिद्धि सभी को प्राप्त नहीं हो सकती। इस हेतु बहुत साधना करनी पड़ती है।

चूडाला का प्रसंग

योगवसिष्ठ में चूडाला का प्रसंग है। महर्षि वसिष्ठ ने भगवान् श्रीराम को परकाया प्रवेश की प्रक्रिया को समझाया था। चूडाला एक साध्वी और योगिनी थी। वह योग में पारंगत थी। योग के माध्यम से योगी को भूत, भविष्य एवं वर्तमान का ज्ञान हो जाता है। चूडाला का विवाह महाराज शिखिध्वज से हुआ था जो योगी भी थे। एक बार जंगल में राजा शिखिध्वज समाधिस्थ हो गए एवं उन्हें समाधिस्थ हुए कई दिन व्यतीत हो गए। पति की समाधि चलती रही और चूडाला के अनेक प्रयत्न के बावजूद भी उनकी समाधि भंग नहीं हुई। अंततः चूडाला ने अपने पति की नाड़ियों से उनके जीवन का पता लगाया एवं अपने भौतिक शरीर से बाहर निकलकर सूक्ष्म शरीर के माध्यम से अपने पति के शरीर में प्रवेश कर गई। तत्पश्चात् उसने अपने पति की चेतना को स्पंदित किया और फिर पति के शरीर से बाहर निकलकर अपने शरीर में प्रवेश कर गई। कुछ देर बाद उसके पति की समाधि भंग हुई।

आदि शंकराचार्य का परकाया प्रवेश

प्रसंग जुड़ते हुए शंकराचार्यजी के जीवन के संदर्भ में भी जानना आवश्यक है। उनका जन्म केरल के अर्नाकुलम जिले की कलाडी गाँव में हुआ था। जब उनकी आयु 03 वर्ष की थी, तभी उनके पिता शिवगुरु का स्वर्गवास हो गया था। शंकराचार्यजी ने 03 वर्ष की आयु में ही वेद पढ़ लिये थे। तत्समय उनकी माँ ने ही पालन-पोषण किया था। वह 03 वर्ष की आयु में ही उन विषयों पर बोलने लगे थे, जिन्हें बड़े-से-बड़े ज्ञानी महापुरुष नहीं जानते थे। जो शिक्षा सामान्यतः 20 वर्ष की आयु में पूर्ण होनी चाहिए थी, वह उन्होंने 03 वर्ष में ही प्राप्त हो गई थी। एक बार उनके घर पर अगत्स्य मुनि आए और उन्होंने शंकराचार्यजी के लिए कहा कि यह बालक 32 वर्ष की आयु तक जीवित रहेगा। यह सुनकर उनकी माँ रोने लगी और शंकराचार्यजी ने अपनी माँ के समक्ष संन्यास ग्रहण करने का प्रस्ताव रखने पर माँ ने उन्हें संन्यास लेने से इनकार कर दिया था और कहा था

कि पहले गृहस्थ बनो। यह सुनकर शंकराचार्यजी दु:खी हो गए, क्योंकि वह सांसारिक जीवन के मोह-माया में फँसना नहीं चाहते थे। किसी तरह उन्होंने अपनी माँ से संन्यास ग्रहण करने की अनुमति प्राप्त कर ली और तब माँ ने उनके समक्ष एक शर्त रखी थी कि 'मेरे आखिरी समय में तुम मेरे पास आ जाना।' शंकराचार्यजी ने आज्ञा का पालन करने की सहमति दी और संन्यास ग्रहण कर घर से बाहर निकल गए। वह 09 वर्ष की आयु में श्री गोविंद पाद से मिलने ओमकारेश्वर पहुँचे। शंकराचार्यजी ने उन्हें प्रणाम किया और वहीं बैठ गए। कुछ देर बाद जब गोविंद पाद ने शंकराचार्यजी से पूछा, "कौन हो तुम ?" उन्होंने जवाब दिया, "मैं न वायु हूँ, न पृथ्वी हूँ, न जल हूँ, न अग्नि हूँ, न आकाश हूँ। इन से परे होकर हूँ।" (कितना अच्छा और सुंदर जवाब शंकराचार्यजी का था, इन्हीं पाँच तत्त्वों से भौतिक शरीर बना है। मृत्यु होने के पश्चात् इन्हीं पाँच तत्त्वों में शरीर विलय हो जाता है। शंकराचार्यजी का उक्त जवाब के माध्यम से यह आशय था कि वह शरीर नहीं हैं, शरीर से परे हैं) गोविंद पादजी ने शंकराचार्यजी को दीक्षा दी। इसके पूर्व शंकराचार्यजी का नाम सिर्फ शंकर था और दीक्षा के उपरांत गोविंद पादजी ने ही उन्हें 'शंकराचार्य' नाम दिया। गोविंद पादजी ने 'अहम् बृह्मास्मि' का सूत्र समझाया। वह 04 वर्षों तक गोविंद पादजी के पास रहे।

शंकराचार्यजी ने शास्त्रार्थ में एक-से-एक बड़े विद्वानों को परास्त किया। 12 वर्ष की आयु में वह वाराणसी पहुँचे और इतनी छोटी आयु में संन्यासी के रूप में उन्हें देखकर सभी चकित थे। उन्होंने बौद्ध संन्यासियों से शास्त्रार्थ कर परास्त किया।

एक बार जब वह काशी में श्मशान की ओर जा रहे थे और उनके शिष्य भी साथ में थे। तभी एक चांडाल, जो शवों को जलाता था, ने उनका रास्ता रोक लिया। शिष्यों ने उसे रास्ते से हटाने का प्रयास किया परंतु वह नहीं हटा तथा उसने शंकराचार्यजी से एक प्रश्न का जवाब पूछा, "जब आत्मा एक ही है, सभी में अदृश्य है, मैं शरीर नहीं हूँ, आत्मा हूँ, फिर आप किससे हटने को कह रहे हो ? मेरे शरीर को, या आत्मा को ? फिर आप कैसे कह सकते हैं कि आप ब्राह्मण हो और मैं चांडाल हूँ ?" शंकराचार्य यह सुनकर अचंभे में पड़ गए। उन्होंने जवाब दिया, "आप अत्यंत ज्ञानी हैं, आप आत्मज्ञानी हैं, और मैं आपका दास हूँ, आपके बराबर का ज्ञान मुझमें नहीं है।" यह कहा जाता है कि चंडाल के रूप में वहाँ पर साक्षात् शिव ही थे। वहाँ से शंकराचार्यजी बद्रीनाथजी गए। कहा जाता है कि अलखनंदा नदी से उन्होंने बद्रीनाथजी की मूर्ति निकालकर मंदिर में स्थापित की थी और वहीं पर शंकराचार्यजी ने अनेक ग्रंथों की रचना की थी। 'भजगोविंदम्' भी उन्होंने लिखा, ब्रह्म सूत्र एवं अनेक पुराणों पर भाष्य किया। वहाँ से शंकराचार्यजी श्री मंडन मिश्र के गाँव पहुँचे।

मंडन मिश्रजी अत्यंत ज्ञानी थे। कहा जाता है कि उनके घर का तोता भी संस्कृत में

श्लोक बोलता था। वह अपनी पत्नी उभय भारती के साथ बिहार के महेशा नदी के किनारे एक गाँव में रहते थे। शंकराचार्यजी ने मंडन मिश्र से शास्त्रार्थ किया और इस कार्य में हार-जीत का निर्णय करने की जिम्मेदारी मंडन मिश्र की पत्नी को सौंपी। तय हुआ कि यदि शास्त्रार्थ में शंकराचार्य पराजित हुए तो वह संन्यास छोड़ देंगे और चूँकि श्री मंडन मिश्र गृहस्थ थे, और यदि वे पराजित हुए तो वह संन्यास ग्रहण कर लेंगे। शास्त्रार्थ पाँच-छह दिन लगातार चला। मंडन मिश्र ने कहा कि जीव और ब्रह्म एक ही हैं, यह कैसे माना जा सकता है ? आत्मा और परमात्मा को एक ही कैसे माना जा सकता ? शंकराचार्यजी ने जवाब दिया कि जीव और ब्रह्म एक ही हैं। इंद्रियाँ तो ज्ञान प्राप्त करने का माध्यम हैं। इंद्रियों की पहुँच ब्रह्म तक नहीं हो सकती। शास्त्रार्थ होता रहा और आखिरकार मंडन मिश्र ने अपनी पराजय स्वीकार कर ली। अज्ञान व अहंकार के कारण शास्त्रार्थ में बोली गईं बातों के लिए उन्होंने क्षमा भी माँगी। संपूर्ण सभा आश्चर्यचकित हो गई। उन्होंने शंकराचार्यजी के शिष्य बनने की अनुमति माँगी।

तभी मंडन मिश्र की पत्नी उभय भारती खड़ी हो गई। उसने शंकराचार्यजी से कहा, "पत्नी अर्धांग होती है। मुझसे भी शास्त्रार्थ करो, तभी पति की पराजय स्वीकार होगी।" पत्नी उभय भारती से शंकराचार्यजी का 17 दिन तक शास्त्रार्थ चला। जब उभय भारती शास्त्रार्थ में पराजित होने लगी तो उसने शंकराचार्यजी से संभोग विषय पर शास्त्रार्थ करना प्रारंभ कर दिया। शंकराचार्यजी ने जवाब दिया, "देवी, एक संन्यासी से ऐसे प्रश्न कर रही हो ?" उभय भारती ने शंकराचार्यजी से पूछा, "क्यों, क्या 'कामशास्त्र' शास्त्र नहीं है ? जवाब दीजिए अन्यथा अपनी पराजय स्वीकार करो।" शंकराचार्यजी ने इस प्रश्न का जवाब देने के लिए एक माह का समय माँगा जो उभय भारती ने दे दिया। शंकराचार्यजी जंगल की ओर चले गए। वहाँ उन्हें राजा अमरूर का शव पड़ा दिखा, जिसे शिकार के समय में मार दिया गया था। शंकराचार्यजी योग-माया से उस राजा के शरीर में प्रवेश कर गए और रानी के साथ काम वासनाओं का ज्ञान प्राप्त किया। उसके बाद उन्होंने राजा अमरूर का शरीर त्याग कर वह पुनः अपने मूल शरीर में वापस आ गए और फिर पुनः उभय भारती के समक्ष पहुँचकर काम-शास्त्र से संबंधित प्रश्नों का जवाब दिया था।

मत्स्येंद्रनाथजी का परकाया प्रवेश

महान् योगी गोरखनाथजी का साहित्य और उनके संदर्भ में जानकारियाँ ज्यादा प्रचलित नहीं हैं। मुझ (लेखक) को श्री गोरखनाथजी की तपस्या स्थली उज्जैन दिनांक 20 अप्रैल, 2012 को जाने का अवसर मिला था और वहाँ पर मुझे उनके पूज्य गुरु योगेश्वर श्री मत्स्येंद्रनाथ की समाधि-स्थल पर जाने का सौभाग्य प्राप्त हुआ था। समाधि-स्थल पर मुझे अभूतपूर्व शांति और मन की एकाग्रता का अनुभव हुआ। संयोग कुछ ऐसा बना कि

इसके सात दिन बाद 28 अप्रैल, 2012 को मैं अयोध्या गया और वहाँ राम जन्म-भूमि व कनक भवन मंदिर के दर्शन उपरांत मैं परिवार सहित गोरखपुर के लिए रवाना हुआ और वहाँ गोरखनाथ मंदिर के दर्शन किए। इस मंदिर के पुस्तकालय में मुझे गोरखनाथजी और नाथ संप्रदाय से संबंधित कुछ पुस्तकों को पढ़कर ज्ञात हुआ कि गोरखनाथजी का शरीर अत्यंत निर्मल, गौरवर्ण, सिर पर जटाएँ और तीन नेत्र हैं। वह माया से रहित हैं और तत्त्वस्वरूप हैं। उनके शरीर छोड़ने के संदर्भ में कोई भी तथ्य नहीं मिलते हैं। गोरखनाथजी के अनुसार निरंजन का ध्यान ही सर्वोपरि है। साधक को अपने अहंकार को समाप्त कर सद्गुरु से शिक्षा लेना चाहिए। उन्होंने निरंजन की अनुभूति को इस तरह परिभाषित किया कि योग दर्शन के स्तर पर ध्यान की अवस्था में शून्यावस्था में केवल अनाम, अव्यक्त शिव विद्यमान रहते हैं और यही निरंजन अवस्था है। इस अनुभूति को योग कहते हैं।

प्रसंग है कि मत्स्येंद्रनाथजी ने परकाया प्रवेश किया था। एक पौराणिक कथा के अनुसार क्षीर सागर में भगवान् शिव व देवी गौरी के तत्त्वज्ञान पर हुए वार्त्तालाप को मत्स्येंद्रनाथ ने छुपकर श्रवण किया था। इस कारण देवी गौरी ने उन्हें शाप दिया था कि वह तत्त्वज्ञान भूलकर कुछ समय तक कदली देश की महारानी के सौंदर्य जाल में आसक्त हो जाएँ। गोरखनाथजी उनके शिष्य थे। एक बार वह अपने शिष्य गोरखनाथजी के साथ पर्यटन कर रहे थे। उसी समय उन्हें पता लगा कि कदली देश का राजा मर चुका है। उनके मन में यह इच्छा हुई कि राजा के मृत शरीर में प्रवेश करके महारानी के साथ राज-सुख एवं काम-सुख का उपभोग किया जाए। मत्स्येंद्रनाथजी ने अपने स्वयं के शरीर की रक्षा करने की जिम्मेदारी अपने शिष्य गोरखनाथ को सौंपी और कहा कि वह बारह साल बाद पुनः अपने इसी शरीर में वापस आ जाएँगे। मत्स्येंद्रनाथजी योग-माया के माध्यम से परकाया-प्रवेश की प्रक्रिया में पारंगत थे। राजा का मृत शरीर पुनः जीवित हो गया, लेकिन उसके अंदर तो मत्स्येंद्रनाथ की आत्मा थी। इसके बाद मत्स्येंद्रनाथजी अपने शरीर से निकलकर राजा के मृत शरीर में प्रवेश कर गए। समय व्यतीत हुआ और उक्त शाप के कारण मत्स्येंद्रनाथ अपना योग-ज्ञान भूलकर कदली देश की महारानी के सौंदर्य में आसक्त हो गए।

उन्होंने राज-सुख एवं महारानी के साथ काम-सुख का आनंद लिया। बाद में महारानी मैनाकिनी को यह पता चल गया कि राजा के शरीर में स्वयं राजा की आत्मा नहीं है, बल्कि मत्स्येंद्रनाथ की आत्मा है। कथा का सार यह है कि मत्स्येंद्रनाथ अपनी योग-माया की शक्ति को शाप के कारण भूल चुके थे। उधर गोरखनाथजी अपने गुरु को उनके मूल शरीर में वापस लाना चाहते थे। इस कारण किसी तरह भेष बदलकर गोरखनाथजी महल में पहुँचे और वहाँ सिंहासन पर महारानी एवं राजा के स्वरूप में मत्स्येंद्रनाथ विराजमान थे। गोरखनाथजी मृदंग बजाने में भी पारंगत थे और उन्होंने मृदंग बजाकर अपने गुरु को सावधान किया। उन्होंने मृदंग पर मर्दल पर थाप लगाते हुए अपने गुरुदेव

का ध्यान आकर्षित किया। मत्स्येंद्रनाथजी को समझने में एक भी क्षण नहीं लगा। मर्दल ध्वनि के शब्द थे—'जाग मछंदर गोरख आया' उन्होंने आगे कहा, "हे गुरुदेव, आप महायोगी हैं, ज्ञान के स्वामी हैं। आपका इस राज्य-सुख और काम-सुख के लोभ में बने रहना उचित नहीं है। इनका त्याग कीजिए। आपने नाथयोग सिद्धामृत का ज्ञान विस्मरण कर दिया है। आपका वीर्य रस शरीर से बाहर निकल गया है। मैं आपको नाथसिद्धि की शक्ति का स्मरण दिलाता हूँ। स्त्री के सहवास में योगी को नहीं रहना चाहिए। इससे शरीर में विद्यमान जीवन रस वीर्य नष्ट हो जाता है और शरीर मृत्यु का कारण बनता है।" गोरखनाथजी ने मत्स्येंद्रनाथजी को स्मरण दिलाया कि आप भगवान् शिव का वचन भूल गए। उन्होंने महारानी मैनाकिनी के सामने मत्स्येंद्रनाथजी से कहा, "मैं आपका शिष्य गोरखनाथ हूँ।" मत्स्येंद्रनाथजी ने तत्काल राज्य सिंहासन से उतरकर गोरखनाथजी को अपने हृदय से लगा लिया और तब वह राज्य से बाहर गोरखनाथजी के साथ आ गए। उनका महारानी मैनाकिनी से मोह भंग हो गया और महारानी मैनाकिनी ने दोनों को अपने राज्य की सीमा पर विदा किया तथा प्रजा ने भी दोनों योगेश्वरों के चरणों में प्रणाम किया।

परकाया प्रवेश के अन्य उदाहरण

इस विषय पर 'कल्याण' के अंक 'परलोक और पुनर्जन्मांक' से उद्धृत कुछ विवरण निम्नांकित हैं—

1. उक्त विषय के संदर्भ में भक्त श्रीरामशरण दासजी ने पृष्ठ 554 पर एक घटना मेरठ के मासिक पत्र 'त्यागी ब्राह्मण' के जनवरी सन् 1958 के अंक में प्रकाशित एवं 'नव भारत टाइम्स' का उल्लेख करते हुए उन्होंने उद्धरण दिया है कि जिला मुजफ्फरनगर के गाँव रसूलपुर जाटान में चौधरी गिरधारी सिंह जाट के यहाँ एक पुत्र जसवीर का जन्म हुआ था। जसवीर शिशु अवस्था में था, तभी उसे चेचक हुई थी और अकस्मात् वह बीमार हो गया। बहुत इलाज कराने के बाद रात्रि में उसकी मृत्यु हो गई थी। उसे दफनाने के लिए सुबह का इंतजार परिवारजन कर रहे थे एवं उसके मृत शरीर को कपड़े से ढक दिया गया था। उधर, इसी जिला के ही दूसरे गाँव ग्राम बहेड़ी के निकट रोहाना मिल में चौधरी शंकर लाल त्यागी का एक 23-24 वर्ष का विवाहित पुत्र शोभाराम जब एक बारात में मौजा केंदकी से गाँव निर्माण की ओर जा रहा था तो उसी समय एक दुर्घटना में उसकी मृत्यु हो गई थी। सभी ने मिलकर उसका दाह-संस्कार कर दिया। ये दोनों ही घटनाएँ एक ही समय की थीं। जब दूसरे दिन सुबह चौधरी गिरधारी सिंह जाट के पुत्र जसवीर के शव को उठाकर दफनाने में दबाने के लिए ले जाने लगे, तभी अचानक जसवीर जीवित हो गया। वह धीरे-

धीरे स्वस्थ हो गया। सभी ने यही समझा कि जसवीर जिंदा हो गया, लेकिन वास्तविकता तो यह थी कि जसवीर के शरीर से उसकी आत्मा जा चुकी थी और उसके शरीर में शोभाराम त्यागी की आत्मा प्रवेश कर गई थी। बालक जसवीर के शरीर में शोभाराम की आत्मा होने के कारण शोभाराम को अपनी मृत्यु के पहले का सबकुछ याद था। जब वह बड़ा होकर बोलने लायक हो गया तो कहने लगा, "मैं तो त्यागी ब्राह्मण हूँ, इस घर का खाना नहीं खाऊँगा।" उसके लिए एक ब्राह्मण महिला के द्वारा भोजन बनाने का इंतजाम किया गया। वह उदास रहता था। चार वर्ष बाद एक दिन जसवीर की माँ रामकली उसे अपने साथ लेकर अपने मायके जा रही थी। तभी मार्ग में उसे वह स्थान मिला, जहाँ शोभाराम की दुर्घटना में मृत्यु हुई थी। जसवीर ने वह स्थान देखा और तत्काल ही अपनी माँ से बोला, "जब मैं शोभाराम था, तब मैं यहाँ पर गिर गया था और हमारे घर का रास्ता उधर (बहेड़ी गाँव की ओर संकेत करते हुए कहा) को है।" लेकिन उसकी माँ ने अनसुना कर दिया। मार्च सन् 1958 में केन को-ऑपरेटिव सोसाइटी में काम करनेवाला बहेड़ी का निवासी जगन्नाथ प्रसाद अपने किसी कार्यवश ग्राम रसूलपुर जाटान आया था। वहीं पर जसवीर भी बच्चों के साथ खेल रहा था। जैसे ही जसवीर ने जगन्नाथ प्रसाद को देखा तो जोर से उसका नाम लेकर पुकारा। जगन्नाथ ने जब मुड़कर देखा तो उसे कोई भी अपना परिचित नहीं दिखा और वह आगे को चल दिया। जसवीर से उसे पुनः पुकारा। तब वह पास आया और जसवीर ने उससे 'राम-राम' की और बोला, "मुझे मेरे गाँव बहेड़ी ले चलो।" पूछताछ करने पर जगन्नाथ को जसवीर ने अपना पुराना परिचय शोभाराम के रूप में दिया और उसे बताया, गिरकर मरने के बाद उसे और कोई खाली जगह नहीं मिली तो वह इस शरीर को खाली देखकर इसमें घुस गया। वापस होकर जगन्नाथ जब बहेड़ी गाँव पहुँचा तो उसने पूरी घटना गाँववालों को सुनाई। शोभाराम के ताऊ-चाचा आदि सभी घरवाले रसूलपुर जाटान गए और सभी को देखकर जसवीर ने पहचान लिया। बाद में बहेड़ी पहुँचकर जसवीर ने अपने शोभाराम से संबंधित अनेक तथ्यों की पहचान की। बाद में जसवीर दोनों जगह रहने लगा, कभी बहेड़ी गाँव तो कभी रसूलपुर जाटान।

2. 'कल्याण' के उक्त अंक में पृष्ठ 256 पर श्री बल्लभ दासजी बिन्नानी 'बृजेश' जी ने भारत में एक उच्च फौजी पद पर सन् 1937 में पदस्थ श्री एल.पी. फैरेल के एक अनुभव का उद्धरण उल्लेख किया है। श्री फैरेल की रुचि मनुष्य की मृत्यु के पश्चात् उसके अस्तित्व को जानने में थी एवं उन्होंने अनेक ग्रंथों का

अध्ययन किया था। वह भारत के सिद्ध योगियों की क्रियाओं से बहुत प्रभावित थे। श्री फैरेल ने सन् 1939 में एक प्रत्यक्ष घटना देखी थी। वह आसाम की सरहद पर एक नदी के किनारे कुछ ऑफिसर्स के साथ एक फौजी योजना बना रहे थे और तभी नदी के दूसरे किनारे पर उन्होंने एक नवयुवक की लाश तैरते हुए देखी। उत्सुकतावश उन्होंने टेलिस्कोप से देखा कि एक सफेद दाढ़ी वाला वृद्ध व्यक्ति उस नवयुवक की लाश को नदी से बाहर निकालने की कोशिश कर रहा था। वह लाश को बाहर निकालकर नजदीक के पेड़ के नीचे ले गया और थोड़ी ही देर में वह लाश खड़ी हो गई और चलने-फिरने लगी। श्री फैरेल यह देखकर हक्के-बक्के रह गए और उन्होंने तुरंत अन्य फौजियों को आदेश दिया कि उस युवक को पकड़कर लाएँ। कुछ समय बाद वह युवक फैरेल के सामने उपस्थित किया गया और तब फैरेल ने उस युवक से पूछा, "तुम कौन हो? कुछ समय पहले तुम एक मुर्दा आदमी के रूप में बहे जा रहे थे और अब तुम जिंदा हो। यह सब क्या रहस्य है? वह बूढ़ा आदमी कहाँ गया?" इसके जवाब में जो उस युवक ने बताया, उससे श्री फैरेल अचंभे में पड़ गए। वह बोला कि वह स्वयं वही बूढ़ा आदमी है और योग जानता है। वह शरीर बदल सकता है और अपनी इच्छा से अन्य मनुष्य के शरीर में अपनी आत्मा को प्रवेश करा सकता है, परंतु किसी जीवित व्यक्ति के शरीर में आत्मा का प्रवेश कराना पाप है। और चूँकि बूढ़ा होने पर वृद्धावस्था में चलना-फिरना कठिन हो जाता है, इसलिए वह किसी मृतक नवयुवक के शरीर में अपनी आत्मा को प्रविष्ट करा देता है। यह सुनकर श्री फैरेल आश्चर्यचकित हो गए और उन्होंने उससे उसके बूढ़े शरीर का पता पूछा तो उसने बताया कि उसका वह शरीर निर्जीव अवस्था में पेड़ के पीछे पड़ा है। तब श्री फैरेल के आदेश पर उस बूढ़े आदमी के शरीर को लाया गया। इस घटना के बाद वह युवक गायब हो गया। श्री फैरेल कई वर्षों तक भारत में अनेक विद्वानों, साधुओं और योगियों से मिले थे।

3. इसी विषय पर बल्लभ दासजी बिन्नानी 'कल्याण' के पृष्ठ 257 पर एक अन्य प्रसंग का उल्लेख करते हैं कि चंपानाथ योगी अपने स्थान तकी नदी के किनारे से गर्मी के दिनों में जम्मू आया करते थे। वह नि:स्वार्थी व स्वच्छंद थे और उनकी आयु लगभग 70 वर्ष की थी तथा दुर्बल हो चुके थे। वह अपने शरीर, को बदलना चाहते थे। इस उद्धरण के प्रस्तुतकार श्री बल्लभ दासजी बिन्नानी एक दिन चंपानाथ योगी के पास अकेले बैठे थे। तभी योगीजी ने उनसे कहा, "यदि तुम मेरी बात गुप्त रखो तो मैं अपने मन की बात तुमसे कहूँ।" आगे योगीजी ने कहा, "एक बोतल शराब, एक कटोरा माँस और एक कटोरा खीर

मुझे लाकर दो।" उनकी आज्ञानुसार बल्लभ दासजी ने उक्त सभी सामान उनके समक्ष लाकर रख दिया। इसके बाद चंपानाथ योगी मुसलमानों के कब्रिस्तान की तरफ चले। मध्य रात्रि का समय था। उसी समय एक सुंदर मुसलमान युवक रंगरेज मरा था और उसकी कब्र के पास योगी महाराज जा खड़े हुए। योगीजी ने छह हाथ की दूरी पर एक रेखा खींची और कहा, "मैं चाहे कितना ही तुम्हें बुलाऊँ, तुम मेरे पास मत आना। जब मैं ये चीजें माँगूँ तो एक-एक करके मुझे दे देना।" योगीजी ने कब्र की जमीन को खोदकर उस मुसलमान युवक के शव को बाहर निकाला और उसे साफ किया तथा जमीन पर लिटा दिया। कब्र की उत्तर दिशा की ओर साफ जमीन पर वह स्वयं लेट गए। आधे घंटे बाद वह व्याकुल होने लगे और उनकी आवाज भी निकलना कठिन हो गई। बीस मिनट बाद वह चिल्ला उठे और उनका शरीर हिलना-डुलना बंद हो गया। इसी समय उस मुसलमान युवक का शव हिलने लगा और थोड़ी ही देर में उसके शव ने अपनी आँखें खोलीं। उसके नेत्र लाल हो गए थे। तब श्री बल्लभ दासजी अत्यंत भयभीत हो गए। उस मुसलमान शरीर वाले युवक के शव ने करवट ली और बल्लभ दासजी की तरफ हाथ बढ़ाने लगा। उसका हाथ इतना लंबा हो गया कि वह बल्लभ दासजी तक पहुँच गया और बल्लभ दासजी ने एक-एक करके योगीजी द्वारा दिए गए निर्देश के अनुसार सभी चीजें उसके हाथ में दे दीं। उन वस्तुओं को खा-पीकर वह मुसलमान युवक खड़ा हो गया और बल्लभ दासजी को अपने पास बुलाने लगा, लेकिन योगीजी के आदेशानुसार वह उसके पास नहीं गए और जवाब दिया—"माफ कीजिए, मैं आपके पास नहीं आ सकता।" चंपानाथ योगी की आत्मा उस मुसलिम युवक के शरीर में प्रवेश कर गई थी। शरीर तो था उस मुसलिम युवक का और उसमें आत्मा थी, चंपानाथ योगी की। तब वह युवक स्वयं बल्लभ दासजी के पास आ गया और उसने बल्लभ दासजी की सहायता से योगी चंपानाथ के शरीर को उसी कब्र में गाड़ दिया। इसके बाद वह युवक बोला, "मैं जाता हूँ फिर 10-12 वर्ष के बाद तुमसे मिलूँगा और तुमको इस सहायता का पुरस्कार दूँगा।" इस घटना के कुछ दिन बाद बल्लभ दासजी को यह जानकारी मिली कि उस मुसलमान युवक के मकान के सामने एक सुनार रहता था और वह अमृतसर में अपनी ससुराल गया हुआ था। वहाँ पर उस सुनार ने उस मुसलिम युवक के शरीर को देखकर उसे पहचान लिया था। उसके बाद उस मुसलिम युवक के शरीर में योगी चंपानाथ वहाँ से गायब हो गए।

□

मृत्यु की तैयारी कैसे करें

जिस व्यक्ति ने मृत्यु की तैयारी कर ली है, उसे न तो मृत्यु से भय लगेगा और न ही मृत्यु के पश्चात् उसे दुःख होगा। वृद्धावस्था में प्रत्येक व्यक्ति को अपनी मृत्यु की तैयारी मानसिक स्तर पर कर लेनी चाहिए, परंतु अधिकांश व्यक्ति यह सोचते रहते हैं कि मृत्यु के समय को तो अभी बहुत दिन बकाया हैं और जब मृत्यु होने लगेगी, तब देखा जाएगा। किसी व्यक्ति से मृत्यु संबंधी बात करने पर वह पहले तो भयभीत हो जाता है और फिर चर्चा को निरर्थक मानते हुए विषय-परिवर्तन करना चाहता है। आध्यात्मिक स्तर पर जिसने शरीर को सिर्फ एक साधन मानते हुए इसे अस्थायी रूप से आत्मा का वास माना है, तब फिर उसे मृत्यु के समय दुःख नहीं होगा। आत्मा शाश्वत और अमर है। उसकी कभी मृत्यु नहीं होती है और न ही उसका जन्म होता है। जन्म सिर्फ शरीर का होता है और मृत्यु भी सिर्फ शरीर की होती है। शरीर आत्मा का वस्त्र है। वस्त्र जब फट जाते हैं, तो उन्हें बदलना ही पड़ता है। यही आत्मा के साथ शरीर की स्थिति है। इस विचार को जिस व्यक्ति ने हृदयंगम कर लिया है, उसे मृत्यु के समय कोई दुःख तो होगा ही नहीं, बल्कि इस अद्‌भुत परिवर्तन को आनंददायक अनुभव करेगा।

मृत्यु की तैयारी के लिए वृद्धावस्था में सांसारिक वस्तुओं और व्यक्तियों से, रिश्तों-नातों से मोह भंग कर लेना चाहिए, क्योंकि ये रिश्ते भी अस्थायी हैं। जीवन की इस वास्तविकता का आभास करना चाहिए कि शरीर के जन्म के साथ इन रिश्तों की उत्पत्ति हुई है और तब फिर शरीर की मृत्यु के साथ इन रिश्तों की समाप्ति भी हो जाएगी। परंतु कुछ लोग शरीर की मृत्यु के अंतिम समय तक भी रिश्तों के जंजाल में फँसे रहते हैं और मोह बनाए रखते हैं। इसी कारण मृत्यु कष्टदायी हो जाती है।

जीवन में मनुष्य की दो मुख्य इच्छाएँ रहती हैं—प्रथमतः, ऐहलौकिक—अर्थात् पृथ्वी लोक से संबंधित भौतिक शरीर में रहते हुए समस्त इच्छाओं एवं वासनाओं की पूर्ति करना। व्यक्ति प्रथमतः तो जब अपने बचपन और युवावस्था में होता है तो वह वासनाओं एवं कामनाओं से वशीभूत होकर अपनी इच्छाओं की पूर्ति करने में लगा रहता है। द्वितीयतः, पारलौकिक—जब व्यक्ति की आयु वृद्धावस्था तक पहुँच जाती है तो वह

स्वर्ग-लोक से संबंधित आनंद में रहने की इच्छाएँ रखता है। उसे इच्छा रहती है कि मृत्यु के पश्चात् परलोक मिले और नरक यदि कहीं है, तो उससे मुक्ति मिले। सामान्यत: हम यह भी देखते हैं कि जैसे ही व्यक्ति की आयु 50-60 वर्ष के करीब पहुँचती है, तब उसे ईश्वर, परलोक याद आने लगता है और अध्यात्म एवं भक्ति की ओर उसकी रुचि स्वाभाविक रूप से बढ़ने लगती है। अध्यात्म एवं भक्ति में रुचि यदि जीवन के प्रारंभिक दिनों से व्यक्ति के अंतर्निहित स्वभाव के कारण निर्मित होने लगे, तब तो शरीर जीवन में भी आनंद आभासित होगा और मृत्यु के पश्चात् भी पीड़ा-रहित होकर आनंद में रहेगा, परंतु यदि मृत्यु के भय के कारण वृद्धावस्था में अध्यात्म एवं ईश्वर-भक्ति की ओर रुख हो रहा है तो यह कहना भी गलत नहीं होगा कि यह मृत्यु के भय से व्युत्पन्न मजबूरी के कारण है।

श्रीमद्भगवतगीता (2/30) में भगवान् श्रीकृष्ण ने कहा, "देही नित्यमवध्योऽयं देहे सर्वस्य भारत। तस्मात्सर्वाणि भूतानि न त्वं शोचितुमर्हसि॥" अर्थात् शरीर में रहनेवाली आत्मा सनातन है और उसकी कभी भी मृत्यु नहीं होती है और इसी कारण किसी भी जीव के लिए दु:ख करने की आवश्यकता नहीं है। अत: शरीर जीवन में आत्म-साक्षात्कार का होना अत्यावश्यक है। अपने मन के अंदर पूर्ण विश्वास के साथ यह धारणा होनी चाहिए कि मैं शरीर नहीं हूँ और आत्मतत्त्व हूँ। मृत्यु के समय तक संशयहीन होकर उक्त धारणा जब बन जाए तो परलोक के द्वार जीवात्मा के लिए खुले रहते हैं। हम आत्मा हैं, शरीर नहीं हैं, यह सिर्फ कहने भर से नहीं हो पाएगा। इस भाव को अटल सत्यता के साथ अपने मन में स्थापित करना होगा। क्योंकि जब तक हम बंधन-मुक्त नहीं हो पाएँगे, तब तक मृत्यु के दु:ख से नहीं बच सकते हैं। श्रीमद्भगवतगीता (8/10) में भगवान् श्रीकृष्ण ने कहा है, "प्रयाणकाले मनसाचलेन भक्त्या युक्तो योगबलेन चैव। भ्रुवोर्मध्ये प्राणमावेश्य सम्यक् स तं परं पुरुषमुपैति दिव्यम्॥" अर्थात् जो व्यक्ति मृत्यु के समय अपने प्राण को योगशक्ति के माध्यम से मस्तिष्क में भौंहों के बीच में स्थिर कर लेता है और अपने मन को पूर्ण भक्ति के साथ ईश्वर का स्मरण करता है, तब निश्चित ही वह व्यक्ति ईश्वर को प्राप्त हो जाता है। यह सोचना कि उक्त प्रकार की प्रक्रिया मृत्यु के समय कर ली जाएगी, आसान और व्यावहारिक रूप से संभव भी नहीं है। इसलिए मुझ लेखक का सुझाव है कि 'श्रीमद्भगवतगीता' में जो उक्त संदेश भगवान् श्रीकृष्ण ने कहा है, इसकी साधना ध्यानावस्था में प्रतिदिन करनी चाहिए।

पृथ्वी पर जिस प्राकृतिक सुंदरतम दृश्य को देखकर हम आनंदित होते रहते हैं, अपने शरीर धारण के साथ सुख और शांति की अनुभूति करते हैं। हमारे सामने जितना यह व्यक्त आनंद है, इस पुस्तक में मृत्यु-पश्चात् के जो अनुभव प्रस्तुत किए जा चुके हैं, उनसे यह स्पष्ट है कि मृत्यु के पश्चात् परलोक में कई गुना अधिक अव्यक्त आनंद है। परलोकीय

आनंद प्राप्त करने की योग्यता हमें अपने शरीर जीवन में रहते हुए निर्धारित व सुनिश्चित करना होगी। इस योग्यता का अर्जन सकारात्मक चिंतन, किसी को भी दुःख नहीं देना, मन और हृदय में प्रेम भाव अन्य सभी के प्रति रखना, सब के प्रति सहायक और सहयोगी होना और सर्वाधिक महत्त्वपूर्ण यह है कि जीवन में आध्यात्मिकता का चिंतन करना है। आत्म तत्त्व को पहचानना है। शरीर तो हमारी आत्मा की अभिव्यक्ति का साधन मात्र है, लेकिन मूलतः अपनी आत्मा के भाव में रहने की मानसिकता बनानी चाहिए।

□

मृत्यु का अभ्यास

जिस क्षण माँ के गर्भ में ह्रदय की प्रथम धड़कन प्रारंभ हुई, उसी समय से मृत्यु की यात्रा स्वयं की ओर अग्रसर होने के लिए प्रारंभ हो जाती है। जैसे-जैसे आयु बढ़ती जाती है, वैसे-वैसे मृत्यु की निकटता भी बढ़ती जाती है। सामान्यतया हम कभी जीवन की लंबाई का आकलन नहीं करते हैं, जबकि इसे गणित के माध्यम से दिनों एवं घंटों में नापा जा सकता है। हम अपनी अधिकतम आयु का अनुमान करते हुए जीवन के शेष बचे हुए वर्षों में 365 का गुणान यदि करें, तो जीवन के शेष दिन हम गिन सकते हैं। ध्यान रखना होगा कि संपूर्ण जीवन में हम 1/3 समय तो सिर्फ सोने में व्यतीत करते हैं (सामान्यतया 8 घंटे सोते हैं)। प्रश्न तो यह है कि सुख व आनंद का आभास हमारी जीवात्मा को मरणोपरांत मिले, इस हेतु अब हमारे जीवन का कितना समय प्रेम करने के लिए, दूसरों की सहायता करने के लिए और अच्छे रचनात्मक कार्यों के लिए बचा है? प्रत्येक दिन, प्रत्येक घड़ी, प्रति मिनट, प्रति क्षण, प्रत्येक श्वास के साथ मृत्यु की यात्रा स्वयं की ओर निकट हो रही है, परंतु इस वास्तविकता से सामान्यत: सभी विमुख बने रहते हैं, लेकिन इससे बचने का न तो कोई कारण है और न ही कोई उपाय है। यदि कुछ है, तो वह है मृत्यु का डर। लोग जब मृत्यु के विषय पर चर्चाएँ करते हैं तो उन्हें यह आभास रहता है कि ये तो सिर्फ चर्चाएँ ही हैं। अभी तो हम जीवित हैं। लोग मृत्यु के पूर्व घर-परिवार की व्यवस्था, आर्थिक स्थिति, पुत्र-पुत्रियों के विवाह और परिवार के अन्य सदस्यों के सुरक्षित जीवन की तैयारियों में जुट जाते हैं और मृत्यु का इंतजार करते हैं, परंतु यह तो जीवन के बारे में ही चिंता और चिंतन कहा जाएगा क्योंकि व्यक्ति को जीवित रहते हुए भी जीवन की चिंता रहती है और मरने के बाद की सोच भी जीवन की चिंता से संबंधित है, वह मरकर भी जीवित बना रहना चाहता है। इसलिए व्यक्ति को मरने की कला सीख लेनी चाहिए और यह तभी संभव है, जब जीवित रहते हुए मृत्यु का अभ्यास किया जाए।

अब विचारणीय विषय यह है कि क्या हम जीवित रहते हुए मृत्यु का बोध कर सकते हैं? मृत्यु होने का तात्पर्य है, समस्त संबंधों का विच्छेद होना। शरीर जीवन समाप्त

होते ही समस्त प्रकार के मानसिक जुड़ाव व संबंध समाप्त हो जाते हैं। इसलिए पहले यह समझ लिया जाए, जीवन की परिभाषा क्या है? जीवन की एक सर्वमान्य लघु परिभाषा तय करना होगी और वह है—"जीवन रिश्तों का पर्याय है।" अर्थात् रिश्ता ही जीवन की धुरी है।

एक बार मैंने ध्यानावस्था में ईश्वर से पूछा कि मेरे जीवन की पहचान क्या है? ईश्वर ने जवाब दिया, "तुम प्रतिक्षण रिश्ते हो। तुम्हारा तुम्हारे माता-पिता से रिश्ता, पत्नी और बच्चों से रिश्ता, रिश्तेदार, मित्रों और दुश्मनों से रिश्ता, पद और सम्मान से रिश्ता, दौलत और गरीबी से रिश्ता, शक्ति और कमजोरी से रिश्ता, सामाजिक पहचान से रिश्ता, जाति-धर्म से रिश्ता, पर्स और बैंक खाते से रिश्ता आदि। ये सभी रिश्ते तुमने निर्मित किए हैं और ये सभी रिश्ते तुम्हारे 'तुम' को 'होने' के आभास में विघ्न उत्पन्न करते हैं। इस कारण तुम्हारे जीवन का दूसरा नाम 'रिश्ते' है। यदि स्वयं के 'होने' का आभास तुम करना चाहते हो तो जब तुम मेरे ध्यान में बैठते हो, तब तुम्हें समस्त प्रकार के रिश्तों के बंधनों को विच्छेद करना होगा। तुम अनुभव करोगे कि समस्त रिश्तों से परे हो गए हो और मेरे साथ खड़े हो। तुम अनुभव करोगे कि तुम्हारा अस्तित्व पूर्णतः पवित्र, पूर्ण एवं समग्र है। ध्यान रहे, तुम्हारा शरीर एक भवन है, जिसमें तुम निवास कर रहे हो।"

वस्तुतः जीवित रहते हुए घर, परिवार, समाज में रहते हुए इन रिश्तों को तोड़ना आम व्यक्तियों के बस में नहीं होता। व्यक्ति अधिक-से-अधिक संन्यासी बन सकता है, लेकिन वह भी एक रिश्ता ही है और सब प्रकार के रिश्तों से हटकर एक नया रिश्तेदार संन्यासी के रूप में जुड़ जाता है अर्थात् संन्यासी बनकर भी मरने का बोध तो हो ही नहीं पाएगा। पहले गृहस्थ जीवन था एवं संन्यासी जीवन। जीवन दोनों ही तरफ है।

क्या हमने कभी मृत्यु के बाद और जन्म से पूर्व के अस्तित्व के बारे में चिंतन किया है? मृत्यु के बाद जैसा है, वह जन्म के पूर्व भी होना चाहिए। वस्तुतः हमारा शरीर आत्मा का वाहन है। आइए, ईमानदारी से विचार करें—"मैं अपने पूर्व जन्म में कहीं था और अनेक व्यक्ति मुझसे अत्यंत निकट के रिश्ते में मेरी पहचान के साथ जुड़े रहे होंगे। इस जन्म में अपनी वर्तमान पहचान से संबंध रखते हुए मेरे अपने अनेक रिश्ते हैं। मेरी मृत्यु के बाद जब मेरा पुनर्जन्म होगा, तब फिर नए रिश्ते बनेंगे। इस प्रकार गंभीरतापूर्वक इस विषय पर विचार करना है कि मैंने अपने पिछले जन्म के शरीर और उससे जुड़े रिश्तों को छोड़ा है, मैं अपने इस वर्तमान शरीर और रिश्तों को अपनी मृत्यु के पश्चात् छोड़ दूँगा। यहाँ प्रश्न तो यह है कि मेरा कौन से शरीर, आकृति, रिश्ते की पहचान वास्तविक और सही है? हमारी पहचान और रिश्ते स्थायी नहीं हैं और भौतिक शरीर की मृत्यु होने के बाद हमसे छूट जाते हैं। मेरी मृत्यु के बाद मेरे साथ कुछ भी नहीं जाता है और हम अपनी ऊर्जा को अस्थायी संबंधों तथा मिथ्यापूर्ण पहचान की उलझनों में बरबाद कर रहे हैं।

क्या हमने कभी अपनी वास्तविक पहचान के संदर्भ में विचार किया है ? एक बार मैंने ध्यानावस्था में 'अपने-स्वयं' से पूछा, "क्या मैं नाम हूँ ? क्या मैं प्रसिद्धि हूँ ? क्या मैं शरीर हूँ ?" निश्चित ही जवाब था कि "नहीं, तुम नाम नहीं हो, तुम प्रसिद्धि नहीं हों, तुम शरीर भी नहीं हो," तब दूसरा प्रश्न उत्पन्न हुआ कि "वह कौन है, जिसका यह नाम है, जिसकी यह प्रसिद्धि है ? जब मैं 'नाम' नहीं हूँ तो वह कौन है, जिसका यह शरीर है ?" सच तो यह है कि मेरा नाम, प्रसिद्धि और शरीर, ये सभी मुझ से जुड़े हैं, परंतु प्रश्न तो यह है कि वह कौन है, जो इस नाम, प्रसिद्धि और शरीर का धारण किए हुए है ? ये सभी थोपे हुए सांसारिक संबंध हैं, जो मेरे 'अहम्' को शक्तिशाली बना रहे हैं। तब पुनः प्रश्न उत्पन्न हुआ कि 'अहम्' क्या है ? मेरी किसी भी प्रकार की छवि और पहचान के साथ मेरी आसक्ति अथवा जुड़ाव ही 'अहम्' है। जब हम 'अहम्' के भाव से परे होते हैं, तभी हम अपने 'स्वयं के होने' का आभास कर पाते हैं। 'स्वयं के होने' के आभास को शब्दों में व्यक्त नहीं किया जा सकता। वह सिर्फ आभास है और उसमें आनंद-ही-आनंद है, परंतु इसके विपरीत होता यह है कि हम 'अहम्' के संघर्ष में प्रत्येक जगह अपनी ऊर्जा को व्यर्थ ही गवाँ रहे हैं। कोई भी व्यक्ति किसी अन्य दूसरे व्यक्ति के 'अहम्' के संदर्भ में तो विस्तृत बात कर सकता है, परंतु वह अपने-स्वयं के 'अहम्' से परिचित होने का प्रयास ही नहीं करता है। सामान्यतया व्यक्ति अपने स्वयं के 'अहम्' से चिर-परिचित होता ही नहीं है और वह स्वयं की अहंवादी छवि को जानना भी नहीं चाहता है तथा अन्य दूसरों के 'अहम्' का आंकलन करने में लगा रहता है। ऐसे लोग हमेशा दूसरों के 'अहम्' को नापते रहते हैं और विभिन्न स्तरों पर प्रतिक्रिया व्यक्त करते रहते हैं। यह 'अहम् से व्युत्पन्न' प्रतिक्रिया का स्वरूप हैं। वस्तुतः यह 'अहम्' का नकारात्मक स्वरूप है और जिस व्यक्ति में अन्य दूसरों के 'अहम्' को देखकर जितनी अधिक प्रतिक्रिया उत्पन्न होगी, वह व्यक्ति नकारात्मक सोच के कारण उतनी ही क्षति अन्य को पहुँचा सकता है। जब कि आध्यात्मिक स्तर पर 'अहम्-विहीन-जागृति' पर जोर दिया गया है। 'अहम्-विहीन-जागृति' का विपरीत स्वरूप होगा, 'अहंवादी-जागृति'। अब प्रश्न यह है कि हमें परिवर्तन क्या करना है ? परिवर्तन करना है, अपने 'अहम्' को लोप करने का। ध्यान रखना होगा, जिसने अपने 'अहम्' को पहचाना है, वही उसका लोप कर सकता है, परंतु सामान्यतया हम अपने 'अहम्' को पहचान नहीं पाते हैं।

प्रश्न यह है कि जीवित रहते हुए क्या मृत्यु का अभ्यास एवं बोध होना संभव है ? मेरा ऐसा मानना है कि यह संभव है और एक प्रयोग करके मृत्यु के दुःख से यदि बचा नहीं जा सकता, तो दुःख को कम जरूर किया जा सकता है। इसके लिए व्यक्ति को मरना नहीं है और न ही मरने की कोई कला है, बल्कि अस्थायी समय के लिए मन, वाणी, अपने व्यवहार, अपनी मानसिकता में परिवर्तन लाना होगा। एक अस्थायी

परिवर्तन कुछ दिन, कुछ हफ्ते, कुछ माह का भी हो सकता है। इसके लिए सर्वप्रथम घर और परिवार से दूर जाने के लिए अपनी तैयारी करनी है। सुविधा के अनुसार ऐसा समय सुनिश्चित करना चाहिए कि उन दिनों समस्त प्रकार से अपने को मुक्त मानते हो और इन दिनों किसी भी प्रकार की अपेक्षा दूसरों के लिए नहीं हो और किसी भी प्रकार का उत्तरदायित्व स्वयं पर न हो। उन दिनों स्वयं पर कोई निर्भर न हो। अब एक झटके से पूर्णतः अंतर्मन की इस मानसिकता के साथ यह सोचते हुए कि "मैं मर चुका हूँ', घर से बाहर निकलना है। उस समय अपने परिवारजन और रास्ते में मिले मित्र-संबंधियों को इस तरह देखना है जैसे कि अब ये हमें कभी नहीं मिलने वाले हैं और अंतिम बार इनके चेहरे देख रहे हैं। अपने गाँव, नगर से इतनी दूर ऐसे स्थान पर पहुँचना है, जहाँ कोई भी व्यक्ति जान-पहचान का नहीं दिखे। फर्ज करो कि सात दिन के लिए घर से बाहर निकले हैं और इन सात दिवस में भूलकर भी अपना चेहरा किसी आईने में नहीं देखना है, क्योंकि यदि चेहरा आईने में देख लिया तो स्वयं की पहचान से जुड़ने का और शरीर जीवन का भाव प्रकट होने लगेगा। इन सात दिनों में ऐसे स्थान पर रहना है, जहाँ पूर्व से कोई भी परिचित नहीं हो अन्यथा प्रयोग एवं अभ्यास की प्रक्रिया खंडित हो जाएगी और मन में यह भाव प्रकट हो जाएगा कि अभी तो जीवित हैं। इस प्रयोग का अभ्यास समस्त प्रकार के संबंधों से विच्छेद होने का है। इसलिए किसी भी प्रकार से अपने अंदर यह विचार नहीं आने का प्रयास करना चाहिए कि अभी तो हम जीवित हैं। ऐसा विचार यदि मन में आ भी जाए अथवा अपने सगे-संबंधियों की याद भी आ जाए, तो तत्काल यही सोच लेना चाहिए कि अब तो मजबूरी है। जब मर ही चुके हैं तो याद करने से क्या फायदा? उन सात दिनों में जो भी मिलेंगे, वे सब अनजान चेहरे होंगे। उन अनजान मिलने वाले लोगों से न तो कोई बात करना है, न परिचय करना है और न ही उनसे पहचान बनाना है, अन्यथा वहाँ फिर से नए रिश्ते निर्मित होने लगेंगे। प्रत्येक समय मन में यह भाव लाना है कि अब मरने के बाद समस्त संबंध और रिश्ते टूट चुके हैं। अपने शरीर को अपनी आत्मा का स्वरूप देना है। मन में यह भाव बिना किसी संदेह के उत्पन्न करना है कि हम सिर्फ आत्मा हैं तथा अपने शरीर को तो घर पर ही छोड़कर आए हैं। इन सात दिनों में किसी भी तरह से अपने घर, परिवार, मित्र, संबंधियों से कोई संपर्क नहीं करना है। उनसे दूरभाष पर भी चर्चा नहीं करनी है। स्वयं के पास दूरभाष संबंधी कोई भी यंत्र नहीं रखना है। इन सात दिनों में ढीले वस्त्र पहननी है। उन वस्त्रों को तो कतई नहीं पहनना है, जो सामान्यतः अपने दैनिक जीवन में पहनते रहे हैं क्योंकि व्यक्ति का अपने वस्त्रों से भी एक जुड़ाव और रिश्ता होता है। घर, परिवार में पहनने वाले वस्त्र को जब उन सात दिनों में पहन लिया जाएगा तो निश्चित ही यह याद आ जाएगी कि यही वस्त्र मैंने फलाँ समय पर, फलाँ समारोह में पहना था और पुनः जीवन व रिश्ते से अनायास ही जुड़ना

हो जाएगा। धीरे-धीरे समय बीतने के साथ इन सात दिनों में यह अभ्यास करना है कि समस्त रिश्ते और पुराने संबंध टूट चुके हैं और स्वयं को आत्म-तत्त्व में अनुभव करना है। इन सात दिनों में प्रत्येक दिन अधिक-से-अधिक समय ध्यान में बैठना है और स्वयं के अंदर अहम्-विहीन भाव प्रकट करना है। भूख लगने पर अपने मनपसंद भोजन की इच्छा नहीं करनी है। सामने जो भी भोजन उपलब्ध हो, उसे सहर्ष स्वीकार करते हुए ग्रहण करना है। किसी भी भौतिक वस्तु की इच्छा मन में नहीं रखना है। मन में यह भाव प्रकट करना है, नहीं पता मैं कौन हूँ, नहीं पता मैं कहाँ का हूँ, नहीं पता मुझे कहाँ जाना है, नहीं पता कि यहाँ कब तक रहना है ? यदा-कदा कभी घर, परिवार, जमीन-जायदाद, रुपए-पैसे की याद भी आए तो यह सोचना है कि अपने पिछले समस्त जन्मों में मरने के बाद सबकुछ छोड़कर नए-नए जन्म लेता रहा हूँ और इस जन्म में भी अब सबकुछ छूट गया है तो दुःख करना निरर्थक है। जब पिछले जन्मों के छूटने का दुःख याद भी नहीं है तो इस जन्म में छूटे हुए भी याद नहीं रहेंगे, लेकिन इस प्रकार के अभ्यास से पूर्णतः यह संभव नहीं होगा कि परिवारजन याद ही न रहें। यह अभ्यास एक विशेष प्रकार की मानसिकता निर्मित करने का अभ्यास मात्र है। यह ठीक उसी तरह होगा जैसे कि एक कलाकार पटकथा के आधार पर एक्टिंग करता है और वह उस समय वैसा ही किरदार बन जाता है, जिसका वह रोल निभा रहा है।

जैसे ही इस अभ्यास का निर्धारित समय पूर्ण हो जाएँ, तो पुनः अपना पुनर्जन्म मानते हुए अपने घर वापस आ जाना है। इस अभ्यास से मृत्यु के समय होनेवाला दुःख और सगे, संबंधी, धन-दौलत छूटने का दुःख क्षीण हो जाएगा। ऐसा प्रयोग मैंने (लेखक) स्वयं सन् 1999 में किया था। यह प्रयोग असंभव नहीं है, सिर्फ अभ्यास करने की मानसिकता विकसित करना है।

□

समय का खजाना

सामान्यतया ऐसा देखने में आया है कि जब व्यक्ति अपनी आयु के बढ़ते क्रम में जैसे-जैसे बुढ़ापे की ओर अग्रसर होता है, त्यों-त्यों उसमें दो प्रवृत्तियाँ पनपने लगती हैं—(1) कंजूसी और (2) मोह।

ज्यों-ज्यों बुढ़ापा अपनी गति पकड़ता है, त्यों-त्यों व्यक्ति में मितव्ययीपन और अपने स्वजनों, वस्तुओं, संपत्ति, जमीन-ज्यादाद से मोह बढ़ता जाता है। यद्यपि ऐसा होना प्रत्येक के लिए आवश्यक नहीं है, परंतु ऐसे स्वभाव का प्रकटीकरण अकसर देखने में आता है। इसके ठीक विपरीत युवावस्था और प्रौढ़ावस्था में व्यक्ति खूब मेहनत करके धन अर्जित करता है और अपने मन-माफिक व्यय भी करता है। प्रश्न यह है कि मन की ऐसी स्थिति आखिर क्यों हो जाती है ? आयु के उत्तरार्द्ध में ऐसी मनोवृत्तियाँ क्यो होने लगती हैं ? मनोवैज्ञानिक विश्लेषण करने पर निष्कर्ष यही निकलता है कि व्यक्ति के पास उसकी आयु के उत्तरार्द्ध में उसका 'समय का खजाना' खाली होने लगता है। इस प्रवृत्ति का विश्लेषण कुछ उदाहरणों से स्पष्ट होगा—

माता-पिता ने अपनी पुत्री का पालन-पोषण किया। उसे शिक्षित कराया, युवावस्था में उसकी देख-रेख की, रहन-सहन मिलना-जुलना सिखाया। उसने यदि कभी कोई गलती की तो उसे डाँटा भी उसको सही रास्तों की पहचान कराई। उसकी प्रत्येक गलती पर डाँटते हुए प्रतिबंधित भी किया, लेकिन जैसे ही उसके विवाह की चर्चा होने लगी, तो उसके प्रति माता-पिता का मोह बढ़ता जाता है। उसकी छोटी-मोटी गलतियों को भी नजरअंदाज करने लगते हैं क्योंकि बेटी के साथ रहने का 'समय का खजाना' खाली होने लगता है।

पुत्र उच्च शिक्षा के लिए अथवा किसी नियुक्ति पर आपसे दूर या विदेश जाने की तैयारी में हैं। अभी तक उसके साथ रहते रहे, वह परिवार के संरक्षण में रहा तो कभी उसे डाँटा-पीटा भी और कभी किसी गलती के कारण संवादहीनता भी रही, लेकिन जैसे-जैसे पुत्र का परिवार से दूर जाने का समय निकट आने लगता है और मन में यह भाव उठता है कि अब पता नहीं कितने वर्षों बाद उससे मुलाकात हो पाएगी अथवा उसके साथ रहना

संभव भी हो पाएगा या नहीं? इस कारण उससे मोह व लगाव बढ़ने लगेगा। जैसे-जैसे उसके प्रस्थान व घर छोड़ने का समय निकट आएगा, वैसे-वैसे उसके प्रत्येक विषय पर उससे लगाव बढ़ता ही जाएगा।

हम सभी ने यह अनुभव किया होगा। जब युवा थे तो जिंदगी के अनेक बड़े उद्‌देश्यों की पूर्णता और लक्ष्यों की प्राप्ति के सपने भी थे और जो युवा हैं, वे इस परिस्थिति का अनुभव करते होंगे। अपनी युवावस्था में मेहनत करते रहे। दिन में 12-15 घंटे काम भी किया, खूब धन कमाया, खूब खर्च भी किया। खर्च करने में भी कोई चिंता नहीं रही। ऊर्जा व उत्साह की कोई कमी नहीं रही, लेकिन जैसे-जैसे आयु बढ़ी और 60 के दशक पर पहुँचने को हुई तो मन के अंदर शेष बची आयु में मिलती रहीं सुविधाओं की चिंता और जीवन की शेष लंबाई पर मनन होने लगता है। यह सिर्फ 'समय का खजाना' खाली होने के कारण होता है। इसी कारण वृद्धावस्था में आयु का खजाना खाली होने का अनुभव होने लगता है। इसी कारण व्यक्ति अल्पव्ययी होने लगता है। अपनी आयु के शेष बचे हुए धन को संचित करने की ओर सोचने लगता है। बुढ़ापे में कंजूस होने की छींटाकशी भी सुननी पड़ती है और निश्चित ही आयु जैसे-जैसे बढ़ती जाएगी, वैसे-वैसे धन की आवक की लालसा और मितव्ययीता की मनोवृत्ति बढ़ती जाएगी। मन में निर्मित हुई ऐसी वृत्ति को परिस्थितियों के कारण स्वाभाविक ही माना चाहिए। यह भी आवश्यक नहीं है कि सभी व्यक्तियों में ऐसी मनोवृत्ति पनपे। यदि व्यक्ति धनाढ्य है और उसके पास रुपए-पैसे की कोई भी कमी नहीं है, तो धन के छूटने और उससे मोह होने के कारण दुःखी होता रहता है। उन्हें मृत्यु की निकटता के साथ अपनी संपत्ति धन-दौलत से मोह और उसके छूटने की चिंता होने लगती है।

ईश्वर ने प्रत्येक व्यक्ति के लिए 'समय का खजाना' निर्धारित व सुनिश्चित कर रखा है। तिजोरी में रखे धन, बैंक बैलेंस, जमीन-जायदाद, धन-दौलत का खजाना तो बढ़ाया जा सकता है, लेकिन 'समय का खजाना' जितना ईश्वर ने दिया है, जितना और जैसा पूर्व कर्म के कारण निर्मित हुआ है, प्रारब्ध का दामन जिसका जैसा है, उसे कोई भी परिवर्तित नहीं कर सकता है। ईश्वर ने प्रत्येक व्यक्ति की आयु और उसके कार्यों के लिए एक सुनिश्चित समय की क्रेडिट उसके समय के खाते में दे रखी है। समय, काल, परिस्थिति, स्थान, जलवायु के अनुसार आम व्यक्ति की औसत आयु 70-75-85 वर्ष तक की आकलित की जा सकती है। इसे हम तीन भागों में विभाजित करें। प्रथम 25 वर्ष युवावस्था, द्वितीय 25 वर्ष प्रौढ़ावस्था और तृतीय 25 वर्ष में बुढ़ापे का प्रारंभ। अर्थात् बुढ़ापे में व्यक्ति के 'समय के खजाना' का बैलेंस खाली होने की ओर मन सोचने लगता है एवं व्यक्ति यह सोचकर चिंतित होने लगता है कि—

1. समय अब कम बचा है, आयु पूर्ण होने को है, मौत कभी भी आ सकती है।

2. बीमार रहने अथवा होने की आशंका।
3. मृत्यु होने पर जो कुछ कमाया है, अर्जित किया है, वह सब धन-दौलत छूटने का दु:ख।
4. कहीं कोई बड़ी बीमारी बुढ़ापे में न हो जाए तो उसके लिए धन की आवश्यकता होगी, अत: उसके इंतजाम की चिंता।
5. स्वजनों की चिंता, उनसे विलग होने की और उनके भविष्य की चिंता।
6. मृत्यु होने की चिंता के साथ पत्नी और स्वजनों की आर्थिक सुदृढ़ता की चिंता।
7. ऐसी अन्य अनेक चिंताएँ।

इसी बात को ठीक ऐसे भी समझा जा सकता है कि किसी व्यक्ति की आयु 75 वर्ष हो चुकी हो और उसकी इस आयु में यदि उसे किसी दैवी-शक्ति के माध्यम से यह पता लग जाए कि वह अब 150 वर्ष का जीवन व्यतीत करेगा और 75 वर्ष की आयु को वह अपना प्रथम पड़ाव समझ ले। तब ऐसी स्थिति में उसकी समस्त प्रकार की चिंताएँ समाप्त होने लगेंगी अर्थात् 'समय का खजाना' ही चिंता का कारण है।

□

बौद्ध व जैन धर्म के आईने में परलोक

हिंदू धर्म में पुनर्जन्म एवं परलोक की मान्यता है। पुनर्जन्म एवं परलोक का सीधा संबंध कर्म फल से है। मनुष्य जीवन में जैसा जिसका कर्म होता है, वैसा ही उसको परिणाम प्राप्त होता है। दुष्ट आततायी, पापकर्मी मनुष्य को या तो इसी जन्म में उसका फल भोगना होता है अथवा मृत्यु के पश्चात् उसकी जीवात्मा पीड़ाजनक व कष्ट में रहती है यानी जब उसका पुनर्जन्म होता है, तब उसे अपने कुकर्मों का परिणाम भोगना होता है। परंतु अन्य धर्मों में उक्त संदर्भ में क्या-क्या मान्यताएँ हैं, इस विषय पर भी प्रकाश डालने का प्रयास किया जा रहा है। मुसलमानों एवं ईसाइयों में पुनर्जन्म को मान्यता नहीं दी गई है। यह मान्यता उनके धार्मिक सिद्धांतों पर आधारित है।

बौद्ध-मत

बौद्ध धर्म में अहिंसा व सत्य के आचरण को प्राथमिकता दी गई। मेरा अपना चिंतन यह है कि जो व्यक्ति कर्म-फल एवं परलोक के अस्तित्व में आस्था रखता है, वह हिंसक नहीं हो सकता। बौद्धों की धर्म पुस्तक 'धम्मपद' (धर्मपद) में भगवान् बुद्ध के वचनों का उल्लेख है। बुद्ध कहते हैं, "हे भिक्षु, ध्यान कर और सावधान रहो। अपने चित्त को खुशी की ओर नहीं ले जाओ, जिससे कि तुझे बेपरवाही के बदले नरक में लोहे का गोला न निगलना पड़े और जलते समय चिल्लाना नहीं पड़े।" (धम्मपद वचन 371) बुद्ध के कहने का तात्पर्य यही है कि जो व्यक्ति सही या गलत का विश्लेषण किए बिना सांसारिक क्षणिक लाभ को अपना सुख मानता है और खुश हो जाता है, लेकिन उसके दुष्परिणामों को नहीं समक्ष रहा है। आगे बुद्ध कहते हैं—"जो मिथ्या भाषण करता है, वह नरक को जाता है।" (धम्मपद वचन 306) बुद्ध कहते हैं—"अच्छा आदमी इस दुनिया में खुश रहता है और परलोक में भी खुश रहता है। उसे दोनों लोकों में सुख मिलता है।" (धम्मपद वचन 18) बुद्ध का मानना था कि न आकाश में, न समुद्र, न पहाड़ों की गुफाओं में, न तमाम दुनिया में कोई ऐसी जगह है, जहाँ मनुष्य बुरे कर्मों के फल से बच जाए (धम्मपद वचन 127)। बुद्ध कहते हैं—"कितने ही लोग जन्म लेते हैं। पापी

नरक को जाते हैं, पुण्यात्माएँ स्वर्ग को जाती हैं। जो सांसारिक बाधाओं से मुक्त हैं, वे 'निर्वाणपद' प्राप्त करते हैं। (धम्मपद वचन 126) बुद्ध ने कहा है—"ज्ञान बिना ध्यान नहीं और ध्यान बिना ज्ञान नहीं। जो ध्यान व ज्ञान में रहते हैं, वे 'निर्वाण' के समीप हैं।" (धम्मपद वचन 372) धम्मपद के वचन 153-154 में बुद्ध का कहना है—"इस शरीर के बनाने वाले को ढूँढ़ने में मुझे अनेक जन्म लेने पड़े, उसका पता न पाया। बार-बार जन्म लेना दुःखदायी है। तू इस शरीर को फिर बना नहीं पाएगा। शरीर की तमाम हड्डियाँ टूट गई हैं, चित्त निर्वाण के समीप पहुँचकर सारी वासनाओं को नष्ट कर चुका है।" इस प्रकार बौद्ध धर्म में स्वर्ग, नरक, परलोक एवं पुनर्जन्म को मान्यता दी गई है।

जैन-मत

जैन धर्म का विश्वास व अधिकांश मान्यताएँ बौद्ध एवं हिंदू से पृथक् नहीं हैं। जैन धर्म का सिद्धांत है कि प्राणी विभिन्न योनियों में अपने कर्म-फल को और जीवन-मरण को भोगता रहता है। मृत्यु के पश्चात् जीवात्मा अपने कर्म-फल के अनुसार या तो उसी योनि में पुनर्जन्म लेता है, जिसमें उसकी मृत्यु हुई है अथवा अन्य योनियों में भी जन्म ले सकता है। जैन धर्म में मृत्यु के पश्चात् सूक्ष्म शरीर को भी मान्यता दी गई है और वे मानते हैं कि मरणोपरांत जीवात्मा का आकार उसके पूर्व शरीर जैसा ही रहता है और दूसरा नया जन्म होने पर नया शरीर ग्रहण करता है, तब उसे नए शरीर का आकार मिल जाता है। जैन धर्म में नरक के अस्तित्व को भी मान्यता दी गई है। नरक में स्त्रियाँ नहीं होतीं। जो पुण्यात्मा होते हैं वे देवलोक में जाकर सुख भोगते हैं और पृथ्वी-लोक को मध्यलोक कहा गया है। मध्यलोक के नीचे अधोलोक है एवं उसमें नरक है। मध्यलोक के ऊपर उर्ध्वलोक है, जहाँ देवताओं का निवास रहता है। इससे भी बहुत ऊपर स्वर्गलोक है, जहाँ अति उच्च श्रेणी के देवताओं का निवास है। इसके भी ऊपर अहमिंद्रलोक है और यहाँ अति उच्च श्रेणी के देवता निवास करते हैं। अहमिंद्रलोक में देवता रहते हैं और यहाँ देवियाँ नहीं रहती हैं एवं देवता आजीवन ब्रह्मचारी होते हैं। जैन धर्म में सात नरक बताए गए हैं एवं सोलह स्वर्गों की मान्यता है। देवलोक के राजा को इंद्र कहा जाता है और वहाँ की प्रजा देव कहलाती है। देवताओं का शरीर अति आकर्षक और लोभायमान होता है और इन्हें नींद तथा आयु की वृद्धावस्था नहीं होती है। ये भूख-प्यास से परे हैं और इच्छा होने पर ही इनकी प्यास बुझ जाती है अर्थात् स्वयं में तृप्त रहते हैं। यहाँ अति सुंदर देवियाँ होती हैं, परंतु उनमें गर्भ धारण नहीं होता है। जैन धर्म में जीवात्मा की तीन दशाएँ मान्य की गई हैं—शुभ दशा, अशुभ दशा एवं शुद्ध दशा। शुभ दशा वाली जीवात्मा अपने अच्छे कर्मों के कारण से देवलोक में पहुँचती है और वहाँ सुख व आनंद में रहती है। अशुभ दशा वाली जीवात्मा अपने बुरे कर्मों के कारण से नरक का दुःख प्राप्त करती है एवं

अपने पापकर्मों के कारण वे पशु योनि में भी जाती है। परंतु ऐसी जीवात्माएँ, जो शुभ दशा एवं अशुभ दशा के मध्य की हैं, अर्थात् शरीर जीवन में रहते हुए उन्होंने अच्छे कर्म भी किए हैं और बुरे कर्म भी किए हैं, ऐसी जीवात्माएँ पुन: मनुष्य योनि में जन्म लेती हैं। इन दोनों दशाओं के अलावा जैन धर्म में तीसरी दशा वह होती है, जिसमें जीवात्मा के साथ उसके पुण्य कर्म एवं पापकर्मों का कोई भी साथ नहीं रहता है, अर्थात् जीवात्मा पूर्णत: शुद्ध होती है और वह मृत्यु के पश्चात् 'शिवलोक' में पहुँचती है। इस प्रकार की जीवात्मा को शुद्ध दशा की माना जाता है। शिवलोक की जीवात्मा को मोक्ष प्राप्त होना माना जाता है। शुद्ध दशा वाली जीवात्मा सिर्फ मनुष्य योनि में ही हो सकती है। जैन-मत में पुनर्जन्म के प्रति पूर्ण आस्था मान्य की गई है, मनुष्य को उसके पूर्व जन्मों के पापों का प्रायश्चित्त करने के लिए जन्म लेना पड़ता है। इस प्रकार जैन धर्म में भी स्वर्ग, नरक, परलोक एवं पुनर्जन्म को मान्यता दी गई है। जैन दर्शन में मोक्ष साधना केवल संन्यासी ही कर पाते हैं। इनकी पाँच कोटियाँ हैं। इन्हें परमेष्ठी कहते हैं—1. अहरत, 2. सिद्ध, 3. आचार्य, 4. उपाध्याय, 5. साधू। जैन धर्म का विश्वास है कि अदृश्य जगत् में कहीं लोक है, जहाँ सिद्धों की आत्माएँ रहती हैं। उनमें जो आत्मा सिद्ध हो गई अर्थात् अनंत चतुष्ठम, अनंत दर्शन, अनंत ज्ञान, अनंत सुख और अनंत वीर्य से युक्त हो जाती है। जिसकी वासना छूट गई हो, जो सुख-दु:ख से परे हो गया हो। जो इंद्रीय निग्रही है, वह सिद्ध है। सिद्ध कोटि परमात्मा की है।

□

क्या पुनर्जन्म होता है?

पुनर्जन्म का सिद्धांत सार्वभौमिक सत्य है

आधुनिक युग की यह एक भ्रमपूर्ण अवधारणा यह है कि व्यक्ति की मृत्यु होने के बाद कुछ भी शेष नहीं रह जाता है। भौतिक विज्ञान ने जीव को सिर्फ शरीर समझा है और संदेश दिया कि शरीर की मृत्यु होने पर जीव की कोई स्वतंत्र सत्ता नहीं रह जाती है। विज्ञान की अपनी स्वयं की सीमाएँ हैं। विज्ञान की परिभाषा में कहा गया है कि किसी विषय का क्रमबद्ध ज्ञान ही विज्ञान है। विज्ञान के समक्ष जीव के पुनर्जन्म का भी प्रमाण प्रस्तुत हो जाए, तो भी विज्ञान इसे स्वीकार इसलिए नहीं करेगा, क्योंकि वह अपनी आँखों से मृत्यु के पश्चात् आत्मा का व्यतीत हुआ समय और पुनर्जन्म की प्रक्रिया आपनी आँखों से देखना चाहता है। जड़वादी एवं वैज्ञानिक कहते हैं कि शरीर ही जीव है और शरीर खत्म तो सबकुछ खत्म। यह अधूरा ज्ञान है। दूसरी ओर, ऐसे भी अनेक प्रमाण हैं जिनमें बच्चों ने अपने पूर्व जन्म के रिश्तेदारों व स्थान को पहचाना है और पुनर्जन्म को प्रमाणित किया है। व्यक्ति का शरीर वृद्ध, कमजोर होने के बाद उसकी मृत्यु हो जाती है। जीवात्मा स्थूल शरीर से बाहर निकल जाती है और फिर वह नवीन शरीर धारण करता है। इसी को पुनर्जन्म कहते हैं। अत: जीव और शरीर एक नहीं है, ये पृथक्-पृथक् हैं। जीवात्मा शरीर के अंदर है, इसी कारण तो शरीर जीवित है।

व्यक्ति का पुनर्जन्म उसके अपने पूर्व कर्मों के कारण विभिन्न परिस्थितियों एवं विभिन्न स्थितियों में होता है। शरीर की मृत्यु उपरांत जीवात्मा अपने पुनर्जन्म के लिए तत्पर रहती है। आत्मा ही परमात्मा का अंश है, लेकिन इस धारणा को जिस व्यक्ति ने अपने अंदर पूर्णत: समाहित कर लिया और निष्काम कर्म करते हुए राग-द्वेष से परे हो गया, तब ऐसी स्थिति में वह मोक्ष के द्वार पर पहुँच जाता है क्योंकि वह इच्छा-रहित हो गया है। सच तो यह है कि इच्छाएँ और कामनाएँ ही हमारे पुनर्जन्म का परिणाम हैं।

प्रति रात्रि मनुष्य निद्रा में चला जाता है। यह घटना तो प्रतिदिन हम सबके साथ घटित ही हो रही है। मृत्यु और जन्म का ही एक लघु स्वरूप निद्रा व जागरण है। योगशास्त्र के अनुसार जब व्यक्ति नींद में होता है, तब उसका मन सुषुम्ना नाड़ी में चला जाता है। कहा जाता है कि सुषुम्ना नाड़ी में हमारे कई जन्मों का लेखा-जोखा रहता है।

निद्रा में हम कभी-कभी ऐसे स्वप्न भी देखते हैं, जो कतई वर्तमान जीवन से संबंधित नहीं रहते। एक ही प्रकार के बार-बार दृश्य स्वप्न में दिखते हैं और वे कतई वर्तमान जीवन से संबंधित नहीं होते। यहाँ यह कहना गलत नहीं होगा कि ऐसे दृश्य पूर्व जन्म से संबंधित भी हो सकते हैं। एक ही माता-पिता की अनेक संतानें विभिन्न प्रकार के स्वभाव और प्रतिभाओं के साथ उत्पन्न होती हैं। यहाँ प्रश्न उन वैज्ञानिकों से है कि उन्हीं माता-पिता से उत्पन्न हुईं संतानें और जुड़वाँ जन्म के बच्चे एक ही जैसे स्वभाव और प्रतिभा के उत्पन्न क्यों नहीं होते हैं ? उनके तो निर्माणकर्ता और माँ के गर्भ हो रहा विकास एक जैसा ही है। यहाँ विज्ञान मौन हो जाएगा। यही कर्म का सिद्धांत है। वेदांत के अनुसार, आत्मा अमर है। आत्मा की कभी मृत्यु नहीं होती। शरीर जीवन में रहते हुए कितने ही पाप अथवा कितने ही पुण्य क्यों न किए हों, मृत्यु तो शरीर की ही होती है और उन कर्मों के परिणाम को लेकर जीवात्मा उसमें से निकल जाती है। पुनः शरीर धारण कर नया जन्म लेती है। इसी कारण एक ही माता-पिता से उत्पन्न होनेवाली संतानें आपने प्रारब्ध के साथ जन्म लेती हैं। पूर्व में किए गए कर्मों के परिणाम ही तो प्रारब्ध है। किसी भी अन्य धर्म अथवा मजहब में पुनर्जन्म बाधक नहीं है। यहाँ मैं हिंदुओं के धर्म की संक्षिप्त व्याख्या करना उचित समझता हूँ।

यह सुस्थापित धारणा है कि पुनर्जन्म का सिद्धांत सिर्फ हिंदुओं में ही मान्य है, परंतु सच तो यह है कि पुनर्जन्म संपूर्ण मानव जाति में होता है। हिंदुओं में उनके कर्म-फल के अनुसार पुनर्जन्म होना माना जाता है अर्थात् इस जन्म में हमको यदि कोई दुःख भोगना पड़ रहा है तो ऐसी मान्यता है कि वह दुःख या तो हमारे इसी जन्म में किए गए बुरे कर्म का फल है और यदि इस जन्म में हमें यह याद नहीं आ पा रहा है कि हमने कोई बुरे कर्म किए हैं, तो फिर उसे प्रारब्ध कहा जाता है। पूर्व जन्म में किए गए बुरे कर्मों का कर्म-फल यदि इस जन्म में भोगना पड़ रहा है तो इसे प्रारब्ध कहेंगे, लेकिन इतना अवश्य है कि हिंदुओं में पुनर्जन्म के सिद्धांत की मान्यता अटूट है और पुराणों पर भी आधारित है। हिंदुओं में यदि कुछ लोग इस सिद्धांत को नहीं भी मानते हों तो इससे कोई फर्क नहीं पड़ता है। क्योंकि पुनर्जन्म होता ही है। हिंदू पुराणों का सिद्धांत है—अर्थ, धर्म, काम, मोक्ष। निचोड़ यह है कि धर्म पर आधारित किए गए कर्म के माध्यम से अर्थाजन करना और फिर मोक्ष प्राप्त करना ही मानव जाति और मानव जन्म का एक मात्र उद्देश्य है।

हिंदुओं के 'धर्म' का तात्पर्य पूजा-पद्धति, ईश्वर में आस्था रखने मात्र से ही धार्मिक होना नहीं माना जा सकता है। हिंदुओं में 'धर्म' का तात्पर्य सद्गुणों से है अर्थात् सद्गुणी ही धार्मिक है। व्यक्ति के अंदर धारित करने योग्य सद्गुण व्यक्ति में यदि हैं, तो उस व्यक्ति को धार्मिक कहा जाएगा। कहा गया है, "धर्म एव हतो हन्ति धर्मों रक्षति रक्षितः", अर्थात् आप यदि धर्म की रक्षा करेंगे तो धर्म आपकी रक्षा करेगा। 'धर्म' का

तात्पर्य व्यक्ति के 'कर्तव्य' से है। किसी व्यापारी का उसका व्यापार का 'धर्म,' सेना में देश की रक्षा का 'धर्म,' न्यायालय में न्याय करने का 'धर्म,' जनसामान्य और पीड़ित दु:खी की सेवा करने का 'धर्म,' बीमार व्यक्ति की चिकित्सा करने का 'धर्म'। हिंदू विचारधारा के अनुसार जीवन का उद्देश्य मोक्ष प्राप्त करना है अर्थात् जन्म और मृत्यु के बंधन से मुक्त होकर पुनर्जन्म नहीं होना ही मोक्ष प्राप्ति होती है, लेकिन यदि मोक्ष प्राप्ति नहीं हो पा रही है तो फिर पुनर्जन्म होना ही है। अब कब किसका पुनर्जन्म का होना है, यह व्यक्ति के कर्म-बंधन व उसके कर्म-फल और नियति पर निर्भर करता है। कर्म-बंधन का परिणाम ही पुनर्जन्म है। कर्म-बंधन से मुक्ति कैसे है? अर्थात् कर्म करते हुए भी उसके बंधनों से मुक्ति कैसे प्राप्त हो, यह विषय 'श्रीमद्भगवतगीता' से संबंधित है, जिसमें भगवान् श्रीकृष्ण ने कर्म योग को समझाया है। विषय पर पुन: केंद्रित होते हुए चर्चा का संदर्भ है, पुनर्जन्म, जो संपूर्ण मानव जाति में होता है और पुनर्जन्म का सिद्धांत सभी में लागू होता है।

पृथ्वी पर मानव ने स्वयं अपने आप को विभिन्न प्रकार के स्वनिर्मित मानक सिद्धांतों के आधार पर विभाजित कर लिया है और आपस में पुनर्जन्म के सिद्धांत विषय पर झगड़े-फसाद में उलझे हैं, परंतु संपूर्ण ब्रह्म की सत्ता एक ही समान परम शक्ति के द्वारा संचालित है, उस परम शक्ति को अपनी-अपनी आस्था, विश्वास, भक्ति तथा विभिन्न प्रकार के धर्म, रिलीजन, मजहब के अनुयायी कुछ भी नाम से संबोधित कर लें, परंतु सर्व शक्तिमान उस परम सत्ता से कोई भी स्वयं को विलग नहीं कर सकता है। ईसाइयों व मुसलिमों में पुनर्जन्म को मानता नहीं दी गई है। यह भी एक भ्रम है। इस भ्रमपूर्ण धारणा को उदाहरणों के माध्यम से खंडित किया जा चुका है। वैज्ञानिक युग में प्रमाण की आवश्यकता होती है। ऐसे अनेक उदाहरण हैं कि पुनर्जन्म होता है।

□

पुनर्जन्म में पूर्व जन्म की विस्मृति क्यों हो जाती है ?

पुनर्जन्म के सिद्धांत पर विश्वास नहीं करनेवालों का यह कहना होता है कि यदि पुनर्जन्म होता है तो हमें अपने पूर्व जन्म की स्मृति भी होनी चाहिए। इस विषय पर चर्चा करने के साथ हमें यह ध्यान करना होगा कि जब हम प्रतिदिन नींद से जागकर सुबह उठते हैं तो कुछ समय के लिए हम निष्क्रिय होकर पड़े रहते हैं। तत्समय हमें स्मृति से जुड़ना पड़ता है। धीरे-धीरे स्मृति से हम जुड़ते जाते हैं। जो स्वप्न नींद में देखे हैं, उनमें से कुछ याद रहते हैं और कुछ विस्मृत हो जाते हैं। मृत्यु भी एक दीर्घकालीन निद्रा है। इतने बड़े अंतराल की चिरनिद्रा के बाद पुनर्जन्म के रूप में जागरण होने पर यह संभव नहीं है कि पूर्व जन्म का सबकुछ यथावत् याद बनी रहे, लेकिन कुछ प्रमाण ऐसे भी मिले हैं कि पूर्व जन्म की स्मृति के कुछ अंश याद बने रहते हैं और इस प्रसंग के तथ्यात्मक प्रमाण इसी पुस्तक में दिए गए हैं। अनेक बार ऐसा भी अनुभव किया गया है कि व्यक्ति को बिना किसी कारण के किन्हीं विशेष व्यक्तियों, किसी विशेष स्थान, किसी विशेष परिस्थिति में रुचि बनी रहती है। ऐसा होना भी उसके पूर्व जन्म से जुड़ा होना माना जाता है। परामनोविज्ञान (पैरासाइकोलॉजी) ने इस विषय पर बहुत कार्य किया है और अभी भी हो रहे हैं।

वस्तुत: विस्मृति होना प्रकृति का एक सुनिश्चित नियम है। वर्तमान जीवन में अनेक घटनाएँ हम स्वयं भूल जाते हैं। जन्म होने के बाद से संपूर्ण जीवन की एक-एक घटना हमें याद नहीं रहती। हम कल्पना कर सकते हैं कि यदि मनुष्य को पूर्व जन्म का सबकुछ याद बना रहता तो निश्चित ही जीवन बहुत अशांत हो जाएगा। फिर तो मनुष्य को उसके पूर्व जन्म के मित्र, दुश्मन, प्रेमी, पति, पत्नी, पुत्र, पुत्रियों, रिश्तेदार, अच्छे-बुरे प्रसंग व घटित हुई घटनाएँ याद बने रहने के कारण उनसे आसक्ति बनी रहेगी और उस अवस्था में वर्तमान जीवन का निर्वाह करना असंभव हो जाएगा। इसलिए शांतिप्रिय जीवन के लिए विस्मरण होना आवश्यक है। पूर्व जन्म की विस्मृति के बाद नया शरीर प्राप्त करने पर

नया उत्साह, नई उमंग, नए संबंध, नए निर्माण की विकास-यात्रा प्रारंभ होती है। इस हेतु आवश्यक यह भी है कि पूर्व जन्म की पुरानी प्रिय अप्रिय प्रकार की स्मृतियों को भुला दिया जाए। यदि पूर्व जन्म से हटकर भी सोचें तो किसी भी व्यक्ति को इसी वर्तमान जन्म की समस्त घटनाएँ यथावत् याद बने रहना संभव नहीं है। यदि व्यक्ति को अपने जीवन की समस्त अच्छी-बुरी घटनाएँ यथावत् बनी रहतीं तो जीवन अत्यंत अशांत हो जाता। इसलिए विस्मरण होना स्वाभाविक और आवश्यक भी है।

□

पूर्व जन्म एवं पुनर्जन्म पर डॉ. ब्रियान वीस के प्रयोग

विषय की प्रासंगिकता के लिए एक कैथोलिक क्रिश्चियन लड़की के पुनर्जन्म का वाकया प्रासंगिक है। इससे यह स्पष्टतः प्रमाणित होगा कि एक तो पुनर्जन्म होता है, दूसरा यह कि इस जन्म में आपको जो भी व्यक्ति संपर्क में आ रहे हैं, वे पूर्व के किसी-न-किसी जन्म में भी आपके संपर्क में रहे होंगे। यह विषय डॉक्टर ब्रियान वीस द्वारा लिखित पुस्तक 'मैनी लाइव्स मैनी मास्टर्स,' (1988 में सायमन एंड सचस्टर, यूनाइटेड स्टेट्स से प्रथम बार प्रकाशित) में वर्णित किया गया है। संभवतः यह पुस्तक संसार में और विशेषतः ईसाइयों में इस कारण से लोकप्रिय होकर अधिक पढ़ी गई कि इसमें एक कैथोलिक ईसाई लड़की को हिप्नोसिस के माध्यम से उसके पूर्व जन्म में ले जाया गया था और उसने बताया कि वह पिछले जन्मों में क्या थी एवं कहाँ थी तथा कौन-कौन उसके संपर्क में आया।

डॉ. ब्रियान वीस एक ख्याति प्राप्त साइकियाट्रिस्ट (मनोवैज्ञानिक) थे। उन्होंने सन् 1966 में कोलंबिया यूनिवर्सिटी, न्यूयॉर्क से ग्रेजुएशन किया था, सन् 1970 में याले यूनिवर्सिटी स्कूल ऑफ मेडीसिन से एम.डी. किया व इंन्टर्नशिप न्यूयॉर्क यूनिवर्सिटी से किया। वह मियामी यूनिवर्सिटी के साइकोफार्माकॉलोजी विभाग में पदस्थ रहे और यहाँ उन्हें 'बायोलॉजिकल साइकियाट्री' के क्षेत्र में राष्ट्रीय पहचान मिली। इस यूनिवर्सिटी में चार वर्ष कार्य करने के बाद वह साइकियाट्री विभाग में एसोसियेट प्रोफेसर के पद पर पदोन्नत हुए। वह हॉस्पिटल से संबद्ध यूनिवर्सिटी मियामी में 'चीफ ऑफ साइकियाट्री' पद पर नियुक्त हुए थे। डॉ. ब्रियान वीस की खासियत यह थी कि वह 'हिप्नोसिस' में भी एक्सपर्ट थे। रोगी की बीमारी का पता करने के लिए वह 'हिप्नोसिस' का सहारा लेते थे और बीमारी की जड़ तक पहुँचकर फिर उसका इलाज करते थे अर्थात् मरीज की लाइलाज बीमारी का कारण वह उसके पिछले व्यतीत हुए समय या पूर्व जन्म से जोड़कर परीक्षण करते थे।

'हिप्नोसिस' एक ऐसी पद्धति है, जिसके द्वारा मरीज को उसकी अपनी पिछली व्यतीत हुई जिंदगी में वापस ले जाया जाता है और उसे जो अनुभव होता है अथवा वह हिप्नोसिस की प्रक्रिया के दौरान जो देखता है, वह स्वयं अपने आप बोलने लगता है तथा व्यतीत हुए समय के संदर्भ में प्रश्नों के जवाब देने लगता है। हिप्नोसिस के माध्यम से वे समस्त तथ्य व घटनाएँ, जिन्हें वह व्यक्ति भूल चुका है, याद आ जाती हैं और वह स्वयं आँख बंद किए हुए ही उन्हें देखने लगता है। किसी एक्सपर्ट हिप्नोटिस्ट के निर्देशन में मरीज के शरीर को ढीला छोड़ते हुए उसके मन की स्थिति को केंद्रित कराते हुए उसकी याद्दाश्त ताजा कराई जाती है। डॉ. ब्रियान वीस का मानना है कि हिप्नोसिस प्रक्रिया एक ऐसा सशक्त साधन है, जिसके द्वारा न केवल मन में छुपी हुई अनजान बातों का पता लगाया जा सकता है, बल्कि विस्तृत विवरण के साथ वे तथ्य भी याद आ जाते हैं, जिन्हें वह नहीं जानता है।

एक अति सुंदर कैथोलिक ईसाई लड़की, जिसका नाम कैथरीन है, डॉ. ब्रियान वीस ने हिप्नोसिस के प्रयोग उस पर किए थे। कैथरीन मानसिक रूप से अत्यधिक बीमार थी। वह बहुत ही अधिक उदास रहती थी, भय-ग्रस्त थी और अधिक तनाव में रहती थी, उसे सिरदर्द रहता था और वस्तुत: उसके संपूर्ण शरीर में दर्द रहता था। वह अकसर पानी से, हवाई जहाज में बैठने से और अँधेरे से भी बहुत डरती थी, दवा खाने में उसे शंका उत्पन्न होती थी। उसका आत्म विश्वास लगभग समाप्त हो चुका था और उसे किसी पर भी विश्वास नहीं था। उसकी यह बीमारी बहुत पुरानी हो चुकी थी और उसने अनेक चिकित्सों से अपना इलाज कराया था, परंतु उसे कोई लाभ नहीं हुआ था। अंतत: उसे किसी ने बताया कि वह ख्याति प्राप्त प्रसिद्ध मनोवैज्ञानिक चिकित्सक डॉ. ब्रियान वीस से मिले और अपनी बीमारी का इलाज कराए। कैथरीन ने डॉ. ब्रियान वीस से मिलने का एपॉइंटमेंट के लिए समय चाहा तो उसे 2 माह बाद की तारीख मिली थी। डॉ. वीस ने उसकी बीमारी के लक्षणों को विस्तारपूर्वक सुना। यद्यपि डॉ. वीस इस प्रकार की बीमारी के अनेक मरीजों का अपने इलाज के माध्यम से ठीक कर चुके थे और प्रथमत: तो उन्होंने कैथरीन का भी इलाज दवाइयों के माध्यम से किया था, परंतु कैथरीन को कोई लाभ नहीं हो पा रहा था। डॉ. वीस को यह समझ आया कि कैथरीन की बीमारी बहुत पुरानी है और यह उसकी सामान्य बीमारी नहीं है, जिसका इलाज दवाओं के माध्यम से किया जा सके। उन्होंने सोचा कि बीमारी का कारण उसकी अपनी पिछली व्यतीत हुई जिंदगी से संबंधित होना चाहिए, अत: सबसे पहले बीमारी का कारण चिकित्सक को ज्ञात करना चाहिए और तभी उसका इलाज संभव है।

डॉ. ब्रियान वीस ने कैथरीन से उसकी जिंदगी में व्यतीत हुए अच्छे-बुरे दिनों की संपूर्ण जानकारी ली, लेकिन फिर भी कैथरीन की बीमारी का ऐसा कोई कारण ज्ञात नहीं

हो पा रहा था, जिससे बीमारी की जड़ का पता लग सके। मनोवैज्ञानिक स्तर पर ऐसी मान्यता है कि किसी भी व्यक्ति की मानसिक स्थिति यदि सामान्य नहीं है तो उसका कारण उसकी व्यतीत हुई जिंदगी से जुड़ा होता है। डॉ. वीस ने हिप्नोथेरेपी के माध्यम से भी कैथरीन के भय और कुंठा का कारण जानने का प्रयास किया, परंतु कोई लाभ नहीं हुआ। कैथरीन व उसके पिता और उसके परिवार का कोई भी सदस्य पूर्व जन्म के सिद्धांत में विश्वास नहीं करते थे। कैथरीन का यह विश्वास था कि यदि आप अच्छे कैथोलिक हैं और सामान्य तरह से बिना किसी को कष्ट से जिए जा रहे हैं, तो स्वर्ग में आपको अच्छा स्थान मिलेगा, अन्यथा कष्ट भोगने के लिए नरक में जाना होगा।

डॉ. वीस ने अनुभव किया कि कैथरीन की बीमारी बढ़ती ही जा रही थी। उस पर किसी भी प्रकारी दवाओं और कौंसिलिंग का कोई असर नहीं हो रहा था। अंततः कैथरीन ने और अधिक दवाइयाँ खाने से इनकार कर दिया था और उसने डॉ. ब्रियान वीस से पूछा कि क्या अब कोई भी रास्ता उसके इलाज के लिए मेडीकल साइंस में नहीं बचा है ? तो डॉ. वीस ने उसे बताया कि अब सिर्फ एक ही रास्ता है और वह है 'हिप्नोसिस' के माध्यम से बीमारी के कारण का पता करना व इलाज करना। कैथरीन हिप्नोसिस की प्रक्रिया से परिचित थी और यह सुनकर वह डर गई थी। यद्यपि डॉ. वीस ने सैकड़ों लोगों को हिप्नोटाइज कर उनका इलाज किया था और वह हिप्नोसिस में विशेषज्ञ थे तथा इस पद्धति से उन्होंने अनेक मरीजों को ठीक किया था। डॉ. वीस ने जब कैथरीन को विश्वास दिलाया और समझाया तो वह हिप्नोसिस के लिए तैयार हो गई।

डॉ. वीस ने हिप्नोसिस के लिए कैथरीन को आरामदायक स्थिति में लिटा दिया। उसके सिर के नीचे एक छोटा सा तकिया लगा दिया, उसे स्वयं पर केंद्रित होने के लिए निर्देश दिया और सभी ओर से व सभी प्रकार के अन्य विचारों से विच्छेदित होने का निर्देश दिया। कैथरीन की आँखें अधखुली थीं। डॉ. वीस ने उसे निर्देश दिया कि वह अपनी साँसों पर केंद्रित हो और समस्त तनाव और चिंता से बाहर निकले। उसके बाद उसे निर्देश दिया कि वह अपने चेहरे, मुँह, जबड़े, गरदन, कंधे, पेट और अंत में पैरों की मांसपेशियों को बिल्कुल ढीला छोड़ दे तथा तनावहीन हो जाए और इन सभी अंगों पर ध्यान देते हुए अपने मन के माध्यम से देखने का प्रयास करे। तब कैथरीन ने अनुभव किया कि उसका संपूर्ण शरीर अंदर-ही-अंदर गहराई में जा रहा है। डॉ. वीस ने फिर उसे निर्देश दिया कि वह अपने सिर के ऊपर की एक सफेद रोशनी को देखे। उसी समय डॉ. वीस ने उसके सिर के ऊपर चमक रही सफेद लाइट के बल्ब को धीरे-धीरे उसके सिर की तरफ नीचे की ओर किया। इस समय कैथरीन का संपूर्ण शरीर रिलैक्स हो गया था। वह अंदर-ही-अंदर शांति व ठहराव का अनुभव करते हुए धीरे-धीरे वह नींद का अनुभव कर रही थी एवं डॉ. वीस के सभी निर्देशों को सुन भी रही थी। डॉ. वीस ने उसे निर्देश

दिया कि वह धीरे-धीरे 10 से 1 तक की उल्टी गिनती करना प्रारंभ करे। इस गिनती में उसे कुल 20 मिनट लगे थे और प्रत्येक अंक के नीचे जाते हुए वह अंतर्मुखी होने लगी थी प्रत्येक अंग पर कैथरीन स्वयं को अपने अंदर की गहराई में अत्यंत तनावमुक्त होना महसूस कर रही थी। अब तक वह डॉ. ब्रियान वीस की आवाज के सभी निर्देशों का पालन करने लगी थी। इस स्थिति में उसके आस-पास अन्य कोई भी आवाजें होना प्रतिबंधित कर दी गई थीं। (यहाँ मेरा विशेष रूप से कहना यह है कि कोई भी व्यक्ति हिप्नोसिस की प्रक्रिया का प्रयोग नहीं करे, क्योंकि अपरिपक्व व अयोग्य व्यक्ति के द्वारा हिप्नोसिस का प्रयोग करने से हिप्नोटाइज्ड व्यक्ति पागल अथवा मानसिक रूप से विक्षिप्त हो सकता है) कैथरीन ने हिप्नोसिसि अवस्था में जो कुछ बताया, उसका संक्षिप्त सार यहाँ प्रस्तुत है।

डॉ. वीस ने उसे निर्देश दिया कि वह अपनी पिछली जिंदगी की यादों को बताए। इस समय कैथरीन पूर्णत: हिप्नोटाइज्ड हो चुकी थी और सभी प्रश्नों के पालन व जवाब के लिए तैयार थी। कैथरीन ने बताया कि जब वह 5 वर्ष की थी तो उसे एक आदमी ने उसका मुँह दबाकर पानी में डुबाया था। यह सुनते ही डॉ. ब्रियान वीस को यह ज्ञात हो गया कि कैथरीन के अवचेतन मन (सब-कौंशंस माइंड) में पानी के प्रति डर क्यों समाया था।

हिप्नोसिस के दौरान कैथरीन ने अपनी जिंदगी के व्यतीत हुए पिछले दिनों के बारे में अनेक घटनाएँ बताईं। डॉ. ब्रियान वीस ने अनेक सत्रों में हिप्नोसिस की प्रक्रिया के प्रयोग कैथरीन पर पूर्ण किए थे। एक बार उसे पिछले जन्म में जाने का निर्देश दिया तो कैथरीन ने बताया कि उसे एक सफेद इमारत दिख रही है, जो पिलर पर बनी है और वह एक लंबी ड्रेस पहने है, उसके बाल लंबे घुँघराले व सुनहरे हैं। डॉ. वीस के पूछने पर उसने अपना नाम अरोड़ा बताया और अपनी आयु 18 वर्ष होना बताई तथा समय-काल 1863 बी.सी. का बताया। आगे कैथरीन बताती है कि सफेद इमारत के सामने बाजार है और यह स्थान रेत वाला गरम, अनउपजाऊ है। इस स्थान पर नदी व बहता हुआ पानी नहीं है, लेकिन कुएँ बने हुए हैं व पहाड़ हैं। तब डॉ. वीस ने उसे निर्देश दिया कि वह अपने उसी जन्म व समय के कुछ और वर्ष आगे का हाल बताए, तो कैथरीन ने बताया कि उसे वृक्ष, पत्थर व सड़क दिख रही है, खाना बनाने वाली आग दिख रही है। उसके बाल सुनहरे हैं, उसने लंबा भूरे रंग का गाऊन पहन रखा है और उसकी आयु अब 25 वर्ष है। उसके साथ एक छोटी बच्ची है, जिसका नाम क्लिएस्ट्रा है और यह उस जन्म की उसकी बच्ची उसके इस जन्म में रिचेल है। (रिचेल इस वर्तमान जिंदगी में कैथरीन की भतीजी थी।)

हिप्नोसिस के अगले सत्र में डॉ. ब्रियान वीस ने उससे पूछा, "जब तुम इस वर्तमान

जन्म की रिश्ते में भतीजी रिचेल को पहचान गईं हो तो यह भी बताओ कि पूर्व जन्म में मेरा तुमसे क्या रिश्ता रहा है ?" कैथरीन ने तत्काल जवाब दिया कि वह पहचान गई है। डॉ. ब्रियान वीस उसके पूर्व जन्म में टीचर रहे हैं और वह डॉ. ब्रियान वीस को सामने बैठे हुए देख रही है। उसने आगे बताया, "आप मुझे पुस्तकों से पढ़ाते हैं। आप वृद्ध हैं और आपके बाल भूरे (ग्रे) हैं, आपने सफेद कपड़े पहन रखे हैं और आपका नाम डियोगेनेज है तथा यह समय वर्ष 1568 बी.सी. का है।"

डॉ. ब्रियान वीस व कैथरीन कतई पुनर्जन्म के सिद्धांत पर विश्वास नहीं करते थे और उनके समक्ष कैथरीन के पूर्व जन्म का प्रमाण सामने आ रहे थे। आश्चर्यजनक तथ्य यह सामने आया कि कैथरीन के पूर्व जन्म में उसकी लड़की रिचेल उसके इस वर्तमान जिंदगी में उसकी भतीजी थी और स्वयं डॉ. ब्रियान वीस पूर्व जन्म में उसके शिक्षक थे। स्पष्ट था कि पूर्व जन्म के रिश्ते व्यक्ति के अगले जन्म में भी बने रहते हैं। आगे कैथरीन ने बताया कि वह बहुत घने नीचे की ओर झुके हुए वृक्ष देख रही है। पानी बहुत ठंडा है और उसे उस ठंडे पानी से अपने बच्चे को बचाना है। उसने अपने बच्चे को अपने से चिपकाकर रखा है, वह आसमान में बादल देख रही है और तभी उसने अपने भाई को देखा।

डॉ. ब्रियान वीस के निर्देश पर हिप्नोसिस के अगले सत्र में कैथरीन पुन: अपने पूर्व जन्म में चली गई और वह बताने लगी कि वह काले रंग की लैस के कपड़े पहने हैं और उसके सिर पर भी काला लैस लगा है। उसके बाल काले हैं और यह समय उसने 1756 ए.डी. का बताया तथा वह एक स्पेनिश महिला है, उसका नाम लोईसा है और इस समय उसकी आयु 56 वर्ष हैं। उसने आगे बताया कि वह नृत्य कर रही है अन्य दूसरे भी उसके साथ नृत्य कर रहे है। वह आगे बताती है कि वह उस जन्म में वेश्या है, परंतु यह बात वह अन्य किसी को नहीं बताती है और छुपाती है क्योंकि उस समय वह स्वयं में शर्म व कुंठा का अनुभव करती है।

कैथरीन ने अपने कई सौ साल पुराने जन्मों के संदर्भ में एवं अपनी पहचान एवं अपने पिताओं के नाम बताए। एक बार उसने वर्ष 1536 बी.सी. के समय में अपने पूर्व जन्म के संदर्भ में बताया कि उसके पिता का नाम परसेअस है और उसके उस जन्म के पिता डॉ. ब्रियान वीस से खेत की फसल विषय पर चर्चा कर रहे हैं। इसी जन्म का उसने आगे बताया कि वह बहुत वृद्ध और कमजोर है। वह पलंग पर पड़ी हुई है। उसकी उस जन्म की पुत्री उसके पलंग के पास खड़ी है। पुत्री के पति भी पास में हैं। उसे कई लोग घेर कर खड़े हैं और उसकी मृत्यु हो रही है, अब उसकी मृत्यु हो चुकी है और मृत्यु के पश्चात् उसे यह अनुभव हो रहा है कि वह बिल्कुल तैरने जैसी स्थिति में है।

एक बार डॉ. ब्रियान वीस जब कैथरीन को हिप्नोसिस में ले गए तो उससे पूछा कि वह इस समय कहाँ हैं ? कैथरीन ने जवाब दिया कि वह नीदरलैंड में है और उसका यह

जन्म सन् 1473 के समय का है तथा वह एक लड़का है और वह छोटे कपड़े पहने हुए है तथा वह स्वीपर है। हिप्नोसिस के एक अन्य सत्र में कैथरीन ने डॉ. वीस को बताया कि उसे एक सफेद मकान और उसके सामने धूलभरी सड़क दिख रही है, यह स्थान वर्जीनिया है, जो बहुत गरम है। यह समय सन् 1873 का है तथा उस जन्म में कैथरीन स्वयं को एक छोटा बच्चे के रूप में देख रही है, उसे घोड़े और खेत में खड़ी फसल दिख रही है। वह तथा अन्य दूसरे नौकर एक बड़े मकान की किचन में हैं। तब डॉ. वीस ने उसे निर्देश दिया कि वह अपनी उसी जन्म में 15 साल आगे का अनुभव बताए तो कैथरीन ने कहा कि यह सन् 1888 है और वह एक मकान की दूसरी मंजिल पर है। इस मकान का मालिक जेम्समैन है। वह काँच के आईने को साफ कर रही है और एक लंबी पुरानी ड्रेस पहने है। इस जन्म में उसका नाम अबी है और मकान को साफ कर रही है। तभी डॉ. वीस ने उसे निर्देश दिया कि वह अपने उसी जन्म के समय में हुई अपनी मृत्यु का हाल बताए। तब आगे कैथरीन ने बताया कि उसे साँस लेने में तकलीफ हो रही है, सीने में दर्द हो रहा है। उसे बहुत सर्दी लग रही है और कँपकँपाहट हो रही है। कमरे के अंदर अन्य लोग भी हैं और वे उसे चाय पीने के लिए कह रहे हैं। वे सभी उसके सीने को मल रहे है और उसने आगे बताया, "अब मैं मर चुकी हूँ मैं खुले आसमान में तैरने का अनुभव कर रही हूँ मैं देख रही हूँ कि मेरा शरीर पलंग पर पड़ा है। अब मुझे एक प्रकाश पुंज दिखाई दे रहा है, जो तेज होता जा रहा है।"

डॉ. वीस ने अपनी उक्त पुस्तक 'मैनी लाइव्स मैनी मास्टर्स' के अध्याय-13 में उल्लेख किया है कि जब कैथरीन हिप्नोसिस अवस्था में थी, तब उसने बताया था कि वह कुछ मूर्तियों को देख रही है, जो तराशकर बनाई गई हैं। कुछ लोग बरतन बना रहे हैं। डॉ. वीस के पूछने पर उसने जवाब दिया कि वह भी स्वयं बरतन बना रही है और यह कार्य करना उसका काम है। डॉ. वीस ने उससे पूछा, "तुम्हारा बार-बार इस पृथ्वी पर जन्म हुआ है तो क्या तुम ऐसा समझती हो कि तुमने अपने जन्मों में उत्थान (प्रोग्रेस) किया है?" तो कैथरीन ने 'हाँ' में जवाब दिया था। डॉ. वीस ने उससे पूछा, "इस पृथ्वी पर तुमने कितने जीवन बिताएँ हैं?" कैथरीन ने जवाब दिया, "86 बार।" डॉ. वीस ने पुनरावृत्ति करते हुए पूछा, "86 बार?" कैथरीन ने जवाब दिया, "हाँ, 86 बार।" डॉ. वीस ने पूछा, "क्या तुम्हें प्रत्येक जन्म का याद है?" कैथरीन ने जवाब दिया, "जब आवश्यक होगा तो याद करूँगी।"

कैथरीन ने बताया कि हिप्नोसिस प्रक्रिया के कारण अब उसके अंदर समाया हुआ डर खत्म हो गया है। डॉ. ब्रियान वीस अनेक बार कैथरीन को उसके पिछले जन्मों में ले गए। वह यह महसूस कर रहे थे कि हिप्नोसिस की प्रक्रिया के कारण कैथरीन की बीमारियाँ अब दूर हो रही थीं और उसके स्वास्थ्य में सुधार हो रहा था। डॉ. ब्रियान वीस

स्वयं अपने आप में कैथरीन द्वारा उसके पूर्व जन्म की बताई हुईं बातों से अत्यंत अचंभित थे, क्योंकि वह पुनर्जन्म के सिद्धांत में विश्वास नहीं करते थे। अचंभित तो कैथरीन भी थी, क्योंकि वह भी पुनर्जन्म में आस्था नहीं रखती थी, परंतु करें भी तो क्या ? हिप्नोसिस की अवस्था में कैथरीन पूर्व जन्म में घटित हुई घटनाओं को दृश्य के रूप में देखते हुए बता रही थी और डॉ. ब्रियान वीस के समक्ष एक मरीज था, उसकी बीमारी थी एवं पूर्व जन्म के संदर्भ में एक शोध भी था। डॉ. ब्रियान वीस ने मेडिकल लाइब्रेरी में भी पुनर्जन्म के विषय पर तलाश किया, परंतु वे संतुष्ट नहीं हुए थे। अत: उन्होंने विर्जीनिया यूनिवर्सिटी के प्रख्यात साइकियाट्रिस्ट एवं साइकियाट्री में एम.डी. योग्यता प्राप्त डॉक्टर इयान स्टीवेशन के कार्यों का अध्ययन किया। डॉक्टर स्टीवेशन ने साइकियाट्री पर अनेक पुस्तकें लिखीं और उन्होंने लगभग 200 बच्चों के ऐसे उदाहरण इकट्ठे किए थे, जिन्हें अपने पूर्व जन्मों के अनुभव याद थे। अनेक बच्चे उन विदेशी भाषाओं को बोलते थे, जिनका उन्हें उनके उस जन्म में कोई ज्ञान ही नहीं था। डॉ. ब्रियान वीस ने ई.एस.पी. (एक्सट्रा सेंसरी परसेप्शन्) पर एवं इस विषय पर अनेक विद्धानों के साहित्य का अध्ययन किया और यह अनुभव किया कि उन्हें मन की विभिन्न स्थितियों पर शिक्षा प्राप्त करने के बावजूद भी उन्होंने अपने ज्ञान को अत्यंत सीमित माना।

डॉ. ब्रियान वीस और कैथरीन के उक्त संवाद से यह स्पष्ट होता है कि मनुष्य ने अपने अनेक-अनेक जन्मों के बाद वर्तमान शरीर रूपी जन्म प्राप्त किया है, लेकिन सामान्यत: हमें अपने पिछले जन्मों का याद नहीं रहता है, लेकिन फिर भी ऐसी प्रक्रियाएँ हैं, जिनके माध्यम से पिछले जन्म का पता लगाया जा सकता है।

□

प्रेम के कारण पुनर्जन्म में पुनर्मिलन

ख्याति प्राप्त साइकियाट्रिस्ट डॉ. ब्रियान वीस द्वारा लिखित एक अन्य पुस्तक 'ओनली लव इज रियल' में उन्होंने एक युवती एलिजाबेथ एवं एक युवक पेड्रो, जो कि डॉ. वीस के पास इलाज कराने हेतु पृथक्-पृथक् समय में पहुँचे थे, उनके विवरण एवं उनके पूर्व जन्म के संबंध में अपनी उक्त पुस्तक में उल्लेख किए हैं। (यूनाइटेड स्टेट्स में वार्नर बुक्स, न्यूयॉर्क के द्वारा प्रकाशित, प्रथम प्रकाशन सन् 1996 में ग्रेट-ब्रिटेन के ज्यूडी पियट्कस लिमि., 5 बिंडमिल स्ट्रीट लंदन, डब्ल्यू-1 टी 2 जे.ए. से हुआ।) डॉ. वीस मनुष्यों में पूर्व जन्म के संबंधों और आपसी प्रेम तथा लगाव को प्रत्येक जन्म में एक-दूसरे से मिलने का महत्त्व मानते हैं।

मिडवेस्ट की एक सफल व्यवसायी सुंदर 32 वर्षीय युवती एलिजाबेथ अपनी माँ की मृत्यु हो जाने के कारण अत्यंत दु:ख व तनाव में थी। उसकी व्यावसायिक फर्म मियामी में थी और उसका जन्म मिन्नेसोटा के ग्रामीण अंचल में हुआ था। वह अपनी माँ को अत्यधिक चाहती थी और उसकी मृत्यु के पश्चात् वह माँ के बिछोह को सहन नहीं कर पा रही थी। उसे नींद नहीं आने की बीमारी थी। उसका विवाह पूर्व से विवाहित एक व्यक्ति से हुआ था, जिसकी पहली पत्नी से दो बच्चे थे, लेकिन एलिजाबेथ को पति का वांछित प्रेम नहीं मिला था और विवाह के कुछ समय बाद जब एलिजाबेथ को यह पता लगा कि उसके पति के किसी अन्य महिला से भी संबंध हैं, तो उसने अपने पति से संबंध विच्छेद कर लिया था। इसके बाद उसके संबंध एक प्रोफेसर व बैंकर से हुए और बाद में ये संबंध भी टूट गए थे। उसके तनाव का एक कारण वह यह भी मानती थी कि उसके अभी तक के जीवन में किसी ईमानदार, हृदय से चाहने वाले पुरुष का प्रेम उसे नहीं मिला था। इस कारण वह डॉ. ब्रेन वीस के पास इलाज हेतु पहुँची थी।

इन्हीं दिनों डॉ. ब्रियान वीस के पास एक अन्य आकर्षक युवक पेड्रो भी इलाज हेतु पहुँचा था। पुस्तक के अध्याय-5 में डॉ. वीस ने बताया है कि पेड्रो के भाई की 10 माह पहले मैक्सिको में एक दुर्घटना के कारण मृत्यु हो गई थी। इस कारण वह बहुत दु:खी और तनाव में था। पेड्रो का ऐसा कोई भी साथी नहीं था, जिससे वह अपनी परेशानियों का

सहभागी कर पाता। परंतु डॉ. वीस का यह मानना था कि पेड्रो के तनाव का कारण कुछ और भी हो सकता है। अतः उन्होंने हिप्नोसिस के माध्यम से यह ज्ञात करने का प्रयास किया कि पेड्रो के तनाव और बीमारी का कारण उसके पिछले कई जन्मों में कोई बिछुड़ा हुआ प्यार ही कहीं उसके तनाव का कारण तो नहीं है ? पेड्रो के भाई की मृत्यु भी दुर्घटना में हो गई थी और उसके अवचेतन मन में छुपा हुआ दुःख प्रकट हो गया था। डॉ. ब्रेन वीस के पूछने पर पेड्रो ने बताया कि यूनिवर्सिटी में उससे अधिक आयु की एक विवाहित महिला से उसके संबंध हो गए थे। वह गर्भवती भी हो गई थी और उसका गर्भपात कराना पड़ा था। पेड्रो भी अत्यधिक तनाव की बीमारी से ग्रसित था।

एलिजाबेथ व पेड्रो एक साथ डॉ. वीस के पास अपनी समस्या और इलाज के लिए एक ही समय पर कभी नहीं पहुँचे। वे दोनों एक-दूसरे को पूर्व से जानते-पहचानते भी नहीं थे। दोनों अलग-अलग देशों के थे। एलिजाबेथ मियामी से थी और पेड्रो मैक्सिको का था। डॉ. वीस इन दोनों को पृथक्-पृथक् अलग-अलग समय में एवं अलग-अलग दिनों में इलाज हेतु बुलाते थे। चूँकि डॉ. वीस मनोवैज्ञानिक चिकित्सक थे, इस कारण मानसिक बीमारी से संबंधित मरीज ही उनके पास पहुँचते थे।

डॉ. वीस बताते हैं (पुस्तक का अध्याय-12) कि एक बार हिप्नोसिस की अवस्था में पेड्रो ने अपने पूर्व जन्म का हाल देखकर बताया कि वह एक जहाज का नाविक है और जहाज से सामान उतारने का काम कर रहा है। उस जन्म में उसका नाम फ्रेंसिस्को है। उस जन्म का, उसका घर, उसने स्पेन में होना बताया और वह अपनी पत्नी व पुत्र को बहुत याद कर रहा है। हिप्नोसिस अवस्था में डॉ. वीस के निर्देश देने पर उसने अपने घर के संदर्भ में बताया कि उसकी पत्नी व पुत्र घर पर बैठे हैं और वे दोनों अच्छी तरह से हैं। घर पर उसकी माँ व बहनें बैठी हैं तथा वह अपने परिवार के साथ बैठकर खाना खा रहा है। जब डॉ. वीस ने उससे पूछा कि क्या वह उनमें से किसी को अपने वर्तमान जीवन में पहचान सकता है ? तब उसने जवाब दिया कि उसका पुत्र, इस वर्तमान जन्म में उसका भाई था। (जो मैक्सिको में दुर्घटना के कारण मर चुका है।) वह आगे कहता है कि जॉन बहुत ही सुंदर है। हिप्नोसिस की अवस्था में डॉ. वीस के पूछने पर पेड्रो कहता है, "हम एक-दूसरे को बहुत अधिक प्यार करते हैं, परंतु अपने इस वर्तमान जीवनकाल में उसे नहीं पहचान पा रहे हैं। हमारा प्यार अटूट है।" पेड्रो लगभग 400-500 वर्ष पुराने समय की उस जन्म की अपनी युवा पत्नी के साथ हिप्नोसिस की अवस्था में अत्यंत आनंद का अनुभव कर रहा था। डॉ. वीस के समक्ष एक प्रश्न था कि उस जन्म के फ्रेंसिस्को की पत्नी भी अनेक शताब्दियाँ व्यतीत होने के बाद पेड्रो के वर्तमान जीवन में क्या अभी भी कहीं है ? यदि हाँ, तो क्या वे एक-दूसरे से मिलेंगे ? हिप्नोसिस की अवस्था में चल रहे उक्त वार्त्तालाप के समय डॉ. वीस ने उसे निर्देश दिया कि वह पुनः अपने उसी जहाज

पर, जहाँ कि वह जहाज में से सामान उतार रहा था, वापस पहुँचे। वहाँ पहुँचकर पेड्रो ने अपने उस जन्म के फ्रेंसिस्को के रूप में बताया कि उसे बहुत अधिक सर्दी अनुभव हो रही है और अधिक बुखार का अनुभव कर रहा है। वह आगे बोला, "मैं मर जाऊँगा, मैं मर रहा हूँ। मैं इसी बुखार के कारण मर जाऊँगा। मेरा पुत्र बहुत छोटा है। अब मैं अपने परिवार को कभी देख नहीं सकूँगा। उन्हें बहुत दु:ख होगा।" इतना कहते हुए पेड्रो का चेहरा एकदम शांत हो गया। डॉ. वीस ने अब आगे पूछना उचित नहीं समझा। इस प्रकार पेड्रो ने अपने पूर्व जन्म में स्वयं को फ्रेंसिस्को के रूप में अपना हाल बताया।

उधर, एलिजाबेथ को डॉ. वीस अनेक बार हिप्नोसिस अवस्था में ले गए, लेकिन एलिजाबेथ को कोई लाभ नहीं हो पा रहा था। डॉ. वीस बताते हैं कि हिप्नोटिक की अवस्था में एक बार एलिजाबेथ के मुँह से एक चीख निकल गई थी और वह बोली कि वह अपनी माँ को देख रही है। उसकी माँ बहुत सुंदर और युवा दिख रही है। डॉ. वीस के द्वारा यह पूछने पर कि उसकी माँ से उसकी क्या बातचीत हुई तो एलिजाबेथ ने बताया कि माँ ने कहा है कि तुम स्वयं अपने आप पर विश्वास किया करो। किसी अन्य व विशेषत: किसी पुरुष पर विश्वास नहीं किया करो। एलिजाबेथ ने आगे बताया कि माँ कह रही थी कि मैं तुम्हें बहुत चाहती हूँ, और मृत्यु के पश्चात् अन्य जीवात्माओं की सहायता करती हूँ। उसने आगे बताया कि पुरुषों ने एलिजाबेथ का शोषण किया है और इसी कारण एलिजाबेथ को स्वयं पर विश्वास नहीं रहा। (पुस्तक का अध्याय-13)

डॉ. ब्रियान वीस का मत है कि एलिजाबेथ व पेड्रो के पिछले कई जन्मों की अभी अधखुली पर्तें थीं, परंतु डॉ. वीस ने कभी भी उन दोनों को एक साथ, एक समय में अपने कार्यालय में अथवा हिप्नोसिस के समय नहीं बुलाया। वस्तुत: डॉ. वीस इस विषय पर खोज भी कर रहे थे कि क्या किन्हीं दो प्रेमियों के मिलन का संबंध पूर्व जन्मों से जुड़ा रहता है और क्या प्रेम करनेवालों का पुनर्मिलन होता है? (पुस्तक का अध्याय-20) एलिजाबेथ और पेड्रो, दो अलग-अलग देशों के होने के साथ-साथ इस जन्म में उनका किसी भी प्रकार का जुड़ाव होने के लक्षण डॉ. वीस को नहीं मिल पा रहे थे। परंतु उन्हें शंकास्पद यह विश्वास था कि पेड्रो और एलिजाबेथ पूर्व जन्म के दो प्रेमी हैं और डॉ. वीस इस तथ्य को उन दोनों के समक्ष प्रकट नहीं करना चाहते थे। एक बार हिप्नोसिस की अवस्था में एलिजाबेथ के मुँह से 'इली' शब्द निकला था। यह सुनकर डॉ. वीस चौंक गए।

जब एक बार पेड्रो से उसकी हिप्नोटिक अवस्था में डॉ. वीस ने उससे तत्समय के जन्म का नाम पूछा था तो पेड्रो ने जवाब दिया था कि उसे अपना नाम नहीं पता, लेकिन जब डॉ. वीस ने प्रश्नवाचक शब्दों में उससे पूछा, "तुम्हारा नाम क्या इली है?" इस पर पेड्रो ने डॉ. वीस से स्वयं ही प्रश्न किया, "तुम्हें ये कैसे पता?" पेड्रो ने आगे बताया,

"इली मेरा नाम है और कुछ लोग मुझे 'इलीहु' के नाम से जानते हैं और कुछ लोग 'इली' कहते हैं।" डॉ. वीस को आश्चर्य तो यह था कि "इली' शब्द एलिजाबेथ के मुँह से निकला और पेड्रो ने भी स्वयं का नाम 'इली' बताया। अब तक डॉ. वीस के समक्ष यह तो स्पष्ट हो चुका था कि एलिजाबेथ और पेड्रो में पूर्व के किसी जन्म का संबंध है और वह इसके आगे की जानकारी हासिल करना चाहते थे। इसी समय डॉ. वीस को एलिजाबेथ का एक दो माह पुराना हिप्नोटिक अवस्था का एक वाकया याद आया, जिसमें उसने बताया था कि जब एलिजाबेथ अपने पूर्व जन्म में एक कुम्हार (मिट्टी का बरतन बनाने वाला) की पुत्री थी तो उस जन्म में उसके पिता की मृत्यु रोमन सैनिकों के घुड़सवारी की लापरवाही से घटित दुर्घटना के कारण हो गई थी और उस जन्म में उसके पिता का नाम 'इली' था। इस प्रकार पेड्रो व एलिजाबेथ का हिप्नोसिस अवस्था में पूर्व जन्म के स्मरण के अनुसार जुड़ा हुआ संबंध स्पष्ट हो चुका था। पेड्रो का पूर्व जन्म में 'इली' नाम होना और एलिजाबेथ के पिता का भी पूर्व जन्म में 'इली' नाम होना एक आश्चर्यजनक संयोग और जुड़ाव बन रहा था। यहाँ ध्यान यह भी करना होगा कि एक बार पेड्रो ने अपनी हिप्नोटिक अवस्था में उस जन्म की अपनी पत्नी व पुत्र को बहुत प्यार करने की बात बताई थी। उसने अपनी पत्नी जॉन को बहुत ही सुंदर होना बताया था। तत्समय उसने कहा था, "हम एक-दूसरे को बहुत अधिक प्यार करते हैं, परंतु अपने इस वर्तमान जीवनकाल में उसे नहीं पहचान पा रहे हैं। हमारा प्यार अटूट है।" तत्समय डॉ. वीस को यह शंका हुई थी कि जॉन एवं उस जन्म का फ्रेंसिस्को एवं इस जन्म का पेड्रो चिर-स्थायी प्रेमी हैं एवं इन दोनों की आत्मा का एक-दूसरे के साथ अति निकट का संबंध है।

दो प्रेम करनेवाली आत्माओं का एक ही समय में एक ही प्रकार की बीमारी के कारण एक-दूसरे से पूर्व परिचय हुए बिना डॉ. ब्रियान वीस के पास पहुँचना, एक आश्चर्यजनक संयोग था। इस प्रकार पिता-पुत्री, बचपन का प्रेम, पति-पत्नी का प्रेम, कितने ही जन्मों से प्रेम करनेवाले एक-दूसरे से जन्म-जन्म कभी पिता-पुत्री के रूप में, कभी पति-पत्नी के रूप मिलते रहते हैं। यह भी स्पष्ट हो चुका था कि पेड्रो के पूर्व जन्म में जब उसका नाम स्पेन में फ्रेंसिस्को था तो उस जन्म का उसका पुत्र इस वर्तमान जन्म में उसका भाई था, जो मैक्सिको में एक दुर्घटना के कारण मर चुका था। डॉ. ब्रियान वीस हिप्नोसिस के माध्यम से एलिजाबेथ एवं पेड्रो के इलाज के दौरान एक एहतियात यह बरत रहे थे कि वह हिप्नोटिक अवस्था कि जानकारी वाले पेड्रो के तथ्य एलिजाबेथ को नहीं बताते थे और एलिजाबेथ के द्वारा बताए गए हिप्नोटिक अवस्था के तथ्य पेड्रो को नहीं बताते थे। वस्तुत: डॉ. वीस अपनी इलाज की प्रक्रिया के साथ-साथ वह एक खोज भी कर रहे थे कि मनुष्य जीवन में जब दो प्रेमी आपस में मिलते हैं तो क्या उन दोनों का पुनर्जन्म में पुनर्मिलन होता है ?

डॉ. वीस ने व्यक्त किया कि वह यह सोचकर चिंतित हो रहे थे कि पेड्रो व एलिजाबेथ का इलाज लगभग समाप्त होने को था और वे दोनों अलग-अलग देशों से संबंधित थे। उनकी बीमारी भी ठीक हो चुकी थी। पेड्रो अपने देश मैक्सिको वापस जानेवाला था और इसके पहले यदि ये दोनों आपस में स्वत: नहीं मिलते हैं तो दोनों के पुनर्मिलन की संभावना क्षीण हो जाएगी (पुस्तक का अध्याय-21)। डॉ. वीस अपने कार्यालय के प्रतीक्षा कक्ष में एलिजाबेथ के साथ टहल रहे थे और सोच रहे थे कि अब पेड्रो नहीं आएगा। तभी अचानक पेड्रो वहाँ पहुँच गया। पेड्रो और एलिजाबेथ ने एक-दूसरे की ओर पहली बार आमने-सामने से आँखें मिलाते हुए देखा। तभी एलिजाबेथ वहाँ से चली गई और उसके जाने के बाद पेड्रो ने डॉ. वीस से कहा, "बहुत ही आकर्षक महिला थी यह।" इसके बाद पेड्रो भी वहाँ से जा चुका था।

डॉ. वीस को विश्वास था कि मनुष्य का मन पूर्व से नियत पुनर्मिलन के लिए स्वत: ही सकारात्मक कार्य करता रहता है। एलिजाबेथ व पेड्रो का पुनर्मिलन स्वत: ही पूर्व से सुनिश्चित था। इसके बाद आगे क्या होनेवाला है, यह उन दोनों पर ही निर्भर था क्योंकि उन दोनों के मध्य किसी भी प्रकार के परिचय का आदान-प्रदान नहीं हुआ था। न तो पेड्रो, एलिजाबेथ का नाम जानता था और न ही एलिजाबेथ, पेड्रो का नाम जानती थी। (पुस्तक का अध्याय-22)

पेड्रो अपने व्यापार के काम से न्यूयॉर्क जानेवाला था। उसके कुछ दिन बाद वह दो हफ्ते के लिए अपने व्यापारिक काम से लंदन जानेवाला था और उसके बाद मैक्सिको जाकर उसका छुट्टी मनाने का कार्यक्रम था। एलिजाबेथ भी अपने व्यापारिक कार्य से बोस्टन जानेवाली थी और उसके बाद अपने कॉलेज की रूम-पार्टनर से उसका मिलने का प्रोग्राम था।

वे दोनों एक ही हवाई-सेवा से जानेवाले थे, परंतु उनके जाने का समय अलग-अलग था। जैसे ही एलिजाबेथ एयरपोर्ट के गेट पर पहुँची तो उसे पता लगा कि बोस्टन जानेवाली फ्लाइट तकनीकी खराबी के कारण निरस्त हो गई है। यह जानकर एलिजाबेथ बहुत परेशान हो गई। तभी उसने अपने मित्र को प्रोग्राम में परिवर्तन की सूचना दी। चूँकि उसकी जानेवाली फ्लाइट निरस्त हो चुकी थी, इसलिए उस एयरलाइन ने अपने यात्रियों के लिए सुविधा देते हुए रूट का परिवर्तन किया और यह घोषित किया कि अब यात्रियों को लेकर एक दूसरी फ्लाइट पहले न्यूयॉर्क जाएगी और वहाँ से उन्हें बहुत ही जल्दी अगले ही सुबह बोस्टन ले जाया जाएगा। चूँकि एलिजाबेथ को भी अगले सुबह बोस्टन अपने व्यापारिक कार्य से संबंधित बहुत आवश्यक एक मीटिंग में शामिल होना था और उस मीटिंग को वह छोड़ना नहीं चाहती थी। अत: एलिजाबेथ भी न्यूयॉर्क जाने के रास्ते से बोस्टन पहुँचने के लिए तत्पर हो गई, परंतु एलिजाबेथ को यह जानकारी नहीं थी कि

जिस फ्लाइट में उसके जाने की व्यवस्था एयरलाइन ने की है, उसी फ्लाइट से पेड्रो भी न्यूयॉर्क जानेवाला था। अचानक संयोग भी ऐसा हुआ कि पेड्रो की सीट के बगल में एलिजाबेथ की सीट थी। जब पेड्रो ने एलिजाबेथ को देखा तो उसे डॉ. ब्रियान वीस के कार्यालय के प्रतीक्षा कक्ष में उनके साथ टहलने वाली लड़की का चेहरा याद आ गया। एलिजाबेथ ने हवाई जहाज में अपनी सीट पर बैठकर एक पुस्तक निकाली और खोलकर पढ़ने लगी। परंतु पेड्रो उसके हाथ, बालों और उसके प्रत्येक हाव-भाव को गौर से देख रहा था। पेड्रो को लगा कि एलिजाबेथ उसके हृदय के बहुत नजदीक है और वह यह नहीं समझ पा रहा था कि ऐलीजाबेथ का वह नाम भी नहीं जानता है और वह बगल में बैठी है, लेकिन इतनी नजदीकी का अनुभव क्यों हो रहा है ?

उधर, एलिजाबेथ को भी लगा कि पेड्रो उस पर नजर रख रहा है और उसने यह भी सोचा कि ऐसा उसके साथ अकसर होता रहा है। अत: वह अपनी पुस्तक पढ़ने में केंद्रित होने की कोशिश कर रही थी। एलिजाबेथ ने पेड्रो की ओर देखकर पहले तो अपनी भौंहें सिकोड़ीं और फिर थोड़ा सा मुसकराई। फिर एलिजाबेथ को डॉ. वीस के कार्यालय के प्रतीक्षा कक्ष में दिखे इसी युवक (पेड्रो) की शक्ल याद आई। एलिजाबेथ के हृदय की धड़कन बढ़ रही थी, लेकिन वह पेड्रो के बगल में बैठकर स्वयं को सुरक्षित भी अनुभव कर रही थी।

अब पहले तो पेड्रो ने एलिजाबेथ को स्वयं का परिचय दिया और फिर दोनों आपस में बातें करने लगे। उन दोनों में एक-दूसरे के प्रति आकर्षण बढ़ रहा था, जो दोनों का अटूट होने का आभास करा रहा था। पेड्रो उसके चेहरे से अपनी नजर नहीं हटा पा रहा था और उसने अपने जीवन में पहले कभी किसी व्यक्ति के प्रति इतना सम्मोहित होना नहीं पाया था, जितना वह एलिजाबेथ को देखकर वह सम्मोहित हो रहा था।

डॉ. वीस बताते हैं कि कुछ दिन बाद बोस्टन से एलिजाबेथ ने उन्हें बताया कि वह अपनी छुट्टियाँ बढ़ा रही है और पेड्रो भी लंदन से अपना व्यापारिक कार्य निपटा कर बोस्टन पहुँच चुका है एवं वह भी एलिजाबेथ के साथ है। उन दोनों में बहुत प्रगाढ़ प्रेम-संबंध हो चुके थे। वे दोनों अपने पिछले जन्मों की यादों को, जो उन्हें हिप्नोसिस के दौरान याद थी, एक-दूसरे को बता रहे थे।

बोस्टन के एक सेमिनार में वहाँ के एक समाचार-पत्र के संवाददाता को एलिजाबेथ ने बताया कि उसके अपने पिछले जन्मों में कौन-कौन से रूप व रिश्तों में पेड्रो मिलता रहा है। डॉ. ब्रियान वीस को बाद में पता लगा कि एलिजाबेथ व पेड्रो आनंदपूर्वक मैक्सिको में अपना वैवाहिक जीवन व्यतीत कर रहे हैं। पेड्रो अपने व्यापार के साथ-साथ वहाँ की राजनीति में भी सक्रिय हो गए हैं। डॉ. वीस का सोचना है कि एलिजाबेथ व पेड्रो का एक-दूसरे से मिलना अनायास (कोइंसीडेंस) ही मात्र नहीं है। उन्हें तो मिलना

ही था। हिप्नोसिस की चिकित्सा पद्धति के माध्यम से उन दोनों के पूर्व जन्मों के तथ्य भले ही जानकारी में आ गए थे, लेकिन डॉ. वीस का यह मत है कि उन दोनों के भाग्य में एक-दूसरे का मिलन लिखा ही था।

डॉ. वीस एक आश्चर्यजनक तथ्य उल्लेख करते हैं कि उन्होंने अपने जिन मरीजों पर प्रयोग किए हैं, उन मरीजों के माध्यम से डॉ. वीस का यह मत है कि जैसे ही किसी महिला को गर्भधारण होना होता है तो तत्काल ही उसके गर्भ में आत्मा का प्रवेश नहीं होता है। जिस जीवात्मा का प्रवेश भविष्य में उसके गर्भ में होनेवाला है, उसके लिए उस विशिष्ट गर्भ का रिजर्वेशन अवश्य हो जाता है। फिर उस जीवात्मा के अलावा अन्य कोई भी जीवात्मा उस गर्भ में प्रवेश नहीं कर सकती अर्थात् जिस जीवात्मा ने अपने स्वयं के लिए जिस महिला के गर्भ को रिजर्व कर लिया है, वह अपनी इच्छानुसार उस गर्भ में प्रवेश करती है। (पुस्तक के अध्याय-5)

□

कर्म-फल का परिणाम पुनर्जन्म

पुनर्जन्म के संदर्भ में हिंदू धर्म शास्त्रों, पुराणों, स्मृतियों में अनेक घटनाओं का विवरण है। परंतु प्राचीन घटनाओं के कारण उन्हें एक कथा के रूप में ही स्थान दिया गया है, लेकिन पुनर्जन्म की सत्यता से इनकार नहीं किया जा सकता। गीताप्रेस गोरखपुर से प्रकाशित कल्याण के 'परलोक और पुनर्जन्मांक' अंक के तेरहवें पुनर्मुद्रण के पृष्ठ 184 पर लेखक श्री शिशिर कुमार सेन, जो कि 'ट्रुथ' नाम की पत्रिका के संपादक रहे हैं, उन्होंने पुनर्जन्म की कुछ घटनाओं का विवरण बताया है तथा उन्होंने अपनी पत्रिका 'ट्रुथ' में भी इन घटनाओं को प्रकाशित करना बताया है।

1. लंदन से सन् 1935 में प्रकाशित 'संडे एक्सप्रेस' समाचार-पत्र में जॉर्ज कस्टर ने अपने कुछ अनुभव वर्णित किए थे। जॉर्ज कस्टर एक अंग्रेज सैनिक था और उसका जन्म सन् 1889 में हुआ था। वह बचपन से नींद में बर्मी भाषा बोलता था। सन् 1907 में वह सेना में भरती हुआ और सन् 1909 में उसकी 20 वर्ष की आयु में उसका स्थानांतरण मेन्यो (बर्मा) में हो गया था। वहाँ पहुँचकर उसे ऐसा लगा कि वह उस स्थल से भलीभाँति परिचित है और वहाँ का निवासी रहा है तथा बर्मी भाषा बोलता रहा है। वह इराबदी को भी जानता है। उसने अपने अधिकारी लैंस कार्पोरल कैरीगन को भी यह बात बताई कि इराबदी के उस पार एक भव्य देवालय है, जिसकी दीवार में छत से लेकर नींव तक एक लंबी दरार पड़ी हुई है और उसके निकट ही एक बहुत बड़ा घंटा है। उसके इस कथन की जाँच करने पर अक्षरशः बात सत्य निकली थी।
2. कलकत्ता के झामापुकर मोहल्ले में एक 18 वर्षीय युवक मृत्यु-शय्या पर पड़ा था। युवक के माता-पिता ने उसके जीवन की रक्षा और स्वास्थ्य के लिए एक साधु पुरुष की शरण ली, परंतु युवक की चाची उस साधु पुरुष पर दोषारोपण कर रही थी कि इस साधु के प्रति श्रद्धा ही लड़के की जानलेवा हो रही है। यह सुनकर वह युवक चिल्ला उठा और कहने लगा, "इसमें साधु पुरुष का कोई दोष नहीं है। तुम्हारी उस पर आस्था ही नहीं है। मेरे पूर्व कर्मों के कारण ही मेरे

साथ जो कुछ हो रहा है, वह अपेक्षाकृत कुछ भी नहीं है। मुझे इससे सहस्त्रगुणा अधिक कष्ट मिलना चाहिए था। मेरे पिछले जन्म में मैं रेल विभाग का एक कर्मचारी था। मैंने एक व्यक्ति की हत्या की थी और उसके टुकड़े-टुकड़े कर डाले थे। मैंने उसे जो यातनाएँ दी थीं, मेरा वह कर्म-फल कहाँ जाएगा? यह सबकुछ पचास वर्ष पूर्व घटित हुआ था। उस समय कलकत्ता के सुकिया स्ट्रीट थाना को अधिकारी काना सार्जेंट कहते थे उसकी एक ही आँख थी और उसने मुझको गिरफ्तार किया था। मैं फाँसी के तख्ते से बच निकला था।" यह कहते हुए, तभी उस युवक ने अपनी माँ को कहा, "माँ, मैं अब जा रहा हूँ। तुम जानती हो क्यों?" युवक के पास ही उसका पिता सो रहा था और उसने अपने पिता की ओर संकेत करके कहा, "यह मेरे पिछले जन्म में मेरा पुत्र था। इन्होंने मुझे दुःखी बनाने में कोई कोर-कसर नहीं छोड़ी थी और इसको पिछले जन्म के कर्मों के परिणामों की अनुभूति कराने के लिए मैंने इनके पुत्र के रूप में जन्म लिया था। अब इन्हें स्वयं उस सब दुःख को अनुभव करना चाहिए।"

3. वाजितपुर (फरीदपुर) के डाक विभाग के एक लिपिक का तीन वर्षीय पुत्र एक दिन अचानक चिल्लाने लगा था, "मैं अपने घर जाऊँगा।" उससे प्रश्न करने पर उसने उत्तर दिया, "मैं चटगाँव के फाजिलपुर कस्बे का निवासी हूँ। लक्षम रेलवे स्टेशन से एक सड़क मेरे गाँव को जाती है। वहाँ मेरे तीन पुत्र तथा चार पुत्रियाँ हैं। मेरे घर से मेहरकी कालीबाड़ी बहुत अधिक दूर नहीं है। मेहरकी कालीबाड़ी में ही सर्वानंद ने मुक्ति का अनुभव किया था। वहाँ काली की कोई प्रतिमा नहीं है। एक विशाल वटवृक्ष है, जिसकी जड़ों की ही पूजा की जाती है। वहीं पर एक बहुत ऊँचा खजूर का पेड़ भी है।" इसी प्रसंग में आगे शिशिर कुमार सेन बताते हैं कि लड़के का पिता न तो कभी चटगाँव गया था और न ही लक्षम रेलवे स्टेशन अथवा मेहरकी कालीबाड़ी उसने देखी थी। कभी-कभी उसका पुत्र ऐसे गीत गाया करता था, जिन्हें उसने कभी सुना ही नहीं था।

□

पूर्वजन्म की स्मृतियों के प्रसंग

कुछ ऐसी भी घटनाएँ हैं कि पूर्व जन्म की स्मृति पुनर्जन्म में प्रकट हो जाती है। इस संदर्भ में कुछ घटनाओं का विवरण गीताप्रेस गोरखपुर से प्रकाशित 'कल्याण' अंक 'परलोक और पुनर्जन्मांक' से पृष्ठानुसार उद्धृत हैं—

1. प्रोफेसर हेमेंद्रनाथ बनर्जी बताते हैं (कल्याण, पृष्ठ-578) कि अप्रैल सन् 1950 में उत्तर प्रदेश में मथुरा के पास कोसीकलां के निवासी भोलानाथ जैन का पुत्र निर्मल जैन चेचक की बीमारी से पीड़ित था और उसकी मृत्यु हो गई। कोसीकलां से छह मील की दूरी पर ग्राम छत्ता के निवासी श्री बी.एल. वार्ष्णेय के यहाँ अगस्त सन् 1951 में एक पुत्र का जन्म हुआ था, जिसका नाम प्रकाश था। प्रकाश अकसर कहता था, "मैं कोसीकलां में रहता हूँ। मेरा नाम निर्मल है। मैं अपने पुराने घर जाना चाहता हूँ।" वह रात को जागकर दौड़ने लगता था और यह क्रम कई दिनों तक चला। सन् 1961 में मृतक निर्मल के पिता भोलानाथ जैन अपनी पुत्री के साथ छत्ता गए थे और वहाँ उन्होंने सुना कि प्रकाश नाम का एक लड़का उनके मृत पुत्र निर्मल की बातें करता है और तब वे वार्ष्णेय परिवार में गए। वहाँ पहुँचते ही प्रकाश ने अपने पिछले जन्म के पिता भोलानाथ जैन को पहचान लिया। कुछ दिन बाद मृत निर्मल की माँ भी प्रकाश से मिलने ग्राम छत्ता पहुँची और उन्हें देखते ही प्रकाश रो पड़ा। वह अपने पिता श्री वार्ष्णेय से कहने लगा कि उसे कोसीकलां जाने दो। श्री वार्ष्णेय की सहमति से प्रकाश कोसीकलां गया तो वह आगे-आगे चल रहा था और उसने अपने साथ चलने वलों को अपने घर का रास्ता बताया और सीधा अपने उस घर में, जो भोलानाथ जैन का था और वहीं पर उनके पुत्र निर्मल की मृत्यु हुई थी, पहुँच गया।
2. प्रोफेसर हेमेंद्रनाथ बनर्जी ने एक अन्य घटना के बारे में बताया है (कल्याण, पृष्ठ-580) कि प्रणीव चंद्र शाह जिला राजकोट में केसलाद नामक स्थान पर बैंक कर्मचारी थे। उनकी लड़की का जन्म 1960 में हुआ था उसका नाम राजूल था। जब वह तीन वर्ष की आयु की थी तो कहने लगी कि उसका नाम राजूल

नहीं गीता था। वह पिछले जन्म की बातें जूनागढ़ के संदर्भ में याद करती थी। उसके दादाजी वजू भाई शाह ने राजूल की बातों की जाँच-पड़ताल की और अपने दामाद प्रेमचंद्र से जूनागढ़ जाकर पता लगाने को कहा कि क्या हाल ही में गीता नाम की किसी लड़की की मृत्यु हुई है ? वहाँ यह पता चला कि टैली स्ट्रीट, जूनागढ़ के गोकुल दास ठक्कर की पुत्री गीता की मृत्यु अक्तूबर 1959 में हुई थी और वह उस समय ढाई वर्ष की थी। इसके बाद वजू भाई शाह सन् 1965 में राजूल को लेकर जूनागढ़ पहुँचे और गोकुल दास ठक्कर से मिले तथा राजूल से पूछा, "क्या तुम अपनी माँ को पहचानती हो ?" वहाँ पर उपस्थित गोकुल दास ठक्कर की पत्नी कांताबेन थीं। उन्हें देखकर राजूल ने कहा, "यह मेरी माँ है।"

3. आचार्य बलरामजी शास्त्री ने पुनर्जन्म की एक ऐसी घटना का उल्लेख किया है (कल्याण, पृष्ठ-585), जिससे यह स्पष्ट होता है कि पूर्व जन्म की स्मृति किन्हीं व्यक्तियों में प्रकट होने लगती है और पुनर्जन्म को किसी जाति, मजहब, धर्म में बाँटकर नहीं देखा जा सकता। ईश्वर के नियम को इंसान के द्वारा विभाजित नहीं किया जा सकता। जब सन् 1947 में भारत-पाकिस्तान का बँटवारा हुआ था, तब बरेली के एक मुसलिम परिवार में पुनर्जन्म की घटना घटी थी। बरेली में इकराम अली एक प्रतिष्ठित व्यक्ति थे। उनके दो पुत्र थे—एक पाकिस्तान में बस गया था और दूसरा पुत्र मोहम्मद फारुक भारत के बरेली शहर में था जिसकी मृत्यु सन् 1954 में हो गई। मोहम्मद फारुक के पुनर्जन्म की घटना का रहस्य तब खुला, जब एक मुसलिम अध्यापक हश्मतुल्लाह अंसारी ईद मिलने के लिए अपने पाँच वर्षीय पुत्र के साथ इकराम अली के यहाँ पहुँचे थे। वहाँ पहुँचते ही हश्मतुल्लाह अंसारी के पाँच वर्षीय बालक ने सभी को अचंभे में डाल दिया, जब वह अपने पूर्व जन्म के पिता इकराम अली को पहचानते हुए कहने लगा कि वह तो इस घर का मोहम्मद फारुक है। उसने अपने पूर्व जन्म मोहम्मद फारुक के सभी सामान और अपनी पूर्व जन्म की बीबी फातिमा बेगम को भी पहचान लिया। उसने फातिमा से बातें कीं और कई ऐसे रहस्यों को बताया, जो पति-पत्नी के रूप में केवल मोहम्मद फारुक और फातिमा ही जानते थे। उसने एक बंदूक और अपने भाई के पास पाकिस्तान में स्वयं के द्वारा भेजे गए 05 हजार रुपए का रहस्य भी बताया था। जब भावुकतावश फातिमा बेगम ने उस बच्चे को अपनी गोद में बैठाना चाहा तो उस बालक ने तत्काल कहा, "तुम मेरी बीबी हो फातिमा। मैं कुर्सी पर बैठूँगा।" वह बालक फातिमा बेगम की गोद में नहीं बैठा। यह वाकया कई समाचार-पत्रों सहित वाराणसी के 'संसार' नामक

समाचार-पत्र में दिनांक 03.07.1959 को छपा था।

4. प्रसंग से सहभागी होते हुए बृजराज सिंह ने बताते हैं (कल्याण, पृष्ठ-590) कि बलरामपुर के एक सरकारी अस्पताल में माधुरी निगम कंपाउंडर थे। उनकी एक पुत्री साढ़े पाँच वर्ष आयु की थी। वह लड़की जब चलने, बोलने लगी और जब भी वह पेशाब करने को जाती थी तो साथ में पानी ले जाती थी। निगम की पत्नी ने उससे पूछा कि उसे क्या दस्त आते हैं? लड़की ने जवाब दिया, "मैं हमेशा पानी लेकर पेशाब करने जाती थी, वैसे ही अब भी जाती हूँ।" उसकी माँ के पूछने पर लड़की ने जवाब दिया, "मैं दर्जिन हूँ। मेरा घर छिटुहनी मौजे में है।" लड़की ने आगे बताया कि वह पिछले जन्म में मुसलमान थी। उसने अपने घर के सभी सदस्यों का नाम बतलाया और वहाँ जाने का आग्रह करने लगी। निगम के परिवारजन परेशान हो गए और मजबूर होकर एक दिन वे उसे छिटुहनी ले गए। रास्ते में जाते समय लड़की खुद ही छिटुहनी का गाँव का रास्ता बताती हुई चलती रही। रास्ते में एक धुसाह नाम का गाँव मिला और लड़की को परखने के लिए उससे यह कहा गया कि यही छिटुहनी गाँव है तो उसने तत्काल जवाब दिया, "नहीं, यह छिटुहनी नहीं है, बल्कि धुसाह है।" जैसे ही वह लड़की छिटुहनी पहुँची तो उसके परिवारजन ने उसे आगे कर दिया और कहा, "जहाँ तेरा घर है, वहीं चल।" लड़की अपने पूर्व जन्म के घर के दरवाजे पर खड़ी हो गई और गाँव में उसे जो भी मिला, वह पहचानती गई। लड़की ने पहुँचते ही अपने पूर्व जन्म की सभी बातें बताईं और अपने देवर, देवरानी और पूर्व जन्म के पुत्र को पहचान लिया। उसने कुरआन-शरीफ रखने का स्थान बताया तथा जहाँ चाँदी के सिक्के रखे हुए थे, उनकी संख्या बताई। पूर्व जन्म में उसके पास जो जेवर थे, वह भी उसने बताए और पहचान लिए। उस घर में वह एक औरत को नहीं पहचान सकी थी। वस्तुतः उसके पूर्व जन्म के पति ने दूसरा विवाह किया था। इसी कारण वह नहीं पहचान सकी। लड़की ने बताया कि पूर्व जन्म में एक दिन उसकी सास ने माथे के ऊपर कलछुरी से मारा था और घाव हो गया था। यह सब सुनकर छिटुहनी गाँव के उस परिवार को यह विश्वास हो गया कि यह लड़की पूर्व जन्म में इसी मुसलिम परिवार की महिला थी। पूर्व जन्म में यह लड़की इसी छिटुहनी गाँव का निवासी धोखे दर्जी की पत्नी थी, जो बड़ी पाक-साफ रहती थी। प्रतिदिन कुरआन एवं पाँच वक्त की नमाज पढ़ती थी। खाँसी के रोग के कारण वह एक वर्ष तक बीमार रही और फिर उसकी मृत्यु हो गई। मृत्यु से ढाई वर्ष व्यतीत होने के बाद उसका दूसरा जन्म माधुरी निगम के यहाँ हुआ था। इस प्रसंग के उल्लेखकर्ता श्री बृजराज

सिंह नवंबर सन् 1966 में माधुरी निगम के घर पर गए थे। घर के बाहर काफी भीड़ थी। बृजराज सिंह एवं उनकी पत्नी ने लड़की से सभी विवरण पूछते हुए प्रमाणित होना पाया।

5. आचार्य बलरामजी शास्त्री बताते हैं (कल्याण, पृष्ठ-586) कि वाराणसी के समाचार-पत्र 'संसार' (बलरामजी शास्त्री के अनुसार समाचार-पत्र की तिथि फट जाने के कारण उसका उल्लेख वह नहीं कर पाए) में एक खबर प्रकाशित हुई थी कि शाहजहाँपुर का एक चार वर्षीय बालक अवधेश, स्वयं को पूर्व जन्म का कोटाहार का जागीरदार गजेंद्र सिंह बताता था। बालक अवधेश का जन्म सिंपुरा गाँव के एक ठाकुर परिवार में हुआ था और वह अपनी माँ को पिछले जन्म की बातें बताता था। जागीरदार गजेंद्र सिंह एक प्रभावशाली व्यक्ति थे और एक मुकदमे की सुनवाई के समय उनकी बरेली के अस्पताल में मृत्यु हो गई थी। बालक अवधेश के हठ पर उसे कोटाहार ले जाया गया और वहाँ पर जागीरदार स्व. गजेंद्र सिंह की पत्नी को उस बालक की खबर मिली तो उन्होंने अवधेश को अपने पास बुलाया। वहाँ पहुँचने पर बालक अवधेश ने पूर्व जन्म के घर की प्रत्येक वस्तु को पहचान लिया और अपने परिवार के प्रत्येक सदस्य का नाम लेकर बुलाने लगा। बालक का आचरण स्व. गजेंद्र सिंह के समान देखकर सभी हर्षित थे।

6. मृत्यु के बाद की स्थिति पर भक्त रामशरण दासजी ने बहुत कार्य किया और जानरियाँ उपलब्ध कीं। उन्होंने एक ऐसा प्रसंग उल्लेख किया है (कल्याण, पृष्ठ 592) कि मृत्यु के पश्चात् जीवात्मा नौ वर्षों तक प्रेत-योनि में रही और तत्पश्चात् उसका पुनर्जन्म हुआ। जिला मुजफ्फरनगर के ग्राम खेड़ी अलीपुर में कलीराम जाट के यहाँ एक पुत्र का जन्म हुआ था। उसका नाम वीर सिंह था। बालक वीर सिंह अपनी साढ़े तीन वर्ष की आयु में यह कहने लगा था, "मैं शिकारपुर का हूँ, मेरा नाम सोमदत्त है। मेरे पिता का नाम पंडित लक्ष्मी चंद्र है और मेरी माता मुझे मेले में जाने के लिए बहुत पैसे दिया करती थी। मैं नौ वर्ष तक पीपल के वृक्ष पर प्रेत बनकर रहा हूँ।" बालक की यह चर्चा जब लोगों को पता चली तो तत्समय काशी से प्रसारित 'सन्मार्ग' में समाचार प्रकाशित हुआ, तब दिनांक 24.04.1951 को पंडित लक्ष्मीचंद्र भी खेड़ी गाँव पहुँच गए। उन्हें देखते ही बालक वीर सिंह 'पिता-पिता' कहते हुए लक्ष्मीचंद्र से लिपट गया। बालक को लक्ष्मीचंद्रजी अपने साथ अपने गाँव शिकारपुर ले आए और जब बालक आगे-आगे गाँव में चल रहा था तो सीधा दौड़कर वह अपने पूर्व जन्म वाले मकान पर पहुँच गया। इस प्रसंग के लेखक भक्त रामशरण दासजी

भी दिनांक 26.05.1951 को पंडित लक्ष्मी चंद्र के गाँव शिकारपुर पहुँच गए। बालक वीर सिंह ने अपने पूर्व जन्म के सभी परिवार सदस्यों महिलाओं को पहचान लिया। पंडित लक्ष्मीचंद्र की पत्नी को देखकर कहा, "यह मेरी माँ है।" लक्ष्मीचंद्र की पत्नी ने उसे गोद में बैठा लिया और बालक उनसे 'माँ-माँ' कहने लगा। बालक ने आगे बताया कि "मैं नौ वर्ष तक बराबर पीपल के वृक्ष पर प्रेत बनकर रहा हूँ।" (पंडित लक्ष्मीचंद्र के मकान के पास में एक पीपल का पेड़ है) बालक ने आगे कहा, "मैं उस समय प्रेतावस्था में कुएँ में घुसकर पानी पी लेता था और घर में घुसकर रोटी खा लिया करता था। बाद में बालक वीर सिंह को दो बार उसके वर्तमान जन्म के गाँव खेड़ी ले जाया गया, परंतु वहाँ पहुँचने पर उसने खाना नहीं खाया और कहने लगता था कि मैं तो ब्राह्मण का लड़का हूँ और यह जाट का घर है। मैं जाटों के यहाँ कच्चा खाना नहीं खाऊँगा। अंततः परेशान होकर वह बालक अपने पूर्व जन्म वाले पिता पंडित लक्ष्मीचंद्र के यहाँ शिकारपुर रहने लगा और वहीं पर उसकी पढ़ाई-लिखाई होने लगी।

7. पुनर्जन्म की एक घटना मराठी भाषा में प्रकाशित 'पुरुषार्थ' नामक मासिक पत्र के माह जून 1953 में प्रकाशित हुई थी और उसी घटना को श्री निरंजन दास धीर ने कल्याण के उक्त अंक के पृष्ठ क्र. 599 पर वर्णित किया है। बंबई निवासी डॉ. अजगांवकर की पत्नी श्रीमती ललिता बाई सनातनी धार्मिक स्वभाव की महिला थीं और प्रत्येक पूर्णिमा के दिन उपवास करती थीं। वह कैंसर के रोग से पीड़ित हो गईं और पूर्णिमा के दिन ही उनकी मृत्यु हो गई थी। ललिता बाई के भाई सांवत दासजी भी बंबई में रहते थे और दोनों में बड़ा लगाव और प्रेम था। मृत्यु के पश्चात् दाह-संस्कार के दूसरे दिन ललिता बाई अपने भाई सांवतजी के समक्ष सशरीर प्रकट हो गईं और इस घटना को देखकर भाई डर गया। उसने उन्हें पलंग पर बैठा लिया। ललिता बाई ने कहा, "कल पूर्णिमा का उपवास था और मृत्यु हो जाने कारण मैं उपवास नहीं कर पाई। अब तुम एक कप कॉफी बना दो।" भाई सांवतजी ने कॉफी बनाई। वह उस समय घर में अकेले थे और जैसे ही कॉफी का कप ललिता बाई को दिया तो उन्होंने वापस कर दिया और कहा कि उस कॉफी को वह स्वयं पी ले तथा भाई के द्वारा कॉफी पीने से उपवास का पारण पूर्ण हो जाएगा। ललिता बाई के भाई सांवत दास की पत्नी को कोई संतान नहीं थी और पत्नी की बच्चेदानी संकुचित थी, गर्भधारण की स्थिति नहीं होने के कारण वह डॉक्टरों के इलाज से निराश हो चुके थे। एक बार स्वप्न में ललिताबाई ने अपने भाई से कहा कि वह स्वयं उनकी पुत्री बनकर भाभी के गर्भ से जन्म लेंगी। कुछ ही दिनों में आश्चर्यजनक चमत्कार यह हुआ कि सांवत

दासजी की पत्नी के गर्भाशय में जो खराबी थी, वह अचानक ठीक हो गई और वह गर्भवती भी हुई एवं एक सुंदर कन्या को जन्म दिया।

8. श्री आलोक कुमार त्रिवेदी उत्तर प्रदेश में एडीशनल डिस्ट्रिक्ट जज के पद पर पदस्थ हैं और वह मेरे भानजे-दामाद (मुझ लेखक की बहन की पुत्री अर्चना के पति) हैं। उनकी माँ स्व. श्रीमती नीलम त्रिवेदी थीं और उनके पति का नाम स्व. श्री शिव कुमार त्रिवेदी था। उनका मूल निवास 127/314-ए ब्लॉक डब्लू-1, साकेत नगर, कानपुर है। आलोक कुमार त्रिवेदी ने मुझे बताया कि उनकी माँ पूर्व जन्म में मुसलमान थीं। वाकया इस प्रकार है कि श्रीमती नीलम त्रिवेदी ने अपने जन्म के बाद जैसे ही वह बोलने योग्य हुईं, तो उन्होंने अपने पिता श्री लालमणि मिश्र को यह बताया था कि वह पूर्व जन्म में मुसलमान थीं। पंडित लालमणि मिश्र ग्राम निगोहा (सोभन सरकार कानपुर के पास) के निवासी थे। ध्यान देने योग्य महत्त्वपूर्ण तथ्य यह है कि श्रीमती नीलम त्रिवेदी को अपने पूर्व जन्म की मृत्यु-पूर्व की घटना अपने इस जन्म में जीवन भर याद बनी रही और उन्होंने अपने विवाह के पश्चात् यह बात अपने पति पंडित श्री शिव कुमार त्रिवेदी एवं अपनी सास (आलोक कुमार त्रिवेदी की दादी) स्व. श्रीमती सरस्वती चंद्र को भी बताई थी। वह नमाज पढ़ने की प्रक्रिया अच्छी तरह से जानती थी और उन्हें कुरआन की कुछ आयतें भी याद थीं। श्री शिव कुमार त्रिवेदी का मूल पैत्रिक निवास ग्राम जादेपुर (सोभन सरकार कानपुर के पास) का है तथा ग्राम निगोहा (श्रीमती नीलम त्रिवेदी का मायका) एवं ग्राम जादेपुर (उनकी ससुराल), ये दोनों ही गाँव लगभग 2 कि.मी. के फासले पर हैं, जो पांडव नदी के पास बसे हैं। श्रीमती नीलम त्रिवेदी ने बताया था कि उनके पूर्व जन्म के समय गाँव में मुसलमानों और हिंदुओं में ठाकुर परिवारों के मध्य काफी झगड़ा हुआ था और चूँकि पूर्व जन्म में श्रीमती नीलम त्रिवेदी मुसलमान परिवार की थीं तथा उस झगड़े में उनकी भी मृत्यु हो गई थी। तत्पश्चात् उन्होंने ब्राह्मण हिंदू परिवार में स्व. श्री लालमणि मिश्र की पुत्री के रूप में जन्म लिया। इसी संदर्भ में एक आश्चर्यजनक तथ्य यह भी है कि जब श्रीमती नीलम त्रिवेदी का विवाह हो चुका तो उन्होंने जब अपनी सास श्रीमती सरस्वती चंद्र को अपने पूर्व जन्म की घटना बताई तो श्रीमती सरस्वती चंद्र ने यह सुनकर श्रीमती नीलम त्रिवेदी के पूर्व जन्म की मुसलिम महिला के रूप में उन्हें पहचान लिया, क्योंकि हिंदू ठाकुर परिवार व मुसलमानों के मध्य हुए तत्समय के झगड़ा की घटना श्रीमती सरस्वती चंद्र को भी पता थी और वह उस मुसलिम महिला को भी अच्छी तरह जानती पहचानती थीं, जिसकी उस झगड़े में मृत्यु हुई थी। उन्होंने

नीलम त्रिवेदी से उनकी पूर्व जन्म की बात सुनकर उन्हें पहचानते हुए यह भी कहा था कि पूर्व जन्म में जब नीलम मुसलिम थीं तो वह बहुत सुंदर थी। बाद में उसी मुसलिम महिला ने मृत्यु के बाद हिंदू परिवार में नीलम के रूप में जन्म लिया। हिंदू ब्राह्मण परिवार में जन्म होने पर नीलम त्रिवेदी धार्मिक प्रवृत्ति की थी और पूजा-पाठ में उनका मन अधिक लगता था। श्री आलोक त्रिवेदी ने मुझे यह भी बताया कि उनकी माँ श्रीमती नीलम त्रिवेदी को उर्दू व उर्दू के अल्फाज बोलने एवं गजल व कव्वाली सुनने का बहुत शौक था। श्रीमती नीलम त्रिवेदी का स्वर्गवास दिनांक 13 दिसंबर, 2006 को हो चुका है।

9. भक्त रामशरण दासजी ने एक ऐसी घटना का उल्लेख उक्त 'कल्याण' के अंक के पृष्ठ संख्या 612 पर किया है, जिसमें एक लड़की को अपने पिछले मनुष्य-जन्म एवं वर्तमान जन्म के बीच में उसे यह भी याद था कि वह पूर्व जन्म में गाय थी एवं उसके भी पूर्व जन्म में वह पुरुष था। भक्त रामशरण दासजी बताते हैं कि यह प्रसंग दिल्ली के दैनिक समाचार-पत्र 'हिंदुस्तान' में दिनांक 08 फरवरी, 1966 को प्रकाशित हुआ था। रोहतक के एक गाँव गोल परवाँपुर में चंचला कुमारी नाम की एक 09 वर्षीय लड़की ने अपने पिछले जन्म का विवरण बताया था। उसने बताया था कि पिछले जन्म में वह पानीपत के एक स्कूल में टीचर था और उसका नाम कृष्ण लाल था एवं पिता का नाम रामप्यारा नागपाल था। 25 वर्ष की आयु में पेट दर्द के कारण उसकी मृत्यु हो गई थी। मृत्यु के पूर्व उसकी सगाई हो चुकी थी, परंतु विवाह नहीं हुआ था। उसे अपने भाइयों के नाम भी याद थे। चंचला कुमारी ने आगे बताया था कि जब पूर्व जन्म में वह कृष्ण लाल था तो मरने के बाद उसने शाहदरा (जिला लाहौर) में एक मुसलिम परिवार के यहाँ गाय के रूप में जन्म लिया था। वह दूध कम देती थी। इस कारण उसे एक दिन लाठियों से इतना मारा-पीटा गया कि वह मर गई। उसके बाद उसने ग्राम परवाँपुर के इस घर में जन्म लिया है। चंचला कुमारी के बताने पर उसके परिवार वाले पानीपत उसे लिवा ले गए, जहाँ उसने उस स्कूल की इमारत और अपने पुराने घर को भी पहचान लिया था तथा वहाँ के परिवार वालों ने चंचला कुमारी की बताई हुई बातों व स्कूल मास्टर के रूप में कार्य करना और पेट दर्द के कारण मृत्यु होने की बात की पुष्टि की।

10. पुनर्जन्म के संदर्भ में एक घटना सुप्रतिष्ठित विद्वान् पंडित बिहारी लाल शास्त्री के बताए अनुसार भक्त रामशरण दासजी ने वर्णित की है। (कल्याण, पृष्ठ 594) घटना इस प्रकार है कि कुछ राजपूत जाति के ठाकुर लोग गंगाजी स्नान करने के लिए अपने ही वाहन से जा रहे थे तो जिला बदायूँ के उझानी नामक स्थान

पर वे विश्राम करने के लिए रुक गए थे। उनके साथ एक पाँच वर्ष का बालक भी था। सड़क के किनारे ही कुछ कंजरों की झोंपड़ियाँ थीं। राजपूत ठाकुर के साथ वह पाँच वर्षीय बालक सड़क के सामने कंजरों के पास उनकी झोंपड़ियों में पहुँच गया। वहाँ पहुँचकर उस बालक ने एक कंजरी का नाम लेकर पुकारा। वह महिला कंजरी अचानक उस बालक से अपना नाम सुनकर अचंभे में पड़ गई। उस कंजरी ने बालक से पूछा, "अरे, तू किसको पुकारता है? तू कौन है?" इस पर उस बालक ने जवाब दिया, "क्या तू मुझे नहीं जानती? क्या तू मुझे भूल गई?" कंजरी ने पूछा, "मैं तुझे नहीं जानती कि तू कौन है और कहाँ का रहनेवाला है?" उस बालक ने कहा, "मैं तेरा पति हूँ। तू मेरी स्त्री है।" उस कंजरी को एक छोटे से बच्चे के मुख से यह सुनकर आश्चर्यचकित होकर कहा, "यह छोटा सा चार-पाँच वर्ष का बालक है और मैं इतनी बड़ी आयु की स्त्री हूँ, फिर भी यह मुझे अपनी पत्नी कैसे बताता है?" कंजरी ने पूछा, "अरे, तू मेरा पति कैसे बनता है? मैं तुझे जानती भी नहीं हूँ कि तू कौन है। मेरा पति तो कभी का मर गया है। अब मेरा पति कहाँ से आया? तू यह क्या कहता है?" जवाब में उस ठाकुर बालक ने कहा, "तुझे पता नहीं कि तेरे पति का नाम मोहन सिंह कंजर था? मैं ही तेरा पति मोहन सिंह कंजर हूँ। मैं पहले जन्म में तेरा पति था और अब मैंने इन ठाकुरों के घर में जन्म ले लिया है।" उस बालक ने वहाँ बैठे हुए सभी कंजरों को पहचान लिया एवं अपने पूर्व जन्म की बातें बताईं और कुछ गुप्त बातें भी उसने उस कंजरी मोहन सिंह की पत्नी को बताईं। सभी बातें सत्य थीं और उन कंजरियों ने यह स्वीकार कर लिया कि यह ठाकुर बालक अपने पूर्व जन्म में उनके ही परिवार का था।

इधर जब ठाकुरों ने देखा कि उनका बच्चा कंजरों के पास है और कंजर उसे बड़े प्रेम से गोद में उठाकर खिला रहे थे। ठाकुर लोग उस बालक को लेने वहाँ पहुँचे तो कंजरों ने उन्हें जवाब दिया कि यह तो हमारा मोहन सिंह कंजर है। इसे तो वह अपने पास रखेंगे। इसी बात पर ठाकुरों एवं कंजरों में विवाद बढ़ गया और पुलिस को हस्तक्षेप करना पड़ा। अंततः विवाद तत्समय के उझानी के प्रतिष्ठित जागीरदार राय बहादुर बृजलाल भदावरजी के सामने पहुँचा और ठाकुर लोग व कंजर भी वहाँ पहुँच गए। बालक जैसे ही वहाँ पहुँचा तो उसने देखते ही कहा, "भदावरजी राम-राम।" भदावरजी उस छोटे बालक के मुँह से अपना नाम सुनकर अचंभे में पढ़ गए। बालक ने बताया कि वह अपने पूर्व जन्म में मोहन सिंह कंजर था और राय बहादुर भदावरजी की कोठी के लिए खस के परदे बनाया करता था। तब यह घटना सत्य प्रमाणित हुई थी।

□

निष्कर्ष

टिप्पणी

मृत्यु के समय कैसी मानसिकता निर्मित करनी चाहिए?

सामान्यत: हम यह देखते हैं कि जब किसी व्यक्ति की मृत्यु का समय निकट आ जाता है तो उसके परिजन एवं स्वजन उसके प्रति बहुत लगाव प्रकट करने लगते हैं, लेकिन ऐसा होना नहीं चाहिए। क्योंकि जो व्यक्ति इस संसार को छोड़कर हमेशा के लिए जा रहा है, तब ऐसी स्थिति में प्रयास यह होना चाहिए कि मोह-माया से वह दूर रहने लगे। इस संदर्भ में निम्नांकित परिस्थिति निर्मित होना चाहिए—

1. जिस व्यक्ति की मृत्यु का समय निकट आ चुका है, तब उसकी सबसे बड़ी सेवा यह है कि उसके मन को संसार की मोह माया से हटाने का प्रयास करना चाहिए।
2. उसके पास व्यापार, घर की समस्याएँ, प्रेम एवं ईर्ष्या, मित्रता एवं दुश्मनी, परिवार से लगाव, धन-दौलत की चर्चाएँ बिल्कुल नहीं करनी चाहिए।
3. उसके समक्ष भगवान् का कीर्तन, पौराणिक कथाएँ, श्रीमद्‌भगवतगीता के वचन, श्रीमद्‌भागवत में उल्लिखित भगवान् की लीलाएँ एवं वैराग्य से संबंधित प्रसंगों की चर्चाएँ करना चाहिए।
4. मरणासन्न व्यक्ति, यदि ईश्वर के साकार स्वरूप का भक्त हो तो उसके इष्टदेव का कीर्तन और कथाओं का विवरण सुनाना चाहिए। परंतु यदि निराकार भाव में आस्था रखनेवाला है तो उसे शरीर-भाव से अलग होकर स्वयं के निराकार स्वरूप का आभास करने हेतु चर्चाएँ करनी चाहिए।
5. मरणासन्न व्यक्ति के आस-पास का स्थान साफ सुथरा, सुगंधित एवं भगवान् की तसवीर के साथ भजन-कीर्तन के वातावरण का होना चाहिए।
6. इस अवस्था में मरणासन्न व्यक्ति को किसी भी प्रकार का नशा नहीं करना चाहिए।
7. अंतिम श्वास के पूर्व मरणासन्न व्यक्ति के मुँह में गंगाजल एवं तुलसी के पत्ते

उसके मुँह में डालने चाहिए। उसे अपने इष्टदेव अथवा नारायण नाम का जाप करने को कहना चाहिए।

मृत्यु के पूर्व एवं मृत्यु के पश्चात् मृतक व्यक्ति के लिए कभी भी विलाप अथवा रोने व दुःख व्यक्त करने का कार्य कभी नहीं करना चाहिए। वस्तुतः होता यह है कि मृत्यु के पश्चात् उसकी जीवात्मा अपने सूक्ष्म शरीर के माध्यम से सबकुछ देखती है एवं सुनती है। वह स्वयं की शव-यात्रा एवं दाह-संस्कार, आने-जानेवाले व चर्चाएँ करनेवालों की बातें भी सुनती है। दुःख व्यक्त करने से जीवात्मा भी दुःखी होती है और वह स्वयं अपने दुःख को व्यक्त नहीं कर पाती है। उसकी स्थिति निरीह होती है।

□

मृत्यु के पश्चात् परलोक व सुख मिलने के उपाय

हिंदू धर्म शास्त्रों एवं मान्यताओं के अनुसार मृत्यु के पश्चात् परलोक की स्थिति आनंददायक होने के लिए विभिन्न उपाय शरीर जीवन में रहते हुए करने को कहा गया है। मुख्यत: मनुष्य को जीवन में सकारात्मक एवं सबके प्रति प्रेम, सहयोग, सभी के संदर्भ में अच्छा सोचना आदि अनेक उपदेश उपलब्ध हैं, परंतु हिंदू-धर्म के अलावा अन्य सभी धर्मों में भी इसी प्रकार के मिलते-जुलते संदेश दिए गए हैं। बुद्ध ने कहा है, "सबपापस्स अकरणं, कुसलसस उपसम्पदा। सचित्त परियोपदनमं, एतं बुद्धान सासनं॥" अर्थात् किसी भी प्रकार के पापकर्मों को नहीं करना, पुण्य कर्मों की संपदा संचित करना, अपने चित्त को शुद्ध रखना, यह बुद्धों की शिक्षा है। यही धर्म है। कोई भी धर्म अथवा मजहब यह अनुमति नहीं देता है कि दूसरों से नफरत करो। बाईबिल के अनुसार, आप ऐसा कोई भी व्यवहार दूसरों से नहीं करो, जो आप स्वयं पसंद नहीं करते हो। ईश्वर सबकुछ देख रहा है। दूसरों के साथ वैसा ही व्यवहार करो, जो आप स्वयं के साथ होना पसंद करते हो। इसी प्रकार इस्लाम के संस्थापक मोहम्मद साहब ने कहा है कि सभी मनुष्य भाई-भाई हैं। मनुष्य चाहे मुसलिम हों अथवा गैर-मुसलिम हों, सभी के साथ आदरपूर्वक व्यवहार करना है और किसी के साथ भी अपमानजनक व्यवहार नहीं करना है। किसी भी मनुष्य के साथ भेदभाव नहीं रखना है। अर्थात् सद्विचार, सद्व्यवहार, समानता का संदेश प्रत्येक धर्म में है और उसी से मृत्यु के बाद की स्थिति सुधरती है। विभिन्न प्रकार के प्रसंग एवं मृत्यु के बाद की स्थिति से इतना तो स्पष्ट है कि दुष्टकर्मी, पापकर्मी, आततायी, कपट व्यवहार करनेवाले, दूसरों को धोखा देने वाले अत्यंत कष्ट में होते हैं। अत: मनुष्य जीवन में रहते हुए हमें कैसा आचरण रखना है, इस संदर्भ में विचार करना अत्यावश्यक है।

1. कर्म-फल के सिद्धांत पर विश्वास रखना चाहिए। जैसा हमारा कर्म होगा, वैसा ही उसका परिणाम भोगना होगा। यह भोग इस जन्म में भी हो सकता है, पुनर्जन्म में भी हो सकता है एवं मृत्यु के बाद जीवात्मा की प्रेत-योनि और

पुनर्जन्म के पूर्व भी हो सकता है। कर्म-फल हमारे पीछे चलता है। बिना कारण के कोई भी अनुकूल या प्रतिकूल परिस्थिति निर्मित नहीं होती है। कार्य और कारण एक-दूसरे से संबद्ध हैं। हमारे पूर्व-कर्म यदि बुरे रहे हैं तो वर्तमान कर्म की स्थिति के लिए वे स्वमेव कारण बन जाते हैं। विपरीत परिस्थितियों में आम व्यक्ति अपने भाग्य और ईश्वर पर दोषारोपण करने लगता है, लेकिन उसे यह समझना चाहिए कि प्रत्येक परिस्थिति का निर्माणकर्ता, वह स्वयं है। मनुष्य के जैसे विचार होते हैं, वह वैसा ही बना जाता है।

2. जीवन ईश्वर का उपहार है। जीवन का उद्देश्य सकारात्मक कार्य करना ही है। मन, वचन और कर्म में सकारात्मकता से ही रचनात्मक कार्यों की उत्पत्ति होती है। हमारा चिंतन ही यह है—"सर्वे भवन्तु सुखिन: सर्वे संतु निरामया, सर्वे भद्राणि पश्यन्तु मा कश्चित दु:ख भाग भवेत।" अर्थात् सभी सुखी हों, सभी नीरोगी हों, सभी का मंगल हो, कोई भी दु:खी न हो और चारों ओर शांति का साम्राज्य हो।
3. सभी के प्रति समान भाव रखना है अर्थात् किसी भी व्यक्ति के संदर्भ में भेदभाव का कोई स्थान नहीं होना चाहिए। निष्कर्मता, निर्भयता, स्थिरता, समता, सौम्यता, मननशीलता, मृदुता, मधुरभाषिता, धैर्य, मैत्री व संतोष के गुणों से परिपूर्ण व्यक्ति को मृत्यु के समय और उसके बाद किसी भी प्रकार का कष्ट नहीं होता है।
4. अपने माता-पिता, गुरुजन एवं विद्वान् व वरिष्ठ परिवारजनों के प्रति आदर एवं उनके प्रति सेवा-भाव होना चाहिए।
5. पति-पत्नी को अपने व्यवहार में एक-दूसरे के प्रति आदर-भाव और विश्वास रखना चाहिए। कहा गया है—'यत्र नार्यस्तु पूज्यन्ते रमन्ते तत्र देवता:' अर्थात् जहाँ नारी की पूजा होती है, वहाँ देवता वास करते हैं। यहाँ पूजा से तात्पर्य किसी भौतिक पूजा से नहीं है, बल्कि आदर और सम्मान का भाव रखना चाहिए।
6. दूसरों के दु:ख को अपना दु:ख समझना चाहिए अर्थात् अन्य को दु:खी देखकर खुश नहीं होना चाहिए और इसी प्रकार दूसरे के सुख को देखकर स्वयं दु:खी भी नहीं होना चाहिए।
7. मृत्यु के उपरांत परिजनों का दाह-संस्कार, क्रिया, कर्म-कांड आदरपूर्वक करना चाहिए और उत्तराधिकारी का यह मुख्य कर्तव्य भी है।
8. हिंदू-धर्म और परंपराओं के अनुसार पितरों का श्राद्ध एवं तर्पण करना चाहिए क्योंकि मृत्यु उपरांत जीवात्माएँ इस कार्य की अपेक्षा रखती हैं।
9. अपने स्वार्थ की खातिर दूसरों की झूठी प्रशंसा और इसी प्रकार स्वयं को

मिथ्यापूर्वक उच्च प्रदर्शित करने के लिए अन्य दूसरों की निंदा नहीं करना चाहिए।

10. अपने स्वयं के सद्गुणों की प्रशंसा स्वयं नहीं करनी चाहिए और अन्य दूसरों के द्वारा किए जाने पर घमंड नहीं करना चाहिए।
11. हिंसा का स्थान अपने मन, वचन और कर्म में कतई नहीं होना चाहिए। जीव हिंसा पूर्णतः दुष्टता एवं पाप है।
12. जो स्थान अपने जीवन में एक पुत्र के समक्ष माँ का होता है, वही स्थान अपने जीवन में गाय के प्रति होना चाहिए। गाय के प्रति हिंसा एवं गाय की हत्या महापाप है, जिसका बहुत बुरा परिणाम मिलता है।
13. पुरुष को पराई स्त्री एवं स्त्री को पराए पुरुष से संबंध नहीं बनाना चाहिए।
14. मन, वचन एवं कर्म से भी किसी अन्य को कष्ट नहीं पहुँचना चाहिए।
15. मन में यह भाव पूर्ण विश्वास के साथ होना चाहिए कि सभी जगह हमेशा हमारे प्रत्येक कर्म को परमात्मा देख रहा है अर्थात् हमारे कर्म का लेखा-जोखा कहीं न कहीं एकत्रित हो रहा है और उसके परिणाम हमें हीं प्राप्त होनेवाले हैं।
16. जीवन में प्राप्त होनेवाले प्रत्येक दुःख के लिए मनुष्य को स्वयं ही जिम्मेदार मानना चाहिए। इस प्रकार के भाव से सत्कर्म पर ध्यान बना रहेगा।
17. जीवात्मा की अनंत यात्रा है और स्थूल शरीर की मृत्यु होने पर यह यात्रा समाप्त नहीं हो जाती है। मृत्यु के बाद भी जीवात्मा का जीवन है, जिसका अनुभव सूक्ष्म शरीर के माध्यम से होता है।
18. परलोक का ज्ञान स्थूल शरीर के माध्यम से संभव नहीं है। परलोक के संबंध में जानकारी लेने हेतु प्रथमतः तो मृत्यु होना आवश्यक है और मृत्यु के पश्चात् जीवात्मा को आहूत कर उससे जानकारी ली जा सकती है। इस संदर्भ में विभिन्न प्रयोग हो चुके हैं और उनका विवरण इस पुस्तक में दिया जा चुका है। द्वितीयतः परलोक की जानकारी ध्यानावस्था अथवा समाधि की अवस्था में योगी महात्मा अपने शरीर से बाहर निकलकर सूक्ष्म शरीर के माध्यम से प्राप्त कर लेते हैं।
19. मृत्यु के पश्चात् जीवात्मा को कैसा भोग करना है, यह स्थूल शरीर में रहते हुए उसकी वासना पर निर्भर करता है। यदि स्थूल शरीर में रहते हुए मृत्यु होने तक मन वासना-युक्त एवं भरपूर इच्छाओं से परिपूर्ण रहा है तो परलोक में ऐसी जीवात्मा को सबसे नीचे के स्तर पर रहना होता है और वह संतोष एवं आनंद का अनुभव नहीं कर पाती है।
20. मृत्यु के समय जब शरीर से प्राण निकलने लगते हैं तो उस अंतिम समय में मनुष्य को अपने जीवन की एवं कर्मों की समस्त स्मृतियाँ सामने प्रकट

होने लगती हैं। उसे यह भी अनुभव होने लगता है कि उसका कौन सा कर्म औचित्यपूर्ण था और कौन सा कर्म अनौचित्यपूर्ण था?

21. मृत्यु के समय जैसे ही जीवात्मा अपने सूक्ष्म शरीर के माध्यम से बाहर निकलती है तो तत्काल उसका संरक्षण करने के लिए उसके पूर्व मृत स्वजन, इष्ट-मित्र उसका सहयोग करने के लिए आ जाते हैं।
22. मृत्यु के पश्चात् जीवात्मा को अपने ही स्वभाव एवं विचार व आचरण वाली जीवात्माओं का सत्संग प्राप्त होता है। यह प्रक्रिया स्वत: ही संचालित है। इसके लिए न तो किसी जीवात्मा को तलाश करना पड़ती है और न ही पूछताछ करनी पड़ती है। सबकुछ भाव प्रधान है। जीवात्मा के मन में उठे भाव के अनुसार ही सबकुछ संचालित स्वत: होने लगता है। परलोक में भाषा के माध्यम से संवाद नहीं होता है, बल्कि सिर्फ मन में उठे भाव जिस जीवात्मा के संदर्भ में प्रकट होते हैं, वे यथावत् उसके पास पहुँच जाते हैं। इस प्रकार 'मुँह में राम बगल में छुरी' वाली कहावत वहाँ नहीं है। छल और कपट का तो वहाँ कोई स्थान ही नहीं है।
23. मृत्यु के पश्चात् भी जीवात्मा अपना उत्थान कर सकती है क्योंकि उसमें मन, बुद्धि, चित्त, अहंकार तो होता ही है। अब यदि जीवात्मा में काम, क्रोध, मोह, लालच, ईर्ष्या का स्वभाव होते हुए उसने स्थूल शरीर छोड़ा है और ऐसा ही स्वभाव सूक्ष्म शरीर के माध्यम से जीवात्मा का बना रहता है, तब भी उसके लिए यह अवसर रहता है कि वह वासनाओं और कामनाओं से मुक्त हो जाए अथवा इन्हें क्षीण कर ले तो परलोक में उसका उत्थान हो जाता है और वह आनंद का अनुभव करती है।
24. किसी मनुष्य की मृत्यु स्थूल शरीर में रहते हुए अत्यंत रोगावस्था एवं बीमारी की पीड़ा और दर्द से कराहते हुए हुई है, अथवा वह अपंग अवस्था में मरा है, तो मृत्यु के पश्चात् जैसे ही उसका सूक्ष्म शरीर बाहर होता है, तब उसे किसी भी प्रकार का रोग अथवा पीड़ा का अनुभव नहीं होता है। वह पूर्णत: अपने आप को स्वस्थ और युवा होने का अनुभव करने लगता है। एक स्थान से दूसरे स्थान तक पहुँचने की उसकी गति, मन की गति के समान होती है। अर्थात् मनुष्य का मन जिस प्रकार सोचने भर से एक स्थान से दूसरे स्थान पहुँच जाता है, उसी प्रकार जीवात्मा का सूक्ष्म शरीर केवल मन के सोचने भर से एक स्थान से दूसरे स्थान पर पहुँच सकता है।
25. मनुष्य को प्रकृति के संतुलन को बिगाड़ना नहीं चाहिए, क्योंकि प्रकृति मनुष्य के प्रति हमेशा सकारात्मक रहती है।

□

परलोक संबंधी धारणाएँ स्वयं की मान्यताओं पर आधारित हैं

एक मत यह है कि मृत्यु के पश्चात् जब हमारा भौतिक शरीर हमसे छूट जाता है और जीवात्मा को यमदूत पकड़कर ले जाते हैं व दुष्ट एवं पापकर्मियों को नरक में भोगने के लिए डाला जाता है। दूसरा मत यह है कि जब भौतिक शरीर ही यहीं पर छूट गया तो यमदूतों द्वारा पकड़कर ले जानेवाली बात एवं नरक का कष्ट-भोग संभव नहीं है। कुछ लोग यमदूतों द्वारा पकड़कर ले जाना और नरक के चिंतन को कतई स्वीकार नहीं करते हैं क्योंकि नरक और शरीर, ये दोनों ही भौतिक वस्तुएँ हैं और जब शरीर ही नहीं रहा, तब वस्तु की प्रासंगिकता ही समाप्त हो जाएगी।

इस विषय पर चिंतनीय यह है कि दुःख और सुख का आभास सिर्फ मन के माध्यम से होता है। भौतिकता का बहुत कुछ संबंध सुख और दुःख से नहीं है, बल्कि मन से है। मन का सीधा जुड़ाव जब तक शरीर से है। तब तक शरीर को पहुँच रहे दुःख और सुख का भान मन के माध्यम से आभासित होगा। शरीर के किसी विशेष अंग को यदि शून्य कर दिया जाए और उस अंग पर कोई पिन चुभाई जाए, तब ऐसी स्थिति में पिन चुभने की पीड़ा का आभास मन को नहीं होगा जबकि शरीर एवं पिन, दोनों ही ओर भौतिक वस्तुएँ हैं। जब एक चिकित्सक किसी बीमार व्यक्ति के पेट अथवा दिल की शल्यक्रिया करता है और उस समय मरीज बेहोश रहता है। उसके शरीर को चाकू से काटने पर भी उसे किसी भी प्रकार की पीड़ा का अनुभव नहीं होता है अर्थात् मन शरीर से पृथक् हो चुका है।

मृत्यु के पश्चात् परलोक अथवा नरक की कल्पना के विषय पर हम चिंतन करें तो यह सुनिश्चित है कि शरीर से प्राण निकलने के पश्चात् मन, बुद्धि, चित्त, अहंकार जीवात्मा के सूक्ष्म शरीर के साथ होते हैं। सूक्ष्म शरीर को जीवात्मा ठीक उसी तरह आभासित करती है, जिस तरह भौतिक शरीर का अनुभव होता है। यह भी स्पष्ट है कि मृत्यु के पश्चात् जीवात्मा को अपने स्वजनों से बिछुड़ने का दुःख भी होता है। उसके शव

को चिता पर रखने और दाह-संस्कार होने तथा स्वजनों के रोने का भी दु:ख जीवात्मा को उसके सूक्ष्म शरीर में आभासित होता है। तब ऐसी स्थिति में यदि यह कहा जाए कि दुष्ट और पापकर्मी की जीवात्मा को नरक में डाला जाता है अथवा उसे पीड़ा होती है, अथवा उसे अंधकार में रहना होता है और उसके परिणामस्वरूप वह कष्ट का अनुभव करता है, तो इस धारणा को हम प्रारंभिक तौर पर ही नकार नहीं सकते। वस्तुत: परलौकिक जीवन के संदर्भ में जब तक ज्ञान नहीं हो, तब तक मृत्यु के पश्चात् जीवात्मा के सूक्ष्म शरीर के साथ क्या होता है, कहाँ जाना होता है, कौन ले जाता है, उसके साथ कैसा व्यवहार होता है, इस विषय पर आधिकारिक तौर पर नकारा नहीं जा सकता। हम भौतिक शरीर में रहते हुए परलौकिक जीवन की तुलना नहीं कर सकते हैं, यद्यपि सबकुछ मान्यताओं पर आधारित है। शरीर जीवन में रहते हुए जैसी हमारी मानसिकता होगी और मान्यताएँ होंगी, उसी प्रकार का वातावरण मृत्यु के पश्चात् मिलने वाला है। हिंदुओं में विधिवत् दाह-संस्कार, शुद्धि, कर्म-कांड, पूर्व मृत पूर्वजों के श्राद्ध, पितृ-पक्ष में 15 दिन पुरखों का तर्पण अदि की मान्यता है। इन्हीं मान्यताओं के चलते हुए मृत्यु के पश्चात् भी सूक्ष्म शरीर के रूप में जीवात्मा भी यह अपेक्षा करती है कि उक्त समस्त कार्य उसकी मृत्यु के पश्चात् पूर्ण किए जाएँ। अब यदि यमदूत द्वारा जीवात्मा को पकड़कर ले जाने की मान्यता है, नरक की मान्यता है, तो मृत्यु के पश्चात् इन सबका आभास होगा ही। क्रिश्चियन एवं मुसलमानों में वार्षिक अथवा पितृ-पक्ष के श्राद्ध या दाह-संस्कार का नियम नहीं है, अर्थात् इनकी मान्यताओं के अनुसार इस प्रकार के कर्म-कांड का पालन करना आवश्यक नहीं है। तब फिर क्रिश्चियन एवं मुसलमानों की जीवात्माएँ इसकी अपेक्षा नहीं करती होंगी। निष्कर्ष यह है कि सबकुछ मान्यताओं पर आधारित है, लेकिन फिर भी नैसर्गिक अथवा प्राकृतिक अथवा देवीय अथवा सर्वोच्च सत्ता का स्वयं अपना भी यह नियम है कि कर्म-फल का भोग तो करना होगा। □

‘श्रीमद्भगवतगीता’ में मृत्यु और कर्म-बंधन से मुक्ति के संदेश

महाभारत का युद्ध प्रारंभ होने के पहले अर्जुन ने जब कौरवों की सेनाओं से युद्ध स्थल पर अपने गुरु द्रोणाचार्य एवं सगे-संबंधियों को देखा और यह सोचा कि इन्हें मारने पर यदि राज्य मिल भी गया, युद्ध जीत भी लिया, तो ऐसे राज्य को और ऐसी जीत को प्राप्त करके सुख नहीं मिलेगा। अर्जुन ने कृष्ण के समक्ष युद्ध नहीं करने का प्रस्ताव रखा। अर्जुन के द्वारा ऐसा कहने पर भगवान् श्रीकृष्ण ने अर्जुन को जीवन का रहस्य समझाया। जीवन और मृत्यु व आत्मा की अमरता का सिद्धांत बताया जिसे ‘श्रीमद्भगवतगीता’ के निम्नांकित श्लोकों में कहा गया है—

देहिनोऽस्मिन्यथा देहे कौमारं योवनं जरा।
तथा देहांतर प्राप्तिर्धीरस्तत्र न मुह्यति॥ (2/13)

कृष्ण कहते हैं कि जिस प्रकार मनुष्य के शरीर जीवन में कौमार्य-अवस्था, युवावस्था और वृद्धावस्था का परिवर्तन स्वतः ही होता है, उसी प्रकार मृत्यु होने के उपरांत दूसरा शरीर प्राप्त होता है। भौतिक शरीर में जिस प्रकार स्वाभाविक परिवर्तन होते हैं, उसी प्रकार मृत्यु होना और उसके उपरांत पुनर्जन्म होना भी एक परिवर्तन है। भगवान् अर्जुन से कहते हैं—“तुम इस सत्य से विचलित न हो।” अर्थात् प्रत्येक प्राणी मात्र की मृत्यु होनी है और उसका पुनर्जन्म भी मृत्यु के पश्चात् का परिवर्तन मात्र है। इससे किसी को भी विचलित नहीं होना चाहिए और इस शाश्वत सत्य को समझ लेना चाहिए।

यं हि न व्यथयन्त्येते पुरुषं पुरुषर्षभ।
समदुः खसुखं धीरं सोऽमृतत्वाय कल्पते॥ (2/15)

अर्जुन को जीवन का रहस्य समझाते हुए भगवान् श्रीकृष्ण ने कहा है कि जो सुख दुःख में एक समान भाव रखते हैं और इन दोनों परिस्थितियों में वे व्याकुल भी नहीं होते हैं, विचलित नहीं होते हैं, ऐसे धीर-पुरुष निश्चित रूप से मुक्ति के योग्य हैं। अर्थात् जन्म और मरण के बंधन से यदि मुक्त होना है तो मनुष्य को प्रत्येक प्रकार की पक्ष और विपक्ष

की परिस्थितियों के परिणामस्वरूप प्रभावित नहीं होना चाहिए। ऐसा अभ्यास मोक्षदायक है। इस श्लोक में मूल तत्त्व इच्छा-रहित और वासना-रहित मन की स्थिति को प्रकट किया है, क्योंकि यदि वासनाएँ और इच्छाएँ होंगी तो अपने अनुकूल निर्मित हो रही प्रत्येक परिस्थिति से हमें सुख मिलेगा और विपरीत परिस्थितियों से दुःख मिलेगा, लेकिन हमें सुख और दुःख की समान परिस्थितियों में एक समान भाव में रहना है तो निश्चित ही हमें अपने कर्म के परिणाम के प्रति लगाव और इच्छा से रहित होना पड़ेगा।

जातस्य हि ध्रुवो मृत्युर्ध्रुवं जन्म मृतस्य च।
तस्मादपरिहार्येऽर्थे न त्वं शोचितुमर्हसि॥ 2/27॥

जिसका जन्म हुआ है, उसकी मृत्यु निश्चित है और मरे हुए का पुनर्जन्म भी निश्चित है। अर्जुन से कृष्ण कहते हैं कि तुम्हें इस अनिवार्य स्वधर्म पालन में शोक नहीं करना चाहिए। इस श्लोक में स्पष्ट है कि शरीर जीवन में रहते हुए, यदि मोक्ष प्राप्त करने की योग्यता अर्जित नहीं हो पाई है तो मृत्यु के पश्चात् पुनर्जन्म होता है।

न जायते म्रियते वा कदाचिन्नायं भूत्वा भविता वा न भूयः।
अजो नित्यः शाश्वतोऽयं पुराणो न हन्यते हन्यमाने शरीरे॥ (2/20)

अर्जुन को समझाते हुए कृष्ण आत्मा के अस्तित्व के संदर्भ में कहते हैं कि आत्मा का स्वयं का कभी भी जन्म नहीं होता है और न ही वह नष्ट होती है अर्थात् किसी भी समय, काल में आत्मा न तो जन्म लेती है और न ही उसकी मृत्यु होती है। आत्मा अजन्मा है, नित्य है, शाश्वत है, पुरातन है और शरीर के नष्ट होने पर भी आत्मा नष्ट नहीं होती है। इस श्लोक से यह संदेश मिलता है कि हमारे भौतिक शरीर में आत्म-स्वरूप एक अदृश्य शक्ति है और उसका नाश नहीं होता है। मृत्यु के पश्चात् वह शक्ति शरीर से बाहर निकल जाती है और शरीर जीवन में किए अपने कर्म-फल के अनुसार पुनर्जन्म हेतु तत्पर रहती है। जन्म, शरीर का होता है और मृत्यु भी शरीर की होती है। आत्मा अमर है।

वासांसि जीर्णानि यथा विहाय नवानि गृह्णाति नरोऽपराणि।
तथा शरीराणि विहाय जीर्णान्यन्यनि संयति नवानि देही॥ 2/22॥

कृष्ण कहते हैं कि जीवन और मृत्यु ठीक उसी प्रकार है, जैसे कि कोई मनुष्य अपने शरीर के वस्त्र फट जाने अथवा गंदे हो जाने के कारण नवीन वस्त्रों को धारण कर लेता है। जिस प्रकार मनुष्य पुराने वस्त्रों को त्याग कर नए वस्त्र धारण करता है, उसी प्रकार आत्मा पुराने जीर्ण शरीर को त्याग कर नूतन देह ग्रहण करती है। आध्यात्मिक व्यक्ति जन्म और मृत्यु को सिर्फ अपने पुराने स्थूल शरीर को छोड़कर नवीन शरीर में प्रवेश करने की प्रक्रिया में विश्वास करते हैं।

पावक नैनं छिन्दन्ति शास्त्राणि नैनं दहतिः।
च चैनं क्लेदयन्त्यापो न शोषमति मारुतः॥ 2/23॥

आत्मा को न तो शस्त्र काट सकते हैं और न ही आत्मा को जलाया जा सकता है, आत्मा को जल के द्वारा गीला नहीं किया जा सकता तथा वायु के द्वारा उसे सुखाया भी नहीं जा सकता अर्थात् मनुष्य शरीर के अंदर आत्मा प्रत्येक प्रकार से विरक्त है। आत्मा कोई वस्तु नहीं हैं। शरीर और आत्मा को एक समान नहीं माना जा सकता। शरीर ही नष्ट होता है, आत्मा नष्ट नहीं होती है। शरीर की मृत्यु के पश्चात् आत्मा बाहर निकल जाती है।

अव्यक्तादीनि भूतानि व्यक्त मध्यानी भारत।
अव्यक्तनिधनान्येव तत्र का परिवेदना॥ 2/28॥

कृष्ण कहते हैं कि सभी प्राणी जन्म से पहले बिना शरीर वाले और मरने के बाद भी बिना शरीर वाले ही हैं। केवल बीच में ही शरीर-धारण के प्रतीत होते हैं। फिर इस विषय में क्या चिंता करनी है ? यहाँ तात्पर्य स्थूल शरीर से है।

सुखदुःखे समे कृत्वा लाभालाभौ जयाजयौ।
ततो युद्धाय युज्यस्व नैवं पापमवाप्स्यसि॥ 2/38॥

अर्जुन को इस श्लोक के माध्यम से भगवान् कृष्ण कहते हैं कि सुख-दुःख, हानि-लाभ, जय-परजय को समान समझकर निष्काम भाव से युद्ध करो। ऐसा करने पर तुम पाप से कलुषित नहीं होगे। इस श्लोक से यह संदेश मिलता है कि कर्म करने के परिणाम में आसक्ति नहीं होनी चाहिए। प्रत्येक कर्म का परिणाम सुख और दुःखदायक होता है, लेकिन कर्म करने में यदि निष्कर्मता है तो ऐसा कर्म न तो पाप है और न ही पुण्य है। वह सिर्फ कर्तव्य पालन ही होगा। ऐसा कर्म पाप और पुण्य से परे होगा। ध्यान देने योग्य तो यह है कि कृष्ण यह बात उस समय व उस कार्य के संदर्भ में कह रहे हैं, जो युद्ध से संबंधित है और युद्ध में जीत-हार तो होती ही है। जीत-हार जैसे विषय पर भी सिर्फ कर्म करने का संदेश और उसके परिणाम में आसक्ति नहीं होना। यही निष्कर्मता है और मोक्षदायक है।

कर्मण्येवधिकारस्ते मा फलेषु कदाचन।
मा कर्म फलहेतुर्भूर्मा ते संगोऽस्त्वकर्मणि॥ 2/47॥

कृष्ण कहते हैं कि तेरा अधिकार स्वधर्म रूप कर्म करने में ही है, कर्म-फल में नहीं। कर्म-फल में तुम्हारी आसक्ति नहीं होना चाहिए, लेकिन यहाँ कृष्ण ने एक संदेश और भी दिया है कि कर्म नहीं करने में भी तेरी आसक्ति नहीं होना चाहिए। स्पष्ट है कि मनुष्य को सिर्फ अपने कर्म पर निष्काम भाव से ध्यान देना चाहिए अर्थात् कर्म के परिणाम से विमुखता, लेकिन ऐसे मनुष्य के लिए कोई माफी नहीं है जो सिर्फ यह बैठकर जीवन-यापन करता रहता है कि कर्म नहीं करने से मोक्ष की प्राप्ति होती है। आसक्ति के संदर्भ में गुरु वसिष्ठजी ने भी श्री राम को उपदेश दिया था कि आसक्ति ही संसार का

कारण है, आसक्ति ही समस्त पदार्थों का हेतु है, आसक्ति ही वासनाओं की जड़ है और आसक्ति ही समस्त दु:खों का कारण है।

कर्मजं बुद्धियुक्ता हि फलं त्यक्त्वा मनीषिण:।
जन्मबंधविनिर्मुक्त: पदं गच्छन्त्यनामयम्॥ 2/51॥

भगवान् कृष्ण कहते हैं कि बुद्धियोगयुक्त, ज्ञानी व्यक्ति अपने कर्मों से उत्पन्न होनेवाले परिणाम को त्याग कर जन्म-बंधन से छूट जाते हैं और निर्दोष रूप में परम गति को प्राप्त होते हैं। यहाँ कृष्ण ने दो प्रकार के संदेश दिए हैं। एक तो यह कि अपना कर्म निष्काम भाव से करते रहो। उन्होंने बार-बार निष्कर्मता का संदेश दिया है अर्थात् किए गए कर्म के परिणाम के प्रति असक्ति नहीं होना चाहिए। भले ही सकारात्मक परिणाम मिले या नकारात्मक परिणाम। दोनों ही स्थितियों में मन की स्थिति एक समान होना चाहिए। आगे कृष्ण यह संदेश देते हैं कि जब ऐसी स्थिति मनुष्य की हो जाती है तो उसे परमपद की प्राप्ति होती है अर्थात् भगवान् की शरण में वह रहता है और जन्म मृत्यु के चक्र से छूट जाता है। सही भी है और औचित्यपूर्ण भी है कि जब किए गए कर्म के फल से मनुष्य प्रभावहीन रहेगा, तो कर्मबंधन रह ही नहीं जाएगा। कर्मबंधन ही तो पुनर्जन्म का कारण है।

न कर्मणामनारंभान्नैष्कर्म्यं पुरुषोऽश्नुते।
न च संन्यसनादेव सिद्धिं समधिगच्छति॥ 3/4॥

भगवान् कृष्ण ने कर्म की प्रधानता को बताते हुए बड़ा ही सुंदर संदेश दिया है। वह कहते हैं कि केवल कर्म नहीं करने से ही कर्मबंधन से मुक्ति नहीं हो जाती है और न सिर्फ संन्यास ग्रहण करने से देव की सिद्धि हो सकती है। अर्थात् यदि कोई यह सोचता है कि हम कर्म नहीं करेंगे तो कर्मबंधन से मुक्त हो जाएँगे, ऐसा सोचना गलत है और इसके साथ-साथ उन्होंने संन्यासियों को भी संदेश दिया है कि केवल संन्यास ग्रहण करने से भगवत् साक्षात्कार व देवताओं की सिद्धि प्राप्त नहीं हो सकती है।

अनाश्रित: कर्मफलं कार्य कर्म करोति य:।
स संन्यासी च योगी च न निरग्निर्न चाक्रिय:॥ 6/1॥

इस श्लोक में बड़ा ही सुंदर सूत्र कृष्ण ने दे दिया है। वह कहते हैं, जो पुरुष कर्म-फल में अनासक्त रहकर अपना कर्तव्य का पालन करता है, वही सच्चा संन्यासी और योगी है। वह पुन: कहते हैं कि अग्नि (अर्थात् भूख के कारण भोजन की लालसा) और कर्म को त्यागने वाला संन्यासी और योगी नहीं है। कृष्ण ने बार-बार पूरा जोर कर्म-फल से लगाव नहीं रखने का दिया है। यदि कोई संन्यासी अथवा योगी भले ही भोजन करना छोड़ दे और तप-जप करता रहे, परंतु उसके द्वारा किए जा रहे कर्म के परिणाम पर उसकी लालसा है, तो वह संन्यासी और योगी नहीं हो सकता। अर्थात् किसी संन्यासी ने यदि अपनी भूख पर नियंत्रण कर लिया है और भोजन को भी त्याग दिया, तो इतना भर

करने से वह संन्यासी है। उसे निष्कर्मता के साथ कर्म भी करना चाहिए।

निष्कर्मता वह अवस्था है, जिसमें मनुष्य के कर्म, अकर्म में परिवर्तित हो जाते हैं। अर्थात् फल प्राप्त करने की कामना उत्पन्न नहीं होनी चाहिए। उन्होंने कामना पर जोर दिया है और फल तो जो मिलना है, वह मिलता ही रहेगा। उससे किसी प्रकार से प्रभावित नहीं होना है। जो भी फल मिलेगा, वह एक सूचना मात्र होगी। इस अवस्था को निष्कर्मता कहेंगे। जब मन की ऐसी अवस्था बन जाए तो जन्म और मृत्यु का बंधन समाप्त हो जाता है। पुनर्जन्म होता ही नहीं है। जैसा कि कहा गया है कि मनुष्य के जीवन के चार भाग हैं—धर्म, अर्थ, काम और मोक्ष। अर्थात् धर्म के सिद्धांतों पर रहते हुए अर्थार्जन किया जाए, कर्म में निष्कर्मता हो और उसके बाद फिर मोक्ष की प्राप्ति हो। मनुष्य जीवन का उद्‌देश्य मोक्ष प्राप्त करना है। कर्म की निष्कर्मता पर कृष्ण केंद्रित हैं। निष्काम कर्म पर उन्होंने जोर दिया है। युद्ध-स्थल पर अर्जुन के मन में यह प्रश्न रहा है कि विपक्षी सेनाओं को मारकर उसे राज-पाट मिलेगा अर्थात् अर्जुन कर्म-फल पर केंद्रित हो रहे थे। अर्जुन के मन में यह भी था कि स्वजनों को मारकर भी यदि राज-पाट मिला तो ऐसे राज-पाट का उपभोग करने से क्या फायदा? अर्थात् युद्ध का परिणाम और विजय प्राप्त होने पर अर्जुन राज-पाट मिलने अथवा उसके लाभ और हानि में उलझे थे और कृष्ण का कहना यह था कि अर्जुन तो सिर्फ युद्ध करे, राज-पाट के हानि-लाभ पर सोचने और विचार करने का अधिकार उसका नहीं है।

न माँ कर्माणि लिम्पन्ति न में कर्मफले स्पृहा।
इति माँ योऽभिजानाति कर्मभिर्न स बध्यते॥ 4/14॥

कृष्ण कहते हैं कि मुझ पर किसी कर्म का प्रभाव नहीं होता है, क्योंकि मुझे कर्म-फल की कामना नहीं है। इस कारण मेरे लिए कर्म-बंधन नहीं है। मेरे संबंध में जो भी इस सत्य को जानता है, वह भी कर्म-फल में लिपाएमान नहीं होता है। इस श्लोक में संदेश यही मिलता है कि मनुष्य को अपने कर्म-फल की कामना में नहीं होना चाहिए। सिर्फ कर्म करना है और फल की तरफ ध्यान भी नहीं देना है। इस से जन्म और मृत्यु के चक्र से भी मुक्त हो जाएगा। जीवन का एक मात्र उद्‌देश्य यही तो है कि जन्म और मरण से मुक्ति मिले, क्योंकि दोनों ही स्थितियों में सिर्फ दु:ख है।

कर्मण्यकर्म य: पश्येदकर्मणि च कर्म य:।
स बुद्धिमान्मनुष्येषु स: युक्त: कृत्स्नकर्मकृत्॥ 4/18॥

कृष्ण कहते हैं कि जो पुरुष कर्म में अकर्म देखता है और अकर्म में कर्म देखता है, वह पुरुष मनुष्यों में बुद्धिमान है और सब प्रकार के कर्मों में प्रवृत्त होते हुए भी मुक्त रहता है। यहाँ अकर्म से तात्पर्य यह है कि कर्म करने में कर्ता-भाव नहीं होना चाहिए अर्थात् यह भान नहीं करना चाहिए कि फलाँ कार्य को 'मैं कर रहा हूँ।' ऐसा सोचने

पर अहंकार उत्पन्न हो जाएगा। अहंकार जीवन का विष है, मुक्ति में बाधक है। प्रत्येक प्रकार से अहंकार अथवा घमंड को धर्म के क्षेत्र में बाधक माना गया है। सच तो यह है कि जो अहंकारी है, वह व्यक्ति कभी भी धार्मिक नहीं हो सकता। इस प्रकार जो कर्म हो रहा है, उस कर्म के होने में तन्मयता होनी चाहिए। कर्म करते समय यह भाव नहीं होना चाहिए कि मैं कर्ता हूँ अथवा मैं कर्म कर रहा हूँ अथवा यह कर्म मेरे द्वारा किया गया है। यही अकर्म होने का भाव है, परंतु इस अकर्मता के भाव में होते हुए भी कर्म करने में कहीं लापरवाही न हो जाए, इस कारण अकर्म में भी कर्म को होते देखना है। सार यह है कि कर्म करने में कर्ता-भाव नहीं होना चाहिए। ऐसा कर्म अकर्म में परिवर्तित हो जाएगा। यह सूत्र मनोवैज्ञानिक भी है। "फलाँ कार्य मैं कर रहा हूँ या मेरे द्वारा किया जा रहा है अथवा इस कार्य का कर्ता मैं हूँ," इस प्रकार के भाव में 'अहम्' प्रकट होता है और 'अहम्' ही सुख व दुःख का कारक है। इसी से मुक्त होना है।

इसलिए जब 'कर्म,' 'अकर्म' के भाव में परिवर्तित हो जाए, तो कर्म-बंधन से मुक्ति मिल जाती है। इस कारण कर्म में भी अकर्म को देखना है।

बहूनि में, व्यतीतानि, जन्मानि, तव, चार्जुन।
तान्यहं वेद सर्वाणि न त्वं वेत्थ, परंतप॥ 4/5॥

कृष्ण कहते हैं—हे अर्जुन! मेरे और तेरे बहुत से जन्म हो चुके हैं, परंतु उन सबको तू नहीं जानता है और मैं जानता हूँ। 'श्रीमद्भगवतगीता' में भगवान् कृष्ण ने पुनर्जन्म के सिद्धांत को बताते हुए अर्जुन के माध्यम से समस्त संसार को इस ज्ञान से परिचित कराया है कि भले ही मनुष्य स्वयं नहीं जानता है कि उसके अनेक जन्म हो चुके हैं, लेकिन भगवान् कृष्ण सबकुछ जानते हैं।

योगसंन्यस्तकर्माणं ज्ञानसंछिन्नसंशयम्।
आत्मवन्तं न कर्माणि निबध्नन्ति धनंजय॥ 4/41॥

अर्जुन से कृष्ण कहते हैं कि हे धनंजय! जिसने समत्व बुद्धि रूप योग के द्वारा कर्म-फल का त्याग कर उसे भगवत् अर्पण कर दिया है और अपने विवेक द्वारा सभी प्रकार के संशयों का नाश कर दिया है, उस आत्म परायण पुरुष को कर्म-बंधन नहीं होता है। यहाँ आशय यह है कि अपने समस्त बुद्धि की शक्ति और योग के द्वारा समस्त प्रकार के कर्म-फल को भगवान् कृष्ण के समक्ष अर्पित कर देना है। भाव यह रहे कि अच्छा फल मिला या बुरा फल मिला, सबकुछ तेरा ही है। इस प्रकार के चिंतन में किसी भी प्रकार की आशंका नहीं होना चाहिए। पूर्णरूपेण इस चिंतन में कर्म-बंधन समाप्त हो जाते हैं।

ब्रह्मण्याधाय कर्माणि, संड्गंम त्यक्त्वा, कराति यः।
लिप्यते न स पापेन पद्मपत्रमिवाम्भसा॥ 5/10॥

कृष्ण कहते हैं कि जो पुरुष अपने सभी कर्मों को परमात्मा में अर्पण करते हुए

अपने कर्म-फल में आसक्ति को त्याग कर कर्म करता है, वह पुरुष इस तरह रहता है जैसे कि कमल के पत्ते पर जल। अर्थात् अपने कर्म एवं कर्म-फल में लिपाएमान नहीं होता है। कृष्ण ने प्रत्येक स्तर पर मनुष्य के कर्मों को भगवान् के प्रति समर्पण करने का संदेश दिया है और उसके प्रति आसक्ति त्यागने को कहा है एवं इसी को स्वधर्म माना है। कृष्ण का आशय है कि जब मनुष्य के कर्म-फल पर उसकी आसक्ति ही नहीं होगी तो उसका ध्यान सिर्फ कर्म करने पर केंद्रित रहेगा। जब परिणाम की ही चिंता नहीं रहेगी तो कर्म से उत्पन्न हुए हानि और लाभ से भी मनुष्य परे हो जाएगा। इसी आचरण को कृष्ण ने स्वधर्म भी कहा है।

मयि सर्वाणि कर्माणि संन्यस्याध्यात्मचेतसा।
निराशीर्निर्ममो भूत्वा युध्यस्व, विगतज्वरः ॥ 3/30 ॥

'श्रीमद्भगवतगीता' में इसी विषय को भगवान् कृष्ण कहते हैं कि हे अर्जुन! ध्यानिष्ठ चित्त से संपूर्ण कर्मों को मुझमें समर्पण करके आशा-रहित और ममता-रहित होकर तुम युद्ध करो। प्रसंग उस समय का है कि जब अर्जुन ने अपनी विपक्षी सेना में अपने भाई बंधु, गुरु को देखा और यह अनुभव किया कि इनकी हत्या करके आखिर क्या लाभ है? तभी कृष्ण ने अर्जुन को धर्म और अधर्म का भेद समझाने के बाद यह बताया है कि तुम अपने सभी कर्मों को मुझे समर्पित कर दो। अर्थात् तुम कर्म नहीं कर रहे हो, तुमसे तो यह कर्म करवाए जा रहे हैं। इसलिए इनके फल की तरफ तुम कतई मत सोचो। पूर्णतः ममता-रहित, अर्थात् मोह से परे हो जाओ और धर्म के लिए युद्ध करो।

योगयुक्तो विशुद्धात्मा विजितात्मा जितेन्द्रियः।
सर्वभूतात्मभूतात्मा कुर्वन्नपि न लिप्यते॥ 5/7 ॥

इस श्लोक के माध्यम से कृष्ण कहते हैं कि जो शुद्ध अंतःकरण, आत्म-संयमी तथा जितेंद्रिय (जिसने अपनी इंद्रियों को वश में कर लिया है) भक्ति-भाव से कर्म करता है, वह सब प्राणियों को प्रिय होता है। वह कर्म-बंधन से मुक्त रहता है। भगवान् का यह आशय है कि भक्ति-भाव के साथ निष्काम कर्म करना चाहिए। ऐसी भावना तभी प्रकट हो सकती है, जब कर्म करने के साथ यह भाव हो कि सभी कार्य भगवान् के हैं और हम तो उसी का कार्य कर रहे हैं और समस्त कर्म उसी को समर्पित हैं। कर्म भी उसी को समर्पित है और कर्म-फल भी उसी को समर्पित है। ऐसे चिंतन से कर्म-बंधन नहीं होगा और जन्म व मृत्यु के क्रम से मुक्ति मिल जाएगी।

यदा यदा हि धर्मस्य ग्लानिर्भवति भारत।
अभ्युत्थानम धर्मस्य तदात्मानं सृजाम्यहम्॥ 4/7 ॥
परित्राणाय साधूनां विनाशाय च दुष्कृताम्।
धर्मसंस्थापनॉर्थाय संभवामि युगे युगे॥ 4/8 ॥

कृष्ण कहते हैं कि हे भारत! जब-जब धर्म की हानि और अधर्म की वृद्धि होती है, तब-तब ही मैं अपने रूप को रचता हूँ और प्रकट करता हूँ। इस श्लोक के माध्यम से यह संदेश दिया गया है कि समाज के अंदर धर्म की स्थापना बने रहना चाहिए। यदि समाज में अधर्म फैलेगा तो उसे नष्ट करने के लिए और धर्म की स्थापना के लिए भगवान् अपना रूप मनुष्य के रूप में रचते हैं और जन्म लेते हैं। आगे कृष्ण कहते हैं कि साधु पुरुषों का उद्धार तथा दूषित कर्म करनेवालों का नाश करने के लिए एवं धर्म की स्थापना के लिए प्रत्येक युग में भगवान् जन्म लेते हैं और प्रकट होते हैं। संदेश यह भी मिलता है कि जन्म और मृत्यु का विषय सिर्फ प्राणी मात्र और मनुष्य तक सीमित नहीं है। कारण-शरीर का विषय सिर्फ मनुष्य के साथ ही नहीं जुड़ा है, बल्कि भगवान् कृष्ण के साथ भी कारण-शरीर था। बिना कारण के शरीर का निर्माण नहीं होता है।

चातुर्वर्ण्यम् मया सृष्टं गुणकर्मविभागशः।
तस्य कर्तारमपि माँ विद्धियकर्तारमव्ययम्॥ 4/13॥

अर्जुन से कृष्ण कहते हैं कि गुण और कर्म के अनुसार चार वर्ण (ब्राह्मण, क्षत्रिय, वैश्य और शूद्र) मेरे द्वारा ही रचे गए हैं, परंतु इस व्यवस्था का कर्ता होने पर भी मुझ अविनाशी (परमेश्वर) को अकर्ता ही जान। इस श्लोक के माध्यम से यह संदेश दिया गया है कि इन चार वर्णों के विभाजन करने में किसी भी प्रकार का स्वार्थ अथवा रुचि निहित नहीं रही है और इन चार वर्णों के विभाजन में भी निष्कर्मता का भाव रहा है अर्थात् जाति-भेद में उनकी स्वयं की न तो कोई रुचि रही है और न ही कोई लाभ देखा है। मनुष्य अपने-अपने वर्ण के अनुसार अपना-अपना कर्म करे। यहाँ कृष्ण ने जाति-भेद नहीं किया है बल्कि वर्ण-भेद किया है अर्थात् कर्म के अनुसार वर्गीकरण। स्पष्ट है कि जो जैसा कर्म कर रहा है, उसी से मनुष्य का वर्ण निर्धारित होगा। वर्ण के आधार पर कर्म निर्धारित नहीं होगा बल्कि कर्म के आधार पर वर्ण निर्धारित होगा।

भूमिरापोऽनलो वायुः खं मनो वृद्धिरेव च।
अहंकार इतीयं में भिन्ना प्रकृतिरष्टधा॥ 7/4॥

इस श्लोक के माध्यम से भगवान् कृष्ण ने संपूर्ण प्रकृति को परिभाषित कर दिया है। वह कहते हैं कि पृथ्वी, जल, अग्नि, वायु, आकाश, मन, बुद्धि और अहंकार, ऐसे आठ प्रकार से विभाजित मेरी प्रकृति (अपरा अर्थात् जड़) है। वस्तुतः जब मनुष्य की मृत्यु हो जाती है तो उसका शरीर पंचतत्त्व में विलीन हो जाता है और ये पंचतत्त्व हैं— पृथ्वी, जल, अग्नि, वायु और आकाश अर्थात् उसका भौतिक शरीर इन पाँच तत्त्वों में विलीन हो गया और जीवात्मा भौतिक शरीर से बाहर निकलने के बाद उसके सूक्ष्म शरीर में मन, बुद्धि, चित्त, अहंकार बना रहता है, परंतु इस श्लोक में कृष्ण ने मन, बुद्धि और अहंकार को भी अपरा-प्रकृति कहा है। अर्थात् भौतिक शरीर की तरह मन, बुद्धि,

अहंकार भी जड़ है। इसके आगे के श्लोक में कृष्ण ने 'चित्त' के संदर्भ में भी कहा है कि चित्त का एक जीव रूप है, जिसे उन्होंने 'परा' कहा है।

अपरेयमितस्त्वन्यां प्रकृतिं विद्धि में पराम्।
जीवभूतां महाबाहो ययेदं धार्यते जगत्॥ 7/5 ॥

'श्रीमद्भगवतगीता' के अध्याय-7 के श्लोक 4 में उन्होंने पृथ्वी, जल, अग्नि, वायु, आकाश, मन, बुद्धि और अहंकार को अपनी अपरा-प्रकृति बताया है, परंतु इसी अध्याय के श्लोक पाँच में उन्होंने 'चित्त' के संदर्भ में भी स्पष्ट कर दिया है। वह कहते हैं कि अपरा-प्रकृति (जड़ प्रकृति) के अतिरिक्त मेरी एक अन्य प्रकृति है और वह है, जीव रूप अर्थात् चेतन प्रकृति। इसी चेतन प्रकृति से ही संपूर्ण जगत् धारण किया जाता है। इस प्रकार भगवान् कृष्ण ने अपनी अपरा प्रकृति और परा प्रकृति को स्पष्ट कर दिया है। मूल तत्त्व चेतना है। चित्त अर्थात् चेतना ही अपरा प्रकृति (पृथ्वी, जल, अग्नि, वायु, आकाश, मन, बुद्धि और अहंकार) को धारण किए रहता है। वह कहते हैं कि अपरा प्रकृति नाशवान है। निशिचित ही स्पष्ट है कि स्थूल शरीर मृत्यु के पश्चात् पंचतत्त्व— पृथ्वी, जल, अग्नि, वायु, आकाश में विलीन हो जाता है और अब सूक्ष्म शरीर में बचे रह गए मन, बुद्धि और अहंकार, जो ये भी सूक्ष्म शरीर के माध्यम से नष्ट किए जा सकते हैं, परंतु चित्त अर्थात् चेतना का अस्तित्व कभी नष्ट नहीं होता है। अब गहराई से चिंतन करिए कि जब मन, बुद्धि और अहंकार ही नहीं रहा, तो बचा क्या है? फिर 'मैं' का भाव ही समाप्त हो जाएगा। यही अवस्था मोक्ष की है अर्थात् मनुष्य की चेतना उस परम-चेतना परमात्मा में विलीन हो जाएगी।

एतद्योनीनि भूतानि सर्वाणीत्युपधारय।
अहं कृत्स्नस्य जगतः प्रभवः प्रलयस्तथा॥ 7/6 ॥

कृष्ण आगे समझाते हुए कहते हैं कि इस जगत् में जड़ और चेतन जो कुछ भी है, वह दोनों प्रकृतियों से उत्पन्न होता है। मैं ही संपूर्ण जगत् का उत्पत्ति-कारक हूँ और प्रलय-कारक हूँ। अर्थात् संपूर्ण जगत् (जिसमें अपरा-प्रकृति अर्थात् पृथ्वी, जल, अग्नि, वायु, आकाश, मन, बुद्धि और अहंकार शामिल हैं एवं परा-प्रकृति अर्थात् चेतना शामिल है) अर्थात् जड़ और चेतन सबकुछ के उत्पन्नकर्ता भगवान् कृष्ण ही हैं और इनके नष्ट करनेवाले भी भगवान् कृष्ण हैं। संपूर्ण अस्तित्व और जीवन की इतनी अच्छी परिभाषा, कम-से-कम शब्दों में 'श्रीमद्भगवतगीता' में की गई है और मनुष्य अपने संपूर्ण जीवन में अहंकार के वशीभूत होकर यह मानने लगता है कि जैसे उसने ही इस अस्तित्व का निर्माण किया हो। समस्त जीवन मनुष्य भ्रम में ही बना रहता है।

मत्तः परतरं नान्यत्‌किंचिदस्ति धनंजय।
मयि सर्वमिदं प्रोतं सूत्रे मणिगणा इव॥ 7/7 ॥

कृष्ण से अर्जुन कहते हैं, "मेरे अतिरिक्त किंचित् मात्र भी कोई दूसरी वस्तु नहीं है, यह संपूर्ण जगत् सूत्र के मणियों के सदृश सिर्फ मुझमें ही गुँथा हुआ है।" यहाँ कृष्ण ने संपूर्ण जगत् को स्वयं के अंदर समाहित कर लिया है। उनका आशय है कि प्रत्येक जगह सिर्फ मुझे ही देखो, मेरा ही आभास करो। सबकुछ मेरे अंदर है और सब जगह मैं हूँ। सबकुछ मुझसे ही उत्पन्न हुआ है और सबकुछ मुझमें ही समा जाएगा अर्थात् इस श्लोक से यह संदेश मिलता है—मनुष्य जीवन में ऐसा भाव प्रकट होने पर मृत्यु के पश्चात् निश्चित ही जीवात्मा को मोक्ष प्राप्त हो जाएगा और जन्म-मरण के चक्र से वह मुक्त हो जाएगा।

अंतकाले च मामेव स्मरन्मुक्त्वा कलेवरम्।
यः प्रयाति स मद्भावं याति नास्त्यत्र संशयः॥ 8/5॥
यं यं वापि स्मरन्भावं त्यजत्यन्ते कलेवरम्।
तं तमेवैति कौन्तेय सदा तद्भावभावितः॥ 8/6॥
तस्मात्सर्वेषु कालेषु मामनुस्मर युध्य च।
मय्यर्पितमनोबुद्धिर्मामेवैष्यस्यसंशयम्॥ 8/7॥

इन श्लोकों में मृत्यु के समय की स्थिति के संदर्भ में भगवान् कृष्ण कहते हैं कि जो पुरुष अंतकाल में मुझे ही स्मरण करता हुआ शरीर का त्याग करता है, वह मेरे साक्षात् स्वरूप को प्राप्त होता है अर्थात् वह मेरा साक्षात् स्वरूप में दर्शन करता है तथा इस बात में किसी भी प्रकार का संशय नहीं है। आगे कृष्ण कहते हैं कि मृत्यु के समय जो मनुष्य, जिस प्रकार का भाव और स्मरण करता हुआ अपने भौतिक शरीर को त्यागता है, उसे वैसा ही प्राप्त होता है। परंतु मृत्यु के समय इच्छानुसार मन में, जो भाव और स्मरण वह करना चाहता है तथा वैसा ही भाव उस समय प्रकट हो जाए, लेकिन वह स्वयं ही प्रश्न करते हुए कहते हैं कि "क्या ऐसा होना संभव है ?" प्रत्येक मनुष्य के मन में यह सवाल अवश्य उठेगा। इस पर भगवान् कृष्ण कहते हैं कि मृत्यु के समय उसकी इच्छानुसार भाव और स्मरण तभी प्रकट हो सकता है, जब मनुष्य ने हमेशा उसी प्रकार के भाव और चिंतन को अपने मन और हृदय में निहित कर लिया हो। इसलिए कृष्ण कहते हैं कि "हे अर्जुन! तू सभी समय निरंतर मेरा ही स्मरण करो और युद्ध भी करो। इस प्रकार मुझमें अर्पण किए हुए मन और बुद्धि से युक्त हुआ कार्य, निस्संदेह ही मुझे ही प्राप्त होगा। यहाँ भगवान् कृष्ण ने अपने संदेश में कर्म के उस स्वरूप का वर्णन किया है कि मनुष्य का प्रत्येक कर्म यदि उस अवस्था में किया जाता है कि जब उसका मन और बुद्धि भगवान् कृष्ण के प्रति अर्पित हो चुकी हो और सिर्फ कर्म करने का भाव हो, तो ऐसे प्रत्येक कर्म और उसका परिणाम, सबकुछ भगवान् कृष्ण को ही प्राप्त हो जाते हैं अर्थात् कर्म-फल का कोई भी परिणाम मनुष्य को भोगना नहीं पड़ता है। जबकि यह प्रसंग उस समय का

है, जब दोनों तरफ युद्ध करने के लिए सेनाएँ खड़ी हुई हैं और कृष्ण कहते हैं कि युद्ध में जिनका वध होने जा रहा है, उनको मारने के साथ मन और बुद्धि भगवान् कृष्ण में अर्पित किए रहो। फिर किसी भी प्रकार के संशय और उसके परिणाम के भ्रम में नहीं रहोगे।

प्रयाणकाले मनसाचलेन
भक्त्या युक्तो योगबलेन चैव।
भ्रुवोर्मध्ये प्राणमावेश्य सम्यक्
स तं परं पुरुषमुपैति दिव्यम्॥ 8/10॥

इस श्लोक में भगवान् कृष्ण ने मृत्यु के समय की स्थिति के संदर्भ में कहा है कि जब मृत्यु का समय आ जाए तो मनुष्य को योग-बल के माध्यम से अपनी भृकुटी (अर्थात् दोनों भौंहों के बीच) अपने प्राण को अच्छी तरह स्थापित कर लेना चाहिए और निश्छल मन से परमात्मा का स्मरण करें। इस स्थिति में जीवात्मा का परमात्मा से मिलन हो जाता है। बात निश्चित ही साधारण-सी है, लेकिन कठिन भी है। इस प्रकार की स्थिति तभी संभव है, जब स्थूल शरीर में रहते हुए निरंतर योग के माध्यम से इसकी साधना की जाए। एक मात्र प्रतिदिन ध्यानावस्था करने से ही यह संभव होगा।

यथा सर्वगतं सौक्षम्यादाकाशं नोपलिप्यते।
सर्वत्रावस्थितो देहे तथात्मा नोपलिप्यते॥ 13/32॥

कृष्ण कहते हैं कि जिस प्रकार सर्वत्र व्याप्त आकाश सूक्ष्म होने के कारण से किसी भी प्रकार लिपाएमान नहीं है, उसी प्रकार स्थूल शरीर में आत्मा स्थित है और स्थूल शरीर के गुणों से वह लिपाएमान नहीं होती है। आशय यह है कि आत्मा की आसक्ति और पवित्रता शरीर में रहते हुए भी बनी रहती है।

□

प्रश्नोत्तर

प्रश्न : मृत्यु से भय क्यों लगता है?

उत्तर : संसार में किसी भी प्रकार का भय, मृत्यु के भय से बढ़कर नहीं है। मृत्यु, भय का विषय नहीं है, बल्कि उससे मित्रता और लगाव का विषय है। मृत्यु से डर प्रत्येक मनुष्य को इसी प्रकार से है जैसे कि एक बालक को अंधकार से डर लगता है। अंधकार का अर्थ है, 'अज्ञान'। मृत्यु से भय का कारण ही उसके संदर्भ में अज्ञानता है। इसी अज्ञानता को इस पुस्तक के माध्यम से दूर कर, 'मृत्यु कैसे होती है, फिर क्या होता है,' परोसने का प्रयास किया गया है।

प्रश्न : क्या मृत्यु के समय अत्यंत पीड़ा या दर्द होता है?

उत्तर : इस प्रश्न पर मेरा सोचना यह है कि प्रथमत: तो मृत्यु होने के समय किसी भी प्रकार की पीड़ा, दर्द अथवा कष्ट मरनेवाले व्यक्ति को नहीं होता है। द्वितीयत: जो भी कष्ट होता है, तो उसके लिए ईश्वर ने मृत्यु के समय मूर्च्छित होने की प्रक्रिया निर्धारित कर रखी है, लेकिन यह विषय सामान्य दशा में हो रही मृत्यु के ही संदर्भ में ही है।

प्रश्न : शरीर से प्राण किस प्रकार निकलते हैं?

उत्तर : इस पुस्तक में प्राण निकलने की प्रक्रिया के विभिन्न अनुभव वर्णित किए गए हैं। मृत्यु के समय मरनेवाला व्यक्ति चुप हो जाता है। उस स्थिति में स्वत: ही वह मौन हो जाता है अर्थात् उसका बोलना स्वत: ही बंद हो जाता है। प्राण निकलने की प्रक्रिया स्वाभाविक है और इसके लिए चिंतित नहीं होना चाहिए। जीवन के आखिरी समय में व्यक्ति की मानसिकता स्वत: ही इस संसार को छोड़ने की बनने लगती है।

प्रश्न : आप की इस पुस्तक में मृत्यु के पश्चात् की जानकारी से क्या लाभ है?

उत्तर : मृत्यु के पश्चात् होनेवाली परिस्थिति के ज्ञान से सब से ज्यादा लाभ एवं ज्ञान यह होगा कि व्यक्ति आपने जीवन में ऐसे क्या कर्म करे, जिससे कि मृत्यु के पश्चात् उसे कष्ट नहीं हो। इस पुस्तक के पढ़ने से यह ज्ञान होगा कि मृत्यु के

पश्चात् जो साथ जाता है, वह है हमारे कर्मों का परिणाम, हमारा आध्यात्मिक-चिंतन। दुष्ट, पापी, कपट व्यवहार करनेवाले व्यक्ति को मृत्यु के पश्चात् उसकी जीवात्मा को आत्म-शांति, सुख, आनंद नहीं मिलता है और परलोक में उसे स्थान नहीं दिया जाता है। वह भटकता रहता है और उसे दुःख का अनुभव होता है। अत: 'सुधर जाओ अन्यथा मृत्यु के पश्चात् कष्ट-ही-कष्ट और दंड के भागीदार बनोगे।'

प्रश्न : विज्ञान के आईने में आप मृत्यु के बाद की स्थिति को कैसे स्पष्ट करेंगे?

उत्तर : इस वैज्ञानिक युग में मनुष्य की सोच भी वैज्ञानिक हो गई है। भौतिकवादी एवं जड़वादी वैज्ञानिक आत्मा के अस्तित्व में विश्वास नहीं करते। वे तो शरीर को ही जीव-विज्ञान का विषय मान कर विषय को वहीं पर रोक देते हैं। वे चेतना और आत्मा को नहीं मानते। इस कारण उन्हें आधुनिक कहलाने का विशेषण प्राप्त हो जाता है और आत्म-तत्त्व पर चर्चा करने को वे रूढ़िवादिता मानते हैं। परंतु मैं यहाँ यह कहूँगा कि विज्ञान के माध्यम से प्राप्त हुआ ज्ञान अधूरा है। विज्ञान की पहुँच अभी उस अज्ञात ज्ञान तक नहीं हो पाई है, जिसका अस्तित्व है। तो फिर यह कहना तो अनुचित होगा कि जिसका हमें ज्ञान नहीं है, उसका अस्तित्व ही नहीं है, लेकिन इसके बावजूद भी मनोवैज्ञानिक व वैज्ञानिक भी यह स्वीकार करने लगे हैं कि जीवन सिर्फ शरीर तक ही सीमित नहीं है। इस पुस्तक में मृत्यु के बाद की स्थिति को प्रमाण सहित वर्णित किया गया है।

प्रश्न : मृत्यु के तत्काल बाद का क्या अनुभव होता है?

उत्तर : मृत्यु के पश्चात् जीवात्मा जैसे ही स्थूल शरीर से बाहर निकलती है, तत्काल ही उसे अपने सूक्ष्म शरीर का आभास होता है। सूक्ष्म शरीर भी ठीक वैसा ही होता है, जैसा कि हम अपने स्थूल शरीर का अनुभव करते हैं। सूक्ष्म शरीर में मन, बुद्धि, चित्त एवं अहंकार निहित होता है। मृत्यु के समय एक सफेद चमकदार रस्सी, जिसे सिल्वर कॉर्ड कहा गया है, मृतक व्यक्ति को दिखती है।

प्रश्न : क्या सभी को एक जैसा अनुभव होता है?

उत्तर : यह आवश्यक नहीं कि सभी को एक जैसा अनुभव हो। दुष्ट व्यक्ति की मृत्यु होने पर उसे अंधकार-ही-अंधकार में रहना होता है और जब उसकी जीवात्मा सुधर जाती है, तभी उसे प्रकाश दिखता है। जीवात्मा को उसके पाप कर्मों के कारण उसका भोगमान करना होता है और उसे पुनर्जन्म हेतु पुनः पृथ्वी पर भेजा जाता है।

प्रश्न : जीवात्मा क्या है? मरने के बाद क्या वह देख सकती है?

उत्तर : जीवात्मा का अपना स्वयं का स्वतंत्र अस्तित्व होता है तथा स्थूल शरीर की

मृत्यु के बाद जीवात्मा अपने सूक्ष्म शरीर के रूप में उसके समीप में ही बनी रहती है और वह अपने मृत स्थूल शरीर को उसी प्रकार देखती है जैसे कि शरीर जीवन में रहते हुए व्यक्ति देखता है। कुछ समय तक तो उसे विश्वास ही नहीं होता है कि वह मर चुका है। वह अपने मरे हुए शरीर को दाह संस्कार के समय जलते हुए देखती है, तब जीवात्मा की समस्त अपेक्षाएँ अपने भौतिक शरीर के प्रति समाप्त हो जाती हैं।

प्रश्न : जीवात्मा के जन्म लेने का उद्देश्य क्या है ?

उत्तर : प्रथमतः तो यह कि कर्म-फल हो भोगने के लिए जन्म होता है। जीवात्मा सत्कर्म के लिए स्थूल शरीर के रूप में जन्म लेती है। सत्कर्मों के लिए एवं जीवात्मा के उत्थान के लिए मानव देह प्राप्त होती है। अतः शरीर जीवन को व्यर्थ नहीं जाने देना चाहिए। मृत्यु के समय सिर्फ स्थूल शरीर ही तो नष्ट होता है। बाकी इच्छाएँ, वासनाएँ, अपेक्षाएँ, काम, क्रोध, मोह, लालच, ईर्ष्या, विचार, मन, बुद्धि, चित्त, अहंकार तो स्थूल शरीर से बाहर निकलने के पश्चात् जीवात्मा में बने ही रहते हैं। जीवात्मा सत्कर्म के लिए स्थूल शरीर के रूप में जन्म लेती है।

प्रश्न : मृत्यु के पश्चात् उसके परिवारजन रोते-बिलखते हैं। क्या यह उचित है ?

उत्तर : मृत्यु के पूर्व एवं मृत्यु के पश्चात् मृतक व्यक्ति के लिए कभी भी विलाप अथवा रोने व दुःख व्यक्त करने का कार्य कभी नहीं करना चाहिए। वस्तुतः होता यह है कि मृत्यु के पश्चात् उसकी जीवात्मा अपने सूक्ष्म शरीर के माध्यम से सबकुछ देखती है एवं सुनती है। वह स्वयं की शव-यात्रा एवं दाह-संस्कार, आने-जानेवालों व चर्चाएँ करनेवालों की बातें भी सुनती है। दुःख व्यक्त करने से जीवात्मा भी दुःखी होती है और वह स्वयं अपने दुःख को व्यक्त नहीं कर पाती है। उसकी स्थिति निरीह होती है।

प्रश्न : हम मृत्यु की चिंता क्यों करें ? चार्वाक सिद्धांत को क्यों न माने ?

उत्तर : मत करिए मृत्यु की चिंता। इसीलिए तो यह पुस्तक लिखी है कि मृत्यु भय का विषय नहीं है। सच तो यह है कि मृत्यु से भय है और इसलिए लोग चिंता करते हैं। चार्वाक कहता है कि वर्तमान को ही सत्य मानो और सुख व आनंद के साथ जीवन-यापन करो। वस्तुतः चार्वाक का सिद्धांत भविष्य की चिंता से परे होने का रास्ता दिखाता है। जैसे ही भविष्य की थोड़ी-सी भी चिंता की तो चार्वाक का सिद्धांत खंडित हो जाएगा, लेकिन देख तो यह रहे हैं कि चार्वाक-सिद्धांत के समर्थकों को अपने जीवन के भविष्य की बहुत चिंताएँ हैं। अर्थात् व्यक्ति न तो इधर का है और न ही उधर का है। चार्वाक के सिद्धांत को आधुनिक युग

में कुछ भौतिकवादी, जड़वादी, अल्पज्ञानी लोगों ने इसके विकृत स्वरूप को परोसने का प्रयास किया है। चार्वाक के बताए रास्ते पर यदि चलना है तो मानव जीवन में सुख और आनंद के साथ जीवन-यापन करना चाहिए। फिर भविष्य की क्या चिंता करना है ? लेकिन ध्यान यह भी रहे कि अंततः मृत्यु तो होती ही है, इस कारण मृत्यु के पश्चात् का यदि कोई प्रामाणिक ज्ञान प्राप्त होता है तो उसका भी अध्ययन करना चाहिए।

प्रश्न : क्या चार्वाक के सिद्धांत में सुख नहीं है ?

उत्तर : मैं तो कहूँगा, नहीं। चार्वाक का सिद्धांत भौतिक वस्तुओं की उपलब्धि से उत्पन्न सुख पर आधारित है। मनुष्य एक इच्छाओं का पुलिंदा है। एक इच्छा पूर्ण होते ही तत्काल दूसरी इच्छा उत्पन्न हो जाती है। मनुष्य के मन में अनेक अनेक इच्छाएँ हैं। चार्वाक इच्छाओं की पूर्ति होने पर सुख की कल्पना करता है, परंतु प्रश्न यह है कि क्या मनुष्य अपने जीवन में अपनी समस्त इच्छाओं की पूर्ति कर सकता है ? निश्चित ही नहीं। मनुष्य की प्रत्येक इच्छा की पूर्ति हो, यह कतई संभव नहीं है। इसीलिए चार्वाक का सिद्धांत क्षणिक सुख के लिए है। उत्पन्न हुई इच्छा की पूर्ति नहीं होने पर दुःख मिलने वाला है। इस प्रकार चार्वाक का सिद्धांत दुःख के आमंत्रण का संदेश है। इच्छाएँ और सुख, एक-दूसरे के विपरीत हैं। मानव स्वभाव में इच्छाएँ उत्पन्न होना स्वाभाविक है। इच्छा-पूर्ति की कामना से रहित होने में दुःख नहीं है। सुख का तात्पर्य भौतिक वस्तु से जुड़ा है। सुख और आनंद में बहुत अंतर है, परंतु आनंद मन की एक ऐसी दशा है, जिसमें किसी वस्तु विशेष की कामना नहीं है। चार्वाक के सिद्धांत में शाश्वत आनंद नहीं है।

प्रश्न : मृत्यु के पश्चात् आनंद प्राप्त कैसे हो ?

उत्तर : स्वर्गलोक का आनंद यदि प्राप्त करना है तो आत्म-ज्ञानी होना चाहिए और जो आत्म-ज्ञानी नहीं हो पाया, वह जन्म-मृत्यु के बंधन में बँधा रहता है। मानव जीवन का अंतिम उद्देश्य आत्म-ज्ञानी होना है और फिर मोक्ष प्राप्त करना है।

प्रश्न : पृथ्वी पर जो मनुष्य स्वार्थी व पापी हैं, उनके मरने पर उनकी जीवात्मा को कैसा अनुभव होता है ?

उत्तर : मरने के बाद उनकी जीवात्मा अंधकारमय वातावरण में रहती है। जो मनुष्य पृथ्वी पर स्वार्थी, संकीर्ण विचारों वाले और दूसरों को दुःख देने वाले पापकर्मी होते हैं, वे परलोक में भी ऐसे ही स्वभाव और विचारों वाली जीव आत्माओं से घिरे रहते हैं एवं उनके वातावरण में उदासीनता बनी रहती है। ऐसे वातावरण में भी यदि उन्हें अपने बुरे कर्म पर पश्चात्ताप नहीं होता है, तब वे उससे भी और

नीचे के उपखंड में उतर आते हैं।

प्रश्न : मृत्यु के बाद जीवात्माओं की मानसिकता कैसी होती है ?

उत्तर : जिन जीवात्माओं का अपने परिवारजन के प्रति मोह बना रहता है तो उन्हें नीचे की ओर गिरने का भान होता है। ऐसा विशेषत: उन लोगों को अनुभव हुआ, जिनकी मृत्यु युवावस्था में हुई अथवा जो वासना में लीन रहे थे, लेकिन जो मनुष्य आध्यात्मिक चिंतन के हैं, जिनका जीवन आदर्शवादी रहा हो, उनकी मृत्यु होने के बाद वे ऊपर की ओर उड़ान भरने का अनुभव करते हैं।

प्रश्न : मृत्यु के पश्चात् हिंदुओं के 'गरुड़ पुराण' में दिए विवरण क्या हैं ?

उत्तर : 'गरुड़ पुराण' में है कि जब मनुष्य वृद्धावस्था को अपने कानों को बंद करने पर उसे सन्-सन् की आवाज हृदय में सुनाई पड़ती हो, तब समझ लेना चाहिए कि मृत्यु का समय निकट आ गया है।

प्रश्न : 'गरुड़ पुराण' का उद्देश्य क्या है ?

उत्तर : 'गरुड़ पुराण' का उद्देश्य है कि आमजन यह जान लें कि मृत्यु-पश्चात् जीवात्मा के साथ कैसा व्यवहार होता है और इसके पीछे का कारण यह प्रकट होता है कि खराब आचरण के लोग अपने शरीरजीवन में सुधरे, जीवन को अच्छा बनाएँ। मनुष्य जीवन में जो दुष्ट व पापकर्मी रहे हैं और दूसरों को कष्ट देते रहे हैं। न तो स्वयं अच्छे से रहे और न ही किसी अन्य दूसरों को अच्छे से रहने दिया, वे ही व्यक्ति 'गरुड़ पुराण' में कही गई बातों को झूठ व बकवास कह सकते हैं। इसका कारण यह है कि 'गरुड़ पुराण' में अत्याचारी, दुष्ट, पापकर्मी मनुष्यों के संदर्भ में ही यह बताया गया है कि मृत्यु के बाद उन्हें नरक में जाकर दंड भोगना होगा। सदाचारी, सत्यवादी, प्रेमी-हृदय, दयावान, दूसरों की सहायता करनेवाले, धार्मिक विचारों के, आध्यात्मिक चिंतन करनेवाले आत्म-तत्त्व की पहचान करनेवालों के लिए दंड भोगने का कोई उल्लेख 'गरुड़ पुराण' में नहीं है। जो मनुष्य सत् एवं असत् विचार का भेद कर लेते हैं और सत् विचारों वाले हैं अर्थात् सत्गुणी हैं, वे मोक्ष का लाभ लेते हैं। सत्कर्मी, सत्यवादी, दयावान, सहायता करनेवाले, धार्मिक व भक्त आदि सद्गुणी को कोई दंड नहीं मिलता।

प्रश्न : 'गरुड़ पुराण' में क्या सिर्फ मृत्यु के विषय में ही है, या कुछ जन्म के विषय में भी है ?

उत्तर : 'गरुड़ पुराण' के 15वें अध्याय में उल्लेख है कि गरुड़जी ने भगवान् विष्णु से प्रश्न किया कि धर्मात्मा स्वर्ग का सुख छोड़कर निर्मल कुल में जन्म लेने के लिए माँ के गर्भ में कैसे आते हैं ? इस विषय पर भगवान् विष्णु कहते हैं कि

ऋतुकाल में नारी को चार दिन तक पति से दूर रहना चाहिए, इन चार दिनों तक पति को पत्नी का मुख भी नहीं देखना चाहिए। चौथे दिन ऋतुकाल से निवृत्त होनेवाली नारी को स्नान करके शुद्ध होना चाहिए और फिर उसके सात दिन बाद पितरों व देवताओं का पूजन एवं व्रत करना चाहिए। प्रथम सात दिन छोड़कर रात्रि में पति से संपर्क करना चाहिए। यह सोलह रात्रि गर्भधारण के लिए उपयुक्त रहती है और उसमें भी चौदहवीं रात्रि में निश्चय ही गर्भ धारण हो सकता है। वीर्य स्खलन के समय चित्त में जैसी कल्पना होती है, उसी स्वभाव का जीव स्त्री की कोख में प्रवेश करता है। पुण्यात्माएँ उच्च गृह की स्थिति में जन्म लेती हैं।

प्रश्न : क्या सिर्फ ईश्वर-स्मरण और पूजा-अर्चना करने से हमारा जन्म सुधर जाएगा?

उत्तर : नहीं। सिर्फ ईश्वर-स्मरण और पूजा-अर्चना से मृत्यु के बाद सुख नहीं मिलने वाला है। हमें कर्म-फल के सिद्धांत पर विश्वास रखना चाहिए। जैसा हमारा कर्म होगा, वैसा ही उसका परिणाम हमें भोगना होगा। यह भोग इस जन्म में भी हो सकता है, पुनर्जन्म में भी हो सकता है एवं मृत्यु के बाद जीवात्मा की प्रेत-योनि और पुनर्जन्म के पूर्व भी हो सकता है।

□

उद्धृत पुस्तक व लेखकों के संदर्भ

1. गीताप्रेस गोरखपुर से प्रकाशित कल्याण का अंक 'परलोक और पुनर्जन्मांक' (प्रकाशन सन् 1969, तेरहवाँ पुनर्मुद्रण) के निम्नांकित अनुभव इस पुस्तक के विषय के लिए उद्धृत हैं—

- 'मृत्यु के बाद जीवात्मा की उपस्थिति का आभास' विषय पर श्री नीरजा कांत चौधरी के अनुभव, पृष्ठ 189 से।
- 'क्या भूत-प्रेत होते हैं?' विषय पर निरंजन दास धीर का एक अनुभव, पृष्ठ 597 से।
- 'एक हजार वर्ष की प्रेत-योनि में रहा पीर सुलेमान' विषय पर भक्त श्री रामशरण दास, पिलखुआ वाले का अनुभव, पृष्ठ 626 से।
- 'मृत्यु के बाद जीवात्मा तत्काल अपने शरीर में वापस आई' विषय पर कृष्ण गोपालजी माथुर का अनुभव पृष्ठ 607 से अनुभव एवं भक्त श्री रामशरण दासजी का अनुभव पृष्ठ 603।
- 'संत-महात्माओं की मृत्यु के पश्चात् उनका शरीर अदृश्य होना' श्री रामलालजी का अनुभव, पृष्ठ 230 से।
- 'मृत्यु के पश्चात् पूर्व कर्मों के फल की एक सोच यह भी है' श्री सुशांतजी ब्रह्मचारी का अनुभव पृष्ठ 129 से।
- 'परकाया प्रवेश' विषय पर भक्त श्री रामशरण दासजी का अनुभव, पृष्ठ 554 एवं श्री बल्लभ दासजी बिन्नानी का अनुभव, पृष्ठ 256 से 257।
- 'कर्म-फल का परिणाम पुनर्जन्म' विषय पर श्री शिशिर कुमार सेन का अनुभव, पृष्ठ 184 से।
- 'पूवर्जन्म की स्मृतियों के प्रसंग' विषय पर प्रो. हेमंद्रनाथ बैनर्जी का मत, पृष्ठ 578-580 से तथा आचार्य बलरामजी शास्त्री का मत, पृष्ठ 585 से, ब्रजराज सिंह का मत, पृष्ठ 590 से, भक्त रामशरण दास का मत, पृष्ठ 586, 592, 594 612 से, निरंजन दास धीर का मत, पृष्ठ 599 से।

2. पुस्तक 'मृत्यु के बाद क्या, कहाँ, कैसे' (प्रकाशित सन् 1974 में हिंद पॉकेट बुक्स, प्राइवेट लिमिटेड, जी.टी. रोड शाहदरा, दिल्ली) में श्री जे.डी. गोयल के निम्नांकित अनुभव इस पुस्तक के विषयों के लिए उद्धृत हैं—
   - 'मृत्यु के पश्चात् विषय पर विदेशियों के मत' (उक्त पुस्तक में पृष्ठ 20 से उद्धृत)।
   - 'मृत्यु के तुरंत बाद के अनुभव' एवं 'दुर्घटनाओं से हुई मृत्यु के अनुभव' (उक्त पुस्तक में पृष्ठ 57 से 69 उद्धृत प्रसंग)।
3. 'योगानंद के गुरुजी युक्तेश्वर गिरि की मृत्यु के पश्चात् हुई वार्त्ता' विषय पर सन् 1946 में प्रकाशित पुस्तक 'ऑटोबायोग्राफी ऑफ ए योगी' एवं 'योगी कथामृत,' प्रसंग जयको पब्लिशिंग हाउस, 127 महात्मा गांधी रोड फोर्ट मुंबई 400 023 से उद्धृत, जिसका उद्धरण जे.डी. गोयल की पुस्तक 'मृत्यु के बाद' में भी है।
4. 'मग्नमयी देवी ने की पति की जीवात्मा से चर्चा' विषय पर 'मनीषी की लोकयात्रा' पुस्तक, महामहोपाध्याय पं. गोपीनाथ कविराज की जीवनी पर आधारित, लेखक डॉ. भगवती प्रसाद सिंह (प्रकाशित सन् 1968, विश्वविद्यालय प्रकाशन, विशालाक्षी भवन, चौक, वाराणसी), मग्नमयी देवी के स्वर्गीय पति बंकिमचंद्रजी की परलोकगत आत्मा का उद्धृत प्रसंग।
5. 'मृत्यु के पश्चात् स्थिति पर आचार्य श्रीराम शर्मा का मत' विषय पर पुस्तक 'मरने के बाद हमारा क्या होता है,' युग निर्माण योजना, गायत्री तपो भूमि, मथुरा से सन् 1997 में प्रकाशित।
6. 'क्या भूत-प्रेत होते हैं ?' इस विषय पर गीताप्रेस गोरखपुर से प्रकाशित कल्याण का अंक 'परलोक और पुनर्जन्मांक' (प्रकाशन सन् 1969, तेरहवाँ पुनर्मुद्रण) में श्री नीरजा कांत चौधरी के अनुभव, भक्त रामशरण दास, पिलखुआ वाले का अनुभव, पृष्ठ 626 पर (एक हजार वर्ष की प्रेत-योनि में रहा पीर सुलेमान), भक्त श्रीकृष्ण गोपालजी माथुर।
7. 'मृत्यु के पश्चात् स्थिति पर स्वामी अभेदानंदजी का मत' के संदर्भ में 'लाइफ बियॉण्ड डेथ' का हिंदी अनुवाद स्वामी संशुद्धानंद के द्वारा किया 'मृत्यु के पार' से उद्धृत। (प्रकाशन सन् 1988, प्रकाशक : स्वामी अशेषानंद, श्री रामकृष्ण वेदांत मठ, 19-बी, राजा राजकृष्ण स्ट्रीट कलकत्ता)।
8. मासिक पत्रिका 'लाइफ बियॉण्ड' (प्रकाशन 'लाइफ बियॉण्ड फाउंडेशन' हार्निक हाउस, 9, साधू वासवानी रोड, पुणे) के निम्नांकित अनुभव इस पुस्तक के विषयों के लिए उद्धृत हैं—

- 'परलोक से जीवात्माओं के संदेश आते हैं' माह दिसंबर-जनवरी सन् 1980-1981 के अंक में 'मेसेज फ्रॉम बियॉण्ड-कम्स टू' शीर्षक के नाम से पृष्ठ 21 पर श्री एच.आर. मित्तल (एम.आई.ई. चीफ डिजाइनिंग इलेक्ट्रिकल इंजीनियर, 96 सेक्टर-8ए, चंडीगढ़ 160 008) का एक निजी अनुभव उद्धृत।
- 'मृत्यु के पश्चात् संत की अत्मा का प्रकटीकरण' श्री एस.एन. वाधवानी का उक्त पत्रिका के दिसंबर-जनवरी सन् 1980-1981 के अंक में शीर्षक 'फेंटास्टिक बट ट्रू लिविंग एक्स्पीरिएंस' के नाम से पृष्ठ 27 पर अनुभव का उद्धरण।
- 'प्रिय स्वजन का मृत्यु के पश्चात् दर्शन' श्री पी.वी. चक्रवर्ती का माह फरवरी 1981 के अंक में 'विजिट ऑफ ए डियर डिपार्टेड' शीर्षक के नाम से पृष्ठ 21 पर अनुभव का उद्धरण।
- 'सूक्ष्म शरीर बाहर निकलने का एक अनुभव' में उद्धरण डॉ. पंडितजी कन्हैया योगी (योगिक स्प्रीचुअल सेंटर अंबातुर, मद्रास) का अनुभव, उक्त पत्रिका के मार्च 1981 में 'एस्ट्रल प्रोजेक्शन इन इंफेंट ऐज' शीर्षक के नाम से पृष्ठ 19 से।
- 'मृत्यु के द्वार तक पहुँचे मरीजों के कुछ अनुभव' वाघ सिंह लांबा का अनुभव पत्रिका, अप्रैल 1982 के अंक में पृष्ठ 13 से।
- 'परलोक यात्रा का एक प्रसंग' विषय पर उक्त पत्रिका से प्रोफेसर जी.एन. मथरानी का अनुभव 'एन एकाउंट ऑफ ए गाइडेड टूर ऑफ हेवन' शीर्षक से जनवरी-फरवरी 1983 अंक से उद्धृत।

9. 'पूर्व जन्म एवं पुनर्जन्म पर डॉ. ब्रियान वीस के प्रयोग' विषय पर डॉ. ब्रियान वीस की पुस्तक 'मैनी लाइव्स मैनी मास्टर्स' से उद्धृत
10. 'प्रेम के कारण पुनर्जन्म में पुनर्मिलन' विषय पर डॉ. ब्रियान वीस की पुस्तक 'ऑन्ली लव इज रियल' से उद्धृत।

□□□